本多弘之

如来回向の欲生心

『教行信証』「信巻」の究明

法藏館

刊行にあたって

真宗大谷派の二〇一五年度夏安居における講義録を、上梓することとなった。光栄にも多数の聴講者から書籍化の慫慂をいただいたからである。安居という伝統ある場で、親鸞聖人の主著を学ぶことができることは、何ものにも代え難い機会である。親鸞聖人の教学を生涯にわたって学び、その学びの一端を共に学び直すことができることは、感謝に堪えないことである。この機に当たり一学徒として、何にも増して自己自身の学びを厳しく見直す機縁とし、そして親鸞聖人の教えの根本をより深く受けとめ直す大切な機会としたいと思う。

その意味で『教行信証』「信巻」の標挙に提示された「正定聚の機」ということを、「信巻」の全体から照らし直して吟味してみたいと思うのである。親鸞聖人にとっての正定聚とは、選択本願が衆生に呼びかけて、たとい愚かな凡夫であろうとも仏道の正機となることができる道があることの確認であった。しかし、その正定聚は、経典の文字の表層から見るなら、明らかに第十一願、必至滅度の願の成就として、「かの国に生まるれば、皆ことごとく正定の聚に住す（生彼国者皆悉住於正定之聚）」と語られるのであるから、彼土の利益として語られているのである。それを親鸞聖人は、「生彼国者」には「かの国に生まれんとするものは」（『一念多念文意』）という意味が、教主世尊の意図にあるといわれ、願生の位、すなわち現生において獲得できる位であるとされた。それは親鸞聖人自身に、本願に帰して獲得した信念の明証があったからに違いない。それ故にこそ、本願成就の信心の事実が、正定聚であると教えられているのだといい得たのであろうと信ずる。

我らが親鸞聖人の教えに信順して、本願念仏を依り処とし濁世を渉る大船であると決定するからには、正定聚は真実信心を得た現生における揺るぎのない立場として、受け止めることができるであろう。ただ、その正定聚という言葉の内実がいかなる意味なのかを、しっかりと確認することが大事である。真実信心を煩悩具足の凡夫が現生に獲得できるのは、本願成就の事実を自己に信受できるからである。親鸞聖人は、その真実信心の成立根拠を、願力の「回向成就」のはたらきにあると気づかれた。その気づきには、天親菩薩の『無量寿経優婆提舎願生偈』（以下『浄土論』という）の読み込みが大きく寄与している。『浄土論』の構造を了解するについて、『浄土論』が『無量寿経』の論であり、天親菩薩が『無量寿経』によって本願を自己に明らかにできた宣言の書であると読み取られたことから、凡夫に成り立つ信心の事実を自分自身に納得できるとされたのであろう。

そのことが、「信巻」を開く端緒にもなっているし、「信巻」を貫く課題にもなっているのだと思う。「総序」を結んだところに、「大無量寿経　真実の教　浄土真宗」（聖典一五〇頁）と掲げてあり、そこに『教行信証』の内容となる六巻の名前を「標列」として並べられている。すなわち、この『教行信証』は『無量寿経』の内容を六巻の形で構成し直し、受け止めなおしたものであるということである。その『無量寿経』を「真実の教」であるとされ、その内容は、「如来の本願を説きて、経の宗致とす。すなわち、仏の名号をもって、経の体とするなり」（聖典一五二頁）と、簡潔に明示された。『無量寿経』の宗致として本願が説かれてあるということは、「後序」に記された、「雑行を棄てて本願に帰す」（聖典三九九頁）という親鸞聖人の回心と深く関係していると思われる。

本願を説く経として『無量寿経』こそが、真実教であると決定し、この大乗の仏説との「相応」を成就することを得た宣言が、天親菩薩の『浄土論』である。それに先だって、本願に帰して獲得した成果を、「不退転」であると宣言したのは、龍樹菩薩の『十住毘婆沙論』であった。それで、親鸞聖人は『十住毘婆沙論』の「聞名不退」の語を大切な現生不退の証文として取り上げられたに相違ない。求道者が菩提心に立って、仏弟子であろうとするならば、仏説に随順して、自己の全存在が仏説に随順し教に相応するように努力するのが当然であろう。そしてその求道の方向が、間違いなく証果に向かうことを求めることになる。釈尊ご在世であれば世尊によって、仏弟子に対して直接の「授記」という、必ず未来に証果を得ることを保証されることがあり得た。しかし、仏滅後五百年から七百年も経って、大乗仏教が叫ばれる時代になると、証果を確信できる「正定聚・不退転」の位は、求道者にとって確証が困難な事態となる。それゆえに、法蔵菩薩の本願は、浄土の場の力によってこの位を一切の衆生に授与しようと呼びかけるのであると思う。それを『十住毘婆沙論』は「聞名」、すなわち「名」を聞くところに獲得できるとされたわけである。さらに親鸞聖人は、本願に帰するなら、報土の場の力から与えられる正定聚の位を、現生の願力摂取の信念において受け止め得るとされたのである。

親鸞聖人が、このことを確信される背景に、さらに二つのことがらがあることを考察しておきたい。一つは、大乗の「教説」と自己の体験との一致をいかにして自証しうるかということ。もう一つは、本願成就の経文を、自身の事実としてどう了解するのかということである。

第一の点については、曇鸞大師が「成上起下」の文とされた『浄土論』の「我依修多羅　真実功徳相　説願偈総持　与仏教相応」（聖典一三五頁）の言葉を、親鸞聖人が「行巻」「信巻」の両巻にわたって大切に吟味されていることが思われる。「行巻」では、「真実功徳相」が「経」に説かれる名号であるとし、「信巻」では「与仏教相応」が、讃嘆門釈の「如実修行相応故」を通して、大乗の仏法が煩悩具足の凡夫に選択本願の名号の信心として成就することを明らかにされるのである。このことは、「如実修行相応は　信心一つにさだめたり」（聖典四九四頁）という曇鸞和讃にあきらかに語られている。仏陀の教説との相応一致は、大悲回向の信心において成り立つという智見である。

第二番目の問題は、至心信楽の本願成就文の中に「欲生心成就」という意味を見出して、「願生」と「得生」が、法蔵願心自身の因果において成就していると見られたということである。願成就の文にある「至心回向」を、如来の回向と読むことによって、「願生彼国　即得往生　住不退転　唯除五逆誹謗正法」（聖典四四頁）の全体が成就して、信心を得た衆生には「不退転」が現生の利益として獲得されるということである。この点は、本論の検討で明らかにしたいと思う。

かくして、「信巻」に明らかにされる信心が、「如実修行相応」の信であり、それは『無量寿経』の説く本願三心の成就した一心であること。その一心は、天親菩薩が五念門を開いて「大悲回向」による信心という意味を解明されたことによって、罪業深重の凡夫が煩悩を具足するままに得ることができる道が開かれたのである。その信の本質は、如来回向であることによって、凡夫において発起するけれども、如来願心の質を持ち、「金剛心」たることを得る。その根拠は、「衆生貪瞋煩悩中」の「能生清浄の願心」だからである。それによって煩悩具足の凡夫が「真の仏弟子」の資格を得るのだとされた。それが「正定聚・不退転」の内実であることを、しっかりと確認していきたいと思う。

二〇一七年六月

本多弘之

『教行信証』「信巻」の究明——如来回向の欲生心——　目次

第四章　極悪深重の衆生と真実信心　215

凡例

一、引用文献および本文の漢字は、常用体のあるものは、常用体を使用した。

一、引用文献は、以下のように略記する。

『真宗聖典』（東本願寺出版部刊）……………………「聖典」

『真宗聖教全書』……………………………………「真聖全」

『教行信証』「信巻」の究明——如来回向の欲生心——

第一章　『教行信証』「信巻」の大綱

第一節　本願の行・信

大悲回向の行としての名号

このたびは、愚生にとって三回目の安居となりました。前回二〇一〇年の安居では「行巻」を拝読して、本願が選択した大悲回向の行としての名号は、大行であるということを明らかにしました。それで、このたびは「信巻」を拝読して、「欲生心成就」の内容を解明したいと思います。

初めに、存覚上人が『六要鈔』で説かれた、「所行能信」ということを考えてみたいと思います。

これは、私が大谷大学の学生の時に教えてもらったことなのですが、「行巻」の真実行ということについての考え方と対応しています。「行巻」については、私自身、大変長い間どうも納得できないという思いがずっとありました。

行というと、どうしても人間が行為して、その行為の功徳が行為した人間に戻ってくるのが行だと考えてしまう。一般仏教の常識からすれば、行ずることにおいて仏に近づく、あるいは、仏の功徳を自分が蓄積して、仏道を先に進めるという意味が行ですから、それとは違う意味での行ということがなかなかわからない。

蓮如上人は、行について、人間の側から行ずるのではない、報恩感謝の行だといわれます。人間に行の功徳が戻ってくるのではなく、人間はすでに功徳をいただいているのだから、報恩感謝でお返ししていくのだというふうに教えてくださった。しかし、なぜそれが行なのかということが、どうもよくわからないということが、私自身に長らくありました。

「行巻」は最初から、第十七願文と第十七願成就の文とによって、真実行とは「諸仏称名の願」の因果であるということが示されています。だいたいそれが、そもそもよくわからない。このようなことで、悪戦苦闘して行を考えたのが、前回の安居の「行巻」の講義（『親鸞の名号論』）でした。

結局、親鸞聖人のお考えになる行というのは、本願が行じているという事実であり、それが仏法がこの世に行じているという事実なのだということです。ですから、見えざる本願がこの世にあらわれて行じているということであって、これは諸仏が行じているという意味をもつということです。そうなると、衆生が行ずるということは要らない、そういう意識があってはならないということになる。凡夫が行ずるということが、一般にいわれていて、凡夫が行ずるけれども如来の行だといわれるのです。凡夫が行ずるけれど如来の行だという、そこが私自身になかなか納得できないということがありました。

凡夫が行ずるのではない。凡夫において行が起こる、行ぜられるけれども、行じている事実は、本願が願っていたはたらきが、この世の中に起こるということなのだと、そういうふうに私自身がようやく納得できました。人間に行為が起こっていても、凡夫が行ずるという意味ではないということが、真実行なのです。凡夫は、邪見憍慢の悪衆生ですから、罪悪深重の衆生である凡夫が行じたからといって、純粋な仏法の行を行じられるはずがない。凡夫が行ずるのではなくて、凡夫において如来の願が動き出すのだと、こういう意味で親鸞聖人は、本願の行、真実の行ということを明らかにされたのです。

曾我量深先生は、それを『六要鈔』を依り処になさって、「能行は要らない、所行である」といわれました。能行というと衆生が行ずるという、衆生の能動性が行為を起こすという意味になりますから、能行ではなく所行であるといわれた。所行というと、行ぜられるということですから、行ぜられることにおいて、行ずるということがなくなるという意味が、やはり私は納得できなかったのですね。

行ぜられるといっても、この私が行ずるから行ぜられるのではないかと思いましたから、曾我先生のいわれる「所行」の意味が、なかなか納得できませんでした。

存覚上人は、「行は所行の法であり、信は能信である」といわれました。信は衆生が信ずるのだから、信には能という字が付くとされた。これについて曾我先生は、「我われの責任は信心にかかるので、信ずるかどうかは衆生の責任だ」とまでいわれて、存覚上人の所行能信という言葉を大切にされました。

江戸時代の講録の中には、所行があれば能行があるだろう、能信があれば所信があるだろうというわけで、能信所信の問題を、信前と信後に分けて考えてみたり、いろいろと分別をして、親鸞聖人のいわれる意味からずっと外れていってしまっていました。それが正しい教義学とされていても、それを読んでもさっぱり分からない。だから清沢満之先生は、能所だの機法ということをいいだすと、わかることがわからなくなるから、そういう言葉は使いませんとまでいわれています。それは、このような歴史があるからなのです。分別して、人間の能があるか所があるかなどといい出すと、何が何だかわからなくなる。

親鸞聖人の考えに返すなら、人間を対象として起こっている本願であるから、本願が起こるということは必ず衆生に起こる。本願は衆生を目当てにして、衆生に仏道を成就させようとされるのです。ですから、衆生に起こっても、それは本願のはたらきなのです。

しかし、我われが聞くときには、「自分が」という我《が》があって聞きますから。我《が》が聞いて、我《が》が行じて、我《が》が信ずるということになる。それでは能信といっても、自分が信ずるという、その我信ずるというけれど、我《が》の場合は、やはり不純粋な信になってしまうのではないか。能信ということが、純粋であるということがどうして成り立つかという問いが起こり得るわけです。ここに親鸞聖人の「信巻」開設の非常に大きな意味があるのです。

そのようなことで、この「信巻」も、初めからよくわからない。つまり、親鸞聖人自身が、「しばらく疑問を至《いた》してついに明証《みょうしょう》を出《い》だす」（「別序」聖典二一〇頁）といわれた、その「疑問」という問題が信心にはある。信を妨げるものとしての疑いという問題が、信心にはある。信の反対概念は不信です。信が白ならば、その信に対応する不信、信じないという否定概念は黒になる。しかし、疑は決められないという煩悩で、信じるのか信じないのかわからないという灰色の状態です。不信はとにかくもう信じないのだから、これは問題にしない。けれども、信をはっきりさせるためには、疑いをはっきりさせなくてはならない。だから、信心は「無二」である。二が無いということは、疑いがないということだと、親鸞聖人は繰り返しいわれます。

そういうことで、疑いをいかにして晴らすことができるかということをくぐって、疑い多き衆生に真実信心が起こり得るという構造を、「信巻」一巻を通して親鸞聖人は明らかにしてくださっているのだと思うのです。

一般的な仏教の立場では、「教・行・果」とか「教・理・行・果」といわれます。教えを行じて菩提を開く、あるいは、涅槃を証するというように、常識的な人間のものの考え方に沿った次第になっている。教えがあって、衆生が教えを聞いて、実践するのが行で、果は教えの通りの自己になることです。仏教の人間像は菩薩であるともいわれますが、教えを自分が信じて、行じて、生きて仏になるということを課題にするのが、仏教の人間像であり、それを菩薩（菩提薩多）、ボディサットバ（bodhisattva）というのです。ボディサットバを本当に成就するということが、この愚かな凡夫、どこまでも疑い深く煩悩を脱却できない人間存在に成り立つのか。そして、いかにして仏道に立つことができるか、こういう問題について親鸞聖人は、本願の信心を開くという形で答えようとなさったのだと思います。

つまり、親鸞聖人の「教・行・証」は、行が衆生の努力による実践ではなく、本願が選択した大悲回向の行としての名号であり、それについて衆生が如来の願心に値遇することによって真実の信心を得るならば、大涅槃の証果を与える、それが本願力の仏法の因果であるとされたのです。これが親鸞聖人の「大悲回向の行」という言葉のもつ意味でしょう。

如来の行と信ずる

親鸞聖人の言葉には、一つひとつに謎がありますが、回向ということも一般には回《めぐ》らし向けるといわれますが、如来回向ということが、これがまたよくわからないのです。

如来の大悲が衆生においてはたらいて、疑い深く煩悩具足である罪業の凡夫を仏道の機とする。つまり、仏法を成就するような存在にするという。そのはたらきをするのが、願力の回向であると、このようにお考えになった。この回向のはたらきということにおいて、行も回向の行であるし、信も回向の信であり、そして証ももちろん回向の証であると、教・行・信・証すべて回向であるとされた。こういうことで、

謹《つつし》んで浄土真宗を案ずるに、二種の回向あり。一つには往相、二つには還相なり。往相の回向について、真

実の教行信証《きょうぎょうしんしょう》あり。（聖典一五二頁）

と「教巻」に出されて、さらに「行巻」には、

往相の回向を案ずるに、大行あり、大信あり。（聖典一五七頁）

といわれます。往相の回向としての大行ということがあって、信心も往相の回向としての信心であると押さえられます。

行の問題についていうなら、この行は、衆生の意志や能力で行ずるから「行」となるのではない。如来の大悲がすでに十分な行の功徳を蓄積した成果たる「行」を、仏の名号として衆生に施与するのであり、そのことを信受するのである。だから、行は如来の領域（法の範疇）に属するものであるから、「所行」であって、「能」の意味を衆生に要求しないというのです。衆生の側は、それを信受するのですから、信心こそが「機」の分限に属する問題だということになります。しかし、その信心は本願が開示する「教・行・証」を、衆生が自己の身に受け止めるか否かということですから、この願心が現実になるためには、信心が絶対に必要不可欠の事柄となります。

ここでは、所行の法であるという意味を、如来の領域・法の範疇と言い換えています。行は徹底的に真実功徳であり、あるいは一如の功徳です。法の領域、つまり如来の大悲がはたらくのだけれども、はたらいている事実全体が、真実そのものです。そういうふうに押さえて、だからここには、衆生の分限は入らないという押さえ方を親鸞聖人はなさる。もちろん、衆生にはたらこうという願心が行ずるのですけれども、衆生から行じにいくのではなくて、如来の側から行ずるのであるという考え方です。

しかし、こういうことが、我われにはなかなかわからない。人間がすることを認めて欲しいという心が、どこかにありますから、心にすんなりとは落ちない。法は如来の法で、全部如来が作ってくださるということを、蓮如上

人は、「『大経』には「令諸衆生功徳成就」ととけり」（『御文』聖典八三四頁）と押さえて、すべて衆生をして功徳成就せしめたまう、つまり衆生の上に如来の大悲が成就してくるのだと教えられるのです。しかし、我われは他力の行ということの意味が、よくわからない。わからないということは、我われの自力がいかに深いかということなのです。我われは自力で発想している。自力の発想以外に、考えられない。だから、自力で何かするということについて、意味を認めて欲しいのです。何もしないでいいというのでは、どうしたらよいのかわからない。ですから、本願の行ということがどうもよくわからないという問題が、そこに残るのだろうと思うのです。

親鸞聖人は、行というのは徹底的に如来の行だということを明らかにされて、しかしそれを疑うのが衆生だということを、天親菩薩の『浄土論』の「如実修行相応」の問題を手がかりにして、「信巻」の課題にされるわけです。衆生にとっては、信心がはっきりすることが大事なのです。つまり、行がはっきりするのではなくて、行を信ずる。その行は徹底的に如来の行であると、信ずるかどうかが肝心なのです。行はもう絶対不二の行、如来大悲の行である。それを衆生が受け止めるということ、それを信ずるということです。我われにはそれができない。自分の功徳が欲しい。我が存在することの意味が欲しい。しかし、自力の行は、いらないといわれる。行はすでに、「南無阿弥陀仏」に一切の功徳が具されていて、衆生が加えるべきものはもうないのだと信ずる。それを信ずるというのが、信心の課題なのです。信心が絶対に必要不可欠であるというのは、こういう意味です。信心がなければ、行は行の意味をもたない。信がはっきりしない状態で、行に意味を見出そうとするから、一念多念の疑問が出てきたり、心が純粋でなければ念仏していても本当の念仏ではないだろうという。また、無心の念仏をしなければというように、人間の側を何とかして行の意味づけをしようとするような立場が出てきたりするのです。そうではない、行それ自身がもう如来の行なのだということをはっきりさせたうえで、それをどのように本当にうなずき得るかということが信の課題なのです。

そもそも『無量寿経』下巻の初めにある、第十七願成就の文に、いったいどういう意味があるのか。これが、読んでもよくわからない。これは諸仏称名の願成就です。下巻の経文は、第十一願成就を受けて、この諸仏称名の願が成就している相が出され、その諸仏称名の願成就を受けて、第十八願成就の文が出ている。つまり、第十八願成就の文の前提に、第十七願成就の文がある。第十七願成就文は、一切の諸仏が讃嘆しているという文章です。我われは、一人で称名すると考えるけれども、称名が起こることは諸仏称名だといわれる。これも、わかったような、わからないような話ですが、凡夫において一人でも念仏が起こるということは、もう諸仏の称名だというのです。「化身土巻」で、信心の質の多少をいうときに、「恒沙の信」（聖典三四五頁）という言葉があります。恒沙の信ということは、恒沙の諸仏が背景にあって成り立つ信であるということでしょう。信ずる心がなぜ恒沙という無限大の数のような形容詞をもち得るのか。

たとえ一人に起こっても、一人ではない。一人に起こる事実には、無限なる諸仏のお勧めがある。諸仏の伝えてくださったお力、諸仏が教えてくださった教えのお言葉、こういうものが信を生んでいる。だから、信が起こるということに、恒沙の信という質があるといわれます。ということは念仏についても、念仏という行為が起こるということは、もう恒沙の諸仏がすでに証明しているのです。恒沙の諸仏の証明が、念仏が起こっている事実なのです。一人が称えても、その称えられた念仏は、恒沙の諸仏の念仏です。このような意味を、親鸞聖人はいただいておられると私は思うのです。

名畑崇氏が、二〇〇五年の安居で、『尊号真像銘文』を拝読されたときに、その『尊号真像銘文』の中のイメージは、親鸞聖人のコスモス（宇宙空間）であるということをいわれました。初め聞いたときは、何をいわれているのだろうと思いました。「南無阿弥陀仏」「帰命尽十方無碍光如来」のまわりに、たくさんの諸仏方がおられて、その諸仏方のところに讃文がある。その讃嘆の言葉を注釈しておられるのが『尊号真像銘文』であり、そこでは親鸞聖人がイメージされた名号の世界像が、ご本尊の姿として仰がれている。それによって、「南無阿弥陀仏」が起こると「南無阿弥陀仏」は諸仏証誠の事実だという、そのように親鸞聖人はお考えになっていたのではないかと、教えていただきました。

そういう行を背景として、その行はその恒沙の諸仏を背景としての行、その恒沙の諸仏の証誠としての行を信ずるということが、我われに起こる信であるという。これが、親鸞聖人が真実信心ということを論じていかれる、大きな背景だと思うのです。

仏法は絶対からの言葉

親鸞聖人のいわれる「他力の信念」の意義は、我われがその信心を開くことにおいて、愚かな人間としてのこの人生に、真実という意味が与えられてくることでしょう。

我われは虚偽を生きている、虚仮雑毒の身だと教えられます。それが私には、初めはとても不愉快に思われたのですけれども、教えられているうちに「ああ本当にそうだなあ」、「虚仮不実の身であるということを脱出することができないのだなあ」と、だんだんと身に浸みてきました。そういうことが身に浸みてきて、真実信心をたまわるということが不可思議の事実なのだと思われるようになりました。不可思議の事実が起こるということは、親鸞聖人も「信巻」で「悲しきかな、愚禿鸞」（聖典二五一頁）といわれるように、せっかく真実信心をたまわっているにもかかわらず、その真実信心の喜びそのものになれない身を、今感ずるのです。これは、たんに過去形の話ではない。信以前の人間と信以後の人間とを分けて、「俺は信心を得た」というような、そのようなことをいっているのではないのです。

真実信心を得るというのは、常に「今遇うことを得たり」（聖典一五〇頁）と「総序」にありますように、値遇が今、常に起こっているということをいうのです。今、常に念々に、本願との値遇が起こっている。この不可思議の事実において、真実をいただいたという事実と、にもかかわらず、不実の身がここに生きているという事実、その大矛盾が本願力回向の事実としてここに成り立っている。ここに不可思議、難思議といわれる事実があるのです。「信じたのだから、もう俺は真実だ」と、そういう真実をいっているのではない。愚かな身であるにもかかわらず、自分に如来大悲の回向成就があるということが信じ難い。信じ難いけれども、「ああそうか」と気づく。もうどこまでも不実である、にもかかわらず、本願力はその不実を救いたいとして、呼びかけてくださっているのだと気づく。こういう矛盾を突破することは、人間の側からはできないのです。だから、「聞」、聞くという聞の成就なのです。「信巻」に、

「聞《もん》」と言うは、衆生、仏願の生起《しょうき》・本末《ほんまつ》を聞きて疑心あることなし。（聖典二四〇頁）

といわれる。疑いがなくなったということなのですけれど、我われは疑いを生きている。疑いを生きている事実が凡夫ですから。しかし、凡夫であるにもかかわらず、破ってくる事実に触れるというのが、本願力回向の光明に値遇するということなのです。

光明に値遇するとは、光に遇うことが起こるということです。しかし、凡夫は忘れるというのも事実です。清沢満之先生がいわれたように、

我他力の救済を念ずるときは、我が世に処するの道開け、我他力の救済を忘るるときは、我が世に処するの道閉づ。

（「他力の救済」『清沢満之全集』（岩波書店）六巻、三二九頁）

と、光を思いおこすときもあるが、忘れては「ああどうしよう、こうしよう」と、すぐに我われの心は揺らいでいく。本願に遇ったらもう揺るがないのかというとそうではない。揺らぐのが凡夫の事実です。けれども、本願力に値遇するという事実は起こる。起こることは本願力のご苦労なのだということです。

ですから、親鸞聖人は、「信巻」にこそ兆載永劫の修行のご苦労の意味があるといただかれた。だから、「至心信楽欲生」の三心にわたって、兆載永劫の行という意味を、善導の指示を仰いで押さえていかれます。我われに信心が起こるということは、まったく不可思議なことです。疑いが深くて、いつも疑って止まない我われに、信ぜずにはおられないという心を起こすまで、本願力はご苦労くださるのです。このように、回向がなければ、我われは、本願に触れ得ないのです。如来の回向、大悲回向において、大悲のはたらきが私の中に発起するのです。こういうところまで、親鸞聖人は明らかにしてくださったのです。

どうしても我われは、中途半端に「まあ、私もちょっとはマシなものだ」、「ちょっとはまじめなものだ」と思っていたいわけですが、これが如来に対する疑いなのです。これがある間は、本願力回向ということが、我が為であったと本当の意味では思えない。「まあ、そういうこともいうさ」というくらいのものであって、「自分は自分でやっぱりやれるのだ」という思いが抜けない。これがじつは、如来の本願に背く私の本質なのです。

名号の課題を、本当に我われが信じることができるのが信心ですから、行信は一体であるのです。行のない信ということはあり得ない。我われがいかに深く不実を生きているかを、本当に気づかせるために、本願が呼びかける。それを信じさせるのが、名号のはたらきだということですが、これがまた我われには信じにくい。

法然上人は、我われが愚かであり、無能であり、凡夫だから、誰でもいつでもどこでもできる行を選ぶのが、大悲なのだという教え方をしてくださる。そういわれて、私は本当に愚かで、無能で、これしかないのだと信ずることができるかというと、なかなかそうはならない。つまりその愚かということを、我われは相対的に考える。人様より愚かという意味で考えるから、「自分はちょっとはマシだろう」と思う。

現代は、教育が徹底して、文字を知らない人がほとんどいない時代になりました。あるところに行きましたときに、「末代無智《まつだいむち》の、在家止住《ざいけしじゅう》」(『御文』聖典八三二頁)とか、「一文不知《いちもんふち》の尼入道《あまにゅうどう》」(『御文』聖典八三三頁)といわれるけれど、一文不知の在家止住はどこにいるのですかと、質問を受けたことがあります。一文不知というのは、文字通り文字を知らない人が圧倒的に多い時代に、蓮如上人が語りかけられた言葉ですから、文字通り文字を知らない人間にとっては、「本当に私は文字を知りません。ああナンマンダブツは有り難い」となったかも知れません。ところが、今の時代は、文字を知らない人がいない。私はそのときに、「一文不知の尼入道とは、あなたのことです」ときつく答えたのですけれども、そういわれて「ああそうでした」と即座にいえる人は、よほど聞法している人だと思います。「一文不知などではない。俺は字を知っている」と思いますし、さらには、「字も知っているし、少しは賢い」とも思っているわけです。

こういう時代に、他力の信心をいただくことは、時代の罪もありますけれども、非常に難しいと思います。その代表が私だと思いました。生半可に教育を受けて、少しはマシだなどと思っているものだから、親鸞聖人の教えられる意味が、どうしても自分の身にストンと落ちてこない。「ここまでなぜ徹底的に、人間が無力だといわなければならないのか」と、むしろ逆に疑いが強くなる。「なぜそこまで馬鹿にするのだ」と。「罪悪深重、罪悪深重といわれるが、そりゃあ悪いこともするけれど、少しは善いこともするぞ」と思いたいわけです。つまり、愚かさや罪という言葉を、相対的に捉えてしまうのです。

親鸞聖人のお言葉は、純粋なる如来の本願、阿弥陀如来の無限なる大悲の側から、我われに呼びかける言葉なのです。それに対して、有限ないのちを、有限なる素質を、有限なる寿命を、有限な条件で限定されたいのちとして生きる我われに呼びかける言葉、愚かしさとか、浅ましさとか、罪深さとかという、そういう言葉は、皆、無限大悲に対応した言葉であって、相対的な意味ではないのです。これがわからない。「罪悪深重よ」と呼びかけられても、「いやあ、そんなに悪いことはしていないよ」、「ちょっとはマシだよ」と思いたい。「愚かな凡夫よ」、「いやあ、ちょっとは勉強して、少しくらい字を読めるよ」と思う。そういうように、相対化してものを考えてしまう。相対化してものを考える癖が、どうにも抜けないものですから、私には親鸞聖人のお言葉が、なかなか聞けなかった。

何年も何年も聞法していても、どうしてもそれが抜けない方が多いのです。私自身も、それでつまずいて苦労していましたから、そういう方の疑いがよくわかる。よくわかるから、何とかそこを脱出してもらおうとするけれども、いおうとすると相手が受けつけない。そこに壁があるのです。人間が相対的にしかものを考えられないのは、これが、凡夫であり、有限である証拠なのだということなのです。人間は、無限を考えられない。有限で生きていて、有限しか考えられない。だから、相対化してしか、ものを考えられないのです。

親鸞聖人がいわれているのは、絶対の立場をたてて聞くということなのです。絶対の立場をたてて、そこからの言葉を聞く。そういう「聞」ということを積み上げることにおいて、自分の聞き方が間違っていたという気づきにまで歩まされる。そこで初めて、自分の聞く立場が相対有限的なものであったということに気づかされる。そういうことが、なかなかわからないのです。

真実の歴史からいただいた真実

親鸞聖人のいわれる他力ということは、じつは出遇ってみたら真実という意味があるのだということです。それは相対他力ではない、絶対他力です。絶対他力ということは、我われ有限にとっては、無限なる世界があるということなのです。無限なるものを根拠にしていますから、それに触れてみると、「ああ本当に真実だった」と目覚めて、気づくことができる。そのようなことを、別の表現でいうために、三つの面から考えてみました。

他力の信念とは、いわゆる妄念や依頼心ではなく、この信念をもつことにおいて、この信念を支持する生命存在の根源的な真実がある。本当に真実であるという意味がある。そのことがいえてくるのではないかという意図で、ここに三つの面からあらわしてみました。

その根源的な真実の、第一の面というのは、親鸞聖人は大変な文献学者であるといわれているということです。親鸞聖人は、本当に丹念に、その当時おそらく手に入れられる限りの仏教文献を、「化身土巻」を見ますと仏教だけではなく広く、当時中国から輸入されてきている漢文の文献についても、おそらくはそのほとんどを、一度や二度は読んでおられるに違いない。取り上げていないから読んでいないとはいえないのです。いろいろな思想を、きちんと批判的に読み抜いておられるのではないかと思われる節がある。たとえば、『論語』などは一語しか引かれていませんが、おそらく全部読んでおられるからこそ、その部分を取り上げることで、『論語』を根元的に批判するのだという、思想的な意図が出てくるということがあり得るわけです。

親鸞聖人という方は、類まれな思想家です。ニーチェもそうであったようですが、ニーチェは、もともとギリシャ文献を、非常に克明に文献的に研究した研究者だったそうです。そのニーチェが、仏教に触れて、あのような思想を編み出した。ニーチェの著作を読むと、自分勝手に書いてあるように見えますけれども、注釈を付けてくださった先生方のものを読むと、あの背景には膨大な哲学の歴史があることがわかります。

いうまでもなく、親鸞聖人の信念の表白には、膨大な仏教文献の背景がある。書かれていないから読んでおられないというようなものではないのです。おそらく、徹底的にすべてを読んでおられる。書いていないけれども、何かそこに匂いがする、影響があるというようなことまで探っていけば、とにかく厖大な背景があるに違いないのです。

それを親鸞聖人は、自分が書く言葉は、自分から出たのではなく教えの伝承から出たものだといただかれた。だから教えの伝承からいただいたものの回向である。だから、自分のものではない。真実の歴史からいただいた真実を、今ここに語るのだと、このような語り方が親鸞聖人の語り方です。つまり、自分の自力の心で自分が語るのではない。自分を通して出る言葉ではあるけれども、これはいただいた言葉なのである、いただいた思想なのだという表現になっている。

親鸞聖人が語る、思想信念の言葉や概念は、すべて先覚や伝統にたまわったものとして、自覚し表現されているものなのです。そもそも、人間が言葉を使う存在であることも、人間存在が世代を超えて伝えてきた伝統の智慧ではないか。だから、釈尊も、自分の語る正覚の内容は、自分が作りだしたものではなく、先覚が見出してきたものを自分も語るのだといわれます。これは、古仙の道であるといわれる。その真理は自分が生まれようと死のうと、不増不減なのだといわれるのです。そういう真理は、自我心を超えて、自我心を破って、一切の人類を解放する真理なのです。自我が所有したり、自我が生み出したりするものではない。仏教の真理は、いわば自我心の彼岸に存在すると語られるべきことがらなのです。

こういうことから、親鸞聖人が語られる真実は、自我の思いを破って出てきた伝承の真実であるという意味が、第一点にあるのではないかと思うのです。

次に、生命存在としての真理性の第二の面とは、因縁を生きる生命存在にとって、生きる力であろうと、生きる場面であろうと、さらには時代とか社会とかいかなる情況であろうと、自我心が要求して作り出すことがらは一つとして存在しない。すべて、不可思議な因縁で与えられることがらです。このことは、存在の事実は他より与えられると表現されてしかるべきことがらなのです。

一般論として、いのちがあるということ、生きているということは、不可思議の伝承を受けた不可思議の因縁の恵みです。このごろは、私たちの生命の非常にミクロなレベル、細胞の中の分子構造、そして遺伝子の集まりがどういう集まり方をしているかというようなことまで、明らかになってきています。六十億とかいう遺伝子が、連鎖的につながっているのだそうですけれども、そのつながり方とまとまり方が、たとえば人間とサルとでは九十八パーセントまでが同じで、一・五パーセントほどが違うだけだそうです。そういうことまで研究が進んできていて、とにかく人間の日常的な目では見ることができないレベルの研究が、どんどん進んでいる。

我われの身体といっても、いただいたものなのです。不思議な因縁で、皆ほぼ同じような身体で生まれてくる。普通には、両親から生まれた子どもは、同じような形をとって生まれる。まったく同じではなくて、少しずつ大きさが違ったり、形も違ったり、色も違ったりしますけれども、ほぼ同じである。このことだけでも、いただいたものだという証拠です。自分で作ったものは一つもない。指の先には爪があることでも、どうして爪があるのだろうということも不思議な話です。象にもあるし、犬にもある。それぞれ他の生き物の爪とどう違うのかといえば、ほとんど違わないのだそうです。

そのような不思議の因縁、つまり宿業因縁という言葉を拡大解釈すれば、個人として今ここにあるいのちの背景は、生命の歴史からきている。その生命の歴史は、何十億年、人間の生命になってからはまだ何百万年だそうですけれど、しかし本当のところはよくわからない。とにかく、わからない不可思議の背景があって、今ここに短い人生を、一人の個人として、与えられて生きている。このことは、全部不可思議の因縁です。自分で作ったものは一つもない。このような因縁のあり方を、表現として、自分で作ったものではないという意味で他力という。外の力というよりも、今あることを成り立たせている大きな因縁の力を、他力というのです。そのようにいただけば、他力はすんなり受け取れるのではないか。これが、第二の面の考え方です。

そして、第三の面として押さえておきたいのは、親鸞聖人の自覚は、「罪悪深重・煩悩熾盛」という言葉や、「愚禿」という自己の名のりにあらわれているように、徹底した自己の有限性の自覚と、その自覚を離れずに常に感受する大悲の救済との関わりでしょう。この第三の面こそが、親鸞聖人の思想信念の中核です。この愚の自覚とそこに開かれる広大無辺の場、すなわち法蔵願心が荘厳する浄土との関わりにおいて、一切衆生に平等に開かれる大悲の救済が、大乗仏教の課題に応答するものであることを、親鸞聖人は思想信念を徹底し、言葉を通して論証しておられるのです。

これこそが、宗教的な意味の、あるいは浄土真宗の教えの意味としての他力ということの、親鸞聖人の自覚の内容です。この自覚という言葉も、非常に難しい言葉です。近代哲学が使う、いわゆるセルフ・コンシャスネス（self-consciousness）。自分が自分を知っているという意味の、自己意識という意味の自覚ではない。特に近代の親鸞教学では、自覚という言葉が多いのですけれども、その自覚は自意識ではない。自分の存在を教えに照らして、本当に知るということです。自らが自らを教えに照らして知るという意味をあらわす言葉として、自覚というのです。

私も初め、自覚という言葉がよくわからず、「自覚といわれても」と、意識の上で大変抵抗を覚えました。自分で自分のことを感ずると、嫌な自分、つらい自分、つまらない自分、そういう自分ばかりが思われる。それで、自覚なんてしたくない、自覚なんか放っておいて、何かいいこと、面白いことをしたい、自覚は嫌だと思っていました。しかし、特に西洋の近代哲学は、自覚から出発したといわれます。デカルトのいう「コギト・エルゴ・スム(Cogito, ergo sum.)」「我思う、ゆえに我あり」のように、自分がここに今生きているということは、疑いない。自分が自分を今知っているという、自意識という意味の自覚という言葉が私の頭にあって、そこから抜け出られなくて、自覚という言葉に対する抵抗が強かったのです。

自覚については、「自証」、自らを証するという言葉でもいわれます。自証ということは、これは、曽我量深先生がよくお使いになった言葉ですが、もちろんその依り処は『唯識論』です。唯識では自証分といって、意識自身に、意識が意識を映しているという。外を意識する意識がある。そして外を意識する意識を、自分が意識していると知っているというのが、意識の不思議さです。たとえば、「ここにコップがある」と意識している。コップがあることを意識すると、意識していると知っている意識がまたある。「能所」、「能変所変」といいますが、つまり内容を意識する。能所の形で意識が起こっている。そしてまた、そのことを知っているという作用がある。それを「自証分」という言葉で教えられています。さらに、その自証分をさらに映している自分、「証自証分」ということがいわれています。

西田幾多郎氏は、自覚はどこまでも深いということをいわれます。京都の地図という譬喩を出して、自分は地図を見ている。そうすると、京都の地図の中に地図があって、その地図を見ている自分がいる。そして見ている自分を知っている自分がいる。知っている自分を、また見ている自分がいる。そういうことをいっていると、限りなく深まるということをいわれています。

『唯識論』では、自証分と証自証分ということは、合わせ鏡であるといって、これ以上はいらない。鏡を二枚合わせると、無限に映し合う。無限に映し合って、どこまでも深い。映し合うから、無限に深いわけです。それで、このことを曾我量深先生はよく、合わせ鏡だといわれた。行と信は合わせ鏡であるということを、よくいわれるのですが、それは意識の構造からきているのです。

自証、自ら証するということは、自分で自分に本当に納得するという意味です。宗教用語として使う自覚という言葉は、そういう意味をすでにもっているのです。言葉は厄介なもので、一般に使われるニュアンスももっていて、それとは別の独自の意味でも使われる。独自の意味だということをいちいちいうのは面倒だから、どんどん使う。そうすると、そのうちに誤解されてしまうわけです。

それほど厄介であるにも関わらず、私が自覚という言葉をたびたび使うのは、曾我量深、安田理深という二人の先生方の教えを、私自身の依り処としているからです。親鸞聖人は、自覚とはいわれない。しかし、親鸞聖人の自覚の内容は、「罪悪深重煩悩熾盛」（『歎異抄』聖典六二六頁）です。自覚と「罪悪深重煩悩熾盛」が離れないということなのです。ですから、信心を自覚という言葉でいうわけです。信心ということは、その中に善導大師の二種深信、機の深信と法の深信を包んでいる。その二つの深信は、二つとしていわれるけれども、一つなのです。機の深信だけが起こることはなく、法の深信だけが起こることもない。機法二種の深信として、真実信心が成り立つというのが、善導大師の教えです。

親鸞聖人は、「信巻」でもその構造で考えておられます。一度信じたらもう機の深信はいらないなどというのは、とんでもない話なのです。信ずるということが、機の深信なのです。『歎異抄』でいわれるように、機の深信を抜いたら信心は成り立たない。真実信心は、機の深信なのです。そして機の深信が、同時に法の深信なのです。如来の大悲に照らされなければ、私たちの愚かさは、相対的な反省でしかない。相対的な反省というのは、常にひっくり返る。「ああ、俺より悪いやつがいた」とか、「俺もちょっとはマシなものだ」と。これはつまり、相対化するわけです、そうではないのです。徹底的に、罪悪深重煩悩熾盛だということなのです。

この言葉は、相対的に悪いというニュアンスが濃いように思われます。それで、私は学生のころ、清沢先生の文章を読んで、有限という言葉に打たれました。我われは有限無限の相対でものを考える。有限といわれたら、まさにその通りだというしかない。それが、罪悪深重などといわれると、とても暗いイメージで、「そんな地獄の底みたいな言葉を使わないで欲しい」というように、私は受け止めていました。ですから真宗学の中で異端児だったのです。

それで、ある先生から、「お前、それは、そういう言葉でいわないで、凡夫といいなさい」などと怒られました。「凡夫なんて言葉を使いたくないから、有限というのです」と答えると、「有限では分からん。凡夫といいなさい」といわれる。しかし、だんだんわかってきました。確かに凡夫なのですけれども、凡夫であるということがどういう内実をもつかということが、ちゃんと聞いてきて納得できて初めて、「ああそうか、凡夫なのだ」とようやくわかるのです。ですから、言葉には伝承があって、一つの言葉の中には、たくさんの言葉との連関があって成り立っていますから、それで仏教用語は難しいといわれるのです。

私も、大谷大学に二十年もおりましたから、お話の場に立つとどうしても仏教用語でお話をしてしまう。仏教用語を離れては考えられないものですから、仏教用語を使う。しかし、聞いている側は、仏教用語を聞いたことがない。現代日本文明の悲しさは、一般的な書籍や新聞や雑誌などに、仏教用語が生きてはほとんど使われていない。使われる場合は、譬喩的であったりして、強い意味ではない。誤解された意味、元々とは違った意味で使われていることが多い。生きた仏教用語として仏教用語が使われることが、この現代文明からは拭い去られています。

西谷啓治氏は、現代文明には宗教がないといういい方をされました。また、宗教には、現代文明がないと。これを使うなら、真宗学には現代がなく、現代には真宗の言葉がない。そういう交互関係ですから、世の中に伝わりにくい。ここをどういうふうに切り結ぶか。現代文明は、宗教的ではなくなった。キリスト教的にいえば、セキュラライズ（secularize）つまり世俗化したわけです。ですから、現代には世俗的な用語しかなくなってしまいました。宗教用語を使うと、わからないといわれる。そうしたら、世俗用語に切り込んでいって、世俗用語を使って、宗教的真実を発信するという努力をしなければいけない。

これをされたのが、清沢満之先生です。これは、できることではない。我われは愚かだから、残念ながらできない。何とかしようとして、悪戦苦闘しているのですけれど、これが難しい。やはり、仏教用語に頼ってしまう。仏教用語が真実を語っているのですけれども、その真実を世俗用語で語り得るのか。今は、そういう時代になってしまっていて、これが大変難しいのです。

とにかく、親鸞聖人が真実であることは確かです。その真実であることを、世俗用語で語るということが、今要求されている。しかし、この有限性の自覚と大悲の救済ということ、大悲の救済というような言葉も、今それを使ったら、聞く人にはまずわからない。難しい時代なのですけれども、親鸞聖人が語ろうとされる宗教的真実を、何とか語りたいと思うわけです。

私が東京で触れている科学分野の先生がおられるのですけれど、その方は、生命科学の分野の真実は、宗教的真実と無関係ではないといわれるのです。宗教的真実がいいあてる問題は、一般的な言葉でいうならば、人間の精神のストレス解放です。ストレス解放の状態は、生命存在としてある意味で危機的な情況から解放された状態です。そういう状態は、本当のあり方、真実のあり方だということはいえる。真実のあり方を回復するための表現が、宗教的表現なのだから、それは科学的真実のあり方と結びつき得るといってくださいました。

そこをどう結びつけるかが、大変難しい問題なのですけれども。とにかく、親鸞聖人のいわれる真実は、妄念や特殊用語の空間では決してなく、人間が生きていることを本当に解放する真実なのです。こういう意味で、他力の信念の真実ということを、何とか語り得るようにしなければならない。

これは、私の思いです。こういうことで、「信巻」を開いていくについて、皆様方の関心が、本質的なところに触れながら、たずねていっていただきたいと願っているのです。

第二節　「別序」について

三序を置く意味

『教行信証』「信巻」の信心について、問いを立てていかれるのですが、それについては、本願をよりどころとして、どのように大乗仏教を了解し直し、『無量寿経』の教えを表現し直すか、そういうことを親鸞聖人は、『教行信証』という著作を通して、解明されました。標列にありますように、まずは『無量寿経』を「真実の教」と決定さ

れました。その『無量寿経』が何を説いているか。それは「教巻」に、

　如来の本願を説きて、経の宗致《しゅうち》とす。すなわち、仏の名号《みょうごう》をもって、経の体《たい》とするなり。（聖典一五二頁）

と、名号を体とし、本願を説くをこの経の宗致（かなめ）とすると掲げられました。

そして、本願によって成り立つ『無量寿経』、その『無量寿経』の教えの内容を「教・行・証」という次第で、親鸞聖人は押さえ直されました。仏教の教えがあり、それを受け止めた衆生が教えを実践して、そして仏陀になる。その仏道を思想として表現するについて、普通はその次第を「教・行・果」、あるいは「教・理・行・果」というのですが、それを親鸞聖人は「教・行・証」と押さえて、それが本願によって愚かな衆生の上に成り立つ仏道をあらわすとされました。本願と本願成就ということが、『無量寿経』の教えであり、その『無量寿経』の教えを真実教として、真実教の内容が衆生の上に具体的に成就するとされました。そのときの内容が、『教行信証』であらわされる内容になるわけです。

その著作の題が、『顕浄《けんじょう》土《ど》真実《しんじつ》教《きょう》行《ぎょう》証《しょう》文類《もんるい》』と名づけられます。この題名一つとっても、親鸞聖人がどれほど考えられて、どういう意図をもってこういう題になさったのかということについては、なかなか謎が多いのです。たとえば、『顕浄土真実教行証文類』の「顕」はどこにかかるのか。「浄土」にかかるのか、「真実」にかかるのか、あるいは「教行証」にかかるのか。このように、いろいろと考えてみると、そもそも「顕」は何をあらわすのかということになるわけです。

「顕浄土真実」とありますけれども、真実は、真実の教行証ですが、それが浄土の真実という意味ももっているわけで、「顕浄土真実教行証」と漢字が並べられてあることだけでも、それは親鸞聖人の意図がどこにあるのかということを、見抜き、明らかにするについては、いろいろなことを考え得るわけです。

そういうわけで、「教行証文類」という題自身が、非常に大きな意味をもっている。親鸞聖人が『無量寿経』という教えを、「顕浄土真実教行証」という形で受け止め直してあらわすについて、自分で勝手にあらわすのではなくて「文類」を依り処とされます。「文類」は『無量寿経』の教えを受け止めてきた諸仏、求道者方の伝統でありますから、その伝統が生み出した言葉を集めるということにおいて、テーマである「顕浄土真実」という形が、「教行証」という形で結実しているということをあらわすのです。こういうことが、「教行証文類」の大きな意味になるのです。

ですからこの著作の本文は、「文類」なのです。諸仏方が生み出した言葉を収録するところに、この著作の主眼があるのです。その文類を集めるについては、『無量寿経』の教えをかくのごとく受け止めたという親鸞聖人のご了解において編集するということで、成り立っているのです。そしてこれに関わった責任主体が、後に出る「愚禿《ぐとく》釈《しゃく》の親鸞《しんらん》」(「総序」聖典一五〇頁)であり、その名において集められるわけです。

そして、その「教行証文類」という題だけ見れば、「信巻」は題に入っていない。「真仏土巻」も題には入っていません。しかし「総序」の文が終わったところにある標列のところに、

大無量寿経《だいむりょうじゅきょう》　真実の教　浄土真宗

顕真実教《けんしんじっきょう》　一

顕真実行《けんしんじつぎょう》　二

顕真実信《けんしんじつしん》　三

顕真実証《けんしんじっしょう》　四

顕真仏土《けんしんぶつど》　五
顕化身土《けんけしんど》　六
（聖典一五〇～一五一頁）

と、六巻の名前が並べられてありますので、これが親鸞聖人の名によって再構築された『無量寿経』の内容であるわけです。『無量寿経』を「真実の教」として押さえ直した内容、『教行信証』を編集して内容を押さえ直した表現になっているわけです。ですから、「顕真実信」という問題は、もちろん初めから六巻の構成の中に収まっているわけです。そしてまた、親鸞聖人以前にも以後にも、他の仏教の著作で、『教行信証』という著作のように六巻の構成にしている中に、もう一回序文を載せるというような構成の本というのは、皆無なのです。

『教行信証』において、「行巻」の結びに「正信偈」が置かれてあることについては、曾我量深先生がいわれますように、親鸞聖人の意図には、伝統の本願名号の教えは「教巻」と「行巻」においていったん結ばれて、この二巻が「伝承の巻」という意味をもつといえるのです。そして、「信巻」があらためて説き起こされるのは、ここに「己証」という問題があるからだといわれています。この曾我量深先生の智見を、しっかりと確認し直しておきたいと思います。なるほど「正信偈」は、「正信念仏偈」と親鸞聖人自身が名づけておられます。『無量寿経』の体を「名号」と押さえられる親鸞聖人が、それを信受できたという内実が「正信念仏」という偈の題なのでしょうから、『無量寿経』の伝統の内容を、六〇行一二〇句の「正信偈」に総持したということであろうと思うのです。

そこから、その伝承を真実に引き受けることが、いかにして衆生に成立し得るのか、愚なる自己にいかなる原理がはたらくことで、本願の真実に相応し得るのかという、真理成立の原理的背景を問い直すことが、「信巻」を開く意義だということです。

そういうところに、この『教行信証』は、親鸞聖人ご自身が『顕浄土真実教行証文類序』と書いておられる「総序」といわれる序文があり、そして「別序」と言われる「信巻」の序、そして「化身土巻」の結びに、「竊《ひそか》かに以《おもん》みれば」(聖典三九八頁)と始まる文章があって、この文章は「総序」の「竊《ひそか》かに以《おもん》みれば、難思《なんし》の弘誓《ぐぜい》は」(聖典一四九頁)に始まる文章と対応するような位置関係にあると読まれた先輩が、これも「あとがき」というよりは「序文」であると見られた。序文という言葉は、初めの言葉という意味ですから、最後に序文があるというのは言葉の矛盾なのですけれども、どういうわけか先輩は、「これは最後にあるけれど序文だ」といわれたのです。

なぜそういわれたかというと、「竊かに以みれば、難思の弘誓は」に始まる序文は、『教行信証』全体をお作りになるについて、親鸞聖人が本願の仏法が現実に歴史として伝えられてあることに値遇したことの慶び、「今遇《あ》うことを得たり」(「総序」聖典一五〇頁)といい得る内容、そういうものをあらわす書物を編集するについては、これに遇ったということへの恩徳にささげるために作るのだということを書いてある序文であるわけです。

それに対して「後序」は、法然上人と出遇い、そして、法然上人の教団が弾圧されるときに、一緒に自分も弾圧されたという歴史的な事実をまず述べられています。そして、それがじつは、大乗仏教の受難の歴史と重なっているのだと押さえて、それを背景としてご自身が教えに出遇われた慶びをあらわしておられる。大乗仏教は、さまざまな非難や圧力を受け、その中から出てきた『無量寿経』自身が、三毒五悪段というような人間の悪業の歴史を押さえています。そういうことを背景にして、この書を作ることが、出遇った喜びをあらわすと共に、自力の執念が強く仏法に背くような人間存在が、仏法に出遇って、これを真実だとうなずく。こういう事実は、現実の中では弾圧されたり排除されたりする。そういう教えの事実を、ここに表現する。ここに現に弾圧が起こったのだという、歴史的事実のもつ意味をあらためて語り直し、自分が今ここに仏法に出遇うことのできた慶びを語るのだといわれるのです。

こういうことで、これは、たんに「あとがき」というよりも、この著作全体が歴史上にもつ大きな意味をあらわす。それに自分が出遇うことができたという、歴史的事実において押さえているということで、「制作の事由」というようないい方がされます。これは、『教行信証』を生み出す歴史的事実というものを語ろうとするものだということで、序文の意味があると先輩は見られたのです。

それに加えて、「信巻」には、親鸞聖人ご自身が「信文類序」と書かれて、これは「序」だと押さえておられる序文があります。これは、「信巻」に付された特別の序ということで「別序」といういい方がされます。したがって、『教行信証』には、三つの序文があるのです。

このような形の書物は、まずないといってもいいのです。こういう意味で、「三序」という問題があるのです。なぜ三序があるのかということ、そして、それぞれの序にはどういう特質があるのかということについても、それを考えるだけで大変大きなテーマになり得ます。

「信巻」を開く機縁

じつは、西本願寺の教学者で、「信巻」に「別序」があるということは、「信巻」は後から『教行信証』に付け加えられたのだという説を出された先生があり、それが一時は大変な物議をかもしたことがありました。今ではそれは間違いであったというふうに、おおかた治まっていると思います。そういう問いが出るほど、この「信巻」というのは特別な意味があるということができると思うのです。

真実の信心には、この「信巻」を作らざるを得ないような課題があります。信心は衆生の受け止める本願の事実ですから、仏法を受け止める機たる人間存在の側からすれば、『教行信証』の問題全体に匹敵する重大な事柄なのです。しかし、法の側、すなわち衆生に真実の本願の表現として提示される内容は、信心以外の「教・行・証」だとされたのだというのが、親鸞聖人の意図であると思うのです。

ですから題号は「教行証」であるけれども、「教行証」に対して「信」ということがもつ位置には、独自の意味があるのです。

それについて、その「教行証」全体を信受する信心は、衆生にいかにして成り立ち得るのか。愚鈍なる衆生に、大悲の願が一切の仏法の功徳を準備し恵みたいといっても、それに対応する純粋な信心の意識が衆生には起こらないという問題があるわけです。

この問題を、親鸞聖人は、曇鸞大師の、

しかるに称名憶念《しょうみょうおくねん》あれども、無明なお存《そん》して所願を満てざるはいかんとならば、実のごとく修行せざると、名義《みょうぎ》と相応せざるに由《よ》るがゆえなり。

（「信巻」聖典二一三～二一四頁）

という問いを手がかりにされたということだと思います。

それは、天親菩薩の『浄土論』が、『無量寿経』と相応し得たことを表現し宣言している書だと、親鸞聖人がうなずかれたということです。教えと相応することが成り立った、その中心は五念門行の成就ということなのですけれども、曇鸞大師は五念門の中で第二讃嘆門のところに秘密を見られたのです。それはつまり、仏の名と相応するということです。これは、『無量寿経』の体が、名であるという押さえと重なるわけです。名と相応するという押さえは、親鸞聖人だからそのように読み取られたのであって、普通は『浄土論』を読んでも、『浄土論註』を読んでも、そこまで読めるものではないと思うのです。親鸞聖人は、『無量寿経』の体が名であるということを押さえられたのは曇鸞大師だと見られています。曇鸞大師自身は、名は体をあらわすといいますけれども、『無量寿経《むりょうじゅきょう》優婆提舎願生偈《うばだいしゃがんしょうげ》』という題に取り上げられている『無量寿経』について、『無量寿経』という経典の名前は、無量寿仏という仏名が経の名になっている。だから仏の名が経の体であるというのが、曇鸞大師の押さえなのです。『浄土論註』では、「すなわち、仏の名号をもって経の体となす」（真聖全一、二七九頁）といわれています。

　これは、もともと中国では、伝統的に表題を非常に大切にしてきたということがあって、経の内容は表題にあるのだという意味でいわれています。それを親鸞聖人はもっと積極的に、本願が衆生に呼びかける教えが『無量寿経』であり、その『無量寿経』の具体的事実は名号だとされたのです。たんに経の題が仏の名だから、それが『経』の体だというような一般的な意味ではなくて、本願の名なのだという意味で、経の体が名であると、名号であると押さえられたわけです。たんなる表題の名としての『無量寿経』の無量寿ではなくて、「南無阿弥陀仏」なのだと押さえられたのです。経に相応するということは、この名と相応することだということです。

　ところが、曇鸞大師が出されている問いは、

　　しかるに称名憶念《しょうみょうおくねん》あれども、無明なお存《そん》して所願を満てざるはいかん

（「信巻」聖典二一三頁）

というものです。「称名憶念」ということですが、「称名」の「称」の中にはいろいろな意味があって、称揚、称号、称量、称応などと熟字されるように、「ほめる」「かなう」「はかる」、そして「となえる」という意味ももちろんあります。しかし、これはただ発音するというよりも、名にかなう、名と相応する、名をよく知って名のごとくになるというような意味が「称」にはあるのです。そこに曇鸞大師が、さらに「憶念」を加えられます。

　これは、龍樹菩薩によって造られたとされる『十住毘婆沙論』に、「憶念弥陀仏本願」（聖典二〇五頁）と、親鸞聖人が「正信偈」の龍樹の段に取りだされたように、弥陀仏の本願を憶念するという言葉がありますから、その憶

念を曇鸞大師が取ってこられたわけです。本願を憶念することは、名を憶念することである。それが称名であるということで、「称名憶念」と押さえられています。

ところが、称名憶念しても心が明るくならないということを、曇鸞大師が問いとして出されて、これはなぜかということを問題にされているわけです。名があってそれを念じても、自分の無明が晴れない。無明を晴らすべく、本願は衆生に名号を与えようとしているのであるから、名は、

かの無碍光如来《むげこうにょらい》の名号《みょうごう》よく衆生《しゅじょう》の一切の無明《むみょう》を破《は》す、よく衆生《しゅじょう》の一切の志願を満《み》てたまう。

（「信巻」聖典二一三頁）

と注釈されているのに、名を称えても無明が晴れない。これはどうしてかと、曇鸞大師はこういう問いをわざわざ起こして、それは名の問題ではなくて、名と相応しない衆生の信心の問題だと押さえ直されたのです。

そういうことで、名に相応するということが成り立てば、淳心・一心・相続心となる。これは道綽禅師の注釈です。ところが、名に相応しないから、不淳心・不一心・不相続心であるということです。曇鸞大師は、

三種の不相応あり。一つには信心淳《あつ》からず、存《そん》せるがごとし、亡《もう》ぜるがごときのゆえに。二つには信心一ならず、決定《けつじょう》なきがゆえに。三つには信心相続せず、余念間《へだ》つるがゆえに。

（聖典二一四頁）

といわれています。このように、曇鸞大師が、問題は信心が不実であって信心不淳であり、信心が決定していない、さらには信心が純粋相続していないことだと押さえてくださっていることから、親鸞聖人は衆生の課題は信心であると押さえられて、そこから信という問題は、いくら「教行証」が立派だといってみても、具体的に衆生がそれに相応できないという問題はどうするのかと、こういう問題を「信巻」の課題としてここに展開されるのです。

そこで、念仏を真実に引き受けることが、いかにして衆生に成立し得るのか、愚かなる自己にいかなる原理がは

たらくことで、本願の真実に相応し得るのかという、真理成立の原理的背景を問い直すことが、「信巻」を開く意義になるのです。

『教行信証』の理解の仕方

『教行信証』をどう見るかということについては、いろいろな見方があります。話がさかのぼりますが、親鸞聖人七百回御遠忌に際して、真宗大谷派が鈴木大拙先生に『教行信証』を英訳してほしいということをお願いしました。大拙先生は、八十八歳から九十歳にかけて、ご高齢にもかかわらず『教行信証』を英訳してくださったのです。この大拙先生の『教行信証』が、『教行信証』理解の一つの形だということを思います。

大拙先生は、六巻の『教行信証』の中から、「教巻」「行巻」「信巻」「証巻」の四巻を翻訳されました。残りの「真仏土巻」「化身土巻」については、「若い者がやってくれ」といい置かれたそうです。全六巻の中の初めの四巻だけでは完訳ではないということで、中途半端だと見られかねないにもかかわらず、大拙先生は「これでいい」と考えられていたようなのです。

『教行信証』理解の中には、初めの四巻でよいという解釈もあるのです。たとえば金子《かねこ》大榮《だいえい》先生は、『教行信証』は初めの四巻と後二巻との二部からなっていると、「二部作『教行信証』」という説を出しておられます。つまり、一部が回向の巻としての「教巻」「行巻」「信巻」「証巻」であり、二部が仏土の巻としての「真仏土巻」「化身土巻」であるといわれるのです。金子先生だけではなく、学者の中にそういう強い説があるのです。

それに対して、曾我量深先生は、晩年にいたるまで『教行信証』は「教巻」「行巻」の二巻で完結しており、「信巻」以降は親鸞聖人の己証であるとされました。これは独特な了解です。このようにいわれるのは、一つには「行巻」の結びに「正信偈」が置かれている。もし『教行信証』を四巻で切るというなら、「証巻」の結びに置くべきであるということになります。あるいは、『観経疏』の「勧衆偈」のように最初に置くか、あるいは最後に偈を置くという経典もありますから最後に置くか、それならばわかるけれども、途中に置くというのはどういうことかといわれるのです。ですからこれは、途中ではないのだということです。親鸞聖人のお考えでは、『無量寿経』の教えは「教巻」「行巻」でいったん結んでもいいというような意味をもっているのです。ですから、そこに「正信偈」を置くのだと曾我量深先生はいわれたのです。「正信念仏偈」は、それに何かを加える必要のない、完結した六〇行一二〇句の念仏の讃歌です。これが「行巻」の結びに置かれることのもつ意味を、曾我量深先生は非常に大きく見られました。だから、「教巻」「行巻」の二巻でいったん終わっている。そして、この二巻が、伝承の巻であるといわれたのです。

伝承・己証という言葉は、江戸期の教学者の講録の文献の中にあります。けれども曾我先生は、伝承のもつ大きな意味は「教」と「行」であると、独特の了解をなさったのです。「行」だけであるといってもよいが、「教」「行」であるのだと。「弥陀《みだ》、誓《ちか》いを超発《ちょうほつ》して」（「教巻」聖典一五二頁）に始まる阿弥陀の本願の歴史と、それを引き受けた七祖の現実的歴史とが、大行のこの世における表現であり、「教巻」「行巻」はこの伝承ということを語るのです。そして「信巻」以降は、それと人間が出遇うための課題、あるいは人間が出遇った場合にいただく課題、あるいはいただく利益という問題を、問いとして疑難をくぐって、つまり疑いをくぐって、問われるべき課題として明らかにする。そういう意味をもった巻が「信巻」以降であると、そういうふうに曾我先生は『教行信証』をご覧になったのです。

この見方を取れば、「信巻」に「別序」があることの意味もよくわかります。「信巻」から、内容的には新しい意味が始まるのであって、ただたんに「教」「行」の連続ではないのです。こういうような意味が、「正信偈」で結ばれ、そして「別序」から始まるという、そういう『教行信証』の内面的な展開としていただくことができます。

曾我量深先生には、ご自身が編集に関わって、自分でお書きになった文章が中心になっている「論集」が四巻あります。その論集は、第一巻『救済と自証』、第二巻『地上の救主』、第三巻『伝承と己証』、第四巻『内観の法蔵』となっています。今からもう五十年以上前ですが、私が学生のころ、曾我先生のものを読もうとすると大変内容が難しかった。ともかく、その『伝承と己証』というテーマは、七祖の伝承とそれを受け止める信という課題であり。それに対応して『救済と自証』という題名を出されています。

『救済と自証』というテーマは、特に信の問題に深く関わるということで、安田理深先生が晩年に「信巻」を講義なさったときの講義録が、『親鸞における救済と自証』（東海相応学舎）と名づけられて出版されました。「信巻」は、親鸞聖人における「救済と自証」であり、「救済と自証」と曾我先生が名づけられたテーマが「信巻」の課題なのです。それに対して、「伝承と己証」というテーマが、「行巻」の課題であると、大きく見るとこのようにいえるのでしょう。

己証と自証とはどう違うのか。これはわかりにくいことですけれども、誤解してはいけないのは、「行巻」はたんに法であって機の問題は入らない、つまり、行は行であって信はないと考えてしまうと間違いなのです。『教行信証』の「行巻」に親鸞聖人が引用しておられる大行の歴史の文は、全て『無量寿経』を読み、名号を信じた人の歴史の証文ですから、その語った言葉には信が入っているのです。たんに行の歴史ということはありません。行をほめるということには、必ず信が入っています。行が成り立つということは、信が既に前提にあるわけです。

だからこそ、「正信偈」は「正信念仏偈」という題になるのです。あれは「念仏偈」ではない、「正信念仏偈」なのです。親鸞聖人ご自身のいわれる略称は「正信偈」（『尊号真像銘文』聖典五三〇頁）ですね。ということは、「行巻」は、既に行信一体の大行が成り立っているという事実を語られてある巻なのです。信は既にそこに済んでいるといってもいいのです。けれども、あえて問いを掘り起こすところに、「信巻」の難しさと、非常に積極的な意味があるといえます。

「信巻」を読むについて、「信巻」にはどのような意味があるのか。そもそも題は、略称では『教行信証』といわれていますが、親鸞聖人は『顕浄土真実教行証文類』といわれています。そこには「信」が入っていないのに、特別大きな意味があるというのはどういうことなのか。信ということは、「教行証文類」の中の中心テーマなのですけれども、題には出しておられない。こういう不思議さがあるわけです。

第三節　本願の機（絶対不二の機）の自覚的意味

『観無量寿経』の三心と第十八願の三心の対応

親鸞聖人は、「信文類」を開くについて「別序」を置かれた。それぞれの巻を開くについては、巻のテーマを巻頭に出されています。こういうところは、親鸞聖人が非常に優れた思想家であるということです。これからあらわす内容を総合したようなテーマを、巻の初めに置かれるわけです。その問題を、この巻では展開するのだという形で、『教行信証』はすべて展開しています。

それが「信巻」の場合は、いわゆる「別序」の文が結ばれた後に、

至心信楽《ししんしんぎょう》の願《がん》　正定聚《しょうじょうじゅ》の機《き》　（聖典二一〇頁）

という言葉で出されています。

これが、親鸞聖人にとって、「信巻」のテーマなのです。真実信心を論ずる根拠は「至心信楽の願」であるということが、まず押さえられています。そして、それによって成り立つ人間存在を、「正定聚の機」とするのだと押さえておられるということです。これが、「信巻」で展開されているのです。

「機の三願」といわれる第十八願、第十九願、第二十願の三願を見れば、「至心信楽欲生」「至心発願欲生」「至心回向欲生」（『無量寿経』聖典一八頁）とありますから、第十八願が「至心信楽の願」だということは、真宗学を少し勉強すると当たり前のようになっていますけれども、これは親鸞聖人が苦労してそのように読み取ってくださったことがあって、我われがその教えを聞いてそうなのだと了解しているわけです。

親鸞聖人以前には、この第十八願が「至心信楽の願」であるとは、誰もいっていなかったのです。

第十八願を取り出されたのは、曇鸞大師です。曇鸞大師が、菩提流支三蔵に出遇って回心されて、そして受け取ったのは『無量寿経優婆提舎願生偈』であるに違いないと私は思います。ただ、文字としては残されていませんので、よくわからないともされます。しかし、曇鸞大師が『浄土論』をこれだけ深く読み込み、そして注釈されたということと、もう一つの著作である『讃阿弥陀仏偈』という偈にある讃嘆の言葉からも、ものすごい情熱が感じられます。『讃阿弥陀仏偈』を親鸞聖人は、ほとんど全文「真仏土巻」に取り上げておられて、さらにこの偈文によって、曇鸞大師の讃嘆として、『浄土和讃』の最初の「弥陀成仏《みだじょうぶつ》のこのかたは」（聖典四七九頁）以下の和讃を作っておられます。そういうことからも、親鸞聖人は、深く曇鸞大師を尊敬し、慕っておられたに違いないということ

がわかります。

ともかく親鸞聖人が、第十八願を「至心信楽欲生」に中心があると見られたということは、何でもないことではないのです。曇鸞大師は、本願文に「乃至十念」とあることから、「十念往生」の願（『浄土論註』「三願的証」真聖全一、三四七頁参照）だと見られました。

法然上人は、第十八願を「念仏往生の願」と名づけられています。善導大師は、願についていろいろな読み方をしておられますが、こういう願の名だということをはっきりとはいっておられません。しかし、『観念法門』では、第十八願について、

もし我成仏せんに、十方の衆生、我が国に生まれんと願じて我が名字を称すること、下十声に至るまで、我が願力に乗じてもし生まれずは、正覚を取らじと。（『行巻』聖典一七七頁）

若我成仏、十方衆生、願生我国、称我名字、下至十声、乗我願力、若不生者、不取正覚。（真聖全一、六三五頁）

と、「称我名字《しょうがみょうじ》、下至十声《げしじっしょう》」といわれますから、「称名念仏の願」だと見られたということは確かです。善導大師によって、乃至十念の十念は十声《じっしょう》、十声《とこえ》の念仏、つまり称名念仏であるということが非常にはっきりしたといえます。ということは、善導大師を根拠にするならば、「称名念仏の願」、あるいは「称名往生の願」であるということになります。

それを、親鸞聖人は、「念仏」と「信心」と「往生」という課題に分けてお考えになります。往生という課題は、『教行信証』全体の課題でももちろんあります。浄土の課題でもあり、往生の課題でもあるけれども、しかしことさらに「難思議往生《なんしぎおうじょう》」という言葉によって「証巻」を立てておられます。

顕浄土真実証文類四《けんじょうどしんじつしょうもんるいのし》
必至滅度《ひっしめつど》の願《がん》
難思議往生《なんしぎおうじょう》

（聖典二七九頁）

と標挙されています。これは、「真実証」というテーマと、「難思議往生」というテーマを重ねておられるということです。

これはすべて本願による仏道の内容である。本願が衆生の上にはたらいて成就する仏道の内容を、明らかにしているのです。『無量寿経』の教えの内容を、本願によって構成し直して、六巻の教・行・信・証・真仏土・化身土という展開をもって、これが本願のはたらきの内容であるとされる。そして、これらの全体をくくるものが「南無阿弥陀仏」であり、「南無阿弥陀仏」が『無量寿経』の体であると、このように大きく押さえておられるわけです。

それまでは「念仏往生の願」といわれるように、念仏往生という形で、つまり教えをいただいて念仏して往生すると語られてきたのを、親鸞聖人が『無量寿経』を依り処として構成し直された。それは、一つには『無量寿経』『観無量寿経』『阿弥陀経』の三経によって成り立つ往生というのが、法然上人の了解です。親鸞聖人は、真実の面ではその通りであると受け止めておられますけれども、三経には「真実」と「方便」の面があるといわれます。方便の面から見れば、『観無量寿経』と『阿弥陀経』には、方便化身土に対応する問題があります。方便真実、真実のない方便ではないけれども、表向きは真実に結びつけるための方便としての面が強いのが、『観無量寿経』であると押さえられます。そして、語るところは念仏それ自身であるけれど、そこにまだ方便が残るという問題が『阿弥陀経』であるとされたのです。

このように、真実は真実のみではない。人間に呼びかけようとするときには、人間が不実であるから、不実が真実に直接触れることはできません。譬喩的にいえば、熱いフライパンにいきなり手で触れば火傷してしまうように、真実そのものに人間が触れれば焼けてしまう。そのために、そこには手立てが必要になるのです。

ここに、方便の積極的な意味を見出され、第十九願、第二十願という願文と、『観無量寿経』『阿弥陀経』という経典のもつ方便的な意味を押さえ直されます。

こういうお仕事は、誰にもまねはできません、親鸞聖人の独特の了解です。親鸞聖人という方でなければ、できないお仕事なのです。

こういう思想を背景において第十八願を見れば、第十八願は、まさに『無量寿経』に対応する願であるということになります。『無量寿経』に対応する願として第十八願があるけれども、第十八願に先立って成就しているのが第十七願であると、『無量寿経』の成就文を読み込まれたのです。第十七願については、願それ自身を取り上げてきたと読める文献は、ほとんどありません。成就文には、

十方恒沙《じっぽうごうじゃ》の諸仏如来《しょぶつにょらい》、みな共に無量寿仏《むりょうじゅぶつ》の威神功徳《いじんくどく》の不可思議なることを讃歎《さんだん》したまう。

（『無量寿経』聖典四四頁）

とあるけれども、これはいったい何を語っているのか。何かよくわからないのです。「十方恒沙の諸仏如来」がどこかにいてほめているというのは、何だかわけのわからないような話ですから、これについてまともに取り上げるということがなかったのです。ただ、善導大師は、『観経疏』の注釈の中で、『阿弥陀経』六方段について「諸仏証誠」といわれ、『往生礼讃』では『阿弥陀経』を「護念経」と呼ぶいわれを語って、「仏を称して往生する者は、常に六方恒河沙等の諸仏のために護念せらる」（「行巻」聖典一七六頁）といわれる。親鸞聖人はそれによって「諸仏護念」（「信巻」聖典二四一頁）ということをおっしゃっています。

親鸞聖人は、第十七願と第十七願成就ということは何であるか、また行が本当に真実の行であるとはどういうことか、そして第十八願との関係ということを考えていかれた。第十八願は、「至心信楽欲生」と誓っているけれども、普通はそれをたとえ百万遍眺めてみたところで何が問題なのかなどということはまったくわからないでしょう。ところが、『観無量寿経』の三心《さんじん》釈、至誠心・深心・回向発願心と関わっているのだと見抜かれたのが、親鸞聖人なのです。こういうところが、すごい思想家なのです。言葉に対して厳密であるのはもちろんのこと、言葉を読まれたときに、その言葉が全て問題をはらんだ言葉として、刻印されるのでしょう。そういう方だから、『観無量寿経』を読むときは『観無量寿経』、『無量寿経』を読むときは『無量寿経』と別々に読むというのではなくて、それらが皆ぶつかり合い、くっついたり離れたりしながら、頭の中で動いておられるような人なのでしょう。だから、『観無量寿経』の注釈の三心《さんじん》の釈と、第十八願文の三心《さんしん》とがぶつかり合って至心・信楽・欲生については「信巻」に解釈をなさって、至誠心・深心・回向発願心の善導大師の注釈と対応させて、真実信心の内容だとされたのです。

このようなことがあって、第十八願を「至心信楽の願」と名づけられ、その「至心信楽の願」によって「信巻」の課題を考えていかれます。ですから、「至心信楽の願」文とその願成就の文、つまり上巻の本願文と下巻の成就文とをぶつけ合わせながら、考え直し構成し直すということが、この「信巻」の内容であるのです。これはすごい構想だと思うのです。これが、「信巻」を読むときの大きな枠組みです。

法然上人は、「念仏往生の願」といわれますけれど、その信念に、本願が衆生に誓う「法」の面と、それを受け止める衆生の「機」の面とがあって、それが渾然一体となっているのですけれど、憬興は、『無量寿経』の説示によれば、上巻は「如来浄土の因果」、下巻は「衆生往生の因果」であると、明らかにしています（「行巻」聖典一八二頁）。

この憬興《きょうごう》という方は、七世紀後半の朝鮮の新羅の方です。当時の新羅の王朝は、仏教によって国を治めるという政策をとっていました。中国の唐の国が仏教を国教として大切にしたことによって、七世紀から九世紀にかけての唐の時代には大変仏教が盛んでした。その唐の影響を受けて、新羅も仏教を中心に据えて国を治めようとしたのです。憬興という人は、そこに生まれた偉大な学者です。

憬興の『無量寿経』の注釈書が、『無量寿経連義述文賛』（略称『述文賛』）です。憬興は、もともと法相宗の方ですが、法相を学んでいる人が『無量寿経』を注釈しているのです。こういうことは、珍しいことではありません。そして、その『述文賛』がいつの時代に日本に来たのかはわかりませんが、源信僧都が引用しておられますから、源信僧都の時代、つまり十世紀から十一世紀頃にはもう日本に来ていたと考えられるのです。そして、源信僧都が読んでおられたということは、比叡の山で『無量寿経』が読まれ学ばれていたということですね。

『無量寿経』は、上下二巻の相当に大きな経典ですが、憬興はその経典の一字一句を注釈していますから、これはすごい学者です。その注釈をまた親鸞聖人が、おそらく、全巻にわたって克明に読んでおられると推測できます。なぜかといえば、『述文賛』の引用が多く見られるからです。

「教巻」の構成は、「教巻」が真実の教だということをいわれるときに、『無量寿経』の文と、異訳の経文を引用された後は、『述文賛』の引文があるだけです。真実教だということは、経文が語っている。そしてそれの注釈は『述文賛』だけで語られている。経典と『述文賛』だけで「教巻」が成り立っているのです。

そして、「行巻」にも、かなり長文の『述文賛』の引用があり、さらに「真仏土巻」、「化身土巻」にも引用されています。その引用された、飛び飛びの部分だけを読まれたというはずがありません。ですから、親鸞聖人は、『述文賛』の全部を『無量寿経』と対応して克明に読まれて、そこから問題の点だけを引用しておられるのでしょう。ですからおそらく、全部が頭の中に入っているのだと思うのです。親鸞聖人という方は、そういう勉強をなさった方なのです。

基礎として、そのようにきちんと勉強しておられた土台があり、しかもそれがただ止まっているだけではなく、ぶつかり合いながら動き回る。それが思想、思索として、問題意識となってじっとしていない。この問題はどうなるのか、この問題はどうなるのかと、あちらこちらへと出ていくものですから、『教行信証』のような複雑怪奇な本を作らざるを得なくなるのだと思うのです。

親鸞聖人という方は、本当にすごい思索家です。生涯、ずっと考え続けていかれた。そして、晩年に至って『三経往生文類』を書かれ、また『往相回向還相回向文類』を書かれ、そこにある問題を整理し直していくという形で構成し直し、また考えていかれる。そのような資質の方だったのだと思うのです。

「行巻」に引かれている、「如来浄土《じょうど》の因果」「衆生往生《おうじょう》の因果」（聖典一八二頁）という憬興の言葉で示されるように、『無量寿経』は上巻・下巻の両巻になっているということは、たんに三巻に分けずに二巻になっているというような、分量の問題ではありません。課題の違いがあるということが、上巻・下巻という分け方になっているという気づきなのです。これが、憬興の偉いところです。

さらにこの見方が、じつは『浄土論』の偈文と解義分、そして、『浄土論註』の上巻と下巻という分け方と対応すると、親鸞聖人は見ていかれます。そこに分けざるを得ない分限という課題があるのではないか。如来浄土の因果として語るということは、一旦、真実なる願のはたらきの世界それ自身を明らかにする。つまり、無限なる形なき世界を、一応無限が形をとるごとくにしてあらわす。そのようなことが課題であるのが上巻である。それに対して、下巻では、有限なる存在に無限なる事実とのぶつかり合いが起こるというテーマを考えるということが課題となります。下巻をくぐると、二つに分けたけれども、二にして一である。二つはたんに別のことではないのです。

苦悩の衆生がたすかる原理

本願は、衆生を外に見るのではなくて、本願は衆生となって衆生を救おうとする。だから、一旦は本願の外なる衆生のごとく語ります。別のいい方をすれば、無限の外なる有限であるごとく語るのです。しかし無限からすれば、じつは無限以外に何もないはずです。しかし、有限の側からは、無限は有限の外にあるとしか考えられません。有限は、無限をつかむことができません。だから、自分はこぼれ落ちた存在であり、自分にとって無限は自分の外であるとしか意識できません。つまり、如来を他であるとしか見えないのです。しかし、如来からすれば、如来ならざるはないのです。大悲にこぼれるものはないのです。こぼれ落ちるものは一つもないというのが、大悲であり無限なのです。

だからそこに、絶対の矛盾があるわけです。清沢満之先生のいわれるように、有限と無限の絶対の矛盾があります。しかし、それを教えとして立てるためには、どうしても一旦、二つに分けなければならない。分限の違いを分けるのは、有限の側からは無限をつかまえることができないからです。初めから「いや、俺は有限だけど、無限と一つなのだ」と思えるような人であれば、問題はないのです。しかし、こぼれ落ちた存在としては、煩悩具足の存在としては、もがいても、もがいてもどうにもならない。自分の愚かさ、心の汚さ、小ささ、そして、なんでもないことにクヨクヨ悩み苦しむこの身のつまらなさ、こういうものを感じたら、自分が無限になっていると考えるのは、妄念に過ぎないとしか思えないでしょう。現実は、こぼれ落ちた存在の悲しみでしかないのです。

ですから、有限から無限にどう関わるのかということを、積極的に、本当の意味で、苦悩の有情が本当にたすかるということは、どういう形で成り立ち得るのかということを明らかにしなければならないということが、本願他力の教えなのです。それで無限が一端有限から出発して、兆載永劫の修行をして、有限を救済すると語りかける物語が説き出されるのでしょう。

そこには、これしかないと本願他力を選ばざるを得ない、有限なる人間の事実があるわけです。そういう意味で、「本願の機」という問題は、特に『無量寿経』下巻の本願成就というところに中心を置いて、見直していくという課題なのです。

それで、念仏往生という信念には、本願が衆生に誓う「法」の面と、それを受け止める衆生の「機」の面とがあって、それが渾然一体になっているのですけれど、憬興は、『無量寿経』の説示によれば、上巻は、「如来浄土の因果」、下巻は「衆生往生の因果」であると明らかにしました。すなわち、上巻は法の因果であり、下巻は本願によって成り立つ機の因果であると押さえられたわけです。このことを本願それ自身に依って明示するなら、行によって衆生に開かれた信を、行信一体にして了解するよりは、選択の行と選択の信を別の視点から、大行・大信として機法の分限を判然として解明すべきではないかと考察されたのであろうと思うのです。

大行が如来の選択と修行を背景にして、徹底的に他力（本願力）であることを論じているのが、親鸞聖人の「行巻」の一面ですが、それを衆生が受け止めるときに、どうしても自分の側の存在の意味を付け加えたいという潜在意識、つまり自力の執心を自覚できないのです。自力の執心が深いことの自覚と、真実信心を確立することとは、表裏の課題なのです。ですから、信心も如来が成就するのだという、親鸞聖人の信念を生み出してきた契機に、『浄土論』との格闘があったのではないかと思うのです。

『浄土論』について、唯識の学匠である世親が『浄土論』を造ったというのは伝承の間違いではないのか、他人が造ったものをその名前に仮託したのではないかという説があります。私も初めは、そちらの方が本当かも知れないと思っておりました。しかし、およそ六世紀の前半に、『浄土論』は翻訳されて、それに出遇った曇鸞大師は六世紀半ばまで生存された人ですから、七世紀の唐を通して、十世紀ごろにはさまざまな形ですでに日本に入っているはずなのです。

比叡の山で、『浄土論』と『浄土論註』がどの程度読まれていたかということは、今ではよくわかりません。けれども、『往生要集』に『浄土論註』の文が引用されているわけですから、『浄土論』も読まれていたのだろうと思います。『浄土論註』を引文されるということは、当然『浄土論』を読んでいるのです。『浄土論註』は『浄土論』の注釈ですから、『浄土論』を読まずして『浄土論註』は読めません。『浄土論註』を通して、『浄土論』が読まれているのです。

親鸞聖人は、当たり前のように回向という言葉を使われます。そもそも『教行信証』は、

謹《つつし》んで浄土真宗を案ずるに、二種の回向《えこう》あり。　（聖典一五二頁）

から始まりますから、浄土真宗という教えを、「大無量寿経《だいむりょうじゅきょう》　真実の教　浄土真宗」（聖典一五〇頁）と明示なさって、浄土真宗は『無量寿経』によって成り立つと定義されて、その『無量寿経』によって成り立つ浄土真宗を案ずるに「二種の回向あり」と、「教巻」はそこから出発しています。

往相の回向、還相の回向というのは曇鸞大師の言葉ですが、その曇鸞大師の言葉を親鸞聖人は独自の使い方をされています。曇鸞大師の押さえた意味を、

往相《おうそう》の回向《えこう》について、真実の教行信証《きょうぎょうしんしょう》あり。　（聖典一五二頁）

と押さえて、教・行・信・証は、回向を通して衆生の上に成り立つ『無量寿経』の教えの事実ですから、事実を成り立たせる原理が回向だといわれるのです。如来二種の回向です。如来二種の回向のはたらきを通して、衆生の上に教・行・信・証が恵まれるのだという構造で、教・行・信・証を考えていかれます。

　その回向という言葉のもとは、じつは『浄土論』の五念門の利他、回向門にあります。この『浄土論』をどう読むかという問題が、親鸞聖人にとって、大きな謎だったと思うのです。五念門は、自利に四門、利他に一門です。礼拝・讃嘆・作願・観察の四門を通して自利を成就し、回向門を通して利他を成就する。自利利他を速やかに成就して無上菩提、つまり阿耨多羅三藐三菩提を成就すると、『浄土論』は結ばれています。

　善男子・善女人が五念門行を修し、五念門行を成就して安楽浄土に生まれると書かれていますから、文字通り読むと、善男子・善女人は凡夫ですから、凡夫が五念門行を修して、自利利他を成就していくということになります。そして、自利利他を成就して阿弥陀如来にお遇いできるという展開になっています。これと、『無量寿経』の教えの論として、『無量寿経』の優婆提舎であるという意味が、どのように重なるのか。曇鸞大師は、ここをどのようにお読みになったのか。ここに大問題があるのです。

　唯識の学匠である世親（バスバンドゥの旧訳が天親、新訳が世親）が『無量寿経』を読まれて、五念門の行を通して浄土の功徳を得ると語っておられるのですから、謎があるわけです。これをどう読むのか。そして、曇鸞大師もさすがに、五念門行は天親菩薩の五念門行であり、天親菩薩が菩薩行としての礼拝・讃嘆・作願・観察・回向を成就して、無上菩提を成就すると、こういうふうに一応は読んでいます。しかし、『浄土論』の結びにある「自利利他して速やかに無上菩提を成就する」というところに秘密を読み取られて、自利利他は、自利他利ではなく自利利他であるということは、利他に「阿弥陀如来を増上縁《ぞうじょうえん》とする」（「行巻」聖典一九四頁）ことがあるという独自の注を付けておられます。利他とは、阿弥陀如来の増上縁なのだと。

このように読むのは、普通に考えると無理があります。そこだけを読むならば、曇鸞の誤解だといわれても仕方のないところです。しかし、親鸞聖人は、「他利利他の深義」（「証巻」聖典二九八頁）といわれて、これは表層的な意味ではなく、深い意味なのだといわれます。『無量寿経』の優婆提舎であるならば、こう読まなければならない。「即得成就」を成り立たせる力は、阿弥陀如来の本願力によるのだと、こういうふうに読んで、そして五念門行は、たんに天親菩薩個人の菩提心の行ではない。『無量寿経』の教旨によって、この五念門行は法蔵菩薩の菩薩行なのだと読まれたのです。

これが、「願作仏心《がんさぶっしん》」「度衆生心《どしゅじょうしん》」（「信巻」聖典二三七頁）の注釈にも関係してくるわけです。

> 願作仏心は、すなわちこれ度衆生心なり。度衆生心は、すなわちこれ衆生《しゅじょう》を摂取《せっしゅ》して有仏《うぶつ》の国土に生ぜしむる心なり。
> （「信巻」二三七頁）

といわれるのですが、これはつまり、衆生とともに安楽国土に往生せんという回向門です。そして、願作仏心は即度衆生心である。度衆生心は回向心であると、親鸞聖人は「信巻」で展開しておられます。

これも、なぜこのようなことがいえるのだろうというような話ですが、親鸞聖人は、「願作仏心」も「度衆生心」も、「衆生を摂取して有仏の国土に生ぜしむる心」も、全部法蔵願心だと見られたのです。こう読むことにおいて、『無量寿経』の教えが本当に自分のものになるという道理を、天親菩薩は語っておられるのだと受け止められたのです。天親菩薩が、一応は自利として自分で行ずるがごとくに書かれているけれども、礼拝・讃嘆・作願・観察・回向、自利利他すべてが如来のはたらきなのだと、如来因位の法蔵願心なのであるといわれるのです。そのように考えて初めて、利他の信心、つまり如来利他の信心に出遇うことができるのだといわれるのです。

このようなことは、いくら聞いても、何をいっているのかわからないのです。つまり、わかろうとするのは、有限の、自我の立場であり自分で努力する立場ですから、その立場では絶対わかりません。帰命するといったら、自分で帰命するのだろうとしか思えない。礼拝門が法蔵菩薩の帰命だなどということが、どうしていえるのか。親鸞聖人は、礼拝門の帰命とは、

如来《にょらい》すでに発願《ほつがん》して、衆生《しゅじょう》の行《ぎょう》を回施《えせ》したまうの心なり。

（「行巻」聖典一七七～一七八頁）

であるといわれます。こちらが礼拝するのではないので、礼拝ということが成り立つのは、如来の回向なのだといわれるのです。

これは、如来のはたらきと、自分を破って南無せしむるそのはたらきとが一致して、自分の上に南無ということが起こる。けれども、それは自分の心ではない。南無しているということは、如来のはたらきなのです。こう読まなければ、南無が如来の行だとは読めないのです。そう読むと、如来が外にいるのではない。如来が私になって、私を本当に立ち上がらせるのだといただくことができる。ですから、曾我量深先生が、「如来、我となりて我を救いたもう」といわれるのです。如来が外にいるのではありません。法蔵願心が凡夫の上にはたらいている、それが南無なのです。五念門行が法蔵願心であると読むということは、そういうことなのです。

唯識の学匠、天親菩薩が『無量寿経』の論を造られた意味

誰もがそういう問題をもつものかどうかわかりませんが、私は長い間、仏様を拝むことができませんでした。みんな木像を拝んでいるけれど、何を拝んでいるのだろうか。木像はたんなる木ではないか、あんなところに何があ

るのか、仏がいるはずがないではないかと思っていました。

あるいはたんなる絵ではないか。下手な絵描きが描いた絵を、なぜ拝むのだと。そのように愚かな自力我慢の心をもっていましたから、拝めませんでした。

拝めないということは、闇です。自分自身は傷つき破れているのだけれども、拝むものが見えないほどの傲慢さをもっているということです。ですから拝めないのです。もちろん、自分の愚かさや汚さ、救いのなさは、嫌というほどわかっているけれども、拝めないのです。それはつまり、「法の深信」のない「機の深信」は成り立たないということです。自己反省や自己嫌悪はあるけれども、自分というものを外に映して、自分を嫌う心で他を嫌いますから、拝むものはないのです。こういうのが、私も含めて現代のほとんどの方の闇ではないかと思うのです。

そのときに、親鸞聖人が、

「南無」の言《ごん》は帰命《きみょう》なり。（中略）「帰命」は本願招喚《しょうかん》の勅命なり。

（「行巻」聖典一七七頁）

と、南無は如来の回向だといわれることの意味が、すごく大きいのです。南無は、自分がするのではない。如来がはたらいて、如来が立ち上がる、如来の心なのだということです。南無できるのは、自分ができるのではないのです。そういう親鸞聖人のお心によって、五念門行を、法蔵菩薩の行だと読まれたのだと思うのです。

我われは、自分が凡夫だということは、九九パーセントわかっているのです。自分が愚かな凡夫だと気づかないような人はいないと思うのです。どんな賢い人でも、賢い反面、愚かであるということは、知っているはずなのです。そういう愚かさ悲しさを知ってはいるけれども、しかし一番根源において自我を許していますから、反省する自我に潜む自我には気づくことができないのです。

私は、その問題が天親菩薩の悩みだったのではないかと読むことができたときに、これが曇鸞大師のいわれる

「七地沈空の難」の問題と絡むということが、やっとわかったのです。つまり、自力の菩提心が行き詰まるのです。どれだけ、自分で成就できると自己を信頼して歩んでみても、自分の中に自己を許す心があるということを、自分でつかみ出すことはできないのです。

これを、世親が『三十頌唯識論』で、末那識という意識を立てて、末那識相応の煩悩を、倶生起の煩悩と名づけられた。これは生まれるとともに付いている煩悩であり、我痴・我見・我慢・我愛という、我の付いた煩悩です。我が寝ても覚めても付いている。これは起きているときの自我意識のように、強い自我意識ではありません。強い自我意識は、自分を苦しめてくるから、我があることが問題だと気づくことができるのですけれども、寝ても覚めてもはたらいている煩悩は、普通は問題として意識に上ってきません。いくら反省しようと、どれだけ努力しようと、どうにも救えない自分が残っているのです。これが、名号を憶念してもたすからない自分の根に付いている煩悩である。この問題が、結局菩提心が行き詰まるという、七地沈空の難と絡むのです。

なぜ菩提心が行き詰まるのか。菩提を開いたから自利についてはそれでいい。後は利他をしようと思っても、

菩薩七地の中にして大寂滅《だいじゃくめつ》を得れば、上《かみ》に諸仏の求むべきを見ず、下《しも》に衆生の度すべきを見ず。仏道を捨てて実際《じっさい》を証せんとす。（「証巻」聖典二八六頁）

と、曇鸞大師はいわれます。皆平等の如来の救いの中にあると見てしまうと、これ以上やることがない。つまり生きる意味が見出せず元気がなくなってしまいます。そうなると、しらけです。しらけほど困ったことはない。悩んでいるのだったら、まだやりようがあるけれども、悩んでもいない。問題がないというのは、手のつけようがありません。

なぜかというと、自分の中にある問題を自分で自覚できませんから、なすすべがないのです。こういう問題を、

人間はもっているということに、天親菩薩は気づかれたのです。これが自分の努力では行くことができない世界が、自分の中にある一番深い問題です。これを取り除かなければ、菩提心が成就しない。これはもう、唯識では取り除けない。自分で大菩提心を成就すれば、仏に成るという論理を語ることはできるけれども、自分には菩提心を成就する力がない。どうしたらよいのか。これが『無量寿経優婆提舎願生偈』を造らざるを得ない、天親菩薩の自覚だったのではないかと思うのです。

世親菩薩は、『二十頌唯識論』の結びに、「一切唯識で菩提を成就できるということは言える」といわれています。「菩提を成就する」ことはできると語られるのですが、「自分は仏になっている」とはいわれていないのです。つまり、「自分は仏に成りました」とは書いておられません。世親仏には成っていない。ということは、菩提心が成就していないということです。

世親（Vasubandhu）という方は、すごい人だとあらためて思い直したことがあります。そもそも、『倶舎論』を書かれたくらいですから、小乗仏教の、しかも頭抜けた学者です。『倶舎論』については、源信僧都が注釈された『倶舎論頌疏』（恵心僧都全集第五）というのがある。ということは、比叡山では『倶舎論』が講義され学ばれているのです。近代までの日本の仏教の学問では、『倶舎論』『唯識論』を学ぶことが、唯識三年・倶舎八年といわれて、学びの基礎になっていました。明治以降、インドから出た仏教の文献からヨーロッパでインドの古代思想の研究としての仏教の学が、ヨーロッパからの逆輸入で日本にも入ってきて、近代仏教学となったのですけれども、それまでは仏教の学びは、『倶舎論』『唯識論』を学んでから始めたわけです。それほど日本において世親菩薩の影響は大きかったのです。

その『倶舎論』を書かれた世親が、小乗仏教から回心して大乗仏教である兄の無着の弟子になられたのです。これは、何とも思わずに聞いていたけれども、大変なことなのです。兄弟で派を分けて、それぞれ論師でいて、小乗仏教と大乗仏教とはお互いに論敵ですから、相手と論戦をする関係なのです。そういう関係にある論師世親が、小乗から大乗にと回心して入るということは、普通では考えられません。殺されはしなかったけれども、相当ひどく悪口をいわれたに違いないのです。「何だ、あいつは。今まで小乗仏教徒として論陣をはっていたのに、論敵である大乗仏教に行った」と。そういう裏切りを、周囲が黙って許すはずがないでしょう。

そのような回心をされて、唯識を学ばれて、『唯識二十論』『唯識三十頌』を書いておられます。安田理深先生が、「あの『唯識三十頌』というもののすごさは、膨大な唯識の学問体系を、三十頌の偈文にまとめ終えていることだ。あの中に全部入っているのだ。だから、もう一回ほどき直すと、内容がいくらでも出てくる」と誉めておられました。その意味では、「正信偈」のようなものです。安田先生は、「偈文を作ったということは、思想が完成したということだ、思想が完成して偈《うた》になったのだ」といっておられました。

そういう天親菩薩という方が、「願生偈」を書かれたのです。このことを大事にしたいと思うのです。つまり、そのように求道心の深い方であったからこそ、『無量寿経』の本願を読んで感動されて、本願によって仏教が成就するということを「願生偈」であらわされたのです。これに、曇鸞大師は感動されたのだと思うのです。

それに親鸞聖人が出遇われたのです。ですから、『高僧和讃』に、

天親《てんじん》菩薩《ぼさつ》のみことをも　鸞師《らんし》ときのべたまわずは
他力《たりき》広大威徳《いとく》の　心行《しんぎょう》いかでかさとらまし
（聖典四九二頁）

と和讃された。この和讃は、おそらく親鸞聖人も、曇鸞大師の読み方以外にも読めるのではないかと考えて、初めは『浄土論』とぶつかられたのではないかと思うのです。曇鸞大師の解釈は、よくわからないというので、繰り返

し繰り返し読み抜いていかれて、五念門行を自力でやれるというのでは、『無量寿経』の論とはいえないのではないか、これはどう読むのかと考えられた。そのときに、曇鸞大師の注釈を通して「ああそうであったか」と翻ったというのが、この「別序」の内容だと思うのです。

第二章　「別序」の課題――「救済」の明証

第一節　真実信心の発起

『涅槃経』抜き書きの謎

『真宗聖典』の「信巻」は「別序」から始まりますが、その前に『顕浄土真実信文類三《けんじょうどしんじつしんもんるいのさん》』（聖典二〇九頁）という「信巻」の題号が書かれていて、その後ろに漢文が置かれています。

真蹟である「坂東本」の「顕浄土真実信文類」には、中表紙に題号が書かれていて、その表紙裏に『涅槃経』「梵行本」からの引文（「信巻」聖典二五五頁）と同じものが書かれています。この抜き書きは、文字の大きさといい、筆跡といい、たんなるメモとは思えないのです。

でも、つい近代にいたるまで御真筆と伝えられていた西本願寺本と高田本の『教行信証』には、この『涅槃経』の抜き書きはないのです。

近代の研究の結果では、西本願寺本は親鸞聖人晩年の写本であり、そして高田本は親鸞聖人が亡くなられた直後の写本であるとされているようです。これらの筆跡は、「坂東本」の筆跡とは違いますから真筆でないことは一目瞭然なのですが、それでもそれぞれの御本山では、ついこの間まで御真筆として大切に所蔵されてきたものです。

御真筆の他に、そのように由緒ある古い写本が二本あるのですが、それらには『涅槃経』抜き書きはありません。そして、木版の活字になって一般に流布した『教行信証』にも、一切載っていません。これは、どういうことなのかという謎があります。

特に、親鸞聖人ご在世のころに写しているならば、親鸞聖人がお許しになって写している人が、なぜこれを落とされたのか。もっとも、写本はこの「坂東本」から写したわけではないようですから、「坂東本」以外にもう一本あったに違いないのです。というのは、「坂東本」と、「西本願寺本」「高田本」とは、いろいろな点でそのまま写したとは思えないところがあります。「坂東本」から、さらにもう一度手を入れたものを作られ、それを元にして写させてもらったという推測が成り立ちますけれども、そういうものは残っていないのです。そういうものがあったという伝説も一切ありません。不思議なことなのです。

他の異本にこの部分がないということは、後になって親鸞聖人ご自身が削られたのかも知れない。そういうこともわからないことです。

私は、これはたんなるメモではないといただいています。大乗の『涅槃経』には、阿闍世のことが出てくるのですが、この文はその阿闍世の問題についての一部分です。そして、その同じ部分が、「信巻」の後半に唯除の問題が展開されていて、『涅槃経』引文があるのですが、その引文の中にそのまま入っている文なのです。つまり、本文の中に入っている文章の一部を、ここに取り出していることになるのですが、なぜその部分がここにあるのかということについて、親鸞聖人は、「信巻」を構成するについて一番の眼目となる課題を、この『涅槃経』の文に感じ取られたのではなかろうかと、深読みかもしれませんがそのように思われるのです。

その抜き書きは、「復有一臣名悉知義」（聖典二〇九頁）という言葉から始まっている『涅槃経』の文なのです。

しかもこの「また一の臣あり、悉知義となづく」は、「信巻」本文の「唯除」の文の解明に当たって取り扱われている文なのです。

「信巻」の本文では、父親を殺害してその罪に苦悩する阿闍世王に対して、当時世間で有名な医師や思想家の説を紹介して、大王には罪がないことを大臣たちが説得しようとする段にある言葉なのです。その中の、「悉知義」という臣下が語る言葉であり、王位を継いだたくさんの王が、その父王を殺害していることを述べています。

ここを引文される意図は、外道の知識人の論理と仏陀釈尊の慈悲から出る言葉とを対比しつつ、悪人の救済という大乗仏教の根本問題を論究するところにあると考えられます。

したがって、この引文によって示される「親殺し」の罪人の救済と、大悲の救済をテーマとする真実信心の自覚内容とは深く関わっていると思われます。このテーマが称名憶念することあれども、無明なお存して所願を満たすことができない凡夫の、意識深層の問題であると、親鸞聖人は示そうとされたのではないかと思うのです。

しかし、書写を許された弟子には、その親鸞聖人の意図が読み取れず、たんなるメモの消し残しとでも思ったのか、書写本から削除してしまったのではないかとも推察されます。

こういうことから、この引文は、「信巻」の課題である信心という問題を考えていくときに、人間存在そのものの見方を指示するものではなかろうかと思うのです。これを削除してしまうということを、親鸞聖人がされたのならば、親鸞聖人ご自身が要らないという決断をなさったことになる。しかし、「坂東本」が残っていて、しかもこれは信頼できる弟子である関東の性信房の系統に譲り渡されたものです。もしご自分が生きておられて渡されたのだとすると、必要ないのならその部分を前もって斜線で消しておけばいいはずです。つまり、親鸞聖人ご自身には削る気はなかったのではないかと、私は推測をしているのです。

抑止門が現代社会に問いかける課題

王舎城に起こった家庭悲劇で、阿闍世が、自分の父親である頻婆娑羅王を餓死させた。その後、自分の犯した罪によって心身ともに苦しみ抜いて、身体中にひどい出来物ができ、それが痛いし臭いし、どんな薬を付けても治らない。そういう状況にある阿闍世を、その当時の六師外道といわれる思想家たちが次々訪ねてきては慰めるということが、『涅槃経』に語られています。

それを親鸞聖人は、『涅槃経』から唯除の文の解明の内容として、「信巻」に克明に引用しておられます（聖典二五五頁以下参照）。その中でこの「悉知義」は、「あなたは大王だ。そもそも大王というものは、父殺しの伝承の中にあるのだ」と語るのです。そして親を殺して王位を獲るなどということは、珍しいことではないという例として、父を殺した多くの王達の名前を出しています。

『観無量寿経』の対告衆は、頻婆娑羅王の妃である韋提希ですから、韋提希の苦悩と韋提希の要求に応えて『観無量寿経』は説き出されています。それに対して『涅槃経』には、阿闍世の父親を殺すにいたる背景から始まって、阿闍世の苦悩と、そしてそれをどういう人たちがどのように説得しようとしたかということが、延々と書いてあります。この『涅槃経』は、大乗の『涅槃経』として中国に翻訳されてからは、涅槃宗という学問宗ができるほど流行ったのです。天台智顗も、『涅槃経』を大変深く読み込んでおられた。そして、比叡の山でも『涅槃経』が、分量が大きいという意味と、そして大乗仏教の根本経典としての意味をもった経典であり、『大経』と呼ばれて、深く学ばれていたようです。

そのテーマである大乗とは、一切の衆生を乗せる大きなる乗り物ということです。そこに、一番乗せにくい存在として五逆の罪人があり、父親殺しの罪を犯した阿闍世は、その代表者であるわけです。そういう阿闍世を、いかにして仏教が救い得るかということが、『涅槃経』の大きなテーマになっているのです。

その部分を、親鸞聖人は「信巻」にお引きになります。大悲の本願が衆生に呼びかける言葉に付いている唯除の文について、善導大師は悪いことをした人については、「だめだよ」と止め、まだ罪を犯していない人には犯させないように止めるという意味で、抑止門《おくし》といわれています。

そのように、いわゆる抑止門の問題を、親鸞聖人は「信巻」の最後に引用されています（聖典二七二頁以下参照）。そのことから、『涅槃経』の引文は、抑止門の課題をテーマとしてお考えになっていることがわかります。その『涅槃経』の中でも、親殺しの罪を犯した者に対して「この世に、あなただけが親殺しではない」、「王というものは皆その罪を犯しているのだ」という言葉を挙げておられる。ここに大きな課題があるのではないかと考えられます。

親鸞聖人は、現代の精神医学の深層心理のようなところまで、お考えになっておられるのではないかと思われます。他人事ではない、人間存在はどこかで、こういう親殺しの罪というものを背負っているということなのです。

現代の精神分析学的にいうならば、子どもが一人前の大人になるためには、ある意味で親をモデルにしながらも、親に反逆する。反抗期をくぐって、親を否定して自分が一人前になるという過程が必要なのです。現代の一番の問題は、資本主義社会で皆がサラリーマンになるという生活形態では、子どもが親を否定することが成り立つような親子関係が、非常にできにくいことです。日本が右肩上がりの時代には、男は表に出て働き、女性が子どもを育て家庭を守るという役割分担が、日本の社会では常識化されていました。その場合には、子育ての全責任が母親にかかる。母親は、子どもと一対一で、朝から晩まで側に付いている。昔から母親は愛に満ちた存在で、子どもはかわいいものだという神話があるけれども、現実には、子どもと四六時中一対一でいるということは、子どもにとっては鬼とずっと一緒にいるのと同じだとさえいわれるのです。

つまり、母親は、「あれをしてはいけない」「これをしてはいけない」と縛りがきつくなります。子どもの心配をするということもあるけれども、自分が育ってきた価値観を、子どもにも押し付けていく。その過程で、一対一の場合には母親の価値観が子どもにより重くのしかかるわけでしょう。昔の大家族の場合ですと、家族の中にたくさんのいろいろな人との関係があります。おじいちゃん、おばあちゃん、おじさん、おばさん、それに兄弟がたくさんいたりして、母子の一対一の時間が少なかった。親の価値観ではない価値観を、見たり聞いたり教えられたりする機会がたくさんありました。現在はそれが非常に少なくなっているという実情が、子どもが育つについて大変大きな問題の一つであるということが指摘されています。

これは、母親の個人的な責任ではなくて、社会体制の問題であるといえます。どんなに人のよい母親でも、一対一で子どもを育てるとなれば責任を感じますから、どうしても子どもに自分の価値観を押し付けることに必死になります。それは子どもにとっては、たまったものではない。その子どもが成長し人間になっていく、親になっていく過程で、ある意味で昆虫が脱皮をするように、どこかでモデルになるものを否定して自分を作っていかなければならないわけです。こういう、生命存在にとっての必然的な課題があるのです。結果的に親と同じようになるにしても、そのまま親についていくことはむしろ不健康です。そのままついていかされる形で、いい子で育った子どもが、自分を制御できずに大きな罪を犯してしまうという例が、続出しているのが現代の問題でしょう。

この今の時代の問題を手がかりにして、この『涅槃経』の抜き書きの文を考えてみると、我われ人間存在は、精神的な深層心理においては必ず親を殺しているのだと、反省して気づくというよりも、存在の成り立ちとしてそういうことがあるのです。自分が直接手を下して親を殺したわけではないけれども、亡き両親のことを思うと、「申し訳なかったなあ」ということが、私もずいぶん多いのです。それは、手を下して悪いことをしたり、殺したりという話ではなくても、あんなにひどいことをいわなければよかったというような、心に痛みとして残ってくるような問題を、親鸞聖人の見方で取り出せば、深層心理の親殺しの罪なのだと見ることもできるのではないかと思います。

撰集名がもつ謎

『教行信証』には初めに序文があり、これを「総序」と呼んでおります。それに対して、「信巻」に付けられた序文を「別序」と呼んでいます。

その「別序」の初めには、

顕浄土真実信文類序《しんもんるいのじょ》　愚禿釈親鸞集《ぐとくしゃくしんらんしゅう》（聖典二一〇頁）

と、「題号」の下にご自分の名前を書かれています。これは、この名の人間が撰び集めたのだということで、「撰集《せんじゅ》名《みょう》」といいます。「別序」には、

ここに愚禿釈《ぐとくしゃく》の親鸞、諸仏《しょぶつ》如来の真説に信順して、論家《ろんげ》・釈家《しゃっけ》の宗義を披閲《ひえつ》す。広く三経《さんぎょう》の光沢《こうたく》を蒙《かぶ》りて、特《こと》に一心の華文《かもん》を開く。しばらく疑問を至《いた》してついに明証《みょうしょう》を出《い》だす。（聖典二一〇頁）

とあります。多くの疑問がとけて明証を得た名のりとして、「愚禿釈親鸞」という名前をお書きになっていると読

み取ることができます。

これも謎なのですが、「総序」の文には『顕浄《けんじょう》土《ど》真実《しんじつ》教行証《きょうぎょうしょう》文類序《もんるいのじょ》』とあって、そこに撰集名はありません。しかし、文章の中には、

ここに愚禿釈《ぐとくしゃく》の親鸞、慶《よろこ》ばしいかな、西蕃《せいばん》・月支《がっし》の聖典《しょうでん》、東夏《とうか》・日域《じちいき》の師釈、遇《あ》いがたくして今遇うことを得たり。聞きがたくしてすでに聞くことを得たり。真宗の教行証《きょうぎょうしょう》を敬信《きょうしん》して、特《こと》に如来の恩徳の深きことを知りぬ。ここをもって、聞くところを慶《よろこ》び、獲《う》るところを嘆ずるなりと。

（聖典一五〇頁）

と、『教行信証』制作の名のりといってもいいご自分のお名前を「愚禿釈《ぐとくしゃく》の親鸞《しんらん》」と記しておられます。

つまり、この本を書く仏弟子としての自己は、愚禿釈の親鸞であるということを、ここにはっきりと書きとどめておられるのです。その名前において「遇《あ》いがたくして今遇《あ》うことを得たり。聞きがたくしてすでに聞くことを得たり」といわれて、「真宗の教行証《きょうぎょうしょう》を敬信《きょうしん》して、特《こと》に如来の恩徳の深きことを知りぬ。ここをもって、聞くところを慶《よろこ》び、獲《う》るところを嘆ずるなりと」こういうことが、『教行信証』全体の序として、押さえられています。

そして、「教巻」では、

顕浄土真実教文類一《きょうもんるいのいち》　愚禿釈親鸞集

（聖典一五二頁）

と題号と撰集名が記されています。ところが、「坂東本」では、題号が書かれた下が削りとられた跡が見られるのです。削りとったのが誰なのか、いつなのか、何を削り取ったのかもわかりません。それで、他の写本、「西本願寺」と「高田本」によって「撰集名」を補ってあるのです。「坂東本」では親鸞聖人自身が削られたのかどうかわからないのです。「教巻」については、願文がないということと、撰集名がどうなのかという二つの謎があります。

さらに、「行巻」についても謎があります。「行巻」の初めは、

顕浄《けんじょう》土《ど》真実《しんじつ》行《ぎょう》文類二《もんるいのに》

浄土真実の行
選択本願の行　（聖典一五六頁）
諸仏称名の願

と、題号と願文が出された後、もう一度、

顕浄《けんじょう》土《ど》真実《しんじつ》行《ぎょう》文類二《もんるいのに》　（聖典一五七頁）

と題号を置かれているのですが、その下になぜか撰集名がないのです。

ところが、「信巻」になると、

顕浄土真実信文類三　愚禿釈親鸞集　（聖典二一一頁）

というように、「愚禿釈親鸞集《ぐとくしゃくしんらんしゅう》」という名前が記されているのです。そして「信巻」以降は、

顕浄《けんじょう》土《ど》真実《しんじつ》証《しょう》文類四《もんるいのし》　愚禿釈親鸞集《ぐとくしゃくしんらんしゅう》　（聖典二八〇頁）
顕浄《けんじょう》土《ど》真仏《しんぶつ》土《ど》文類五《もんるいのご》　愚禿釈親鸞集　（聖典三〇〇頁）
顕浄《けんじょう》土《ど》方便《ほうべん》化《け》身《しん》土《ど》文類六《もんるいのろく》　愚禿釈親鸞集　（聖典三二六頁）

というように、「真仏土巻」にも「化身土巻」にも、「愚禿釈親鸞集」と記されているのです。『教行信証』の六巻のすべてに、当然撰集名があるべきように思われるのですけれども、「行巻」にだけそれがないのです。ないということは、どういうことなのかはよくわかりません。とにかく、この著作を、責任をもって編集し、この仏法に出遇った者は、この名前の人間、「愚禿釈親鸞」であるということが記録されているのです。

信心発起の原理

「信巻」の「別序」では、曾我量深先生のいわれる「救済と自証」を成り立たせる、根本原理が提起されているのです。「自証」とは、自己自身の上に本願の誓う救済を自覚的に受け止めることです。その自証は、「別序」では、

しばらく疑問を至してついに明証を出だす。（聖典二一〇頁）

といわれています、この明証が自証なのです。

「別序」の文章は、

それ以《おもん》みれば、信楽《しんぎょう》を獲得《ぎゃくとく》することは、如来選択《にょらいせんじゃく》の願心より発起《ほっき》す、真心《しんしん》を開闡《かいせん》することは、大聖矜哀《だいしょうこうあい》の善巧《ぜんぎょう》より顕彰《けんしょう》せり。（聖典二一〇頁）

と始められます。「信楽」は、本願三心の「至心・信楽・欲生」に基づいて、如来回向の真実信心という意味をもった言葉で、親鸞聖人は「信巻」を通して、この「信楽」がもつ独自の内容を解明していかれます。

その第一の押さえを「別序」の冒頭でされているのは、「信巻」で明らかにする信心が、一般の信心とは異なって、人間に起こるのではあるけれど、その質は純粋無雑な如来の心であるということを明示するためであるといい得るのです。

他力の信心という意味が、たんに自己の外の力を依り処とするということではなく、罪濁の凡愚に起こっても純粋清浄なる如来の心であるということなのです。そのことを「選択の願心」それ自身が発起するのだと表現されているのです。それを「信楽を獲得することは、如来選択の願心より発起す（獲得信楽、発起自如来選択願心）」と

あらわして、如来願心の本願成就の事実が、衆生の意識の上に起こると押さえられているのです。

> 信楽《しんぎょう》を獲得《ぎゃくとく》することは、如来選択《にょらいせんじゃく》の願心より発起《ほっき》す、真心《しんしん》を開闡《かいせん》することは、大聖矜哀《だいしょうこうあい》の善巧《ぜんぎょう》より顕彰《けんしょう》せり。
> （聖典二一〇頁）

という、この初めの二行は、「教巻」の初めの内容と重なります。「教巻」では、「大無量寿経《だいむりょうじゅきょう》　真実の教　浄土真宗」（聖典一五〇頁）と出されて、『無量寿経』が真実の教であるといわれ、『無量寿経』の意味を、

> この経の大意は、弥陀、誓いを超発《ちょうほつ》して、広く法蔵を開きて、凡小《ぼんしょう》を哀《あわ》れみて、選びて功徳の宝を施《せ》することをいたす。釈迦、世に出興《しゅっこう》して、道教を光闡《こうせん》して、群萌《ぐんもう》を拯《すく》い、恵《めぐ》むに真実の利をもってせんと欲してなり。ここをもって、如来の本願を説きて、経の宗致《しゅうち》とす。すなわち、仏の名号《みょうごう》をもって、経の体《たい》とするなり。
> （「教巻」聖典一五二頁）

と述べられます。

「この経の大意は、弥陀《みだ》、誓《ちか》いを超発《ちょうほつ》して」といわれ、そしてその後に、「釈迦《しゃか》、世に出興《しゅっこう》して」といわれています。このように、弥陀・釈迦の次第になっています。これがなぜ、釈迦・弥陀の次第ではないのか。善導大師は、「釈迦弥陀《しゃかみだ》は慈悲《じひ》の父母《ぶも》」（『高僧和讃』聖典四九六頁）と、釈迦・弥陀といわれています。親鸞聖人は、釈迦・弥陀といわれる場合もあるけれども、ここでは弥陀・釈迦と押さえられます。まず弥陀の大悲が「凡小《ぼんしょう》を哀《あわ》れみて、選びて功徳の宝を施《せ》することをいたす」（「教巻」聖典一五二頁）といわれる。これは、法然上人が「選択本願」は名号を選択したのだと教えられたことを受けて、『無量寿経』の大意は、弥陀の誓いが名号を選んで「凡小《ぼんしょう》」に施した、こういう内容であるとまず押さえておられるのです。そして釈尊がこの世に出られて、「群萌《ぐんもう》を拯《すく》い、恵《めぐ》むに真実の利をもってせんと欲《おぼ》してなり」とされる。『一念多念文意』では、

「真実之利」ともうすは、弥陀の誓願をもうすなり。

(聖典五四二頁)

と、「真実の利」とは、「弥陀の誓願」であるとされていますから、功徳の宝は名号であり、真実の利は本願です。本願を説かれたのが釈尊であり、本願を起こされたのは弥陀である。本願発起ということがあって、釈尊が教えを説かざるを得なくなった。釈尊が立ち上がられて、光顔巍巍と輝いて教えを説こうとなさった。その内面的な動機、釈尊を動かしたのは本願です。その本願とは、弥陀の本願です。弥陀の本願が動くところに、釈尊の真実教開示のお仕事が成り立っているのだと見られたのです。これが、親鸞聖人の見方です。それを曾我量深先生は、「親鸞の仏教史観」だとおっしゃるのです。

それを受けて、「信巻」の「別序」も、

信楽《しんぎょう》を獲得《ぎゃくとく》することは、如来選択《にょらいせんじゃく》の願心より発起《ほっき》す、真心《しんしん》を開闡《かいせん》することは、大聖矜哀《だいしょうこうあい》の善巧《ぜんぎょう》より顕彰《けんしょう》せり。

(聖典二一〇頁)

といわれています。「信楽《しんぎょう》を獲得《ぎゃくとく》する」つまり真実信心を獲得することは、「如来選択《にょらいせんじゃく》の願心より発起《ほっき》す」と展開されています。根本原理は、如来の願心です。「如来選択の願心より発起す」というのは、漢文では、「発起自如来選択」です。そして釈尊についての「大聖矜哀《だいしょうこうあい》の善巧《ぜんぎょう》より顕彰せり」は、漢文では「従大聖矜哀善巧」とあらわされます。つまり、教えに「従う」ということなのです。教えに「より」という場合は、教えを縁として、教えを聞くことを依り処として、信心が生ずる。それは、「真心を開闡する」と表現されるように、本来あったものが、教えを通して開き出されたということです。本来あったものということは、如来選択の願心、真実の如来の願心自身が立ち上がっているのです。この「より」は「自」、自らですから因です。願心が、自らが発起するということは、願心は根本原因です。信心の根本原因は「選択本願」で、つまり第十八願です。こういうことから、この「信巻」が始まっています。

ただし、根本原因が発起するといっても、火山の噴火のように突然発起するのではない。人間の中に真実が発起するということは、教えの縁、つまり因縁が恵まれないと起こらない。こういう意味で、「真心を開闡することは、大聖矜哀の善巧より顕彰せり」という言葉を置いておられるのです。

この、信楽は真心であるということについては、「信巻」で真実心ということがいわれてきますが、これをいただくということにおいては、獲得するということと、開闡するということがあります。凡夫が獲得するのだけれども、凡夫が獲得したものが、じつは本来真実が発起していたものとして、開きだされるものです。こういう二面を、親鸞聖人は、ここで押さえておられます。

信心発起の縁

この「信楽《しんぎょう》を獲得《ぎゃくとく》することは、如来選択《にょらいせんじゃく》の願心より発起《ほっき》す、真心を開闡することは、大聖矜哀《だいしょうこうあい》の善巧《ぜんぎょう》より顕彰せり」という初めの二行が、「信巻」全体の問いの方向性を示しています。真実心といえるものが、虚仮不実なる私たちに起こるという不思議さがある。私たちに起こった名号の信心は、如来願心の発起という質をもっているとされるのです。自分の経験や、自分の努力、あるいは自分の勉強によってできた心ではないのです。まったく仏に背くような生活をし、罪を抱えている。生きることがもっている罪悪性を背負っている自分のような凡夫に、真実が恵まれるということがどうしてあり得るのか。それは、大悲本願が一切衆生を救いたいと願っているからであり、こういう宇宙的真理のような大きな原理が、はたらくからなのです。それが動いてくることにおいて、我われは、自我の執念が粉砕され、煩悩を突き抜いて、真実が立ち上がるのです。こういう質のものであるということを、押さえておられるのです。

ですから、信心というのは、個人の心ではないのです。どれだけ背こうと、どれだけ心が暗かろうと、その人間をたすけずんば止まんという本願、大悲の願心が立ち上がるのです。それを我われは、疑うことはできない。そのように完全に質の違うものなのだということをまず押さえられています。

その信楽が人間に起こるには、縁が必要だということです。まったく異質というしかない信が、衆生に起こるのですけれども、それなら衆生の生き方や考え方と無関係に突然に発起するのかというと、けっしてそうではない。衆生の生活に本願の教えを聞くということがないと、本願力が発起することはないと押さえられるのです。衆生に「聞」という契機を起こして、信心が発起するのです。その「聞」は、

「聞《もん》」と言うは、衆生、仏願の生起《しょうき》・本末《ほんまつ》を聞きて疑心あることなし。

（「信巻」聖典二四〇頁）

といわれています。本願成就文では、

その名号を聞きて、信心歓喜《しんじんかんぎ》せんこと（聞其名号　信心歓喜）

（『無量寿経』聖典四四頁）

といわれています。その名号とは、法蔵願心が選択摂取した大行としての名号「南無阿弥陀仏」です。この名号を聞くとは、この名を選択している願心を聞くのであり、大悲心が名を通して呼びかけている意味を聞き取ることなのです。無限なる大悲が有限なる衆生の意識に、煩悩の濁りを突破して清浄の信を発起するのですから、「超発菩提心」というような超発的できごとなのです。

しかし、有限のところに無限がはたらき出るためには、無限が自己自身を一種の有限に転じなければなりません。

有限な人間にとっては、それほど異質な信心であることを、如来の本願から発起すると表現されるのですが、そのことを有限なる身にうなずいて「疑心あることなし」といえるまで、教えの言葉に耳を傾けなければならないのです。

教えとは「釈迦諸仏」の言葉です。本願の教えは、『無量寿経』です。そのことを「真心を開闡することは、大聖矜哀の善巧より顕彰せり」といわれています。仏陀は、菩提の智慧を衆生に教えるために、あらゆる方法を通して、あらゆる考え方や論理、言句を使って導こうとします。特に法蔵菩薩の発心修行という因位と、光寿無量という意味を名に具体化した果上の仏のはたらきをもって、一切衆生を救済しようとする「選択本願」の教えは、「矜哀の善巧」といわれています。

この二つの要素、すなわち無限なる大悲が、有限の凡夫の心になってあらわれる（如来の回向表現）ということと、それを現実化するための衆生の側の聞法の積み重ねの縁、これが真実信心の発起する因縁なのです。

本願力によって成り立つ「聞」

こういうわけで、「至心信楽の願」が衆生の上に真実信心として発起するためには、釈尊の教えを聞くことが必要です。それには、本願が教えとして説かれているということが必要です。大悲の願が言葉として説きあらわされているということがあって、それを聞くという「聞《もん》」が、衆生を育てる大きなはたらきとなるのです。

しかし、この「聞」ということが、我われにはよくわからないのです。我われは、言葉を理性で聞いて解釈します。理性で聞いて解釈する限りでは、言葉の表層しかわかりません。言葉になった限りにおいて、じつは既に真理それ自身ではないという見方が仏教にはあって、「離言の法性」ということもいわれます。言葉を離れた真実、言葉を離れた本当の存在の真実というものがあるということです。これを言葉にするということが、転法輪の困難さであるのです。言葉ではいえないような真理の体験を、真理を体験したことのない人間に、言葉を通して呼びかけるということには、危険性があるのです。言葉を通したら、違う方へいってしまう可能性の方が高い。言葉を疑うことにおいて、禅宗のように「ただ座れ」、「ただ掃除せよ」ということが起こり得るのです。言葉に執着すると、分別に陥って、間違っていってしまう。ですから「言葉では駄目だ。まずやってみろ」という教え方も、出てくることになるわけです。

しかし、言葉への信頼がなければ、伝承ということが大変困難になります。言葉は、個人の表現であると同時に、その社会全体が使っている手段ですから、その社会全体で了解できる表現になり得ます。ただ、社会の中にあるということは、俗世間の生活の中に置かれて、言葉それ自身が手垢に汚れていますから、言葉になったとたんに誤解を生じ得るのです。その困難をあえて選んで、言葉を通して伝える道を選び取られた。これが、仏教のある意味の生みの苦しみといえる面であろうと思います。

それに対して、キリスト教では「初めに言葉あり」という。神様が「光あれ」といわれたら、光が出てきたというように、初めに言葉があったというのです。石組みの街造りに象徴される西洋文明には、それをがっちり造り上げる言葉というものに対する信頼と、そしてまた執着があります。ところが、仏教では、「言葉は月を指す指だ」という譬えもあるように、言葉それ自身が真実なのではないと見るのです。言葉が示そうとする真理があるという考え方です。これが、仏教の非常に難しいところであり、また大事なところでもあるということを思うのです。

ですから、言葉を通して真理に触れるためには、言葉の意味を尋ねるという作業が、衆生にかかってきます。言葉の意味を尋ねるという作業が、「聞」という、教えを聞くということです。これは唯識の方にある疑問でもあるのですが、なぜ煩悩の深い衆生に、仏陀の真理が届き得るかということを、唯識では考えるのです。衆生のものの考え、言葉で成り立っている我われの考えは、仏陀からすればすべて迷いの中ですから妄念です。迷いを翻すために言葉があるのだけれども、迷いを翻そうとする言葉を聞いた側は、翻されることがないまま、聞いてわかろうとする。「わかった」といった限りにおいて、世俗世間の了解に落ち込んでいるのです。迷いの衆生ですから、真理がわかるはずがないのです。

では、どうして真理に触れ得るかというと、『摂大乗論』では、言葉が出てくるもとに悟りがあるからだといわれます。つまり、真理に触れた人間が、大悲をもって言葉を使って真理を表現しようとするところに、言葉自身が浄法界から出てきた、「浄法界等流」のゆえだと考えるのです。その言葉を聞いているうちに、煩悩に汚《けが》され、煩悩に覆われた生活しかできない人間の経験の中に、純粋なる経験が蓄積し得る。清水が、少しずつ汚れた水をきれいにしていくように、時間をかけて、だんだんと言葉に対する信頼を教えるのです。これが「聞」なのです。初めに仏陀の言葉に対する信頼がないならば、言葉を聞いても、絶対に翻ることはありません。

言葉に、我われの経験とは違うレベルの力と、意味と、伝えようとする真理があるのだという信頼をもって尋ねることがないならば、言葉は、たんなる迷いのレベルと質は変わらないのです。こういう難しい問題が、常に「聞」にはあります。聞法、聞法というけれども、聞法することにおいて、間違って聞く人が非常に多いのです。それを聞いて知識を少し増やしたことで、自分が賢くなって、仏教に近づいたような錯覚をもつことがあるのですが、それはむしろ遠ざかっているのかも知れないわけです。真理に近づいたのではなくて、たんに言葉を蓄積しただけならば、埃を積んでいるようなものですから、仏陀の真理に近づいたとはいえません。ですから、何をいおうとしているのか、聞いてもわからない。こういうのが、聞法する側の深い悩みであるのです。

しかし、親鸞聖人は、『無量寿経』の本願成就文に「その名号を聞きて（聞其名号）」と、名号を聞くとあるこの「聞」に、「信巻」の課題の一つを押さえられたのです。信は、本願自身が発起するという質のものであって、我われがいくら頑張ろうとも絶対に起こすことはできません。起こるためには「聞」が必要なのです。「聞」は、一応は凡夫が教えを聞くしかないのです。聞いている凡夫に、聞かせようとする大悲の願心の力がはたらき、何かの形で突破口を開くということが起こる。これが値遇です。「総序」に、

遇《あ》いがたくして今遇うことを得たり。聞きがたくしてすでに聞くことを得たり。（聖典一五〇頁）

といわれるのは、聞いていって、「ああ聞こえた」ということが起きている、真理との値遇です。

こういうことは、いつでも起こるわけではない。どうしたら起こるのかという方法もありません。困ったことに、一人ひとり違うのです。よくそういう質問をする方があるのです。まじめな方ほど早く聞きたい。「早く聞きたいからそこを教えてくれ」といって怒る。「何をいっているのかわからない。ちゃんとわからせてくれ」といって、要求してきます。しかし、いくら焦ろうと、それはだめなのです。それが親鸞聖人の偉いところで、人間が教えるのではないのです。大悲の本願が、一人ひとりの人間に響いて、人間に信心発起の縁が実るまで待つしかないのです。教えの言葉が大きくはたらいて、縁になることはあるけれども、因としては本願が起こるしかないのです。本願それ自身が、発起するしかない。これは、人間からはできないことなのです。これが、利他であり、利他は本願力の仕事です。衆生が利他することはできないという分限を、はっきりと押さえておられます。これが、親鸞聖人の教えの大切なところです。

教化、教化というけれども、教化するのは人間ではないのです。人間が縁に触れて聞くことができるのは、本願

力によるのです。本願力に触れるかどうかは、一人ひとりの宿縁にあります。一人の人間の宿縁が熟さない限り、外からいくらひっぱたいても、蹴飛ばしてもだめなのです。縁にはなりますが、因がないならば、無駄な努力になる。またそれは、分限を超えた仕事になる。如来のはたらきを私有化することになる。ですから、本願のはたらきを信ずるしかないのです。本願は、十方衆生に呼びかけているのですから、それに一人ひとりが気づくしかありません。一人ひとりが気づいてくださるのを待つしかないのです。ただ、言葉が縁となって気づいてもらえることはあり得ます。

縁というところに、親鸞聖人も、大変ご苦労くださっているのだろうと思うのです。ですから、「聞其名号」という、本願成就文の「聞」に教えの意味を尋ね信じるということがある。つまり「教行証《きょうぎょうしょう》を敬信《きょうしん》して」（聖典一五〇頁）と「総序」にありますが、信ずるということは、聞くことです。行としての「南無阿弥陀仏」を信ずる。証は信の結果として与えられるということを、信ずるしかありません。こういうことが、教行証を信ずるといわれる意味でしょう。

名号を聞くことについても、誤解があります。名号それ自身は、どういう意味をもった名かということについては、曇鸞大師が「破闇満願」と押さえておられます。我われに名号が意味をもつのは、我われの無明を破る、そういう力を名号がもっているのだと、曇鸞大師は教えられます。我われの無明を晴らす縁は名号です。

親鸞聖人は、「行巻」で、

> 真実信の業識《ごっしき》、これすなわち内因とす。光明名《こうみょうみょう》の父母《ぶも》、これすなわち外縁《げえん》とす。内外《ないげ》の因縁和合して、報土の真身を得証す。（聖典一九〇頁）

といわれています。光明名号は「外縁《げえん》」であり「内因」は信心であり、信心の内因に外からの縁となるものが光明名号であるといわれます。光明名号は、父と母のような因縁であるといわれ、光明名号があっても、信心がなければ光明名号は具体化しません。

名号には、光明を内にはらむような意味があって、つまり「破闇」、闇を破るというような意味があります。光が射して闇が晴れれば、闇が晴れることにおいて、我われが深く要求していた存在の回復、自己自身の回復ということが成り立つのです。これが、深い意味の人間の願なのです。人間の願は諸願です。諸有の情況の中に起こる願はいろいろあって、無限にあるといっていいほど、我われは願いに動かされます。これは、欲望がらみの願いであって、諸有、もろもろの有、諸有に関わる願です。これを満たすのではなくて、名号が満たすのは根本の願です。根本の願を満たすことにおいて、

かの無碍光《むげこう》如来の名号《みょうごう》よく衆生の一切の無明を破す、よく衆生《しゅじょう》の一切の志願を満《み》てたまう。

（「信巻」聖典二一三頁）

ということが起こると、曇鸞大師が押さえられます。

名号には、破闇満願の力があると教えられています。名を称えることに何の意味があるかという疑問が、我われには起こる。名を念ずることは、じつは名にそういう力があることを信じて、名を憶念する。称名憶念するのです。そこに、聞を通して光が入ってくるはずです。はずですというのは、道理としてはそうなっているのです。名号には破闇満願の功徳があるというのが、仏陀の教えですから、それを信じ、それをいただく。しかし、そうであるはずなのに、自分はそうならない。この事実をどうしてくれるのかというのが、「信巻」の問題なのです。

名を称えるところに何の意味があるかといえば、名を称えたら光が射して闇が晴れるという事実が起こるのが、名を称えることなのです。しかし、「あなたにおいてそうなっていますか」ということです。「名を称えてみて、意

味があるかどうか」という問いを出すということは、意味がないと感じているということでしょう。それは闇が晴れていないということです。「闇が晴れた」と感じたら、意味を問う必要はなくなるのです。「南無阿弥陀仏」の称名において「ああ明るくなった」というのなら、それは精神的大転換ですから、「名号はすごい」ということになるわけでしょう。しかし、そうならない。名を称えても道理が自分にこない。これはどういうことですかと問うのが、「信巻」の問題です。親鸞聖人は、「別序」の初めの二行、

信楽《しんぎょう》を獲得《ぎゃくとく》することは、如来選択《せんじゃく》の願心より発起《ほっき》す、真心《しんしん》を開闡《かいせん》することは、大聖矜哀《だいしょうこうあい》の善巧《ぜんぎょう》より顕彰《けんしょう》せり。（聖典二一〇頁）

で、こういう問題を押さえておられるのです。

第二節　仏法の現実的課題

顚倒の因果（自性唯心に沈む）

「別序」には次に、

しかるに末代の道俗・近世《ごんせ》の宗師、自性唯心《じしょうゆいしん》に沈《しず》みて浄土の真証を貶《へん》す、定散《じょうさん》の自心に迷《まど》いて金剛《こんごう》の真信に昏《くら》し。（聖典二一〇頁）

といわれています。

ここもいろいろな解釈があり得るのですが、まず「末代の道俗」という言葉です。親鸞聖人は、ご自身の生きて

おられた時代を、「末法濁世《まっぽうじょくせ》」（『正像末和讃』聖典五〇四頁）と押さえられますから、末代といわれるのでしょうが、ここで特に末法思想が入っていると読むのは考えすぎかとも思われます。しかし、親鸞聖人の思想にとって、末法思想がどういう意味があるかというのは大問題です。「末代」という言葉にも、大きな問題となる意味があるかも知れません。ここでは、現代の、仏法を信じて生きる者というように、受けとっておきたいと思います。

親鸞聖人が、ここに問題を感ずる「今」、その今が、末代という言葉で表現されるような時代であるということです。そして、そこに「道俗」とありますが、この言葉は仏教文献によく出てきます。仏教国、仏教がほとんどの人の生活の中心になるような文化圏では、「道」と「俗」で一切の人民をあらわすともいえます。出家は「道」とか「僧」と表現されています。また「緇素《しそ》」という言葉も出てきますが、黒衣《こくえ》を着ているということで、黒い（緇）という言葉で僧侶をあらわし、白い（素）という言葉で在家をあらわします。白衣《え》の在家、黒衣の僧侶と、色で身分をあらわすのです。「道」と「俗」は、仏教に触れた人間存在を大きく二つにくくっているといえるでしょう。

親鸞聖人自身は、「化身土巻」では、

しかればすでに僧《そう》にあらず俗《ぞく》にあらず。このゆえに「禿《とく》」の字をもって姓《しょう》とす。（聖典三九八〜三九九頁）

といわれています。僧俗を問わないような、身分に関わらないような真理性が大悲の本願の救済であるということで、「信巻」にも、

大信海を案《あん》ずれば、貴賤《きせん》・緇素《しそ》を簡《えら》ばず、男女《なんにょ》・老少《ろうしょう》を謂《い》わず、（聖典二三六頁）

といっておられます。この世のあらゆる人間的情況の違い、これが差別情況として人間を苦しめるけれども、そういう情況を超えた救いに遇えるのだということです。

情況的差別をなくすというよりも、情況的差別に苦しめられる存在を完全解放するような原点を与える。こういうことが、親鸞聖人の思想の大きな課題です。ですから、この「道俗」は、現実のあり方に呼びかけている言葉であろうと思うのです。

次に「近世《ごんせ》の宗師」とありますが、この「近世」も末代と同じように、近い世という形で、平安から鎌倉の時代の、近い時代を呼びかけています。そしてそこに「宗師」という言葉があります。「宗」というと、いろいろな宗があり得ますが、親鸞聖人の文脈においては、たとえば、宗師曇鸞あるいは宗師善導というように使われますから、本願の教えに触れたという意味で、浄土宗に触れた師ということでしょう。師は、教える立場の人ということでしょう。「近世の宗師」ということは、たとえば、法然上人の門下になった方であってもというニュアンスを、含むのではなかろうかと思います。法然上人の浄土宗独立の教えに触れて、念仏の信に立った人でもということを、出されてきているのではないかと思えます。「信巻」で課題とする「真実信心」に対して、自力の執心を自覚していく方向を見失う姿勢を、指摘しておられるのでしょう。

「末代の道俗」で、一般仏教信者全体を包み、さらには「近世の宗師」という言葉で、近い時代、つまり平安から鎌倉にかけての、浄土の教えがずいぶん流布してきた時代の、浄土の教えを受け止めたと自負するような方々の中にもと、問題提起されているのであろうと思います。

その次の「自性唯心《じしょうゆいしん》に沈《しず》みて浄土の真証を貶《へん》す」も、大変難しい言葉です。「自性唯心に沈む」ということが、「浄土の真証」、すなわち「真実証」に対応されています。自力の執心が道心の心底に沈澱している結果、「沈空」ともいわれる虚偽の救済空間に取り込まれるのです。自己閉鎖性を破ろうと努力するけれども、自力の執心で自己を破るという矛盾があって、結局は深層の自我は手つかずに残るということなのではないでしょうか。親鸞聖人は、

「真実証」を、第十一願成就によって開かれる「証大涅槃」(「証巻」聖典二八〇頁)であるとし、

無上涅槃はすなわちこれ無為法身《むいほっしん》なり。無為法身はすなわちこれ実相《じっそう》なり。実相はすなわちこれ法性《ほっしょう》なり。法性はすなわちこれ真如《しんにょ》なり。真如はすなわちこれ一如《いちにょ》なり。しかれば弥陀如来は如《にょ》より来生《らいしょう》して、報《ほう》・応《おう》・化《け》種種の身を示し現わしたまうなり。

(「証巻」二八〇頁)

といわれます。

大乗の大涅槃は、たんなる死滅の方向ではなく、禅語で「大死一番絶後に甦る」といわれるような、積極的な概念であるのです。如来がそこを出発点としてはたらき出るような涅槃は、本願力がそこからはたらくとき、「生死即涅槃」を証知せしめて、生死に止まらせず涅槃に執着しない立場を、凡夫に開くのだとされるのです。

この「自性唯心」という言葉が、何を意味するのか。唯識宗のような考え方、あるいは、自力の努力で無心になろうとするような立場、いろいろなことが考え得るのですが、不思議なことに、曾我量深先生は、「自性唯心は間違いではない」といわれるのです。安田理深先生もそれを受けて、「自性唯心ということは、存在の真理だ」とまでいわれます。そうなると、浄土の教えが正しく、自力の唯心論的考え方が間違いだという話ではなくて、外に「自性唯心」を見る立場と、「自性唯心」を自己自身の本当のあり方だと見る立場とがあり得るということになります。

「自性唯心」とあるのは、「人間存在の自性とは何か」という問題に関わります。「無自性」ということもいいますが、そもそも「自性」とは何であるかということが、大問題なのです。人間それ自身、さらに法性それ自身、そういう自性とは何であるか、これは大問題なのです。

仏道の視野からすれば、人間とは「意識存在」であり、その意識に迷い苦しむ存在であるということが、『唯識

三十頌』で教えられています。意識といっても、自己を支えている深層の意識である阿頼耶識や末那識をも包んでの意識です。それのみが人間にとって「存在する」といい得るものであり、一切は「不離識」であり、それを離れないとされます。

「三界唯心」というのは、『華厳経』の言葉ですが、その言葉を依り処として、「三界唯識」を明らかにするのです。その識は、一切を映しつつ、どこまでもそれを自我と執着してやまない末那識相応の煩悩と共に、人間は生きています。その存在構造の全体を、清浄法界相応の智慧に転ずることはいかにして可能であるのでしょうか。ましてその果である大涅槃を基点として、大菩提心をもって一切の苦悩の衆生を救済するはたらきをあらわすことなど、本当に可能なのでしょうか。もし可能性が開かれないなら、大乗仏道は成立しないことになります。「自性」を求めて「沈む」ことになるのが、自力妄念の必然性の帰結なのではないでしょうか。その立場からは、本願力はまったく見えず、したがって願力が誓う「真実証」の意味が理解できないのでしょう。

天親菩薩の『唯識論』の思想によれば、「自性唯心」がたとえ真理をあらわしているとしても、そこには「沈む」という問題があります。親鸞聖人は「沈む」という言葉をここに出しておられます。どういう意図で、ここに「沈」という字を使われたかについても、考えるといろいろな問題があり得るのです。

その「自性唯心」によって成り立った人間の精神は、行き詰まるということがあります。どれほど激しく動こうと、どれほど強く意志がはたらこうと、時間の経過の中でくたびれるということが、人間には起こります。努力意識があっても、激しくやればやるほど、くたびれることがある。よくオリンピックの選手が、金メダルを取った後、もうやる気がしなくなるといいます。他人から見れば、あれほどの人がどうしてやる気がなくなるのだろうと思いますが、一つの目標を掲げて、そのために大変な努力をして、そのため全生活をそこに注ぐ。本当は他に、あれもやりたい、これもやりたいということがあっても、全部削り落としてそのこと一つに集中する。そして目的が達成すると、達成したとたんに目標がなくなってしまって、まったく意志が動かなくなる。意欲が湧かないということが起こる。柔道でもスケートでもオリンピックで優勝した選手が、皆等しく引退を口にする。あるいは、一年間休憩が欲しいということをいい出す。そういうことも、やはり人間がもっている本質だと思うのです。

求道においても、同様のことがあるのです。それが「沈空」という問題です。天親菩薩も龍樹菩薩も、沈空にぶつかられたのだと、曇鸞大師がいわれます。ということは、曇鸞大師自身も、おそらくは、「沈空」にぶつかられたのでしょう。あの方は四論宗ですから、『涅槃経』も、いろいろな経典も読んでおられたけれども、おそらく、もがいてももがくことすらできないような行き詰まりがあったのだろうと推測されます。曇鸞大師は、『浄土論』に出遇われたときに、天親菩薩が『無量寿経』によって願生されるのは沈空があるからだと、「七地沈空の難」ということを出しておられます。

天親菩薩が、六地までの菩薩と八地已上の菩薩、「未証浄心《みしょうじょうしん》の菩薩《ぼさつ》」と「浄心《じょうしん》の菩薩《ぼさつ》」と「上地《じょうち》」の菩薩の畢竟平等ということをいわれ（「証巻」聖典二八五頁参照）、沈空の難の超えがたいことを出しておられます。

安田理深先生は、若い十代のころに道元に触れられ相当座っておられて、道元のいうことが理解としてはほぼわかる。悟りの体験としても、一応自分がそれに近いところまで行ったといっておられました。しかし、やはりそこに行き詰まりを感じておられたようなのです。「人間の努力というものは、必ず行き詰まる。行き詰まりまでいった努力は、努力ではもう破れない」と、そういういい方を、安田先生はしておられました。これが、菩薩道の限界なのでしょう。簡単に乗り越えられると口ではいうけれども、現に求めてその限界に出会ったら、どうにもならないのだと思うのです。

オリンピックの選手でたとえれば、「金メダルを得た」という喜びの中で、自分がこれ以上生きる意味がわからなくなる。もう運動選手をやめたい、普通の一般の生活に戻りたい、女性であれば一人の女性として生きていきたいと思う。相当に頑張って、努力意識で集中してきたけれども、そこにはやはり無理がある。「もう嫌だ」という拒絶感が湧き起こるのでしょう。

これは、安田先生が「求道心の停滞」、「精神生活の停滞」という言葉でいっておられました。こういうものが、必ず襲ってくる。自力には、必ず魔が差すということがある。ですから、天台智顗が常行三昧堂の自力の行の中に、念仏を取り入れたのです。自力なのだけれども、自力は必ず行き詰まるから、その行き詰まりを打破するために本願力を使う。けれども、自力の立場を捨てているわけではない。自力を外からたすける他力ですから、相対他力のようなところがあるのです。しかし、それによらなければ、自力では突破できないという難関があるのです。これを魔という言葉でいっています。本当は、魔というのは内に起こる煩悩で、非常に深い煩悩でしょう。末那識相応の煩悩ということもありますが、末那識相応の煩悩を取り除くことは、努力意識ではできないのです。そういう問題に、必ずぶつかります。「沈む」といわれる意味をこのように読むならば、「自性唯心」はたとえ真理であっても、必ず沈んでしまうということがあります。つまり、浄土の教えでいうならば、化身土に止まるということです。

親鸞聖人が「化身土巻」の問題として、『無量寿経』に依られて、「かの宮殿《くでん》に生まれて、寿五百歳」と、七宝の宮殿にいながら五百年、そこで停滞するという譬喩を出されます（聖典三二八頁参照）。これは、「三宝見聞の利益」を失うという問題です。三宝、仏法僧が見えなくなる。仏法僧は、三つの宝だと教えられているけれども、ではなぜ仏法僧が三つの宝なのか。仏は教えてくださる方ですから、宝だとわかる。法は、その説かれた真理ですから、これも宝だとわかる。ではなぜ僧、僧伽が宝なのか。世俗の教団などは、これが本当に宝なのかという疑問も起こり得るわけです。けれども、現実には、僧伽があることにおいて、仏も法も具体的なはたらきをもち得るのです。ですから、仏法僧はどこを中心においても互いに具しているといういい方もあります。仏といえば、法と僧が具されている。法といえば、仏と僧が具されている。僧というときには、もちろん仏と法の無い僧伽はあり得ません。ですから、三宝は交互的に、一つの中に三つを具しているということがいえるのです。三宝の利益を失うということは、仏法を見失うということでしょう。

つまり、浄土という空間は、本当は本願力の荘厳する世間です。本願力の荘厳ということを考えてみると、親鸞聖人が、欲生心釈になぜ天親菩薩の『浄土論』から願心荘厳の文（「信巻」聖典二三三～二三四頁参照）を引いてこられるのかという謎があります。欲生心は如来回向の欲生心であると、親鸞聖人はいわれています。如来の欲生心ということは、欲生の意識の対象は浄土ですから、欲生心の対象が願心荘厳の浄土です。願心荘厳の浄土ということを語るのは、欲生心の内容だからです。そういう意味があって、信心のうちに浄土を具していくということが、親鸞聖人のあの欲生心成就の文の意味でしょう。

このような表現をとると、誤解して、我われの意識の対象が浄土なのだ、この現世が浄土だと考える人が出るかもしれません。ですから大変危険ですけれども、親鸞聖人のいわれるのは回向の欲生心ということです。如来の欲生心の内容が、願心荘厳である。しかも、欲生心成就といわれるのです。これがどういう意味なのかということは、また後に出てきますが大変大きな問題です。

顚倒の因果（浄土の真証を貶す）

続いて「浄土の真証を貶《へん》す」といわれています。「浄土の真証」には、「浄土」と「真証」という二つの言葉があります。親鸞聖人の浄土は、二重構造になっています。源信僧都の言葉に依られて、真実報土と方便化身土という、浄土に二重の意味を開いてこられます。浄土といっても、誤解された浄土や自力の要求がまざった浄土、あるいは人間的要求の対象としての浄土というものは、化身土であるといわれています。真実報土は、願心の内容であって、願心荘厳の世界です。非常に厳密な、真実そのものの世界である浄土と、真実そのものを人間が見ることができるようにした浄土と、二重の浄土があるとされます。

この世で使われている、いわゆる「お浄土」は、ほとんどすべて錯覚された化土であるといってもいいのです。それが、方便化土の大きな意味でもあります。つまり、有限の側には、方便しかわからないのです。真実そのものは、凡夫からは見ることはできない。親鸞聖人は、「真仏土巻」に『涅槃経』を長文にわたって引用されますが、その中に面白いことがいわれています。如来から見た表現と、衆生から見た表現が出ていて、如来から見れば「一切衆生悉有仏性」であるといえる随自意説です。けれども、

一切衆生はことごとく仏性あれども、煩悩《ぼんのう》覆《おお》えるがゆえに見ることを得ることあたわずと。

（「真仏土巻」聖典三一二頁）

と、衆生から見ると煩悩に眼がさえられて見えない。衆生から見たら、仏性がどこにあるやらわからない。自分自身に仏陀になる素質があるとは、とても思えないとされているのです。

如来が見る真理性、如来が表現しようとする真理性と、衆生はもがいていて真理を見ることができない存在であるということとの、二重構造が示されています。これは、仏陀が教えようとして衆生に真実を開いていく困難さを示しています。ここに、「方便化身土巻」を開かれることの積極的意味があるのです。

先にあった「近世《ごんせ》の宗師」という言葉も、たとえ法然上人の選択本願の教えを聞いていて、浄土の教えに触れた人々でも、という意味にまで、読めるのではないかと思います。そういう方々であっても、

定散《じょうさん》の自心に迷《まど》いて金剛の真信《しんしん》に昏《くら》し。

（「別序」聖典二一〇頁）

といわれます。「定散」という言葉は、善導大師の言葉で、『観無量寿経』の顕の義です。『観無量寿経』では、阿弥陀仏の浄土を十六の形で説き開き、それを「観察」させて、浄土を求めさせます。それを十六の観察行というのです。その前半の十三観は、心を澄ませて定心をもって仏説と自心とを一致させようとする。残りの三観は、さまざまな行法を説いて、善なる行動によって浄土に生まれようとさせる。この定心の方法を「定善」といい、善行を修する行為は、意識の集中をしないから「散心」の行為なので、「散善」といわれています。合わせて「定散二善」といって、これはいずれも自からの努力で、仏陀の浄土を求めようとするから、親鸞聖人は第十九願の「修諸功徳」の努力であると見ておられます。したがって、『観無量寿経』の浄土は、方便化身土なのです。

『観無量寿経』では、罪悪深重の衆生が臨終に教えに出遇う。たとえ下々品の機であっても、死ぬときには真理が欲しくなる。それまでは虚偽に埋没していても、いざ死ぬというときになると、虚偽に埋没しているわけにいかなくなる。死ぬときぐらいは、善人になろうとする。臨終にやっと教えに出遇う。そこで教えに出遇えば、もう一切の罪業を飛びこえて救われるのだというのが、『観無量寿経』の教えです。自力である限りは、本当に目覚めることができない。そういう自力の心に、定散二善で呼びかける。自力の限界は、下々品の臨終です。臨終をくぐっ

てしか、つまり、人間は自力の心の死をくぐってしか、真理に出遇うことができないのです。人間にとって死ぬということは、非常に大きなインパクトをもつのです。

ですから、教えに触れるということについても、限界にぶつかる、つまり死が深く関わるのです。たとえば、善導の二河白道でも三定死といわれます。三定死がなければ、死ということに出会わなければ、本当に貪瞋二河を超えようなどという意欲に立つことはできない。そういう意味では死ということは、ないがしろにできない大きな強い意味をもつのです。

しかし、宗教的な意味の死は、強いインパクトをもつ肉体の死そのものではない。文字通りに肉体的に死ぬことを、教えが必要としているという意味ではないと思うのです。浄土の教えの死は、肉体が死なければたすからないという死ではありません。苦悩に悩む煩悩の衆生に、本当の救いが欲しいならば死がその必要契機であると教える。本当に「聞」が成り立つためには、この濁世にいったん死ぬということがなければならない。それほど厳しいものなのだというのが、死をくぐるということのもつ意味ではないかと思うのです。善導大師の二河譬の「三定死」が、宗教的な死をあらわしていると思います。

我われは、死なないままで聞こうとする。死なないままでは、片手間にしか聞けません。「やはり世俗の方が」という関心が強いものだから、「仏法の教えはあるようだけれども、まあ死ぬときでいいさ」という程度の聞き方しかできない。こういうのが人間ですから、「そんなことといっていたら、お前いつ死ぬかわからんぞ」と脅すような意味が、この死を契機にするということの意味なのかと思うのです。

顚倒の因果（定散の自心に迷う）

そして「定散《じょうさん》の自心に迷《まど》いて」という定散の教えですが、定散はもともと『観無量寿経』の行につく言葉です。ですから、「雑行《ぞうぎょう》」と善導大師はいわれる。定散の雑行です。しかし、親鸞聖人は、定散の雑行は、行だけが定散なのではないと読まれたのです。人間が定散を要求する心は、たとえ念仏を称えていても、その心が定散の心であるという問題です。これを、第二十願の「至心回向欲生」の問題として、親鸞聖人は徹底的に論じられます。「化身土巻」の大変難しい、大切な問題です。

このような意味で、ここでは「定散《じょうさん》の自心に迷《まど》いて」と表現しておられます。

ここの「定散の自心に迷いて」とは、法然上人の専修念仏の教えに出遇いながら、自己の意識が自力の執念を脱していないことを自覚できない立場を批判しておられるのでしょう。もとは観察の行について、「定散」の行という分け方をしたのですけれど、その行に対する「心」について、「定散心」という言葉が生まれてきたのです。ここでは「定散の自心」といわれて、「金剛の真信」に対応されているのです。

人間が自分の努力心から離れないなら、たとい行が念仏であっても、本願の真実証には至りません。本願力に帰入するときには、心に本願力がはたらいてきて、心の本質を転換するのです。煩悩具足の人間をはたらく場としつつ、如来願力の表現する心となるのです。それを如来回向の信心というのです。これを善導大師が、「帰三宝偈」で、

共に金剛の志を発して（共発金剛志）　（聖典一四六頁）

正しく金剛心を受け（正受金剛心） （聖典一四七頁）

といわれたのだと、親鸞聖人は考察されたのです。その「金剛」が法蔵願心の回向による心であると押さえられた。このことに対する理解がないから、「昏し」といわれるのです。

これが、「金剛《こんごう》の真信に昏《くら》し」ということであると。これは、この「信巻」がテーマとしている、金剛心（真実信心）という課題です。愚かな凡夫に成り立つ信心であっても、本願自身が発起するということが起こったからには、その信心の質は金剛である。善導大師の文章のところどころに出てくる金剛という譬えを、親鸞聖人は「信巻」に引用されて、凡夫に成り立つ心であるけれども、金剛心であるといわれるのです。

金剛には、純粋無漏という意味と、堅固という意味と両方あります。我われ凡夫は、軟弱であり壊れやすく、不純粋そのものです。そういう愚かな凡夫に、なぜ全く矛盾する金剛が成り立つのか。これが私の疑問なのです。私が名号を信ずるということができたとしても、それが本当に金剛といい得る質であると、いかにして確認し得るのかという疑問が、私の中で消えないのです。本願名号を信ずるということは、もう五十年も聞いていますから、疑うことができないということはあります。しかし「金剛だ」と、どういうレベルでいい得るのかということが、私自身の疑問なのです。

今回の講本の題名『金剛信の獲得』は、獲得したという過去形の意味ではなくて、本当にこのことが成り立つといかにしていい得るのかという、疑問形をはらんだ論題でもあるわけです。

さらに、

近世《ごんせ》の宗師、自性唯心《じしょうゆいしん》に沈《しず》みて浄土の真証を貶《へん》す、定散《じょうさん》の自心に迷《まど》いて金剛《こんごう》の真信に昏《くら》し。 （聖典二一〇頁）

といわれる、「昏し」という言葉についてです。「迷う」という言葉と「昏い」という言葉がある。この言葉は、「末代の道俗」と「近世の宗師」に向かっています。しかし、これがじつは、たんに他人の話ではなくて、真実信心を問う人間自身にもかかってくる。つまり、「化身土巻」の意味内容になるような問題を、はらんでいる言葉なのだと思うのです。「金剛の真信に昏い」ということは、「信巻」の「悲歎の文」にある親鸞聖人自身をもさしていわれるのではないか。唯除の問題を論じ始めるについて、金剛の真信が成就したということを書きながら、真の仏弟子ならざる、「仮《け》」の仏弟子、「偽《ぎ》」の仏弟子ということを出され、そして「悲しきかな、愚禿鸞《ぐとくらん》」（聖典二五一頁）といわれる。金剛の真信を得たといってもいい存在のはずなのに、

定聚《じょうじゅ》の数《かず》に入ることを喜ばず、真証の証に近づくことを快《たの》しまざることを、恥《は》ずべし、傷《いた》むべし、

（「信巻」聖典二五一頁）

といわれているのです。恥ずべき、傷むべき問題の自覚が、迷いて昏いという情況に常に襲われているということだと思うのです。

　こういうところに、親鸞聖人の信心が、結果に止まって停滞するのではなく、念々に歩む力を本願力からいただいていると、私は感ずるのです。これが、私たち念仏の信心を生きる者にとって勇気になる。親鸞聖人自身が、歩み続けてくださったのだと。けっして、果に立って教えておられるのではありません。法然上人は教える立場に立たれたけれども、親鸞聖人は弟子の立場だといういい方もされます。「真の仏弟子」（「信巻」聖典二一六頁）という弟子の立場ということもありますが、常に凡夫の立場なのです。凡夫の立場を離れずして、金剛をいただくということがいかにして可能か。これがやはり、私たちが聞法をするということの、大きな意味ではなかろうかと思います。

第三節　一心の救済

「名の字」の名とは親鸞である

ここであらためて、「愚禿釈親鸞」の名ということに触れておきたいと思います。

親鸞聖人は、比叡山で出家されたときには範宴という名前をもらい、そして法然上人の門下に入られたときには、綽空という名前を法然上人からもらわれました。そして、善信という名も法然上人からいただかれ、最後は自分で「親鸞」と名のられたとされていました。

『教行信証』「後序」に、

建仁《けんにん》辛《かのと》の酉《とり》の暦《れき》、雑行《ぞうぎょう》を棄《す》てて本願に帰す。元久《げんきゅう》乙《きのと》の丑《うし》の歳《とし》、恩恕《おんじょ》を蒙《かぶ》りて『選択《せんじゃく》』を書《しょ》しき。同じき年の初夏《そか》中旬《ちゅうじゅん》第四日に（中略）「釈の綽空《しゃくくう》」の字と、空の真筆《しんぴつ》をもって、これを書かしめたまいき。

（聖典三九九頁）

と書かれていて、『選択集』の書写を許されたとき、法然上人に「釈の綽空」という名前を書いていただいたとされています。「綽空」というのは、法然上人からいただかれた名前で、二尊院に残っている「七箇条制誡」に「僧綽空」と署名されていますから、法然門下で名のられていた法名であることは確かです。その「僧綽空」という法名ですが、この「後序」の文に、続いて、

同じき二年閏《うるう》七月下旬《げじゅん》第九日、（中略）また夢の告《つげ》に依って、綽空《しゃくくう》の字を改めて、同じき日、御筆《ごひつ》をもって

名の字を書かしめたまい畢《おわ》りぬ。

（聖典三九九～四〇〇頁）

と書かれていますから、「綽空」という名前をあらためて、新しい名前を法然上人によって書いていただいたということです。

「後序」には、「綽空」をあらためた新しい名前が、なんであるかが書かれていません。それについて、覚如上人は、『拾遺古徳伝』で、

またゆめのつげあるによりて、綽空の字をあらためて、おなじき日これも聖人真筆をもて名の字をかきさづけしめたまふ。それよりこのかた善信と号すと。

（真聖全三、七三一頁）

といわれていて、その名前は「善信」で、「名の字をかきさづけしめたまふ」といわれるように、法然上人につけてもらった名前であるといわれています。それを受けて、存覚上人も『六要鈔』で、

「名の字を書かしめたまい畢りぬ」と言うは、善信これなり。

（真聖全二、四四〇頁）

といわれているのです。

このように、覚如上人と存覚上人がそろって「善信」といわれているので、それが定説となっているのです。それでは、「愚禿釈親鸞」と『教行信証』に「撰集名《せんじゅみょう》」として記された名前は、いつ誰からつけられたものかということが問題になります。法然上人と親鸞聖人は、『選択集』付属の二年後に流罪になり、それ以後再びお会いになることはありませんでした。ですから、親鸞という名は、越後流罪の後自らで名のられたものであると考えられてきたのです。

「後序」には、

あるいは僧儀《そうぎ》を改めて姓名《しょうみょう》を賜《たも》うて、遠流《おんる》に処《しょ》す。予《よ》はその一なり。しかればすでに僧にあらず俗にあらず。

　このゆえに「禿《とく》」の字をもって姓《しょう》とす。（聖典三九八～三九九頁）

と、流罪の後「禿」を姓とされたといわれているので、「愚禿釈親鸞」というのは、越後流罪の後に名のられたものので、法然上人はおられませんから、ご自分で名のられたと考えられたのです。

　このように、綽空の名をあらためた後は、法然上人から善信という名をいただき、親鸞という名は自分で名のられたものだということになってきたのです。

　しかし、そもそも仏弟子であるということは、仏の伝承たる僧伽から法名をいただくということですから、自分で名のるということはあり得ないことです。仏弟子としての名は、仏の伝承のある僧伽からいただくものです。仏弟子になるのなら、本当はお釈迦様からいただくのです。その伝承が法名という意味ですから、勝手に名のっていいようなものではありません。ですから、自分で法名としての「親鸞」を名のるというようなことはないことなのです。これはどうしても、師匠と仰いだ法然上人からいただいたものでなければなりません。その恩義に応えて、いただいた名において『教行信証』を作られたと考えるほうが自然なのです。

　そこで私は、「綽空の字を改めて、同じき日、御筆をもって名の字を書かしめたまい畢りぬ」といわれている「名の字」は、「親鸞」であったと考えたのです。

　『教行信証』を撰集する名前も、文中に語る名前も、すべて「愚禿釈親鸞」で語られています。「悲しきかな、愚《ぐ》禿鸞《とくらん》」（「信巻」聖典二五一頁）は、明らかに愚禿親鸞の略ですから、文中はすべて「愚禿釈親鸞」であって、善信という名前は一度も出てきません。ですから、どう考えても、法然上人との出遇いにおいて『選択集』を授けられた後に付与された名前は「親鸞」であって、その名「親鸞」の責任で、『教行信証』を造られたにちがいないのです。

事由という言葉があって、「後序」には事由が書かれているといわれます。「後序」は『教行信証』を造る歴史的事由が記されているということです。事由として、事実においてこの著作を造ったということで、法然上人との出遇いにおいていただいた「名の字」を記しているということであって、この『教行信証』に関わりのない名前をここに記すはずがない。一貫して「釈親鸞」ですから、「名の字」は「親鸞」以外にない、このように思います。

それでは、善信という名は何かというと、これは房号です。『歎異抄』に、

聖人の御信心に善信房の信心、ひとつにはあるべきぞ。（聖典六三九頁）

とあるように、僧侶同士が呼び合うときの通俗名です。この房号も、自分で名のるものではありません。法名と同じように、師匠がこの人は相当な人物だと見込んで房号をくださるのです。ですから、親鸞聖人は、法然上人から「綽空」という法名と「善信」という房号をいただき、それで法然門下で親鸞聖人は「善信房」と呼ばれていたということだと思います。

いうまでもなく、「親鸞」は、天親菩薩と曇鸞大師の名から、一字ずつ取られた名であろうとされています。この二人に由来する名であることは、天親菩薩の『浄土論』、曇鸞大師の『浄土論註』を受けて、往相・還相の二回向を根本原理として『教行信証』を制作されたということです。ですから、ある意味で当然でもあるけれども、その中でも、「信巻」を開設するについては、曇鸞大師の「如実修行相応」は信心であるという問題と、天親菩薩の「一心帰命」の問題を受け止めているということです。こういう求道上の深刻な課題を、三十歳代の親鸞聖人が悩み抜いて、師法然上人が、そこを抜け出る道について、親鸞聖人の見方に同感を示されたのが、この名「親鸞」の付与になったのではないかと拝察されるのです。

そういうことで、「信巻」を読んでいくにあたって、直接内容に関係するわけではありませんけれども、「愚禿釈

親鸞」という名のもつ重みを受け止めていただきたいのです。けっしてご自分で名のられた名前ではない。由緒ある仏教教団からいただくべきだけれども、本当にこの道こそ自分を救う道であると信じて帰した、たとえ地獄なりともついていこうと信じた師法然上人からいただいた名前において、この『教行信証』を造るのだということです。

諸仏如来の伝承

さて「別序」を読み進めて参りましょう。

　ここに愚禿釈《ぐとくしゃく》の親鸞《しんらん》、諸仏如来《しょぶつにょらい》の真説に信順して、論家《ろんげ》・釈家《しゃっけ》の宗義を披閲《ひえつ》す。広く三経《さんぎょう》の光沢《こうたく》を蒙《かぶ》りて、特《こと》に一心の華文《かもん》を開く。しばらく疑問を至《いた》してついに明証《みょうしょう》を出《い》だす。（聖典二一〇頁）

とあります。「信巻」を開くところに、あらためてもう一度「愚禿釈の親鸞」という名を置かれて、「諸仏如来の真説に信順」するといわれる。ここにどうして、「諸仏如来」が出てくるのかということがあります。じつは、『無量寿経』という経典が、諸仏如来の伝承から生まれているということに気づかれたのです。『無量寿経』を読んでいきますと、もちろん釈尊が、お説きになるのですけれども、法蔵菩薩に先立つ伝承が語られています。

　勝因段では五十三仏の名が並んでいて、「次に仏ましましき」（『無量寿経』聖典一〇頁）と語られた後に、法蔵菩薩の師匠の世自在王仏が語られてきます。世自在王仏は、五十三仏の伝承から生まれてきているのだということなのです。

　それは、いわゆる経典がどのようにできてきたかという歴史研究からすれば、世自在王仏は後から出てきたという話なのかも知れませんけれど、しかし、これは大乗経典を生み出してくる深い背景を語っているという見方があるのです。こういう見方は、親鸞聖人の見方でもあるといえます。

近代の仏教研究では、仏教は釈尊から始まったという見方をします。釈迦という一人の人間が考えた、その体験内容が語られたということから仏教が始まるのだといわれます。しかし、一人の人間が、なぜそのように気づいたかという精神的背景というようなところを掘り下げてみると、釈尊も自分で勝手に考えて気づいたというような話ではなくて、何かやはり自分が気づいてくる背景のような力を語らなければならないところに、本生譚、本生経が生まれてくる必然があったのではないかと見ることができるのです。親鸞聖人のものの見方もそうです。なぜこのように気づいてきたのかというところに、古い言葉には、自分が見出した道は古い岨道《そばみち》であったと、「古仙の道」だというういい方もあります。初めて自分が人跡未踏の原始林に入ったというのではなく、ほとんどの人は見ていないし気づいていないけれども、じつは道があったのだと表現されるような、自分が自分として気づいてくる背景があるわけです。大乗仏教も、個人釈迦というより、仏陀の正覚の背景を明らかにするという方向があります。

たとえば、親鸞聖人が回向ということに気づかれる背景は、たんに自分が突然気づいたのではなくて、七祖のご苦労があったということです。なかでも天親菩薩と曇鸞大師のご苦労があったわけです。その天親菩薩と曇鸞大師はどこからこられたかといえば、『無量寿経』からきた。では『無量寿経』はどこからきたかというと、『無量寿経』は諸仏の伝承からきたのです。これは、いのちの背景の深さを感じ取るということと関わりがあるとも思うのです。

私たち人間は、人間から生まれてきている。ですから、その人間をたどって遡れば、人間の初めがわかるのかというと、いくら遡っていってもわかりません。ですから、神様が創ったのだという神話がでてくる。人間の初めは誰が創ったのか、それは神様が創ったと。では、その神様は誰が創ったのか。神様は、神様自身が創ったのだといえるのかと、このように初めということをいいだすと、やっかいなことになるのです。釈尊は、「十四無記」ということを説かれました。わからないこと、それについては沈黙されるのです。そのほうが正直だと思います。無記ということは、それについては発言しないということです。その問いに対しては知らないともいわない、返事もしない。そういう問いは、人間が本当にたすかるかたすからないかという、仏道の問いとは無関係です。初めがあろうとなかろうと、関係ない。ここに迷っている事実はある。ですから、関係ない問いについては、答えない。これは、賢いと思います。わからないから答えない。たとえわかっても、無関係なのです。こういうのが、仏教のものの見方と態度であろうと思います。

ともかく煩悩を、

無始よりこのかた乃至《ないし》今日今時に至るまで、穢悪汚染《えあくわぜん》にして清浄《しょうじょう》の心なし。（「信巻」聖典二二五頁）

と表現されるのは、存在の背景は、本当はわからないほど遠いということでしょう。尋ねることができる時間で区切って、そこから始まったというけれども、そこから前があるはずです。そういうものの考え方があります。『無量寿経』の物語は、法蔵菩薩から始まるのではないし、阿弥陀如来から始まるのでもない。法蔵菩薩が阿弥陀に成るけれども、法蔵菩薩には世自在王仏という師匠がある。その師匠が出てくるには、長い歴史がある。五十三仏の五十三という数はどこからきているかについては、いろいろいわれます。『華厳経』と関係があるのではないかということがいわれたりします。ともかく、五十三が正しいかどうかというのではない。五十三で無数の数を代表しているのでしょう。

これは、恒沙の諸仏の歴史だと思うのです。そういうところから、この教えの起源が語られるのです。一応、阿弥陀から始まるということにするけれども、法蔵菩薩が阿弥陀仏になったという物語ですから、阿弥陀仏が歴史の起源であるということをいっているわけではありません。阿弥陀如来は「方便法身《ほっしん》」(「証巻」聖典二九〇頁)であるとされ、「自然《じねん》のようをしらせんりょうなり」(『正像末和讃』聖典五一一頁)と親鸞聖人がいわれるように、無理やり立てた人格神ではなくて、物語として教えを呼びかけるための名です。それが歴史の始まりであるというような、一神教的なことをいおうとするのではないのです。このようなものの考え方が、大切であるということを思うのです。

「諸仏如来《しょぶつにょらい》の真説」とここで親鸞聖人がいわれるのは、『無量寿経』の教え、「真実の教」の意味が、諸仏如来の教えであるということを押さえておられるのだと思うのです。しかし、「諸仏如来」という言葉のニュアンスが、私にはぴったりとこなかったのです。なぜ「諸仏」というのだろう。たくさん仏がいるということに、何の意味があるのだろうと、疑問に思っていたのです。

『無量寿経』には、釈迦如来が説かれたという面と、そして諸仏如来の帰依された経であるという面があります。諸仏如来が大切に伝承してきて、そして、第十七願になっているように、諸仏が皆本当にそれでこそ一切衆生がたすかる道だと喜んで賛同してくださるような説き方が生まれてきた。こういうところに、『無量寿経』の教えの意味がある。「諸仏如来の真説」と、親鸞聖人がここで押さえられた意味が、そこにあるのではなかろうかと思うのです。

論家・釈家の宗義を披閲す

諸仏の伝承の流れに帰して、「論家《ろんげ》・釈家《しゃっけ》の宗義を披閲《ひえつ》す」(聖典二一〇頁)といわれます。経・論・釈といわれますが、経典というのは、仏説を基本としますけれども、仏説の名で説かれた経典です。その経についての最初の解釈は、だいたいインドでおこなわれますから、インドで造られた解釈を論といわれます。そして釈は、中国でさらに経や論を解釈したものです。経・論・律の三蔵といって、翻訳三蔵が伝えた経と論と、教団を取り仕切る律と、その三つから仏教の学びが始まる。そして経や論を解釈するという場合に、釈を作ると位置づけられて、中国で造られた解釈は釈というふうに呼ばれます。

この中国での区分、位《くらい》づけが日本に伝えられると、経・論・釈の名は、時代的な展開と、思想的な重みと、そして作った人間の価値まで含むようになってきました。経は、インド人が作ったから価値がある。論も、基本的にはインドで作られた。釈は、中国で作られたから価値が落ちる。日本のものは、さらに価値が低いというような考え方が、いまだにあるように思われます。

たとえば親鸞聖人も、経・論・釈について、「いわく」というときの文字を、『大経』に言《のたま》わく」（「行巻」一五七頁）、「『無量寿如来会』に言《のたま》わく」（「行巻」一五八頁）というように、経の場合は「言わく」とされています。

それに対して、「『十住毘婆沙論』に曰《い》わく」（「行巻」一六一頁）、「『浄土論』に曰《い》わく」（「行巻」一六七頁）というように、論の場合は「曰わく」といわれます。さらに、釈の場合は、「『安楽集』に云《い》わく」（「行巻」一七一頁）、「『往生要集』に云わく」（「行巻」一八八頁）というように、「云わく」といわれ、経・論・釈で「言」「曰」「云」と、文字を使い分けておられます。確かに『教行信証』をお書きになるときに、親鸞聖人は、そのような使い分けをきちんとされています。これは、天台の学問に伝えられている文字の書き方であって、比叡の山ですでに身に付いていた作法であったと思われます。

学びには伝承があって、伝承の作法があります。文字の書き方、使い分け、この文字をこの場合にはこう書くというようなことがあるのです。たとえば中国であれば、中国の皇帝が亡くなった後は、中国の皇帝の文字が入っていた場合には、一画落とすというような、さまざまな作法がある。いい悪いはともかくとして、作法ですから、知らずに書けばものを知らないということになる。

このようなこともあって、親鸞聖人がなぜそういう文字の使い分けをされたのかについて、教義学では意図的であると強調するのは、それは解釈が過ぎるのではないかと私は思っています。

経典を作ったのは仏陀という場合もありますが、「経家《きょうげ》」という言葉がある。論家、釈家、経家の「家《け》」は「家《いえ》」という意味ではなく、その立場の人という意味をあらわします。そして、経典を作った人は、経家といわれる。経典は、仏説の形をとる。しかし、大乗経典は明らかに、釈尊が亡くなった後に、釈尊の教えを伝承し、釈尊の教えを語り直し、伝え直し、掘り下げ直した結果生まれてきたものです。ですから、経典として伝えられているけれども、誰かが編集したに違いないのです。けれども、誰かが編集したとはいわない。仏陀の名前で語られ、聞き止められたことにされているわけです。こういうところから、経家という言葉になるのでしょう。

中国でも、ずいぶん経典が生まれています。明らかに中国で作られたという場合には、「疑経」といわれ、疑わしい経典とされます。日本に伝わってきた場合に、こういうことがよくわからなかった。そういう点は、近代に入って仕分けがはっきりしてきたのだろうと思うのです。

「論家・釈家の宗義を披閲す」とは、天親菩薩、曇鸞大師の言葉を通して、一心が本願成就の信心として、凡愚に開示されているということを明らかにできたということでしょう。特に、「一心」について、「信巻」で本願の三心と論主の一心とをぶつけ合わせて、三心は一心であることを論じておられます。そして、その一心を「証巻」の結びでは、

論主《ろんじゅ》（天親《てんじん》）は広大無碍《むげ》の一心を宣布《せんぷ》して、あまねく雑染堪忍《ぞうぜんかんにん》の群萠《ぐんもう》を開化《かいけ》す。　（聖典二九八頁）

といわれ、また「正信偈」では、

広く本願力《りき》の回向《えこう》に由《よ》って、群生《ぐんじょう》を度せんがために、一心を彰《あらわ》す。　（聖典二〇六頁）

といわれています。

ですから、「論家・釈家」では天親菩薩、曇鸞大師が代表であり、「信巻」であれば、特に釈家善導大師のものを抜《ひら》き閲《えっ》した。よくよく読み抜いたということです。

『浄土論』の謎

そして「広く三経《さんぎょう》の光沢《こうたく》を蒙《かぶ》りて」と、もう一回いい直しておられます。三経は、浄土三部経に違いありません。「三経の光沢」、光の沢《さわ》といって、光を水に喩えておられます。水の流れのような光の流れに遇って、「特《こと》に一心の華文《かもん》を開く」といわれる。「一心」というのは、いうまでもなく、天親菩薩が「世尊、我一心に（世尊我一心）」（『浄土論』聖典一三五頁）といわれる一心です。そして「願生偈」を「華文」といっておられます。

次に、「しばらく疑問を至《いた》してついに明証《みょうしょう》を出《い》だす」といわれます。疑問は、天親菩薩の『浄土論』が謎であったということなのです。

「且《しばらく》」は、「仮に」というような、「少しの間」というニュアンスが強い字ですけれども、親鸞聖人にとっては、この「しばらく」はそう短い時間ではなかったと思うのです。おそらく、天親菩薩の『浄土論』は、いくら読んでもわからない。「願生偈」は偈文ですから、偈文自身は、読めば「ああそういうものか」と感じるところがある。

しかし、天親自身がお書きになった解義分というのが付いていて、これが普通では、読んでも、読んでも、なぜこれが「願生偈」の解釈になるのか、その因果関係がよくわからない。

天親菩薩の『浄土論』「願生偈」は、一番初めの「世尊我一心　帰命尽十方　無碍光如来　願生安楽国」（聖典一三五頁）という帰敬偈と、「我依修多羅　真実功徳相　説願偈総持　与仏教相応」（聖典一三五頁）という発起序を合わせて、序文といわれています。この四行より後、「観彼世界相　勝過三界道」（聖典一三五頁）に始まって、「我作論説偈　願見弥陀仏　普共諸衆生　往生安楽国」（聖典一三八頁）の回向門の前までが、浄土をほめる偈《うた》です。ですから、ほとんどが、浄土をほめる偈文なのです。

願生の偈ですから、願生される浄土をほめている偈ですから、浄土の偈として浄土をほめているのだということは、すぐにわかります。しかし、初めの四行は、どういうことなのか。そして、『無量寿経優婆提舎』の「願生偈」と書いてあるけれども、天親菩薩がわざわざ、『無量寿経』の浄土に願生するということをいわれるのはなぜか。その二つの問いが生じるのです。

なぜかというと、兄の無着は『摂大乗論』に、諸仏の浄土を語っているのです。「十八円満」あるいは「十八円浄」という語で翻訳されていますが、十八の荘厳功徳で、諸仏の浄土を語っているのです。仏が悟りを開けば、必ず浄土が開ける。浄土が開けることによって、衆生と関係し得る。こういう浄土を、無着は語るのです。

それに対して天親菩薩は、諸仏の浄土では飽き足らず、阿弥陀仏の浄土を詠うという、たんにそれだけのことなのだろうか。「願生偈」を読んでも、よくわかりません。そして、解義分が読めない。なぜ解義分が「願生偈」の注釈になるのか。わかろうとしても、それだけを読んだのではわからないのです。

親鸞聖人が、曇鸞大師をほめられる『高僧和讃』で、

天親菩薩《てんじんぼさつ》のみことをも　鸞師《らんし》ときのべたまわずは
他力広大威徳《たりきいとく》の　心行《しんぎょう》いかでかさとらまし
（聖典四九二頁）

と詠われています。これは、親鸞聖人が、天親菩薩の『浄土論』をどれだけ読んでも意味がわからなかったということを述べておられるわけです。そして、曇鸞大師の注釈についても、おそらく何度読んでも、よくわからなかったということなのだろうと思うのです。これをどうして天親菩薩の解釈とみることができるのかという、疑問が解けなかったのでしょう。

自力の思いでわからなかった謎が、一つには法然上人の、本願に帰せずにはおられないという深い回心と、二つには曇鸞大師が「覈《まこと》にその本を求むれば、阿弥陀如来を増上縁《ぞうじょうえん》とするなり」（聖典一九四頁）と、五念門行が成り立つのは阿弥陀如来の増上縁によるということを書かざるを得ないという問題と、それらを通して『浄土論』を読んでみると、「ああ、そうであったのか」と理解できた。天親菩薩は、『浄土論』によって初めて仏陀の教えに相応できた。「与仏教相応」といわれているのは、『無量寿経』の教えに相応できたということ。これが本当の仏陀の教えと相応できたという事実なのだということを、「一心」という言葉において宣言されたのだということを感得されたのです。

天親菩薩は、唯識の学匠です。しかし、よくよく読んでみると、唯識は、唯識で成就する道理として、真理としてそれで道理を成就するごとくに書いてあるけれども、それが「自分の上に成り立った」と述べてはおられないのです。大菩提心を成就し、阿頼耶識を転じて大円鏡智となるという道を求めて、深い妄念を転じて大円鏡智とするような境地を開こうと努力はするけれども、「大円鏡智を開いた」といい得る人はいません。それならつまり、仏教の教えに相応した人はいないということになります。

この、求道心の悲しみと深い要求が、天親菩薩をして『無量寿経』を読ませ、そして阿弥陀の浄土を願生せずにおられないようにさせたのです。『浄土論』の「不虚作住持《ふこさじゅうじ》功徳」（聖典一四一頁）の釈をするとき、解義分で天親菩薩自身が、

すなわちかの仏を見たてまつれば、未証浄心《みしょうじょうしん》の菩薩《ぼさつ》畢竟じて平等法身を得証して、浄心《じょうしん》の菩薩と上地《じょうじ》のもろもろの菩薩と畢竟《ひっきょう》じて同じく寂滅平等を得しむるがゆえなり。（聖典一四一頁）

と、未証浄心《みしょうじょうしん》の菩薩《ぼさつ》と浄心《じょうしん》の菩薩と上地《じょうじ》のもろもろの菩薩とがあるけれど、それが安楽浄土においては皆、「畢竟《ひっきょう》じて同じく寂滅平等を得しむる」と注釈しておられます。

このように書いておられることの謎がある。曇鸞大師が、下地から上地に行きたいと思っても、七地沈空の難があると注釈されています。天親菩薩がそういわれているわけではないけれども、天親菩薩が三つの位を書いて、浄土が畢竟平等だから願生すると書いておられるわけです。この不虚作住持功徳の謎を、曇鸞大師が、天親菩薩も菩薩道の行き詰まりということをくぐって、阿弥陀仏の浄土を願生せずにはおられなかったということだと読み解かれたわけです。

さらに、『十住毘婆沙論』を書かれた龍樹菩薩が、願生しておられる。菩薩道の初地において易行を要求されることの意味も、そして、阿弥陀如来の本願によって名号を称えて、「聞名不退」と、名を聞いて不退転に住するといわれることの意味も、菩薩であった龍樹菩薩自身が易行を要求したからであると、曇鸞大師が注釈されているのです。親鸞聖人は、その曇鸞大師の眼《まなこ》を喜ばれたのです。四論の学匠であった曇鸞大師は、本当に求道をし、求道につまずいて、有限存在の身を悲しまれた。四論《しろん》の立場は空観《くうがん》であり、空観の問題には沈空の問題があります。沈空、つまりどこまでやっても抜け出られないということが、曇鸞大師の悩みだったのでしょう。

これは、哲学的、理論的要求ではない。仏教の真理によって本当に心を開かれたいという要求があっても、自分を覆ってくる無明性によって、どうしても真理に出遇えない。そのように、自分の求道に行き詰まりを感ずるような資質の方であるからこそ、浄土の教えを求めずにはおられないということなのだろうと思うのです。

金子大榮先生は、浄土の教えを聞いた人には、そういう人間の悲しみが皆共通してあるということをいわれていました。理論どおりになり得ると信じ、自分がその通りになったとはいわないにしても、なったごとくに錯覚できるような人ならば、悲しみを知らず、浄土の教えを請わずに済むのです。曇鸞大師にあるのは、仏陀の教えと一致できないというデリケートな問題です。どれだけ学び、知識として知り、よくわかったつもりでいても、自分がその通りにはならない。「無我だ。ああそうだ。無我なのだ」と理屈としては、嫌というほどわかってはいても、全然無我になれない我執深き自分がここにいる。ちょっとしたことで腹を立てたり、欲を起こしたりする。無我であるべきなのに、なぜそうなってしまうのだろうと思っても、動いてしまう心がどうにもならない。

こういうことを悲しいと思わなければ、ごまかしていけるけれども、自分が仏弟子として、教えの立場を自分のものとしたいのに、自分がそうなれないということは、自己矛盾です。自己矛盾を許せないという性質《たち》の人は、それ以上に激しく修行して、おそらくたくさん亡くなっていかれたのではないでしょうか。そういう多くの求道者の屍《しかばね》の上に、浄土教が聞き届けられてきたのだと思うのです。

龍樹菩薩は、信方便の易行ということを出される前に、いったんは、この菩提心を成就することはできないから、何とかしてくれと頼んでくるような、そういう軟弱な心ではだめだといわれるのです。

　汝が所説の如きは、是れ儜弱《にょうにゃく》怯劣《これつ》にて大心《だいしん》有ること無し。是丈夫志幹《じょうぶしかん》の言《ごん》にあらざるなり。

（『十住毘婆沙論』真聖全一、二五三頁）

と、そんなに弱く卑劣な心ではいけない。大菩提心をしっかりと成就しなければだめなのだといわれます。そして、

発願して仏道を求むるは三千大千世界を挙ぐるよりも重し。（真聖全一、二五四頁）

と、大菩提心を担うということは、何回生まれ変わってでも成就するのだといって励まされるのです。

しかし、そこに、

あるいは勤行《ごんぎょう》精進《しょうじん》のものあり、あるいは信方便の易行をもって疾《と》く阿惟越致《あゆいおっち》に至る者あり。（「行巻」聖典一六五頁）

と、「信方便の易行」といわれる易行を説かれるのです。なぜ易行を受け入れられたのかというのは、なかなかわかりにくいのですが、やはり深い人間存在の真理ということがあるのでしょう。人間の真理は、矛盾を生きているという事実なのです。人間は、心が弱いものなのである。心が強い、菩提心の強いものもいると、一応は書かれる。しかし強そうにしていても、尋ねてみるとじつは内に弱いものがある。それをたたき伏せようと努力はするけれど、本当のところは因縁で、縁がたまたまたすけてくれているから、何とか保っている。人間が有限であるということは、弱いものであるということです。

そのように、弱いものだと気づいて泣くものに、他力を教える。なかなかそこまで行き詰まって、「たすけてくれ」という気持ちになるほど求めることはできない。けれども、それをくぐって語ってくださる、人間存在の真理というものがあるのです。

そして、ここに「しばらく疑問を至《いた》して」といわれる、親鸞聖人の疑問とは何であったのか。私は、これはやはり、五念門と偈文との一致がわからないということだと思うのです。曇鸞大師は、「五念配釈」といわれますが、解義分の五念門を偈文に配当されました。初めの二行、「世尊我一心　帰命尽十方　無碍光如来　願生安楽国」（聖

典一三五頁）に、礼拝門・讃嘆門・作願門があり、「観彼世界相」以下からは、観察門と回向門があるというように配当し、偈文全体が五念門なのであるとご覧になったのです。

偈文全体が五念門であるけれども、しかし「世尊我一心」という言葉と、一行四句の第二行（成上起下）の「我依修多羅　真実功徳相　説願偈総持　与仏教相応」（聖典一三五頁）の言葉は、五念門から外れています。この外れる部分が五念門とどう関わるのかということが、いくら読んでもよくわからない。そこを、曇鸞大師が苦労なさって、第二行「我依修多羅　真実功徳相　説願偈総持　与仏教相応」の「与仏教相応」の課題は、「実のごとく修行し相応せん（如実修行相応《にょじつしゅぎょうそうおう》）」（『浄土論』聖典一三八頁）の課題であり、第一行にある「帰命尽十方　無碍光如来」（聖典一三五頁）の讃嘆門に関わると読まれたのです。確かに、解義分を読んでいくと、この曇鸞大師の解釈には、なるほどそうなのだとうなずかざるを得ないところがあります。それを親鸞聖人は徹底して読み抜かれたわけです。

親鸞聖人は、比叡の山で勉強をしてすべて学ばれたと、覚如上人も『御伝鈔』に、

しばしば南岳天台《なんがくてんだい》の玄風をとぶらい、ひろく三観仏乗《さんがんぶつじょう》の理《り》を達し、とこしなえに楞厳横川《りょうごんよかわ》の余流《よりゅう》をたたえて、ふかく四教円融の義に明らかなり。（聖典七二四頁）

と書いておられます。けれども、何をどのくらいということは書かれずに、ただものすごく学んでいたというようなことで済ませてしまわれた。そして、続いて、

建仁《けんにん》第三の暦《れき》春のころ、聖人二十九歳　隠遁《いんとん》のこころざしにひかれて、源空聖人《げんくうしょうにん》の吉水《よしみず》の禅房《ぜんぼう》に尋《たず》ね参りたまいき。（聖典七二四頁）

と、「隠遁の志に引かれて、法然上人のもとに行かれた」と書いておられます。そのために、後の、特に近代の解釈では、親鸞聖人は比叡の山ではたいした勉強をしていなかったのではないか、法然門下になってから一生懸命勉

強し始められたのではないかという説が出てしまって、私が教えられたのもそのような親鸞像でした。

歴史学者の中には、親鸞聖人は出自が低いから、比叡の山では学僧ではなかったのだから、堂衆であったという人もありました。堂僧というのは、『恵信尼消息』が出てきて初めていわれることになったことで、それまでは、親鸞聖人の比叡の山におられたときの役割や仕事は、まったくわからなかったのです。学僧でないとすると、堂衆なのではなかったのかと、つまり肉体労働者のような下働きをする身分であったのではないかといわれていたのです。

そして、若さゆえに性欲を押さえきれず、困り果てて法然上人のところへ行かれたのだと。しかし、そもそも性欲にかられて法然上人のところに行くというのは、筋違いでしょう。白川女のような女性のところに行けばよいわけですから。そのような解釈がまかり通っていたというのがおかしな話で、まったくけしからんと思うのです。

結局、親鸞の比叡の山での身分も、その生活の様子も何もわからなかった。これも一つの大きな謎なのです。

それが西本願寺の蔵から、大正一〇年（一九一一年）に『恵信尼消息』が発見されました。六百五十回忌の記念で蔵を学者に開放されて、学者が蔵に入って調査してみたら、何かわからない、たとうに包んだ古文書が出てきたのです。そこから解明が始まって、五十年前私が学生になったころには、まだ本当に新鮮な資料でした。恵信尼の書かれた真筆が、平安時代の女性の仮名文字の見本として書道の手本として雑誌に紹介されたりしていました。

ですからその頃の親鸞伝は、戦前から伝わってきていた親鸞像が色濃く残っていました。六百五十回忌のときに発見された文献がほとんど解明されるのに十年から二十年かかり、それが世の中に伝わって、昭和三六年（一九六一年）の七百回御遠忌のときでも、まだ『恵信尼消息』の真偽が問われているようなことでした。

その『恵信尼消息』の中に、

殿の比叡《ひえ》の山《やま》に堂僧《どうそう》つとめておわしましけるが、
（聖典六一八頁）

と書かれている。仮名で「だうそう」（東本願寺『親鸞聖人行実』一一頁）とあるので、これはどういうことだろう、堂衆の間違いではないのかといわれたりしていました。親鸞聖人は、水くみや薪拾いをしてお風呂を炊くというような、学僧たちの生活の世話をする係であったと考えられていたので、「だうそう」というのは肉体労働をする役割である「堂衆」であろうと思われたのです。しかし、これはどう考えても違う。「堂僧」と読むのではないかと調べてみると、比叡の山の文献に、常行三昧堂の役割をする僧侶を「堂僧」ということがあることがわかってきたのです。そのようにして、ようやく、親鸞聖人の比叡の山における生活が一部見えてきたのです。けれども、まだまだよくわからないところがあります。ですから、まだこれから、親鸞聖人についての見方が変わる可能性はあるでしょう。恵信尼というお名前も、百年前に出てきて、その古文書を書かれた恵信尼という方が、親鸞聖人の妻であったということになったのです。しかし、それまでは、奥様は「玉日姫《たまひひめ》」とされていたのです。このころでも、玉日姫なのか恵信尼なのか、あるいは玉日姫と恵信尼が同一人物なのか別人なのか、まだまだ多くの謎があります。

初めにも触れたように、親鸞聖人が「信巻」を書くに当たって出されている疑問は、おそらく、比叡山時代、常行三昧堂の堂僧の役をされ、浄土の系統の学びをされる中で、既にもっておられたのではないかと思われるのです。常行三昧堂というお堂は、法華堂と並んで天台大師が『摩訶止観』に書かれた方法に従って行をする道場で、修行僧にとって非常に大事な場所なのです。

常行三昧・常坐三昧・半行半座三昧・非行非座三昧の四つを、四種三昧といっています。法華堂は、常坐三昧で、法華の題目を唱え続けて座り続ける。常行三昧堂は、常行三昧で、九十日間修行者がお堂に一人こもって仏（阿弥陀如来）のまわりを、ぐるぐると歩き続けるという行です。その行に当たっては、天台智顗自身が、行の途中で魔がさすから、仏を依り処にして、「南無阿弥陀仏」を称えながら行をするという方法を指示しているのです。今でも、比叡の山に常行三昧堂があって、一年に一人くらい行者が出てくるようです。ゆっくり歩きながら、念仏をし続けるという行です。親鸞聖人は、そのお堂で堂僧として、行者を世話する係を勤めておられた。お堂に行者がいるときは世話をするでしょうけれど、行者がいないときは、何をしていたかわかりませんが、おそらく学問をすることが許されている身分であったろうと思うのです。

だとすれば、途中で死んでしまうような厳しい修行をする行者が、そうたくさんいるわけではありませんから、学問をする時間もあったのではないかと思われます。とにかく、九十日間歩き続ける行で、たくさんの方が亡くなっている。水分不足にもなるでしょうし、あるいは、心臓がもう動かなくなるほど疲労しますから、倒れてしまう場合もあるでしょう。中に入ったら沈黙で会話をしてはいけないので、お堂の外から気配を窺って気をつける人がいなければならない。

そして、外に出て食事や水を摂り生理を済ませたりということが許される時間があるのでしょう。親鸞聖人は、そういう下働きのお世話をしながら、おそらく指導もなさったでしょう。ご自身も、ひょっとしたら行をされたかも知れません。そのようなことがわかってきたのは、この百年なのです。

このように考えてみると、親鸞聖人は、二十九歳で比叡の山を下りられる前に、すでに比叡にある論書のほとんどを読み抜いておられたのではないかと思います。そして、当時の書物というものは巻物ですから、一巻借りて来て開いて読んで、もう一度どこに書いてあったかと戻って探すのは大変です。おそらく、経典は暗記するしかない。論ならば書き抜くということもあったかも知れませんが、それも紙や筆がどの程度手に入ったか。おそらく若き親鸞聖人は、「この経典にはこんなことが書いてある」「ここに、こういう言葉がある」と、大事なところは全て暗唱されたのではないかと思うのです。

親鸞聖人は、そのような学びのできる資質の方であったでしょう。また、毎日読誦する経典は別として、どんな経典でも借りてきたら返さなければならず、自分が四六時中もっていることはほとんどできなかったはずです。『涅槃経』は「大経」として、比叡の山で皆が四六時中読む経典だったようですから、これは手元にあったかも知れない。しかし、その他の経典はよほどでなければ、自分でもっているなどということはできない。借りてきて読んでは返す。あるいは、経蔵に籠もって読ませてもらって、返して出てくる。現代の図書館のように、便利な貸出制などあるはずがありませんから、読書というのは今の我われが推測するのとは全然違うと思うのです。どれほど苦労して勉強なさったか。どれだけ苦労して経論を読まれたか。親鸞聖人の立場は、おそらくそういうことが一応許されていたものだったと考えられます。

しかし、いわゆる学僧として、学問し議論しさえしていればよいという身分でないならば、学問することはやはり困難ですから、できる時間に集中して、自分が身につけたいものは全て読みながら覚えていく。読んだからには、大事なものは全部暗唱する。そういう方法だったのではないかと思うのです。それでも、学んでもわからないという疑問が出てきたのではないか。それが「信巻」に出された疑問、おそらく『浄土論』の解明に関わる疑問だったのではないかと、私は推測するのです。

つまり、「如実修行相応」というところに、天親菩薩が「世尊我一心」と宣言なさったと、曇鸞大師がいわれている。仏教と相応できたということを語っておられるならば、その「一心」が欲しい。しかし、一心がどうして成り立つのか。その疑問が「信巻」を開くことになり、さらに法然上人の下への百日の通いにもつながるのではないか。親鸞聖人が法然上人の門下に入るについて、参籠の後、百日間通っておられることを、恵信尼が伝えている。

これは、親鸞聖人の悩みが深かったということだと思うのです。

法然上人は、誰に向かっても「ただ念仏せよ」と勧められた。三経を依り処として、懇々と諸仏が念仏を勧めている。善導大師も念仏を勧めておられるのだと。それだけのことならば、一時間も聞けばたいがいのところはわかるでしょう。では、親鸞聖人が、なぜ百日通われたのか。何がわからなくて百日通われたのか。このことと、「信巻」を開く問題と、私は無関係ではないと思うのです。こういう質の疑問を、普通には我われはもつことができない。

安田理深先生が、「人間というのは、一生にいくらでも疑問が出てくるものだが、青年期にもった疑問が大事なのだ」といわれていたのが、つくづく思い起こされるのです。「青年期にもった疑問が、一生歩むといってもいいのだ」、青年期に疑問がなければ、学びが歩めない。学びが歩みの質をもたない。私などは、それはきついなあと思いました。どういう疑問が本当の疑問なのか。おそらく親鸞聖人のような方は、若いころに比叡の山でもたれた疑問の質が深く、宗教的なものであったに違いない。

つまり、普通の理性的の疑問は、何か理性的に処理解明して答えが出る場合もあれば、答えなどないという場合もある。いろいろな場合があるけれども、それは答えが出たらお終いという疑問です。けれども、宗教的な疑問というのは、いわゆる言葉で表現できない疑問です。たとえば、「経典がいおうとされる意味はわかる。わかるけれども、自分はそうなれない」という矛盾がそうでしょう。一致しないということを、もし疑いというならば、疑いが晴れれば一致できるということが、一応わかっている。わかっているから、疑問とはいえないけれども、一致しない。これは、深い意味の疑いです。

親鸞聖人が、「仏智疑惑和讃」で、仏智を疑惑するということをいわれます。いわゆる、人間の理性で疑っているわけではない。けれども、念仏してもたすからないという事実がある。これを、親鸞聖人は、「仏智うたがうつみふかし」（聖典五〇七頁）といわれるのです。疑っているつもりはない。本願は信じている。念仏も信じて称える。称えるけれども、煩悩の身は少しも明るくならない。それが、信じていない証拠なのだといわれたら、困りますが、しかしどうしようもない。そういう質の疑問をもたれて、親鸞聖人は苦しんでおられたのだと思うのです。つまり、出離生死に関わる疑問でしょう。

一　心の華文を開く

法然上人を訪ねるにいたった深い要求について、恵信尼は、

　後世《ごせ》の助《たす》からんずる縁《えん》にあいまいらせんと、たずねまいらせて、法然《ほうねん》上人にあいまいらせて、（聖典六一六頁）

と書かれています。「後世の助からんずる縁にあいまいらせんと」ということですから、この世のことではない。蓮如上人は、「後生《ごしょう》の一大事」（聖典八四二頁）といわれます。当然これは、文字通り死んでから後の話ではない。宗教的死ということをいいたいのです。この「後世」「後生」というのも、やはり宗教的表現です。存在の深みの問いを言葉であらわそうとすると、言葉がないのです。自分が今この世を生きている生き方の疑問ではないことを表現しようとすれば、「後世のこと」「後生のこと」というほかない。つまり、今生のこと、処世のことが問題なのではなくて、生まれて今生きているこの身が、どうにも納得できないという問題です。これをどう表現するかというときに、仏教的表現として後世、後生という言葉が、深い問いとしていわれるのです。「教巻」に、

　何をもってか、出世の大事《だいじ》なりと知ることを得るとならば、（聖典一五二頁）

といわれていますが、この世を超えた要求、菩提心の要求を「後世のこと」、「後生のこと」という言葉で表現されるのです。

言葉のもつ表現の内には、言葉になった限りの意味と、その奥の深みの意味との両面がありますから、なかなか難しい。宗教的な表現は、その深みの意味をあらわすための使い方ですから、そこを文字通りの意味と理解してしまうと、本当の意図がくみ取れなくなるのではないかと思うのです。

ここは「一心の華文《かもん》」という問題です。ここに、親鸞聖人の名のりと重ねて「一心の華文」ということが出されてあります。これも、無関係なことをここに書かれたのではなくて、「愚禿釈親鸞」の名のりと、「一心の華文」に出遇ったということ、そして「後序」にある法然上人との値遇ということは、何か深い関係があるのではないかと思えるのです。『歎異抄』に、

法然聖人《ほうねんしょうにん》にすかされまいらせて、念仏して地獄《じごく》におちたりとも、さらに後悔《こうかい》すべからずそうろう。（聖典六二七頁）

といわれているように、法然上人とならばたとえ地獄なりともご一緒するという決断は、本願に帰すという決断です。本願を信ずるとは、本願が嘘であるならばそれで地獄におちてもいいということです。法然上人が、本願に帰しておられるからには、自分も本願に帰す。こういう決断と、本願に帰すことにおいて成り立った天親菩薩の「一心」とは、深く関わっているということが、私には思われるのです。

「一心の華文を開く」という宣言は、すなわち、一心の華文を読み解くことができたということであり、逆に見れば親鸞聖人にとって「一心の華文」に謎があったということです。その謎とは、諸仏如来の真説たる「浄土三経」と天親菩薩の「願生偈」とが、同じ救済の内容と方法を十方衆生に呼びかけているのか、ということだったの

ではないでしょうか。曇鸞大師は、解義分の五念門を偈文に配当して、天親菩薩の願生心が五念門を修して浄土の生を得ることができたとしつつ、その全体を成り立たせる力が、他力増上縁たる「法蔵願力」であると解釈されています。

親鸞聖人は、

他力《たりき》と言うは、如来の本願力《ほんがんりき》なり。（聖典一九三頁）

と「行巻」で押さえられ、さらにその五門の行を成就する増上縁を阿弥陀如来とする『浄土論註』の文を引かれて、『浄土論』の秘密を解いた鍵を示しておられます。

　しかし、親鸞聖人のこの読み込みには、縁としてはたらく願力を、内なる因にまで感受するという困難さがあります。一切を成り立たせる増上縁には、それを受け止める因がなければなりません。因縁が成就するための強い縁が増上縁なのですから、その因それ自身はどうして成り立つのかという問題が残るのです。

　『浄土論』では、「論主」の願生心が因であるから、「菩薩」の求道においてはそれで良いかも知れないけれど、それを群生に成り立たせるというのなら、菩薩行を凡夫が実践しなければならないということになるわけです。

　罪悪深重の凡夫において、本願の救済を信ずるという『無量寿経』の教えと、五念門行を実践する主体とが、いかに一致しうるのか。これを解く鍵は、法蔵菩薩の大菩提心を、一切衆生の根底にはたらき続けるものとして仰ぐことにあるのです。それによって、「帰命」する意欲には、「如来の勅命」があるという受け止めが必然になるのです。

天親論主《てんじんろんじゅ》は一心に　無碍光《むげこう》に帰命《きみょう》す
本願力《りき》に乗ずれば　報土にいたるとのべたまう
（『高僧和讃』聖典四九一頁）

と「天親和讃」で詠われています。「一心に帰命す」ということに、むしろ無碍光如来から強い呼びかけを仰ぐことが、「帰命《きみょう》は本願招喚《しょうかん》の勅命《ちょくめい》」（「行巻」聖典一七七頁）であるという意味でしょう。凡心からは、純粋な帰命は起こりようがありません。むしろ、帰命の心を起こす因が、法蔵願力の修行の語るところであるという、深いうなずきが必要なのではないかと思うのです。帰命の心が起こるのは、「本願力に乗ず」るということなのです。

宿業の因縁は、自覚すればするほど深く、どこまで遡っても終点ということはない。その因縁を破ることなく、帰命が起こるということは、宿業因縁に寄り添いつつ、大菩提心が歩み続けてくださっていたからなのです。その謝念と共に、一心帰命が発起するから、帰命できたことが願力成就なのです。

こういう理解を判然とさせることができるには、釈家である善導大師の「三心釈」が大きく影響しています。このことは「三一問答」に入って詳しく見ていきたいと思います。仏意釈に三心にわたって、群生が無明海に流転して虚仮諂偽であって、真実がないことを押さえ、それだから如来は一切苦悩の群生海を矜哀して「菩薩の行を行じたまいし時、三業の所修、乃至一念一刹那も」疑蓋雑わることなく、真実心となって衆生に回施されるのだと述べて、三心ともに、菩薩の永劫の修行の背景から衆生に回向されることをあらわしているのです。全体をはっきりと自覚させるものは、深心釈のいわゆる「機の深信」に相違ないのです。「曠劫《こうごう》より已来《このかた》、常に没《もつ》し常に流転《るてん》して、出離《しゅつり》の縁《えん》あることなし」（「信巻」聖典二一五頁）という凡愚の身の自覚が、真実信の根拠は如来にあると仰がしめるのであると思います。

前にも述べましたけれど、曇鸞大師が、解義分の五念門、礼拝・讃嘆・作願・観察・回向の初めの三門を、偈文の「帰命尽十方　無碍光如来　願生安楽国」に配当されて、「帰命」は礼拝門、「尽十方無碍光如来」は讃嘆門、「願生安楽国」は作願門に、そして、「観彼世界相」以下に観察門、最後の「普共諸衆生　往生安楽国」は回向門というように、配当されました。そして、その間にはさまった「我依修多羅　真実功徳相　説願偈総持　与仏教相応」の二行は、「成《じょう》上《じょう》起《き》下《げ》」、上《かみ》を成じて下《しも》を起こすと曇鸞大師は名づけられています。

こういう構造を持つ論は、他にないと思うような不思議な構造ですが、仏教の経典の構成にのっとって考えれば、初めの「世尊我一心」から「願生安楽国」までが帰敬序、「我依修多羅」から「与仏教相応」までは発起序だという注釈があり得ます。そうすると、本文は観察門から始まるということになり、「願生偈」と題されるとおり、願生の内容である浄土を説いたのが、この論であるという見方になります。

ところが、曇鸞大師は、全体が本文だといわれるのです。「世尊我一心」以降の内容が、全て五念門であると解釈されたのです。これもすごい解釈だと思うのですが、親鸞聖人は、その解釈をお取りになったのです。そのように読めば、「願生偈」はつまり『無量寿経』の優婆提舎であると。『無量寿経』の内実の主体化、つまり法蔵願心が本当に信じられた場合の、法蔵願心を主体化した場合の浄土の偈《うた》、これがこの「願生偈」であると、こういう了解になるのでしょう。

偈文が終わり、

無量寿修多羅《むりょうじゅしゅたら》の章句、我《われ》、偈誦《げじゅ》をもって総じて説きおわんぬ。　（『浄土論』聖典一三八）

という言葉があります。曇鸞大師は、偈文を総説分といわれ、この文の次の「論じていわく」（聖典一三八頁）からは、偈文の義を解釈するということで「解義分」といわれます。あるいはここから文章が長くなるので「長行《じょうごう》」といういい方もします。

そして「論じていわく」というところから、『真宗聖典』では「（第一・願偈大意）」という括弧が入ってきます。その「願偈大意」という括弧から始まって、終わりまで、十の括弧があります。この十の段落は、曇鸞大師がこのように区切り、それぞれに名を付けられた。その第一章が「願偈大意」です。

この願偈《がんげ》は何の義をか明かす。かの安楽世界を観じて、阿弥陀如来《あみだにょらい》を見たてまつり、かの国に生まれんと願ずることを示現《じげん》するがゆえなり。（聖典一三八頁）

と、これがこの偈の意味であると押さえられます。

その次に、「（第二・起観生信）」と曇鸞大師が名づけられる章には、

いかんが観じ、いかんが信心《しんじん》を生ずる。（聖典一三八頁）

と天親菩薩が書かれています。

私は初め、「願生偈」をいくら読んでも、「信心」という言葉がないのに、なぜ解義分にくると「信心を生ずる」という言葉が出てくるのかと、文字の違いからくる疑問がありました。しかしこれは、親鸞聖人からすると、信心は一心ですから、どうやって一心が生ずるかということなのです。

そして、続いて、

もし善男子《ぜんなんし》・善女人《ぜんにょにん》、五念門を修して行《ぎょう》成就しぬれば、畢竟《ひっきょう》じて安楽国土に生まれて、かの阿弥陀仏《あみだぶつ》を見たてまつることを得《う》となり。（聖典一三八頁）

とあります。善男子・善女人というのは、仏教の翻訳用語です。男性は優婆塞、女性は優婆夷という言葉もあり、在家の衆生のことです。男性か女性かということが関わるのは、在家生活です。身体的性別による規制は、出家してもこれは消えませんが、性別が生活において役割分担という意味をもつのは世俗生活です。出家生活では、戒の違いはあるけれども、基本的には平等です。

男・女という字がついているということから、菩薩ではなく出家者でもない、在家生活者を指しているということ

とがわかります。では、善男子・善女人が五念門を修すると書かれてあるのは、凡夫が五念門を修するということなのかという疑問が、当然出てくるのです。

親鸞聖人の『浄土論註』の加点本を見ますと、曇鸞大師は五念門を行ずる主体はすべて、天親菩薩の自己表現であるとされています。帰命は天親菩薩の帰命の心であり、願生は天親菩薩の願生の心であると注釈されます、つまり「願生偈」は、天親菩薩が自分のお心を表現されているのだと見られている。「世尊、我一心に」のこの「我」は、天親菩薩が我と名のられたのであり、その「我」が初めに「一心に」といわれて、礼拝・讃嘆・作願・観察・回向されているのだから、天親菩薩自身が五念門を行ずるように書かれている。

しかし、解義分にくると、「善男子・善女人」が修するように書いてあるということは、天親菩薩のなさったように、皆、五念門を自分で修するということなのか。それが、なぜ『無量寿経』の優婆提舎になるのか。こういうわからなさがあるのです。しかし、曇鸞大師の注釈をくぐれば、天親菩薩は代表して一心を表白してくださったのであって、一心は善男子・善女人の誰においても成り立つ。それを成り立たせる原理が、じつは『無量寿経』の法蔵願心なのであると、このように親鸞聖人は読み解かれたのです。

このように読まなければ、この論を浄土の論として、本当に尊い論としていただくことができないという矛盾があります。そういう曇鸞大師の読み方をくぐって、天親菩薩の意図が読めたということです。天親菩薩自身は、行者ですから行者として唯識止観の行をなさり、行を通して、経典に語られる一切の衆生を摂取せずんば止まんという法蔵願心が、自分を摂取されるという体験をされ、その感得されたところを書いておられるのかも知れません。

これは、なかなか難しいところです。しかし、どこまでも凡心で、在家止住の凡夫としていただくときには、本願他力、清浄なる浄土は、愚かな凡夫の罪業性にとって他でしかありません。他ということは、まったく異質です。

清沢満之先生の言葉でいえば、有限にとって無限は外である。しかし、無限の側が本当にはたらこうとするということが教えになったのが、本願の教えです。この教えの道理からすれば、無限は有限を包まずにはおかない。凡夫を救わずにはおかない。救わずにはおかない願心を、本当に自分がいただくということが必要であり、そのことを信ずることです。

信ずることができるときには、信ずるという心と救うというはたらきとは一つになる。二つが二つのままだと、救われないのです。二つではなくなる。二つでありながら一つになる。如来が信心となる。信心が如来となる。こういうことを、いいあらわすのは非常に難しいのです。いおうとすると、どうしても限界を超えるような表現になりがちです。親鸞聖人は苦労されて、どこまでも五念門は法蔵菩薩の行であるといわれます。しかし、法蔵菩薩の行が成就する場所がどこかといえば、わが信心においてです。だから、五念門行が一心を成就する。このように明らかにしていかれました。

大変面倒な話です。この問題に関わるところは、いおうとすると、どうしても難しくなるのです。難しいけれども、いえないところをいわないといけないし。無理やりいおうとすると、訳がわからなくなります。曾我量深先生のいわれる、「法蔵菩薩、我となりて」という話がわからないのはそれです。「法蔵菩薩が我になるはずがないではないか」。法蔵菩薩は外にいる。ここに愚かな凡夫がいる。凡夫が「法蔵菩薩、どうか救ってください。ありがとうございます」というならわかるけれども、法蔵菩薩が我になるというのはどういうことなのか。

どうしても、これはわからない。わかる話ではないのです。我と法蔵菩薩が二つである間は、疑いですからわからないのです。疑いが晴れるところに、いただける話なのです。信ずるということが成り立ったときには、その信ということは一つになるということなのです。二つがあるということが疑いです。二つとして教えが立てられるけ

れども、二つにして一つになるということが、信である。これをいうのが困難なのです
　この教えを通さない場合には、仏教の体験は三昧ということになってしまいます。三昧では、精神が集中し統一されることにおいて、自己が消え去る。自我が消え去ると、自我があるのではなく、あることそのことになりきる。そうなると、そのままが一如である。しかし、三昧から覚めてみれば、やはり自我があって世界があるということが起こる。つまり、三昧は教えの擬似体験です。人間が体験できる、悟りに近い内容という面はあると思うのです。

　ですから親鸞聖人は配慮され、三昧体験に入っていって語ることをなさらない。どこまでも愚かな凡夫でありながら、本願の救いを信ずると表現してくださった。二つのままにして一つであるということを、どこまでいうか。二つのままでは仏教にならない。しかし、二つにして一つであるということをいいすぎると、一つであることが神秘体験になってしまう。それを神秘体験にせずに、しかし二つにして一つであるということを表現する。これほど難しいことはないのです。

　親鸞聖人は、信楽は願心より発起する、願心がここに立ち上がるのだといわれます。私に成り立つ信心なのだけれども、願心なのだと。これは、体験できたらよいというのではなく、この体験に出遇わなければ、親鸞聖人の教えに出遇ったとはいえないのです。これは、非常に難しいところです。難しいけれども、このことを何とか伝えようということが、親鸞聖人のご苦労でもあり、後を引き受けた方々のご苦労でもあったのではないでしょうか。

　つい、逃げてしまうのです。二つのままに逃げれば、たんなる世間語になってしまうのです。一つを強調すれば、神秘体験に埋没していくのです。秘儀・秘事法門になる。秘儀にもならず、たんに世俗に堕するのでもない。ここに仏法ありといいながら、しかし凡夫を忘れないのが、親鸞聖人の教えです。神秘体験の問題は、凡夫を忘れることです。「ああ一如だ」と、凡夫なんかいなくなってしまう。しかし、現実はここに凡夫が生きている。生きてい

るから、それを支える意識内容は、たとえ三昧で少しの間、特殊体験をしていても覚めればまた凡夫であって、悟りを開いたわけでも何でもないのです。

三昧は、疑似体験として教えに導く。戒、定、慧といいますが、定は方法なのです。定は結論ではない。にもかかわらず、定が結論のごとき顔をして歩き出す。「三昧に入った人が偉い」というようなことが出てくるのです。

親鸞聖人は、そういう表現方法をけっしてお取りにならない。これが難しく、どんなにご苦労されたのかと思うのです。けれども、これが大事なのです。この教えだから、世俗生活ができるのです。世俗生活のまま、「南無阿弥陀仏」と一つに生きていくことができる。これが浄土真宗の有難いところだとつくづく思うのです。

仏恩と人倫

「別序」は、

誠に仏恩《ぶっとん》の深重《じんじゅう》なるを念じて、人倫《じんりん》の哢言《ろうげん》を恥じず。浄邦《じょうほう》を欣《ねが》う徒衆《としゅう》、穢域《えいき》を厭《いと》う庶類《しょるい》、取捨を加うといえども、毀謗《きほう》を生ずることなかれ、と。（聖典二一〇頁）

と結ばれます。ここにいわれている「仏恩と人倫」という問題は、「別序」と「後序」と、二度にわたって押さえておられるとても大事な問題です。

仏恩への謝念は、「総序」の、

愚禿釈《ぐとくしゃく》の親鸞、慶《よろこ》ばしいかな、西蕃《せいばん》・月支《がっし》の聖典《しょうでん》、東夏《とうか》・日域《じちいき》の師釈、遇《あ》いがたくして今遇うことを得たり。聞きがたくしてすでに聞くことを得たり。真宗の教行証《きょうぎょうしょう》を敬信《きょうしん》して、特《こと》に如来の恩徳の深きことを知

りぬ。　（聖典一五〇頁）

に始まり、「後序」には、

深く如来の矜哀《こうあい》を知りて、良《まこと》に師教の恩厚《おんこう》を仰《あお》ぐ。　（聖典四〇〇頁）

とあるように、『教行信証』を貫いている感情です。この謝念から、この著書を制作するのだといわれるのです。

値遇ということには、偶然性が大きな契機となるのです。特に「機の深信」をくぐるなら、仏法の真理には、凡愚としては出遇える必然性がないとさえいえるでしょう。それにも関わらず、遇いがたき縁を与えられ、遇えるはずがないような師教に遇い、心から信ずることができる教えに出遇えたという感激が、この著書を貫いているのです。この書を著述する親鸞聖人の息づかいが、謝念となって表現される言葉の端々に感じられるのです。

ところが、そこに続く言葉は、「人倫の哢言を恥じず」とあります。これはどういうことなのだろうかということがあります。「人倫」という語は、『孟子』に由来しているとされて、人と人との秩序関係をあらわし、転じて人として守るべき道、さらには人々、人類の意味にも用いられています。「別序」の初めに、「末代の道俗、近世の宗師」といい、「後序」には「諸寺の釈門」「洛都の儒林」といわれているから、これらを指しているのかも知れないのですが、広くは「この世の人々」、本願の信に触れない立場のあらゆる人々ということかも知れません。「後序」でも、

ただ仏恩の深きことを念じて、人倫《じんりん》の嘲《あざけり》を恥《は》じず。　（聖典四〇〇頁）

といわれています。

「信巻」と「化身土巻」に、仏恩と人倫を対応させていわれるということは、この他力の信が「難信」であるとされることと、深く関わっているのではないかと思うのです。仏恩によって遇いがたき教法に出遇い、得難き真実

信心を獲得できたことは、感謝し尽くせないほどの感激でしょう。それに対して、「人倫」は「哢言」「嘲り」として立ちあらわれてきます。人間関係の秩序とか価値観とかが、公序良俗などといわれて、一人ひとりの人間を縛り、ときには踏みつぶしてきます。このごろでは「ハラスメント」という言葉で取り上げられていますが、上下関係や男女関係、そのほかのこの世の価値を決定する差別構造を、貧富貴賤、男女老少などと表現して、大信海はこれらを簡ばないといわれているのは、この圧力からの解放を、本願力による平等の信念が開いてくるからでしょう。

それに対して、秩序を守る側となった「人倫」は、激しく攻撃してくる傾向をもつのです。階層構造を構築している俗世間は、その価値観を否定するような思想を許さないということなのです。

浄土真宗を真実の教とし、その根拠である『無量寿経』を真実教とされるときに、親鸞聖人が注意書きのように書かれたのが、「誠に仏《ぶっ》恩の深重《じんじゅう》なるを念じて、人倫《じんりん》の哢言《ろうげん》を恥じず」です。その言葉から、この教えの置かれた状況を探ることができようかと思います。まず、その時代はすでに世の中に一般の仏教が深く定着している状態でした。そして、日本はもともと中国をモデルとして国が作られたということもあって、中国に起こった儒教思想が政治のうえでも民衆の中にも深く定着し、儒教的倫理道徳とその価値観が、人間関係の基盤となっていた面があります。

そういうことも、日本人の価値観に強く影響していて、さらにいえば、そもそも人間の発想が自力であり自力の努力で少しなりとも善を行じ、互いに良い人間関係を作ろうとするのが善であるという、倫理観と価値観を作ってきているわけです。これを正当とする世俗社会にとって、本願を根拠として人間存在の平等性を強く打ちだす真宗の信心は、すんなりと受け入れられるものではありません。

ですから、「誠に仏《ぶっ》恩の深重《じんじゅう》なるを念じて、人倫《じんりん》の哢言《ろうげん》を恥じず」ということをいわざるを得ないわけで、「人倫」が「呰言」をかけてくるのです。「化身土巻」では「人倫《じんりん》の嘲《あざけり》を恥《は》じず」（聖典四〇〇頁）といわれますが、「嘲」といわれる中には、たんに口で非難してくるだけではなくて、弾圧をかけてくるということがありました。それに対して「仏恩の深重なるを念じて」といわれる。仏恩とは、諸仏の恩と、教えの恩と、そして本願の主である阿弥陀如来の大悲の恩ですが、こういうものこそが、人間存在に本当の意味と朗らかさ、明るさを与えてくれる根拠なのです。それに依って、存在の平等の尊さを開いていこうとするときに、それが世間から非難されるという問題が起こってくる。真理を語り、それを生きることが、不実を生きる人間の常識や世俗の価値とぶつかって、こういうことを敢えて述べざるを得ないような現実があるわけです。この問題が、真実信心をいただくことの難しさでもあり、また、これを真理としていただいて生きるということがもつ、困難さでもあるのです。そのようなことを覚悟してでも、本願の信心を真実とするのだという、親鸞聖人の強い姿勢が感じられる言葉です。

さしあたって思い当たることは、本願の信心に立ってこの世を生きるについて、「悪人正機」という自覚と、肉食妻帯という宗風、「神祇不拝」という信仰姿勢が思い合わされます。こういう場合の「悪人」という言葉は、悪い行為をする人間という意味ではなく、いわゆる俗世の価値基準に背く方向、すなわち人間平等の解放を志向する方向を示すための自覚的表現なのです。そして、本願力を信ずるなら、

南無阿弥陀仏をとなうれば　この世の利益《りやく》きわもなし
流転輪回《るてんりんね》のつみきえて　定業中夭《じょうごうちゅうよう》のぞこりぬ
（「現世利益和讃」聖典四八七頁）

と和讃されるように、人倫の繋縛を突破して、人間業からくる差別や業苦からの解放が与えられるというのです。

明証の確信

「別序」を結ぶに当たって、親鸞聖人は他にあまり見られない言葉を置いておられます。

浄邦《じょうほう》を欣《ねが》う徒衆《としゅう》、穢域《えいき》を厭《いと》う庶類《しょるい》、取捨を加うといえども、毀謗《きほう》を生ずることなかれ、と。（聖典二一〇頁）

「浄邦を欣う」とか「穢域を厭う」という表現は、「厭離穢土　欣求浄土」のいい換えでしょうから、浄土教徒一般に対する呼びかけの言葉でしょう。親鸞聖人は、「信巻」に入ると、

大信心はすなわちこれ、長生不死《ちょうせいふし》の神方《しんぽう》、欣浄厭穢《ごんじょうえんえ》の妙術《みょうじゅつ》、（聖典二一一頁）

といわれます。ですから、厭離穢土・欣求浄土がそのまま真実信心になるのでなく、厭離・欣求の願生心が回向の信に転ぜられて、妙術によって、満足されていくことをあらわしてくるのです。ですから、一般の自力願生の意欲の徒衆に、親鸞聖人が書き記すことがらに対して、加筆訂正なら許すけれども、けっして毀謗を生じてはならないと書き置かれているのです。この確信こそ、「信巻」を通して明らかにしようとされるものなのです。

「しばらく疑問を至してついに明証を出だす」ことができた喜びには、「これを疑うことは許さない」という確信があるのです。これは善導大師の、『観経疏』の結びの、「一句一字も加減すべからず」（真聖全一、五六〇頁）に対すれば、一応「取捨を加」えることまでは許してはいるが、徹底的に人間の愚かさを自覚し、その愚悪の衆生を漏らすことなく救い取らんとする本願の大悲に、絶対的に帰順する信念の金剛の質をあらわすものに相違ありません。

そして「別序」を結ぶと、そこに「至心信楽《ししんしんぎょう》の願《がん》　正定聚《しょうじょうじゅ》の機《き》」（聖典二一〇頁）という、いわゆる標挙の文が出されています。

第三章 「己証」の解明

第一節 信心の広大性

題名と機の位

『教行信証』は、「教巻」には『無量寿経』を真実の教と決定し、真実の仏教の正しい依り処としての真実教として、『無量寿経』は宗として本願を説き、名号を体とすると表現されます。「教巻」以降の巻では、その『無量寿経』の体たる名号の内実と意義とを、選択本願の中からそれぞれ独自の願を選び取り、願名を与えて論じていかれます。

「信巻」は、第十八願によってあらわすことを、巻の初めに明らかにされています。中表紙の位置に出される文は、「標挙の文」といわれています。「信巻」の標挙に掲げられた第十八願の名は、「至心信楽の願」と名づけられます。これが、「南無阿弥陀仏」の名号を大行として、その行から信を別開することと関わっているのです。名号は「万徳の所帰」であると教えられた法然上人の指示を受け止めて、「行巻」に「破闇満願」の仏事をなす名号を明らかにされたのですが、その名号を称することによって、必ずしも功徳が現前しないという、凡愚の精神生活の事実をどうするのか。そこに名号がもつ智慧（法の側の智慧）を、信ずる人間（機の側）があらためて受け止め直す必要が出てきます。その問題を、『観無量寿経』に説かれる三心に対する善導大師の釈文を手がかりにして考察する中で、親鸞聖人は本願に「三心」に当たる語があることを見出されたのです。法然上人は、第十八願を「念仏往生の願」といわれるけれども、その内面に信の問題を見出してみれば、これを「至心信楽の願」と名づけるべきだと気づかれたのが親鸞聖人であったのです。

確かに法然上人の『観無量寿経釈』に「本願の三心」（真聖全四、三五二頁）という言葉があって、法然上人が講義の中で『観無量寿経』と『無量寿経』の三心を対応しておられます。

確かにその言葉はありますが、ただし、その文脈の中で、内容、つまり『観無量寿経』の三心と『無量寿経』の三信の質の違い、あるいは『無量寿経』の三信はどういうことをいうための三信であるのか、というようなことについては、一切触れられていません。『観無量寿経』の三心に対応して、『無量寿経』の「至心・信楽・欲生」を対応させてはおられますが、その三信が「念仏往生の願」に出されてある意味について、講義があったわけではないようです。そういう言葉は、『観無量寿経』のその講義での一回だけであるとすれば、親鸞聖人が、その一回だけの法然上人の言葉を耳にとどめて、この問題を深められたということになろうかと思います。

ですから、「念仏往生の願」を、「至心信楽の願」と名づけるということは、やはり、親鸞聖人のお仕事だと思います。法然上人は、「念仏往生の願」について、「三心の願」といわれているわけではなく、本願の三心を『観無量寿経』の三心と対応させておられるのです。この三信は『観無量寿経』の三心をあらわしていると指摘されているのかも知れない。第十八願が「至心信楽の願」であるということをいわれているわけではないのです。

しかし、「本願の三心」という言葉がヒントになっているということは、いえるのではないかと思います。あちらこちらでいわれているわけではなく、『観無量寿経釈』に一回だけ出ているということは、法然上人もそのことを考えておられたかも知れないが、そこはちょっとわかりません。

親鸞聖人が、この「至心信楽の願」という願名を見出されたことにより、本願成就の事実を機の上に受け止めるとき、願心が荘厳する浄土において衆生に与えようとする「正定聚」、必ず成仏すると確信することができた聚（ともがら）で、不退転ともいわれるその信念を、現生に獲得できるのだと確信されたのが親鸞聖人なのです。この信心において証果（証大涅槃）を確信するのだという、信心の内実の確かめが、三心を一心に集約して、これこそ如来回向の真実信だと論ずることの意味なのです。

そして、その標挙の文の願名、「至心信楽の願」の下に、「正定聚の機」という言葉を置いておられます。親鸞聖人は、「絶対不二の教」（聖典二〇〇頁）と「絶対不二《ぜったいふに》の機《き》」（聖典二〇〇頁）という言葉を、「行巻」の機教対応のところで書いておられます。「機」は、仏法に触れて、仏法を生きていく存在というような意味をもっている字としてお使いになっていて、ここでは「正定聚の機」といわれるのです。

それで、親鸞聖人はここに、第十八願の意味を信心に特定し、その信心によって、人間が仏法を聞いて成り立つことの意味を、「正定聚の機」と書かれているのです。これが「信巻」のテーマになるということを押さえておられます。

このように押さえられたということが、何でもないようですけれども、親鸞聖人の非常に大きなお仕事であると思うのです。

一如あるいは真実というような言葉は、如来の分限に属する。衆生の分限には「雑毒雑心《ぞうどくざつしん》」（「行巻」聖典一九八頁）しかない。これが親鸞聖人の分限の自覚であり、人間のあり方に対して忘れてはならない自覚なのです。雑毒雑心の身が、何を聞こうと何をしようと、それ自身で純粋になることはありません。その悲しみを、雑毒雑心と押さえられるのです。しかし、いわゆる常識的な人間理解は、努力して善いことを積んでいけば、善人になり仏に近づき、そして努力によって完成した意味を作りあげられるというものです。そのような、世俗を成り立たせている価値観に対して、一切の人間存在が凡夫であり、凡夫は雑毒雑心の身であるという自覚をいわれるのです。これは、意味が伝わりにくく、なかなか聞いてもらえないのです。

つまり、機ということの意味が、一般には、内に可能性をもち、仏性という言葉でいうならば、内に仏性をもっていて、それを育てれば仏に成る存在として理解されている。それに対して、凡夫である機には、仏に成る可能性がないというのが、善導大師の第一深信です。第一深信を「機の深信」といわれたのが誰であるか、私は突き止めておりませんが、しかし現在の真宗学では第一深信が「機の深信」であり、第二深信が「法の深信」であるというのが常識になっています。「出離《しゅつり》の縁《えん》」がないというのが、第一深信です。出離の縁がないとは、内に仏性はないということの自覚が、第一深信だということです。「二種の信心」という言葉はもともとあっても、「二種深信」という言葉は、法然門下の流れの中から生まれてきたのでしょう。しかし、親鸞聖人は、その言葉を直接使ってはおられません。

今では当たり前になっていて、その言葉を使わないと不自由ですから、「法の深信」「機の深信」という言葉を使っています。深信は、そもそも善導大師が「七深信《しちじんしん》」(「散善義」真聖全一、五三四頁参照)をいわれ、そのうち初めの二種の信ということに重きをおかれます。

親鸞聖人のいわれる、「至心信楽の願」によって成り立つ正定聚の機とは、そういう機の深信を受ける機であるけれども、にもかかわらず正定聚ということを確保できる。それは、「至心信楽の願」という本願の因果によるからです。本願力回向の信心であることにおいて、凡夫に正定聚が成り立つ。こういうことを、一貫して明らかにしようとされるのです。

真実は如来の分限であって、衆生の分限には、雑毒雑心しかない。その愚鈍きわまりない衆生に、真実信心といい得る心を開示せずには止まないはたらきが、回向する本願なのです。その本願を、我われが立ち上がる大地とすることができるからには、我らの凡夫性を恥じて遠慮をするなどということは無用の沙汰でしょう。現生に本願に値遇することが、現生に正定聚の数に入ることなのです。正定聚は、本願力が荘厳する浄土のはたらきを表現する功徳ですが、凡夫であることを障りとすることなく、信ずる人にこの功徳を成就するのが、本願成就の意味なのです。

『無量寿経』と『涅槃経』の関わり

ここからは、『顕浄土真実信文類三』の本文に入っていきたいと思います。本文に入る前にちょっと巻名に触れておきます。『顕浄土真実信文類三』とある「顕浄土」とは、六巻全体にかかる課題です。そして、「真実」は真実五巻にかかる言葉であって、『顕浄土方便化身土文類』には「真実」はかからない。

親鸞聖人のお心の中には、方便・真実という見方、そして「隠顕《おんけん》」という見方があります。たとえば『観無量寿経』は、表は自力と見える教えであり、その教えを聞いて自力の心が起こるけれども、それもじつは大悲の願のお育てであるという見方です。十方衆生にかかる法蔵願心が、衆生を歩ませるのです。ですから、第十九願や第二十願ではだめだといっているわけではないのです。第十九願の「至心発願欲生」も如来の願であり、第二十願の「至心回向欲生」も如来の願なのです。本当は「至心信楽欲生」を如来は呼びかけているのですけれども、人間の側が自力の心で聞くから、どうしても「至心発願欲生」「至心回向欲生」という呼びかけが、教えであるとして聞いてしまう。これを批判的にくぐって、初めてこれらの願は真実に触れていくための方便であると、親鸞聖人はご覧になるのです。

ですから、方便化身土も、真実は表には出ないけれども、「顕浄土」を課題としているのであって、方便はどこまでも真実に導くための方便です。「化身土巻」を読んでいくと、このような意味とともに、親鸞聖人の人間観、そして深い配慮が感じられてきます。

「信巻」に入ると、そこに「愚禿釈《ぐとくしゃく》親鸞《しんらん》集《しゅう》」（聖典二一一頁）とあります。これは、撰集名《せんじゅみょう》といわれます。浄土三経や祖師方の言葉を撰び集めて、『教行信証』を撰集する主体の名を、「愚禿釈親鸞」と名のっておられます。そして、

謹《つつし》んで往相《おうそう》の回向《えこう》を案ずるに、大信あり。（聖典二一一頁）

から、「信巻」は始まります。「総序」は「竊《ひそ》かに以《おもん》みれば」（聖典一四九頁）から始まっていますが、「教巻」からは「謹んで〜案ずる」という言葉であらわしていかれる。このように「竊かに以みる」といわれ、「謹んで案ずる」といわれるところには、何か漢字が違うだけではない配慮があると、諸先輩が考えておられます。

行信について、「行巻」は、

謹《つつし》んで往相《おうそう》の回向《えこう》を案《あん》ずるに、大行《だいぎょう》あり、大信《だいしん》あり。（聖典一五七頁）

と始まりますが、「信巻」では、

謹《つつし》んで往相《おうそう》の回向《えこう》を案ずるに、大信有り。（聖典二一一頁）

と始められ、いよいよ信心自身を扱うように展開していきます。

前にも触れましたが、「行巻」はただ「行」を扱っているのではないのです。「大行あり、大信あり」と押さえておられるということは、行を論じる中で、行の中に信を包んで信を成就した行として考えていこうとされているのです。行のない信を案ずるのではなく、行を論ずるところには必ず信が具されているという形で、行をお考えになるのです。しかし、「信巻」にくると、その行を聞いても信が本当の意味で疑いを晴らすことができないという課題を受けて、回向の信ということで、信をもう一度論じ直しておられます。ですから、「疑問を至《いた》してついに明《みょう》証《しょう》を出《い》だす」（聖典二一〇頁）と、つまり、疑問を通して信心それ自身の意味を明らかにするということが、「信巻」の問題になるのです。

そして「大信有り」（聖典二一一頁）と押さえて、初めに、

> 大信心はすなわちこれ、長生不死《ちょうせいふし》の神方《しんぽう》、欣浄厭穢《ごんじょうえんえ》の妙術《みょうじゅつ》、
> （聖典二一一頁）

と、「大信心」という言葉を出されます。「大信心」という言葉は、親鸞聖人が勝手に作られたのではありません。この言葉は、『無量寿経』にはなく『涅槃経』にあるのですが、それを親鸞聖人が後で引用してこられます（聖典二二九頁参照）。「大」とつくような信心があることを、既に大乗の『涅槃経』が宣言しているのです。それを受けて「大信心は」と出されているのです。

親鸞聖人は、『涅槃経』は大乗の経典であって浄土の経典とは別であるとは、お考えになりません。人間を成就するという大乗仏教の課題が熟成されている経典として、大切にされます。『涅槃経』に提起されている課題、『涅槃経』のテーマに『無量寿経』が応えているという形でいただき、引き受けておられると見ることができるのではないかと私は思います。

たとえば、この「大信心」も、そして仏性や大涅槃の問題も、『涅槃経』が提示しています。それらの問題を、

本願によって応えていると、『無量寿経』を読まれるのです。むしろ、応えるための本願であると、親鸞聖人は『無量寿経』をいただいていかれたのではないかと思います。

そして「大信心はすなわちこれ」（聖典二一一頁）と始まり、そして続いて、

長生不死《ちょうせいふし》の神方《しんぼう》、欣浄厭穢《ごんじょうえんえ》の妙術《みょうじゅつ》、選択回向《せんじゃくえこう》の直心《じきしん》、利他深広《りたじんこう》の信楽《しんぎょう》、金剛不壊《こんごうふえ》の真心、易往無人《いおうむにん》の浄信《じょうしん》、心光摂護《しんこうしょうご》の一心、希有最勝《けうさいしょう》の大信、世間難信の捷径《せっけい》、証大涅槃《しょうだいねはん》の真因、極速円融《ごくそくえんゆう》の白道《びゃくどう》、真如一《しんにょいち》実《じつ》の信海なり。（聖典二一一頁）

と、漢字四文字と二文字を「の」でつないで、六字ずつで十二句並べられます。このようにして、漢字六字をもって大信心の意味を押さえる作業をここでなさっています。なぜ十二句なのかはわかりませんが、六字ずつ十二句で、大信心というものを定義されているのです。

そして、この六字ずつの課題は、これから論ずる「信巻」全体の課題を、全部くみ上げているのです。これはすごいことです。これだけの文字をこのようにまとめるだけでも、おそらく、四六時中頭が動いて、何年もかかるような作業でしょう。そうでなければ、このようにはまとまらないだろうと思うのです。大変重要な課題が、この十二句で押さえられています。これを読んだだけでも、もう降参するしかないようなことが、一番初めに出ています。これからどのようなことが述べられるかについて、ざっと初めに押さえておきたいと思います。

往相の回向としての大信

「信巻」の本文は、「謹んで往相の回向を案ずるに、大信有り」と始められています。往還の回向とは、天親の五

念・五功徳の因果から第五回向門の因果を取り出して、曇鸞大師が見出された意味です。

往還の二回向については、親鸞教学でもまだ課題として、論じ続けられなければならない内容のように思います。

天親菩薩の回向門の因果では、五念門の利他の行としての回向が成就した場合に、第五功徳門といわれ、これは、「園林遊戯地《おんりんゆげじ》」（『浄土論』聖典一四四頁）という名前でいわれて、「煩悩《ぼんのう》の林に遊びて神通《じんずう》を現じ」（「正信偈」聖典二〇六頁）という利益を得る。往相の回向は、天親菩薩の五念門では、衆生を摂して、一切の衆生とともに安楽国に往生しようという、一切衆生を利益しようという思いを回《めぐ》らすという意味の回向ですから、つまり利他の回向です。天親菩薩の使い方では、もともと回向ということが利他から出ていて、衆生を救うという課題をあらわす言葉なのです。

もちろん、回向の仏教的な意味としては、菩提回向というような、衆生回向だけではない自利のような意味ももっているのですが、天親菩薩が『浄土論』で使われるときには、回向は利他として使っておられます。往相の回向も、利他の往相回向だし、さらに還相の回向は、その回向門の成就した利益ですから、利他の還相の回向です。それをどこかで間違えて、江戸時代の教義学は、往相の回向は浄土に往くのが往相なのだから、自分たちが念仏して浄土に往くのは回向によって成り立つ自利の往相であるという理解がありました。それは完全に誤解です。親鸞聖人は、そのように使ってはおられません。

往相・還相の回向は、如来の利他の回向です。如来利他の回向といわれるのだから、往相であろうと還相であろうと、如来利他の回向のはたらきなのです。自利の回向などということは絶対にあり得ないのです。自利は、初めの四門が自利なのです。礼拝・讃嘆・作願・観察という初めの四念門を成就して、「回向を首として」（『浄土論』聖典一三九頁）、「回向心を首《しゅ》として」（「信巻」聖典二三二頁）と、「首《はじめ》」としてと書いておられます。自利利他の全部を回向に注ぎ込んでというような意味です。つまり全力をかけて利他にとりかかる。こういう因果が、第五功徳門として成就してくる。第五功徳門も、如来の還相回向です。往還二回向ともに、如来の往還二回向です。その如来の往還二回向に、我われは値遇する。その値遇するという意味を、寺川俊昭先生は、曾我先生の「還相回向としての聖教」というお考えを中心にして、どこまでも還相の回向は我ら衆生がいただいていくべきものであるとまとめられました。

曾我量深先生は、「我ら凡夫は、仏に向かってあるいは浄土に向かって歩む。それに対して大悲のはたらきは、向こうからくる。だから、往相と還相は対面交通だ」というように了解なさいました。それまで、江戸時代以来、教義学では往相還相を自分でするような理解がありました。ですから、往相還相ともに如来の回向だということを明らかにするために、曾我先生もずいぶんご苦労なさったのです。

しかし、その意味が、考えている内に途中でずれていってしまうのです。読んでいる我われも、何が何だかわからなくなる。しかし、わからなくなるのは、人間が関わっているものと考えようとするからなのです。本願力、つまり本願の因果が衆生にはたらくという構造を、往還としてあらわすのです。つまり、教・行・信・証という次第が往相回向に関わるのです。しかし、証は大涅槃ですから、大涅槃が衆生に与えられるときには、本願力のはたらきは還相回向も恵むのだということです。「証巻」の中に還相回向を置かれて、大涅槃のはたらきとして親鸞聖人はお考えになっています。

衆生にさしあたって与える分限は、因の位である行と信です、教えを入れて教・行・信であって、証はその果です。本願の因果が、往相回向として衆生にはたらくのが、教・行・信・証なのです。しかし、その証の中には、大悲自身が還相回向を蓄えている。こういう構造になっているのです。

親鸞聖人の和讃の中に、

弥陀《みだ》の回向《えこう》成就して　往相還相《げんそう》ふたつなり
これらの回向によりてこそ　心行《しんぎょう》ともにえしむなれ
（『高僧和讃』聖典四九二頁）

とあって、如来の願心が二回向として成就することにおいて、「心行」すなわち信心と大行の二つを衆生に与えるといわれるのです。

往還二回向に出遇うという表現があるのです。親鸞聖人の扱い方はどこまでも如来の二回向であって、衆生の二回向とは書かれてありません。ただ、如来の二回向に値遇した存在に、如来の二回向を証明するようなはたらきが移《うつ》ってくるというようなニュアンスの表現があって、それを自分がすると考えるのは、まったくの誤解です。

自力でするのではないのです。如来の本願力がはたらいて、如来のお仕事にお任せするのです。信ずるのであって、自分でするのではないのです。どこまでも、往還二回向は如来の選択本願の因果のはたらきです。これにお任せするのであって、自分がするのではありません。ここがはっきりすれば、往還二回向は、それほど難しいことをいわれているわけではないのだということが、私としてはよくわかったのです。

大信心の十二徳

謹《つつし》んで往相《おうそう》の回向《えこう》を案ずるに、大信有り。
（聖典二一一頁）

と、如来の往相回向に「大信有り」といわれる。大信は衆生に与えられるけれども、如来の往相回向であるわけです。それを受けて、長生不死《ちょうせいふし》の神方《しんぽう》、欣浄厭穢《ごんじょうえんえ》の妙術《みょうじゅつ》、選択回向《せんじゃくえこう》の直心《じきしん》、利他深広《りたじんこう》の信楽《しんぎょう》、金剛不壊《こんごうふえ》の真心、易往無人《いおうむにん》の浄信《じょうしん》、心光摂護《しんこうしょうご》の一心、希有最勝《けうさいしょう》の大信、世間難信の捷径《せっけい》、証大涅槃《しょうだいねはん》の真因、極速円融《ごくそくえんゆう》の白道《びゃくどう》、真如一実《しんにょいちじつ》の信海なり。（聖典二一一頁）

と十二句出されます。この並べ方についても、どういう流れでこうされたのか、順序を変えてはいけない強い因縁があるのかどうか、それは図《はか》りかねますが、このように「大信心」を押さえておられます。

長生不死の神方

第一番目は、「長生不死の神方」と始まります。このことについて、すぐ思い浮かぶのは、

仙経《せんぎょう》を焚焼《ぼんしょう》して楽邦《らくほう》に帰したまいき。（「正信偈」聖典二〇六頁）

という曇鸞大師の回心です。曇鸞大師は、西暦五〇〇年代、六世紀、中国の魏の末から斉の初めの方で、インドから新しい大乗仏教の思想が次々に翻訳される時代に生きられた方です。『大集経』などの大乗経典が次から次へと翻訳されてきている中で、長生きして、新たに入ってくる経典を読み続けたい、どこまでも学びを続けたいという願いをもたれたようです。

しかし、おそらくあまり身体が丈夫ではなかったのか、その当時長生不死を掲げて流行っていた陶隠居《とういんきょ》という仙経の師に入門された。どのくらいの期間学ばれたのかわかりませんが、免許皆伝といいますか、その極意を得て巻物をもらって、それをもったまま菩提流支三蔵に遇われた。

その遇い方も、どうして遇われたのかについても、何も記録がないので全くわかりませんが、翻訳三蔵が入って

きた会座には、翻訳作業のために当時の仏教界を代表する力量の学者達が集められていたということが考えられます。インド語を中国語に訳していくには、多くの作業が必要で、さまざまな役割があるわけです。

曇鸞大師も、当時を代表する中観の四論の学匠といわれて、また親鸞聖人が和讃しておられるように、

魏《ぎ》の天子はとうとみて　神鸞《しんらん》とこそ号せしか
おわせしところのその名をば　鸞公厳《らんこうがん》とぞなづけたる
（『高僧和讃』聖典四九二頁）

と、皇帝が仰いでいたというような伝説が伝わっているようなお方です。そういう力量の方ですから、おそらく呼び出されたのでしょう。そして会座に出て、「仏教は思想的には優れているかも知れないけれど、長生きの方法は仙経の方がいい」というような話をされたのでしょう。それで、翻訳三蔵である菩提流支からこっぴどく叱りつけられたと、伝記を伝える記録に書いてあるのです。面前で罵倒されたのでしょう。「地に唾していわく」（『続高僧伝』第六、大正五〇、四七〇、b）と書かれています。地に唾するということが、どれだけ相手を侮蔑することになるのか、「曇鸞、お前はどれだけ偉いか知らないが、長生きして、迷いのいのちを長らえて、何のために生きているのだ。それでもお前は仏者なのか」と叱りつけられて、仏道を求める身としては最大の辱めを受けた。しかしそこで曇鸞大師は、喧嘩して出て行くとか論戦をするのではなく、その場でお気づきになり、せっかく大切にもってきた健康法である仙経を焼いたという伝説が、記録されているのです。

これを、親鸞聖人は、異常と思えるほどに大切にされます。和讃でも、

本師曇鸞和尚《ほんじどうらんかしょう》は　菩提流支《ぼだいるし》のおしえにて
仙経《せんぎょう》ながくやきすてて　浄土《じょうど》にふかく帰《き》せしめき
（『高僧和讃』聖典四九一頁）

といわれ、そして「正信偈」にまで、

仙経《せんぎょう》を焚焼《ぼんしょう》して楽邦《らくほう》に帰したまいき（焚焼仙経帰楽邦）

（聖典二〇六頁）

と書かれています。これは、曇鸞大師という方の回心を尊ばれるということだろうと思うのです。それまで、聖道門の仏道を求めるについて、あるいは空観の四論の学びについても、学匠として達人といってもいい域に達しておられた曇鸞大師ですが、根本の求道心において、世間心と菩提心との境目が混乱していた。長生きして仏法を求め続けたいと願っていた。それに対して、「仏法を求めることは知的興味なのか。菩提心成就のための学びではないのか」と、菩提流支にいい当てられたわけです。曇鸞大師は、菩提心成就のつもりで学んでいたかも知れないけれども、その根に、健康法が欲しいという人間の正直な世俗的要求があったことを、自覚しておられなかったということです。自覚していれば、恥ずかしいから三蔵法師にいわずに、秘かに仙経を隠しもっておられたでしょう。いってしまうということは、自身の菩提心に雑じり気があるという自覚がなかったということです。そこを突かれたわけです。

それで、気づかれて、その不純粋なる菩提心の雑じり気の象徴である仙経を焼き捨てて、そして「楽邦《らくほう》に帰したまいき」とある。これは、曇鸞大師の『浄土論註』に、「仏願に乗ずるを我が命と為す」（真聖全一、三三五頁）という言葉がありますが、つまり、我がいのちとして本願をとるという決断をされた。そのことから親鸞聖人は、この伝記を大切に取り上げられるのでしょう。

そして、その内容が「長生不死の神方」という言葉で押さえられていると思われます。「長生不死」は、文字通りには、長生きして死なないということです。「長生」は、相対的な表現です。しかし、「不死」となると、生命というものは、生死無常といわれ、生まれたら必ず死ぬといわれているのに、「不死」とある。仙人は、この仙経を生きれば、歳もとらないし、死なないのだと、不老不死を看板にする。これに引っかかったら逃げられません。

「不老不死、ああそれは欲しいなあ」と。ただ、実際には皆歳をとって死んでいきますから、仙経に説かれる不老不死は嘘だとわかるわけですけれど、しかしだまされてもやってみたいという人が次から次へとやってくるというのも、また事実なのです。

親鸞聖人は、そこに「長生不死の神方」と書いておられます。「神方」というのは、次の「欣浄厭穢の妙術」の「妙術」ということと、似たような意味だと思います。つまり、不老不死がそのまま与えられることをいっているのではない。不老不死の要求というものは、もし文字通りの意味であれば、生命現象に矛盾する要求ですから、どれだけ要求しても絶対に成就しません。

今は長生きの時代で、歳をとって老人ホームに入った人は、「もうそろそろお迎えが欲しい」といいながらも、「明日までは生きたい」といって生きているのです。生きるのはつらい。歳をとってくると、生きるのが容易ではなくなるのです。若いうちは考えもしませんが、足腰が弱るだけではない。目も耳もだめになってくる。そして、歯は抜けてくる。一番困るのは、食べ物を食べる喉の筋肉が衰えて、飲み込むことができなくなります。嚥下《えんげ》力といいますが、毎日ものを食べているのだから、鍛えているはずなのですけれど、衰えてくる。どれだけ鍛えても衰えてくるのです。筋肉の衰えに、目の衰えも、神経の衰えも合わせてやってきます。一部分が衰えるのではない、全部がやはり衰えてくるわけです。そして、脳が衰える。これは生命の必然で、歳をとって死んでいく。これが苦悩になるのです。

苦悩を感ずるということは、人間にとってつらいことなのですけれど、生きるということは苦だということなのです。それは、初めから仏教が見抜いている存在の真理です。ですから、長生不死の願いをそのまま満たすのではなく、「神方」といわれる。我われが願っている迷いのいのちの延長ではない。迷いが晴れるということにおいて見出す、存在の意味というものが与えられる。本当に大きな意味転換が起こるということを、いわれているのです。

『浄土和讃』に、

南無阿弥陀仏《なむあみだぶつ》をとなうれば　この世の利益《りやく》きわもなし
流転輪回《るてんりんね》のつみきえて　定業中夭《じょうごうちゅうよう》のぞこりぬ
（聖典四八七頁）

といわれます。「定業中夭のぞこりぬ」というのは、定めとしての寿命、そして夭折ということ、途中で死んでいくということが消えるのだと詠われます。これは、どういうことか。

我われは、いのちを相対的なものとして見ていますから、やはり短いいのちを惜しむ。若くして亡くなっていくのは、惜しいと本当に思います。けれども、それぞれの個体が、それぞれの因縁によって与えられた生命を終えていく。それは長い場合もあり、短い場合もある。それは、誰も決められないし、止められない。「なぜ、わが子が四歳で死ななければならないのだ」といくら問うても、答えはないわけです。因縁ですから、そういうことも起こる。それを短い生命だと見るか、この子はそれで十分の意味を果たし遂げたのだと拝むことができるか。これには、残された側の眼の転換しかないのです。

それを仏教は、迷いのいのちが翻されるところに、存在の意味、平等の存在の意味をいただくと教える。「男《なん》女《にょ》・老少を謂《い》わず」（「信巻」聖典二三六頁）といわれますが、我われは、存在の情況が長いか短いか、あるいは男か女かというような、この世の分別で価値判断して、「長い方がよかった」とか「短い人はだめだった」と考えます。しかし、そういうものではないのだということは、これは迷いのいのちからはどうしてもわからないことです。

世俗の価値観というものが、我われを重く縛っていますから、「長生不死の神方」といわれてもうなずけないものが残ります。しかし、本当に苦悩にぶつかったときには、眼の転換以外には、それを引き受ける道はないわけです。「嫌だ、嫌だ」といっても、事実起こっているのだから、その起こっている事実をどう見るかというときに、普通の言葉でいえば、「仏様の思し召しだから、仏様にお任せするしかない」と見るか、どこまでも「俺の子どもだったのだから、俺の思うようにして欲しい。何とか返して欲しい」と思い続けるか。

眼の転換しかないというのが、人間にとっての大切な智慧なのではないかと思うのです。眼を転換しなければ、人生がずっとそのまま灰色で、拝みながら明るく生きるという、自己回復も成り立たないのです。しかし、こういう言葉はなかなかうなずけない。それは確かにうなずけないのです。世俗の価値観にどっぷりと引き込まれていますから、「そんなことをいうのは無理だ」、あるいは「お前はそんなことというけれど」というようにしか思えない。しかし、如来は、衆生の苦悩をみそなわしてくださり、皆平等なのだと教えられます。

人間がいくら努力しようと、いくら科学が進化しようと、生死無常の事実は変えられない。親鸞聖人は、その問題を本当によく考えられて、曇鸞大師のこの伝記は非常に大切なことを示唆していると受け止められたのです。つまり、人間は回心するしか、たすかる道はないのだということです。そのままたすかるのではない。生きたまま往生するなどということは、あり得ないのです。往生とは死んで生まれることですから、生きたままという意味を間違えてはいけないのです。世俗の関心のまま、世俗的倫理価値のまま、世俗的価値観のまま、自力の思いのままで往生することはできないのです。

「長生不死の神方」ということは、ある意味で死んで生まれるような意味をいただくということです。この世の生命が長らえるのではないのです。新しいいのちの意味をいただくのです。曇鸞大師の言葉でいえば「仏願に乗ずる」ことがいのちになったならば、死なないのです。この身が死んでも、本願に乗ずることは死なないのです。

本願は無量寿を誓い、阿弥陀如来は無限なる自分になりたいと願っておられる。浄土の衆生も無量寿だということを本願は誓って、それを一切衆生に与えようとして建てられた場が浄土です。それは、文字通りのこの世的な意味で、生命が長らえるといっているのではないのです。言葉ということでいうならば、「本願語」の表現なのです。「人間語」が「本願語」に変わるのです。本願語になった言葉を人間語で理解しようとするから、わからないのです。本願語は、本願語を引き受けて、本願語を信じて、その言葉の意味をいただかなければいけない。本願語を人間語のように読んでしまって、「本願がこう誓っているのだから俺もなんとかしてくれ」といっても、そういうわけにはいかないのです。たとえば、「長生不死」と誓っている。「それなら俺は、本願を信じたら長生不死で長生きできるのか」と、そういう意味ではないのです。要求していた意味が転ぜられて、「ああそうだ」と無量寿の意味をいただけるということです。

こういうことが、第一句の「長生不死の神方」という言葉で押さえられています。大信心を獲るということは、いわゆる生死無常のいのちが、不老不死のいのちになるような意味をもっているという意味でしょう。曇鸞大師が「仙経を焚焼して」ということは、それまでの要求がある意味で浄化されて、本当に満足成就して仏法を生きていくことができるようになったということだと、私はそのようにいただきたいのです。

欣浄厭穢の妙術

第二番目は、「欣浄厭穢の妙術」です。「厭離穢土・欣求浄土」という言葉が、源信僧都にありますが、そもそも浄土往生は厭離穢土・欣求浄土というのが、聖道門が浄土の教えを取り入れたときの表現です。ですから、親鸞聖人はそこに注意されて、この世を厭《いと》うて浄土に往きたいというような願生は、第十九願の心だと見られた。つまり、自力の思いがあるからこの世を厭う。この世が苦悩だから厭うということは、厭う自分は厭われていない。自我があって、自分に都合のよくないことがたくさんあるから嫌だと思うのです。そして、自分の都合のよい、自分を認めてくれる世界へ行こうとする。

このような願生を、曇鸞大師は為楽願生《いらくがんしょう》、「楽のためのゆえに生まれんと願ぜん」(「信巻」聖典二三七頁)といわれます。極楽というから、楽しいところだろうと聞いて願生する。そういう願生は、浄土往生を得ることはできないといわれる。つまり、本願が何のために浄土を生み出そうとするか、浄土という場を荘厳するかというと、あらゆる衆生が成仏できるために、まず環境を整えようということです。世俗はあまりにも邪魔が多い。仏法を求めることが難しい場所が世俗です。ですから、浄土を建立して、ここに生まれたならば、どのような衆生も何ものにも妨げられることなく成仏できる。そのような場所を通して、主体の願を本当に成就させようという説き方になっています。

ですから、法然上人は、なぜ経典が浄土を説くかというと、人間存在は自分から変わっていくことは非常に難しいけれども、環境が変わればひとりでに変えられていくからだと説明してくださっています。これは、非常に説得力があります。

我われはいつも、自分で自分を何とかできると思っています。しかし、人間は環境の動物ですから、環境で変わっていくのです。環境で変わるから、人間存在なのです。人間にとっての環境には、自然環境と人間環境とがあります。文化的環境や歴史的環境、そして社会的環境、そういうものも全部、人間にとって環境です。言葉も環境です。その影響で、人間は人間らしく育っていくわけで、影響を受けないような存在であれば、育たないのです。

野菜でも果物でも、畑の良し悪しで、あるいは肥料が良いか悪いかで、うまいかまずいか味も決まってきます。

種がどれだけよくて、「俺はいいスイカになるぞ」といっても、頑張ってなれるものではない。いのちというものは、環境とともにありますから。それは野菜ばかりではない、人間もそうです。人間も環境次第で変わるのです。成長するに従って、成長させる力や要素が衰えてきますから、歳をとれば変わりにくくなるのです。

この「欣浄厭穢」という言葉で親鸞聖人が押さえようとされるのは、浄土の願いがそのまま満たされるというよりも、人間の中に催してくる宗教的要求なのです。それは、本願力がはたらいて、衆生の心が動き出すという構造なのでしょうけれども、確かに何か求め始める。そういうとき、「厭離穢土・欣求浄土」というのが普通なのでしょうけれども、ここで親鸞聖人はひっくり返して「欣浄厭穢」といわれている。このひっくり返したことにも意味があると思います。

「厭離穢土・欣求浄土」は、浄土への願生心を意味づける一般的な表現です。親鸞聖人は、この「厭離穢土」という要求には、聖道門一般を支える求道心と同質の意欲をみておられるのです。『愚禿鈔』に、

自利真実について、また二種あり。

一には厭離真実

聖道門　難行道

竪出　自力

竪出は難行道の教なり、厭離をもって本とす、自力の心なるがゆえなり。（聖典四三八頁）

とあります。私たちの迷妄の人生を出離できると見て、それを厭い捨てて、如来の世界に生まれていこうとする意欲ですから、一般的にはこの厭離の意欲が、浄土への願生心の本質だと考えられています。これを親鸞聖人は、第十九願の意味の「願生」と見られているのです。

さらには、「欣求浄土」についても、自利真実の内なる「欣求真実」という心を見出されて、

二には欣求真実

浄土門　易行道

横出　他力

横出とは易行道の教なり。欣求をもって本とす、何をもってのゆえに、願力に由って生死を厭捨せしむるがゆえなりと。

（『愚禿鈔』聖典四三八頁）

と記されています。

願生浄土の教えに触れて浄土を願生して、願力に由って生死を厭捨しても、それは本願他力の真実信心ではないといわれるのです。厭離穢土の気分を残して願生するところに、欣求浄土の要求中に潜む自力心、すなわち「他力の中の自力」という問題があるのです。これは本願力による横超の信に対して、横出の厭捨という語で示されるのです。

こうして、徹底的に自力の残滓を見据えた上で、出離の縁のない生死罪濁の身の自覚において、全面的に本願力に生きるという信念が起こるとき、初めて如来回向の信心ということが、凡夫の事実になるのだとされるのです。したがって、欣求厭離の自力の要求を転じて、大信心に入らしめられるのであり、真実の信心において、欣求厭離の感情が完全に転成して満足せしめられることを、大悲の「妙術」であるとされるのです。

親鸞聖人という方は、厳密にものを考えていかれますから、厭離の真実という言葉については、聖道門だと押さえておられる。欣求という要求は、確かに欣求浄土ですから浄土を要求するのだけれども、欣求それ自身は、易行道ではあるけれども「横出《おうしゅつ》」であって、他力ではあるけれども「横超《おうちょう》」ではない。ということは、他力なのだけ

れども、自力が残っているという自覚がたりない。親鸞聖人は、そういう意味の願生は、第十九願意から第二十願意として、「化身土巻」で気づかせるように、批判しておられます。

願力によって厭捨せしむるのだけれども、そこにデリケートな問題を孕んでいる。第二十願意の疑い、「仏智不思議をうたがう」という疑いについて、親鸞聖人は厳密に押さえていかれる。その問題に気づくということは、これは普通の疑いではないということなのです。普通の疑問、世俗に起こる質の疑問ではない。宗教的要求ということが自分なりに少しうなずけてきて、本願の教えということもある程度自分としてもわかったつもりになってきても、生きているあり方の中にある問題、教えが本当のいのちにならないという問題が残っている。これは、

誓願《せいがん》不思議をうたがいて　御名《みな》を称する往生は
宮殿《くでん》のうちに五百歳《さい》　むなしくすぐとぞときたまう
（『浄土和讃』聖典四七八頁）

という和讃にあるように、宗教的な救いの中に埋没して歩みが止まった状態であると教えておられます。

そこにはなかなか気づけない。我われは、自分でこれでよかろうというところに、早くおさまりたいものですから、この辺でだいたい本当だろうと思うと、それ以上は歩めなくなるのです。歩む意味が消えてしまう。そうすると、そこで止まってしまう。それは、七地沈空の難とも重なるのです。こういう課題は、本願力を聞いていてもあるのです。ですから第二十願意は、いうならば、七地沈空の問題と重なるような問題だと思います。念仏に出遇って念仏を信ずる。念仏は、本願が選び出して与えてくださる本願の行だから、「ああ、有難うございますと信じれば、それでいいのですね」というわけで、そこに止まる。これが罪とは思えない、それに何の罪があるのだというようなところですが、そこを親鸞聖人は「横出」であっても「横超」ではないと、第二十願意ということで掘り起こしていかれるのです。

「横出」と「横超」とが、どう違うのかについていろいろいわれますが、これはなかなか難しい。三往生でいえば、「双樹林《そうじゅりん》下《げ》往生《おうじょう》」から「難思《なんし》往生《おうじょう》」へという質の転換は、ある程度わかる。双樹林下往生は、文字通り、お釈迦様が沙羅双樹の下で亡くなられて涅槃に入られたように、死んだら浄土に往くという、死んだら往生です。生きている間は、自力が消えない。自力の努力が消えない。努力して努力して、もっと努力してと思っているけれども、自力の限界があって、たすからない。最後に死んだらお迎えがくる。そういう形で、浄土に往けるという教え方です。これを観経往生といわれますが、一般的には『観無量寿経』による願生浄土の教えが、圧倒的に強い了解になっているわけでしょう。

　これを親鸞聖人は、「双樹林下往生」という言葉で押さえられたのです。この言葉は、もともと善導大師が使っておられます。『法事讃』に「難思議往生　双樹林下往生　難思往生」（真聖全一、五六五頁）という言葉を、何度も繰り返し書いておられます。けれども、善導大師がそれについて説明されている言葉があるわけではないので、何をいおうとされたのかよくわからないのです。それを親鸞聖人は、これは、同じことを三回いわれているのではないと、三願・三機・三往生の三三の法門としてお考えになったのです。

　どういうことがヒントになったのかはわかりませんが、三願があり三経がある。そして、正定聚、邪定聚、不定聚という三機がある。ということで、第十九願意の往生を双樹林下往生、観経往生と当てられた。「即往生」「便往生」（「化身土巻」聖典三三九頁）という二種の往生は、方便の往生から真実の往生への転換があるという押さえ方ですけれども、その二つだけではない、さらに第二十願意がある。

　この第二十願意という問題は、親鸞聖人に先立って源信僧都が『往生要集』で化身土ということをいわれているのですけれども、第二十願意という気づきというのは、親鸞聖人が初めてだと思うのです。法然上人も、第二十願意について深くお触れになることはないと思います。

親鸞聖人自身、なかなか本当の信心にならないという深い「慚愧懺悔《ざんぎさんげ》」（「化身土巻」聖典三三七頁）の心の中に、教えとのぶつかり合いがあって、三三の法門として気づいていかれたのではないか。第二十願意が何をいおうとするのかということ、そして『阿弥陀経』に説かれる「一心」（『阿弥陀経』聖典一二九頁）と天親菩薩の「一心」とどう違うのか。そのようなことが、常に親鸞聖人には動いていて、そして、あるとき「ああ三の段階で考えることができる」という気づきがあったのではなかろうかと推測するのです。これがいつ、どういう形であったのか、それはよくわからないことです。

このように、「欣浄厭穢」は、たんなる四文字なのですけれど、非常に深い問題がある。親鸞聖人の、浄土願生の心の中に潜む自力の心をいかに自覚化していくかという、歩みがあると思うのです。しかし宗教心が人間に起こった場合は、必ず欣浄厭穢という、つまり世俗があまりに厭《いや》だから、浄土という場所があるのならそこへ往きたいと願う形で宗教心が動く。

ですから、源信僧都は、ある意味で苦労人ですから人の心を摑むような語り方をされています。『往生要集』の一番初めは、人間の迷いの姿、つまり六道流転の姿から説き起こされるわけです。六道流転の姿を書き起こして、これは厭うべきあり方であるとされる。地獄については、徹底的にどれだけひどい場所なのかということを書かれるわけです。地獄を読んでいるだけでもぞっとして、「ああこの世は嫌だ。地獄に堕ちるのは嫌だ。浄土に往きたい」と思わせるように書いておられます。これは、布教に大変役立った。「地獄極楽図」というような絵図が、説法のときには使われたわけです。

『往生要集』では、たとえば六道流転の「天」であっても、天人にも寿命があるのだといわれます。天人は、人間のいのちの何千倍もの長い年月を生きられる。けれども、長ければ長いほど、このいのちを終わるときが恐ろしいのだといわれるのです。

子どもでも死は怖いでしょう。歳をとって、まあ本当に九十歳も過ぎてくるとあきらめて、死ぬのがそんなに怖くなくなる人もいるようですけれど、しかしやはり怖いのですね、分別が消えませんから。ただ、知力が衰えてくると、怖さも衰えてくるそうです。それが幸いなのですね。ものが考えられなくなって、言葉がいえなくなって、感覚が鈍くなって、そして怖さもうすらいで死んでいくというのは、よくできているものだと思うのです。ちゃんと生老病死が成り立っているのですね。そういうことをつくづく思います。

「欣浄厭穢」は、そのように厭《いと》わせて欣《ねが》わせて勧める。この世は無常であり苦である。だから、もっといいところがある、長生きできる場所があるよと相対的に勧める。しかし、それは相対的であって、本当の仏土ではない。けれども、人間に勧めるときには、相対的でなければわからない。わかりにくい。そのために、方便として相対的な場所を教えて、真実に導くということです。

そして、「難思往生」は、一応念仏しているけれども、自力が残った往生です。ここでは人間の努力意識が根にありながら、他力によってたすかろうとしている。他力を、人間をたすける他力として、念仏も自分をたすける念仏として使うというところに、「至心回向の願」だといわれる。自分で回らし向けようとする。自力の回向が残っている。こういう問題として、押さえられているのです。

そこから第十八願に入れるかというと、ここは親鸞聖人のすごいところで、第二十願に「果遂《かすい》の誓い」（「化身土巻」聖典三四六頁）という言葉があるのが大事なのだといわれます。自分では入れない。これは、七地沈空と同じです。七地沈空は自力では出られない。第二十願位からは自分でいくら反省しようと、努力しようと、たくさん念仏を称えようと、絶対に出られない。どうしたら真実の信心になれるか。どうやってもなれない。そういうときに「果遂の誓い」、本願力が催してくださっている。本願力が歩ませてくださっている。本願力が呼んでいる。こちらが行くのではない。向こうが来いといってくださっている。来いといってくださっているのを信ずるのであって、こちらから行こうとするのではないのだということです。そのように、眼が転換する、自力が翻される、つまり自力無効しかないのです。ですから「妙術」なのです。「欣浄厭穢の妙術」といわれる。これが真実信心なのだということです。

選択回向の直心

そして、第三番目は、「選択回向の直心」です。「往相回向について大信あり」と始められた「信巻」の根本テーマが、ここに出されてきます。「選択」とは、法然上人が『無量寿経』の異訳である『大阿弥陀経』の法蔵菩薩因位の勝因段といわれるところの言葉を取り出されたものです。『大阿弥陀経』には、

自ら二百一十億の諸仏国の中の諸天・人民の善悪、国土の好醜を見て、即ち心中の所願を選択して、便ち是の二十四願経を結得し、（真聖全一、一三六頁）

とあります。

師である世自在王仏のもとで、法蔵比丘が自己の志願を吟味して、自利利他なる菩薩道の願それ自身を、衆生済度（利他）の場所の建立に絞り、仏土を衆生の場にするために本願を選び取ったことを、「選択」とあらわされています。法然上人は、これによって主著の題を『選択本願念仏集』と名づけておられます。本願はすべて一応選択

本願なのですが、そのなかで第十八願を「王本願」と呼び、特にこれを選択本願としているともいえましょう。

親鸞聖人は、四十八願の中から、回向の教えを通して選択本願という名前のつく願を選び直されています。まず注意されるのは、「行巻」の結びの、いわゆる「正信偈」の偈前の文に、

その真実の行願《ぎょうがん》は、諸仏称名《しょうみょう》の願なり。その真実の信願《しんがん》は、至心信楽《しんぎょう》の願なり。これすなわち選択《せんじゃく》本願の行信なり。（聖典二〇三頁）

という言葉があります。これによって、親鸞聖人が特に「選択本願」を、第十七願、第十八願の二願と見ておられたということを曾我量深先生は語っておられます。

しかし、親鸞聖人の晩年の著である『三経往生文類』によれば、

大経往生《だいきょうおうじょう》というは、如来選択《にょらいせんじゃく》の本願、不可思議の願海、これを他力《たりき》ともうすなり。これすなわち念仏往生の願因によりて、必至滅度《めつど》の願果をうるなり。現生《げんしょう》に正定聚《しょうじょうじゅ》のくらいに住して、かならず真実報土《しんじつほうど》にいたる。これは阿弥陀如来の往相回向《おうそうえこう》の真因《しんいん》なるがゆえに、無上涅槃《ねはん》のさとりをひらく。これを『大経』の宗致《しゅうち》とす。このゆえに大経往生ともうす。また難思議《なんしぎ》往生ともうすなり。（聖典四六八頁）

といわれ、また、

阿弥陀如来の往相回向《おうそうえこう》の選択《せんじゃく》本願を、みたてまつるなり。これを難思議往生ともうす。（聖典四七〇頁）

とも述べておられます。これによれば、往相回向の選択本願によって成り立つ往生を、大経往生とも難思議往生ともいうのだといわれるのですから、真実報土の往生を成り立たせる本願、すなわち「諸仏称名の願」「至心信楽の願」「必至滅度の願」を「選択本願」と見ておられるともいえるでしょう。

それについて『正像末和讃』に、

超世《ちょうせ》無上に摂取《せっしゅ》し　選択五劫思惟して
光明寿命《じゅみょう》の誓願《せいがん》を　大悲の本としたまえり
（聖典五〇二頁）

とあって、「真仏土巻」の標挙には、「光明無量の願　寿命無量の願」（聖典二九九頁）と出されてもあるので、「選択五劫思惟」して大悲の本となるこの光明無量・寿命無量の二願も、親鸞聖人は、選択本願と見ておられたともいえるでしょう。そうすると、「教巻」「行巻」「信巻」「証巻」「真仏土巻」の、いわゆる真実五巻は選択本願によるともいえるのです。

いまここで、「選択回向の直心」について、選択回向とあるのは、衆生が真実信心を獲得できるのが、選択本願たる「至心信楽の願」によることをあらわし、また罪悪深重も障碍とせずに、本願成就の信心が回向表現することをあらわすのでしょう。

それを「直心」ということには、いかなる意味があるのでしょうか。「直」という字を使う言葉には、直接、直下、直門、直弟子等があり、間接的でないことをあらわします。「直」という字は、親鸞聖人が後に「本願一実の直道《じきどう》」（「信巻」聖典二三四頁）、あるいは「直入《じきにゅう》回心対」（『愚禿鈔』聖典四三一頁）という言葉でも使われてきますが、それを直心と「心」にかけておられる。「直心」という言葉は、「直」という字において、これから展開していくこの一段の、「証大涅槃の真因」や「極速円融の白道」という言葉と、直という言葉において通ずるような意味をもっている言葉ではないかと思います。

「直」は、正直の「直」でもあるし、直接の「直」でもあるし、また直結という意味での「直」でもあり、いろいろな意味をもっていますから、非常に意味が深いと思うのです。

選択回向の直心といって、選択回向の心が直接するとは、何と何の関係においてかというと、おそらくは、凡夫が成仏するという課題や、此土と彼土との間、あるいは煩悩と菩提ないし涅槃という、絶対矛盾の関係を直接するという意味をもつことなのではないでしょうか。直心とは、如来の大悲において、「出離の縁あることなし（無有出離之縁）」（「信巻」聖典二一五頁）という凡夫が、大悲願心に乗じて大涅槃に直入することを自証する心であるということではないかと思うのです。

煩悩《ぼんのう》具足と信知して　　本願力に乗ずれば
すなわち穢身《えしん》すてはてて　　法性常楽《ほっしょうじょうらく》証せしむ
（『高僧和讃』聖典四九六頁）

とは、この直心の事実をあらわすものでしょう。真実の信心は、本願の力によって煩悩具足の凡愚を法性常楽、すなわち大涅槃に直接させるのだといわれるのです。

「選択」は、ある意味で法然上人の教えを包んでいるとも、本願の教え全部を包んでいるともいえるし、「回向」は天親菩薩と曇鸞大師の教えを受けて、親鸞聖人のあらわされる回向まで包んで、それを受け止める心です。その「選択回向の直心」は、人間に起こるけれども、人間の分別心ではない。本願自身が立ち上がった心ですから、如来の質のものです。本願自身が立ち上がった心は、もう本願の展望を全部包んでいるわけですから。人間からすると、届かない、遠い、あるいは長時間かかるというように、距離や時間で考えるけれど、しかし、本願が展望した場合は、本願の直接的な内容であるのです。ですから、これらの表現が意味するところは、その後に展開する意味内容すべてを包むような心ではないかと思います。

利他深広の信楽

第四番目には「利他深広の信楽」とあります。親鸞聖人がお使いになる利他は、行信ともに利他の行、利他の信です。至心・信楽・欲生の三心はすべて、利他の至心であり、利他の信楽であり、利他の欲生です。ですから、利他というから衆生が起こす心かというと、そうではない。衆生に如来がはたらいてくる心であり、本願力がはたらいてくる心を利他というのです。この言葉の使い方が、なかなかストンと腑に落ちないし馴染まないのです。利他の信心と聞くと、我われは、「ああそうか、信心をもったら、利他するのか。自分から何か善いことをしにいくのだな」と考えてしまう。しかしそうではなく、利他の信心とは、如来が衆生を救おうという大悲が、ここに実った心です。

この「利他」は、「他利利他の深義」を受けて、如来大悲の衆生救済の意志をあらわすのです。親鸞聖人は、一般的な菩薩道の「自利利他」という言葉の使い方を転じて、衆生の自力の「自利」「利他」の不可能なることを信知して、真実の利他は如来のみのなし得る事業であるとされるのです。「他利」というのは、「衆生が利せられる」という意味であり、「利他」は如来が衆生を利益することです。けっして衆生の雑心の意志で「利他」することと、考えてはならないのです。「利他回向の至心」「利他真実の信心」「利他真実の欲生心」と、三心にわたって如来の他力回向の心であることをあらわしておられるのです。

つまり親鸞聖人が、

弥陀《みだ》の五劫思惟《ごこうしゆい》の願《がん》をよくよく案ずれば、ひとえに親鸞一人《しんらんいちにん》がためなりけり。

（『歎異抄』聖典六四〇頁）

といただかれた心です。親鸞聖人にとっては、弥陀の五劫思惟の願は親鸞一人を救わんとしてはたらき続けてくださっていると感ずる心が、利他の信心なのです。けっして、信心を得てそれから自分で利他するなどということをいわれているのではありません。つまり、自利利他ともに如来のはたらきであるというように、眼が転換する。如来大悲のはたらきを信ずるという立場に、我われは立つのであると教えられるのです。それは凡夫だからです。徹底的に愚かな凡夫であり、罪濁の凡夫であるという自覚において、自分は受け身を生きるのです。所行能信といわれますが、所行を生きるのです。能信の能も如来からはたらいてくる能です。如来によって私に本当の主体が成り立つのです。如来によって、私に起こる能なのです。

しかし、この考え方が難しい。主体というから自力だと思う。けれどもそうではない。自力の間は、本当の主体になれない。自力が絡む間は、矛盾して苦悩して闇を出られません。光に遇う、他力に遇う、本願力の摂取に遇うのです。つまり自分は包まれてある、摂取されてあるという自覚において、与えられてあったのだと気づくところに、自分のいのちの意味が本当にうなずけるのです。

私も口ではこういっても、自力が消えませんから、「俺がやっている」という思いが、四六時中起こってきます。しかし、起こってくることは間違いなのです。間違いだけれども、凡夫であるかぎり止められません。ただ、虚偽を生きているのも私なのですけれど、しかし真理を、私は語ろうとしているのです。虚偽の私を語っても仕方ないですから、真理に導かれていく道筋を語ろうとするのです。

それは如来の本願力が、私を包んでいるという認識です。こういう認識ができてくるのも、じつは願力から与えられることです。本願力の摂取の眼でものを見ると、「ああそうだった」と気づかされるのです。

私のいのちが、この時代にたまたまこうしてある。私は中国東北地方（旧満州）の荒れ地で、日本人が蹂躪して、現地の人を奴隷のごとく使う場所で生まれて育った。それも自分で欲したわけではない。結局、国の政策にしたがって、植民地にするべく、日本の農民が鉄砲をもって、来るやつは殺すぞと脅しながら入って行って、奪い取った土地を開墾し、畑を作った。現地の人が開いていた土地も畑も奪いましたけれども、残されていた原始林を日本人が開墾しました。当時はまだチェーンソーもトラクターもありませんから、一本一本、木を倒し、根を抜いた。のこぎりを引いて切り倒し、根を張っている根っこをツルハシやシャベルで掘って処理するわけですから、一日かかって一本抜くのがやっとです。全部人力ですから。馬はいたけれども、馬の力は引っぱるときだけしか使えません。ですから、人間がやるしかない。それは大変だったと思うのです。開拓農民は皆、とてもご苦労された。けれども、それを成り立たせた大地は、日本の国の指令で奪い取った土地であったわけです。

そういう土地に生まれたのも、自分の宿業である。そして、日本が戦争に敗けましたから、引き揚げ者として引き揚げにかかって、たくさんの人が死んでいく中を生き延びて帰ってくるというその体験も、私は自分でしたかったわけでもなく、二度とそんなことはできない。私の同級生で、何人か、やはり生き残って帰ってきた人がいて、「俺たちはすごい経験をしたんだなあ」と今ごろになるというのですけれども、自分で好きであんなつらい経験はできません。

それはひもじい思いもしました。着の身着のままで何ももたずに逃げ出した。敗戦は夏でしたから、薄着であちらを出て、秋になって寒くなってくる。中国の東北部は秋に入ったらあっという間にものすごく寒くなりますから、食べる物もない中で風邪を引いて死んでいく人が大勢でました。あるいは発疹チフスにかかって、シラミにたかられたまま死んでいく人。本当にたくさんの人がどんどん亡くなっていかれた。その中で生きる力が与えられたのも、親からいただいた生命力だったのだろうし、たまたまいろいろな不思議な因縁で生きることができたわけでしょう。

考えてみれば、寺の子だということで、まわりの人は何かにつけて大切にしてくれていたのだろうなということも思います。そして帰国してからここまで、いろいろな先生方に出遇って教えていただいた。こういうことも不思議な因縁としかいいようがありません。一九六〇年代に、八十歳、九十歳になって生きていてくださって現役でおられた先生方に出遇うことができた。鈴木大拙先生は九十歳でしたけれど、大谷大学で講義をしてくださいましたから、最後の講義を何回か私は聞くことができました。こういうことも、自分で聞きたいからといって、できるものではない。本当に不思議な因縁で、そういう縁をいただいたと思うのです。全て、いただいたものなのです。

本当にかたじけないと思うのですけれども、私がいただいたからといって、あなたに上げるというわけにいきません。私がやり得るのは、こういう経験が自分を育ててくださって、自分はこう思うようになって、このことは、とても自分にとって解放される考え方だということを、語ることはできます。でも聞いた方が、それを受け止めるかどうかは、その人の因縁であり、そこを糧にするかどうかは、如来の催しがその人にはたらくかどうかであって、それは私が関われることではないのです。私には、私がいただいたところを表現するところまでしかできません。

それはつまり、如来利他で、利他するのは如来なのです。どこまでも如来利他であって、自分で利他するのではないのです。これは間違えてはいけない。

如来の利他の深広、深く広い真実です。後の「心光摂護の一心」の「一心」を、「広大無碍《むげ》の一心」（「証巻」聖典二九八頁）と親鸞聖人はいわれていますから、私たちに与えられる信心は、私の心に起こるけれども、広大無碍の意味をもっているということです。これが、私はなかなかわかりませんでした。

「深重なる仏恩」という言葉がありますが、これはたんなる言葉ではないのです。「有難い、いただいたご恩だったのだ」という思いが、気づきとして与えられるということなのです。これは気づきですから、気づかなければ押し付けになる。自分で、有限の身において、無限のはたらきを感ずる。感受する。そうすると、有限が無限の表現、無限のあらわれになる。ここが、本願力がはたらいてくださる唯一の場所なのだと気づかされる。自己が、本願力が、はたらいてくださる場所なのだと、一人ひとりが、自分をそういう尊い場所としていただき直せば、有限の場所が無限を感受する場所になる。こういうことが、「利他深広」という意味だと思うのです。

「深広」とは「甚深広大」をあらわします。「証巻」には「広大無碍の一心」（聖典二九八頁）ともあり、凡夫に発起する信ですけれど、その因は本願を根拠として、縁は聞法により、信心の本質が如来に由来するものであることを繰り返し確認されるのです。これを如来の大悲が「回向」することによるのだと、明らかにされたのです。

私に起こる心なのだけれど、深広である。深広性をもっている。深く広いのです。海のような広さ、広大なる宇宙のような広さというものを、この信が開いているのだといわれる。信が自分で広げるのではなく、広い中にこの心をたまわるのです。こういう感覚が与えられるのが、「利他深広の信楽」なのです。

「証巻」では、「広大無碍《むげ》の一心を宣布《せんぷ》して」（聖典二九八頁）といわれます。天親菩薩の一心は、煩悩具足の凡夫に広大無碍の一心が恵まれるのだという宣言だと、そのように親鸞聖人は感謝されたのです。

大信心の徳を、十二句の第四番目で語る「利他深広」という言葉、この「深広」ということは、もっとも近くは『無量寿経』の、

如来の智慧《ちえ》海は、深広《じんこう》にして涯底《がいてい》なし。（如来智慧海　深広無涯底）（聖典五〇頁）

からきているのではないかと思います。これは、親鸞聖人が「行巻」の一乗海釈（聖典一九六頁）に使われる言葉ですから、「大行」の功徳といってもいいわけです。

さらに、「広」という字についていえば、『浄土論』に「広大無辺際《こうだいむへんざい》」（聖典一三五頁）という言葉があります。真

仏土の功徳が、仏国土の荘厳功徳として、初めに「清浄《しょうじょう》功徳」、次に「量功徳」（聖典一三九頁）と展開されていて、まずは三界を超えているということがあります。その三界を超えたあり方をほめるときに、「広大にして辺際なし」なのだとされる。「量功徳」、つまり浄土の量について「広大無辺際」と、広大ということをいわれています。このように、名号の功徳、あるいは仏土の功徳を、信心の功徳にも使うということをなさっておられます。ここに限らず、この後でも信心をほめる言葉はほとんどそれです。

つまり、もとは如来の本願の功徳、本願力の功徳、あるいは仏智、仏の大悲の智慧の功徳ともいえますが、仏の智慧が、本願を通して衆生へ呼びかける、その慈悲の大きさを言葉として出し、それがじつは我われに与えられる信心のもつ質なのだといわれているのです。

こういうことで、大信心を「利他深広の信楽」といわれます。この利他は、如来の利他です。親鸞聖人が利他といわれる場合には、いわゆる一般的な菩薩道の利他ではなく、法蔵菩薩の願心における利他です。いわゆる一般的菩薩道の利他は、皆一人ひとり、自分が起こす心とつなげて考えます。しかし、大菩薩が起こす利他は、我われ凡夫が起こす、たすけたいというような心とは質が違うのです。特に法蔵願心は、十方衆生を救いたいという心をあらわそうとしますから、そういう心がもつ利他は、我われ有情の心が起こす利他心とは根本的に質を異にします。

『浄土論』第三番目の浄土の功徳である「性《しょう》功徳」は、

正道の大慈悲は、出世の善根より生ず。（正道大慈悲　出世善根生）（聖典一三五頁）

という言葉でいわれていますが、この「性功徳」について曇鸞大師が注釈されて、

安楽浄土はこの大悲より生ぜるがゆえなればなり。（「真仏土巻」聖典三一五頁）

と、浄土の性《しょう》、浄土の性質は、大悲から生まれるといわれています。

大悲ということは、小悲ではないことをいうのだという注釈をしておられます。小悲は、有縁の慈悲、我われ衆生の起こす慈悲です。我われの生きている空間が相対的空間、そして因縁の空間ですから、我われに起こる心は因縁で起こるのであって、因縁のないところに意識は動きません。「ああかわいそうだなあ」、「気の毒になあ」という、自分が救いたいというような状況にぶつかって、初めて「何とか手助けできないか」という心が起こる。そういうのを有縁の慈悲といい、それは小さな慈悲だと押さえられるのです。小悲ということは、我われが起こせば、どれだけ大勢の人をたすけたいと思っても小悲です。本質的に有縁だから小悲なのです。

それに対して、仏の大悲は無縁の慈悲、つまり条件付きで起こす心ではないのだといわれます。これは、人間にとってはわからない。しかし、仏教の根本的なものの考え方の、非常に大事な押さえ方なのです。

人間には慈悲や正義ということから、なすべきことに関わって倫理観が動きます。そういうときに、我われは、人間関係や状況の中で慈悲を起こすという立場だということを、仏教の教えに照らされて考えることが非常に大切なのだということを、最近つくづく思うのです。世間ではどうしても状況の中で、相対的に虐げられたものをたすけなければいけないとして、虐げている立場を非難するということが起こりがちです。しかし、その全体の構造がどういう成り立ちなのか。どうしたら本当にその問題を解決できるのかを考えなければいけないのです。そのときに、ものを考えていくうえで、どこかで大悲ということに照らされているということが、非常に大事なのではないか。そういうことを抜きに考えると、自分がどちらの立場にいるか、どちら側の立場に味方するかによって、正義が決まってしまいます。そこに、有縁の慈悲のもっている限界という問題が、あるのではなかろうかということを思うのです。

人間が生きるのは有縁の立場ですから、有縁しかできないのです。有縁しかできないし、有縁の立場を出て行為するなどということはできない。人間は往々にして、行為を起こすとき、その発想の一番もとに、それが絶対正しい、これは絶対やらなければいけないと発想してしまう。そのときに、大悲から照らされるという智慧がはたらくと、何か違う発想が見えるといいますか、自分の立場を絶対正義とせずに発想できるということがあるのではないかと思うことが、このごろずいぶんとあります。

大変難しいことですけれども、やはり浄土の性功徳ということは、浄土に触れずしては、我われは本当はたすからないということが、切実に思われることなのです。それは、信心の深広性とは仏土との関わりからくるのだということでしょう。

金剛不壊の真心

第五番目は「金剛不壊《こんごうふえ》の真心」です。

ここに「金剛」という言葉が出てきます。ここでは「金剛」は「不壊」、壊れないという心をあらわしています。諸行無常といわれますが、有為とは、変わりゆくことであり、またそれは壊れゆくことでもあります。新しく作られてくることでもあり、作られたものは必ず壊れてゆくことでもあります。

我われ衆生は、有為を生きています。しかし、仏陀の教えによって、我われはたんに有為を生きているのではないという智慧を開くことが、教えられるのです。これほどわかりにくいことはありません。我われは、有為を生きていて、条件付きのいのちを生きているということと重なって、時を生きています。時間を生きているということがあります。時間を生きているということは、念々に変わることにおいて、時間を我われは感ずるのであって、変わらないということは、時間がなくなることです。時間が経つというのは、変わっているということなのです。

「十年経ったのに、全然お変わりになりませんね」などとよくいわれますが、これはお世辞で、嘘八百です。変わらないはずがないのです。見かけがあまり変わっていないことを、人はほめる。ほめられると嬉しくなるのが人間の性《さが》ですから、お世辞になるのですね。しかし、実際は細胞の隅から全部入れ替わっているのですから、変わらないはずがない。死して生まれるということの繰り返しが生命ですから。生命科学者によれば、十年も経ったら細胞が全部入れ替わるといわれるのですから。死んで生まれているのですから、変わらないはずはないのです。

そういう人間に起こる心ですから、心は状況を映して意識が動くのですから、状況が変われば意識が変わります。まして人間関係などは、常に変わります。相手も変わるし、自分も変わります。そして、そこに動く心ももちろん変わる。そういう諸行無常のいのちのまっただ中を生きる心に、変わらない心をいうのは、完全に矛盾しています。

けれども、仏陀の語られるのは、悟りを開くということは、有為の状況の智慧をあらわすのではなくて、変わらないものを発見することなのです。その、変わらざるもの、それが法だということです。特に、無為法といわれるのは、そういう変わらざるものをあらわそうとする言葉です。言葉それ自身は無為ではないけれども、言葉を通して無為をあらわそうとする。その言葉が無為をあらわそうとしていることが教えですから、教えにおいて、無為法に触れていこうとするのが仏教なのです。悟りを開けば、無為法に触れるということが、一応言葉としてはいえるわけです。大菩提を開けば、無為法を境遇とすることができるということなのでしょう。

しかし、親鸞聖人の教えは、我々は有為法の中の有為法、罪悪深重の凡夫ですから、その凡夫の、煩悩とともに変わりゆく心の中に変わらない心が起こるということですから、大矛盾です。

これは何を課題にしているかというと、凡夫には悟りは開けない。悟りは開けないけれども、無為法に触れる方法がある。この方法とは、本願力が、無為法あるいは大涅槃、あるいは法性の世界、そういうものをあらゆる手立てを使って衆生に与えずんば止まんと誓っている。そのために、願心がはたらき続けているのです。そういう願心が、我われの心に響いてきたときに、我われの心は移りゆく心であるにもかかわらず、その移りゆく心の中に変わらざる大悲の願心を信ずるという心が起こる。その変わらざるものを所縁とするような、変わらざるものを内容とするような意識は、変わらないのだと、こう信ずることができる。

たとえば、「南無阿弥陀仏」がもっている功徳には、破闇満願という功徳がある。我われの意識がどのように変わっても、その功徳を思いおこすところに、変わらざる心をいただくことができる。我われの意識情況は、変わったり変わらなかったり、欲が起こったり、常に煩悩の意識に動かされる。けれども、名号を憶念するところでは、大悲の変わらざるはたらきというものに照らされる。そのときの心は、変わりゆく心のまっただ中に、変わらない心をいただくことになる。このように、生活の中に、無為法と触れる非常に実践的な道を開いてある。こういうことが、親鸞聖人のいわれる、信心が「金剛不壊」だということをあらわそうとする意味なのではなかろうか。私は、そのようにいただいています。

親鸞聖人は、この「金剛」ということを、「信巻」を通して非常に大切にされます。親鸞聖人が、信心の性質に金剛ということをいわれるのは、善導大師に由来するものです。善導大師が『観経疏』の初めに置かれた「十四行偈」(「勧衆偈」「帰三宝偈」)の中で、

共に金剛の志を発して(共発金剛志)　(聖典一四六頁)

正しく金剛心を受けて(正受金剛心)　(聖典一四七頁)

ともいわれています。さらに、「散善義」では、

この心深信《じんしん》せること、金剛《こんごう》のごとくなるに由《よ》りて、

（「信巻」聖典二一八頁）

といわれています。

親鸞聖人は、この「散善義」の文を欲生心釈（「信巻」聖典二三四頁）に引いて、「金剛の信心」ということを裏付けられています。

親鸞聖人は、「定善義」の文、

「金剛《こんごう》」と言うは、すなわちこれ無漏《むろ》の体なり。

（「信巻」聖典二三五頁）

をも引いてこられます。壊れないというのは、「無漏」ということであると。煩悩を有漏といい、無漏とは煩悩が起こらないということをあらわす。つまり、煩悩が混じらない純粋なるあり方を「金剛」という譬喩であらわすのだということも引いて、欲生心釈のところで押さえておられます。

さらには、善導大師の二河譬を引かれます。二河譬は、善導大師が三心（至誠心・深心・回向発願心）を釈された後に、この信心を譬喩で語るところに出されます。親鸞聖人は、「信巻」に、

一つの譬喩《ひゆ》を説きて信心を守護して、もって外邪異見《げじゃいけん》の難を防がん。

（聖典二一九頁）

と、まずそのまま引いておられます。ここに「譬喩を説きて」という言葉があります。「譬喩」と善導大師がいわれているのですが、これを曾我量深先生は、「これは譬喩ではない」とあえていわれました。もちろん譬喩なのですけれども、たんなる譬喩ではない。人間存在のあり方を適切にあらわしている表現であって、たんなる譬喩ではないといわれるわけです。

この二河の譬喩の一番有名な言葉として、

汝《なんじ》一心に正念《しょうねん》にして直ちに来《きた》れ、我よく汝《なんじ》を護《まも》らん。すべて水火の難に堕《だ》せんことを畏《おそ》れざれ。

（聖典二二〇頁）

という言葉があります。煩悩のただ中に、この「一心に正念にして直ちに来れ」という呼びかけを聞く。さらにそのことを善導大師は、

「中間の白道《びゃくどう》四五寸《しごすん》」というは、すなわち衆生《しゅじょう》の貪瞋煩悩《とんじんぼんのう》の中に、よく清浄願往生《しょうじょうがんおうじょう》の心を生ぜしむるに喩《たと》うるなり。　（聖典二二〇頁）

と譬喩で語られています。

この言葉を、親鸞聖人は再度、三心の注釈を結んだところで出されて、

真《まこと》に知りぬ。二河《にが》の譬喩《ひゆ》の中に、「白道《びゃくどう》四五寸《しごすん》」と言うは、　（聖典二三四頁）

と、その白道を注釈しておられます。その注釈で、

「道」は、すなわちこれ本願一実の直道《じきどう》、大般涅槃無上《だいはつねはんむじょう》の大道なり。（中略）「能生清浄願心《のうしょうしょうじょうがんしん》」と言うは、金剛《こんごう》の真心を獲得《ぎゃくとく》するなり。本願力回向の大信心海なるがゆえに、破壊《はえ》すべからず。これを「金剛《こんごう》のごとし」と喩《たと》うるなり。　（聖典二三四〜二三五頁）

と押さえ直しておられます。

「金剛信の獲得」という言葉の元は、ここにあるのです。これは、親鸞聖人の教えの言葉からいただいたのであって、私がこの安居の講題のために作った言葉ではもちろんありません。この二河譬の譬えを親鸞聖人は押さえ直され、善導大師が、

衆生貪瞋煩悩中　能生清浄願往生心　（「散善義」真聖全一、五四〇頁）

と、「貪瞋煩悩のただ中に、よく清浄の願往生の心《しん》を生ずる」と書かれている言葉を、「能生清浄願心」と書き直さ

れたのです。「清浄願往生心」の「往生」を抜いて、「清浄願心」とされているのです。そしてそれを、「金剛の真心を獲得するなり」と押さえて、「本願力回向の大信心海なるがゆえに、破壊《はえ》すべからず」とされるのです。つまり「金剛不壊」は、凡夫が壊れない心を自分で作るという話ではありません。煩悩生活のただ中に、本願力回向の信心をいただくということが、善導大師の譬喩の意味です。自分で起こすわけではない。願力回向の心だということです。願力回向の心がここに起こるということは、獲得なのだといわれるのです。

「獲得」という言葉について、違和感をもたれる方がおられると思います。獲得するというのはどういうことか。普通には、我われが努力して、滅多に得られないものを得ることが獲得であると感ずる。たとえば、今日は山に入って、めったに獲れないキジを獲ったというときに、獲得という言葉が使われます。

信心獲得は、願ったごとくにはもらえないはずのものを、不可思議の因縁でお育てをいただいて、信ずることができるようになることをいう。不可思議というのは、突然という意味ではない。「聞」、「よく聞け」というのです。聞熏習といわれますが、人間の生活の中で聞くことを繰り返し、繰り返し、聞いた蓄積の結果、聞く耳ができるというういい方が昔からあります。聞いてもわからないのは、聞く耳がないからだといわれます。

その耳というのも譬喩であって、音を聞く器官としての耳ではない。耳ができるとは、言葉があらわそうとしている真理性を、理解しうなずくことができるようになることをいうのです。無為法についての感覚が育てられ、普通の日常生活ではまったくあり得ないことが、聞こえるようになる。それは、聞くという生活経験の蓄積によって、不思議なことに聞けなかったものが聞こえるようになる。声なき声を聞く。いくら聞いても声なき声は聞こえない。たとえば冬の寒い日に「耳を澄ましてみろ。セミの声が聞こえるから」といわれても聞こえません。もし「聞こえた」といえば、それは幻聴でしょう。しかし、宗教体験は幻聴ではない。耳根が聞き当てるわけではないのです。

聞こえないはずのものが聞こえるのです。

ですから、言葉でわかるのではない。無為法は、本来、言葉ではない。ですから、矛盾していますが、無為法は言葉でいわれた限りにおいて、無為法ではありません。法性は法性ではなく、一如は一如ではないのです。言葉であらわされた一如は、一如ではない。しかし、言葉でいわなければ、触れようがない。だから、言葉であらわす。あらわされた言葉に執着するのではなく、言葉を通して、その言葉がいおうとしている真理それ自体に触れる。それが、声なき声を聞くということです。

「金剛不壊」に戻りますと、これは、金剛が不壊の譬えだというのですから、同義語重複のようなものです。そして、金剛の真心といわれる。「真《まこと》の心《こころ》」と、「信」の字も「まこと」とお読みになることもありますが、ここではあえて真実の「真」という字を置いておられます。真実信心ということなのでしょう。

こういう心が、我われの、不実であり虚偽であり雑毒であり、煩悩でしかないような心のまっただ中に起こる。貪瞋煩悩のまっただ中に起こる。これが、不思議なことなのです。願心との出遇いです。法蔵願心として教えられているものは、自分を目当てに自分の心を開いて、無為法に触れしめようとするはたらきという意味です。こちらからは触れることができない無為法が、向こうからはたらいてくる。無為法は、本当は動きもはたらきもないと定義をされるような、真理性なのです。けれども、本願を説くということは、動かないものを、あえて動く心となって表現しようというのです。ということは、願それ自身は、無為法が動いたものだといってもいいのでしょう。

ですから、法蔵菩薩を「一如宝海《いちにょほうかい》よりかたちをあらわして」（『一念多念文意』聖典五四三頁）と親鸞聖人が押さえられるのは、「一如宝海」は、本当は形などあらわさない。一如は、一如といっても、一如ではないものです。我われからは見ることも、触れることもできない真理を、つまり悟らなければ触れられない真理を、何とか与えようとする。そこに動かないものを動く形で、つまり本願となって大悲となって衆生に呼びかけようとする。呼びかけるための形として、本願が名号を選ぶ。名号を通して呼びかけるという選びをもったのが、選択本願です。ですから選択本願が、無為法を教えんがために選んだ名号は、一如の功徳です。「行巻」に「真如《しんにょ》一実の功徳宝海」（聖典一五七頁）という言葉を、名号の功徳として出されています。名号は真如一実の功徳だということを親鸞聖人が押さえられるということは、言葉にならない功徳を言葉にしているということです。このことと、「金剛不壊」とは、根底においてつながっているのです。

親鸞聖人は、本願の三心と、本願成就文とをぶつけ合わせ、そして特に、信楽の成就は、「諸有衆生　聞其名号　信心歓喜　乃至一念」というところまで押さえられ、欲生心について「欲生我国」の成就は、本願成就文の「至心回向」以下であるというふうに押さえられています。これは、親鸞聖人の思索の非常に独創的なところです。

その問題が、欲生心成就文として論ぜられるのですが、その欲生心成就ということと、正定聚不退転ということとが、じつは深い関わりがあるのです。

そのことと「信巻」では、善導大師の「横超断四流　願入弥陀海」（「玄義分」聖典一四六頁）という言葉を、「横超《おうちょう》断《だん》四《し》流《る》」（「信巻」聖典二四三頁）の釈で、「横超」という言葉を手がかりとし、さらに『無量寿経』の「横截五悪趣　悪趣自然閉」（聖典五七頁）という問題と重ねて、じつは信心がもっている内面的な意味として、菩提心という意味をもつということ、信心は菩提心であるということを、「信巻」において徹底的に論じられます。

こういうことをされたきっかけとして、法然上人は、念仏をすれば浄土に生まれる、それについて菩提心は要らないのだ、といわれた。それに対して明恵が、善導大師も菩提心といわれ、ましてや曇鸞大師が願生心は菩提心だといわれているではないか、にもかかわらず菩提心が要らないような願生心ということをいうとはどういうことかと、疑難を出されたのです。法然上人自身は、『選択本願念仏集』は人に見せてはならないといい置いて亡くなられたにもかかわらず、法然上人亡き後、お弟子方がどうしても教えを世に広めたいという焦りから、版木を刷って出版をした。それをさっそく手に入れられた明恵が、「法然は外道だ。仏者ではない。菩提心なしでたすかるなどということはあり得ない」といって批判したのが、『選択集中摧邪輪《せんじゃくしゅうちゅうざいじゃりん》』という書物です。

おそらく親鸞聖人は、かねがね、法然上人のように菩提心は要らないと表現することの問題を考えておられたのではないかと思います。『無量寿経』は仏教であって真実教である。たしかに、誰でもいつでも念仏さえすればもうそれでたすかるのだと呼びかけてくる、大悲の表現ではある。しかし、菩提心は要らないといってしまうと、その大悲が仏陀の大悲であるということがはっきりしなくなる。そういう問題意識を、親鸞聖人はおそらくもってられたと思うのです。ですから、信心は大菩提心であるということを論じられます。

一つには『華厳経』『涅槃経』を引かれて、信心が菩提の因であるということを押さえられる（聖典二二九～二三二頁参照）。それとともに、菩提心を起こすということは自力ではないかという疑難に対して、自力で起こす菩提心ばかりが菩提心なのではないと反論される。如来の大悲が呼びかけて仏に成る道を開いてくださった、その道を聞くということこそ仏に成る道であって、それこそが菩提心なのだといわれる。自分で起こす菩提心でなくても、信心が菩提心の質をもっているということを、どうやって論証するか。そのときに、「竪超《しゅちょう》」「竪出《しゅしゅつ》」（聖典二四三頁）に対して「横超《おうちょう》」「横出《おうしゅつ》」（聖典二四三頁）といわれ、横竪《おうじゅ》という方向性の違う菩提心があり得るという発想を立てて、論じていかれるのです。その手がかりが、善導大師の「横超断四流」の釈です。「横超」という言葉を手がかりとして、信心の内なる問題として論じていかれるのです。それが「横超の菩提心」という課題なのです。

その問題には、この金剛ということが一貫したテーマになっています。親鸞聖人の「信巻」も、テーマは確かに

「至心信楽の願　正定聚の機」なのですけれども、その「正定聚」ということの意味の中に、金剛の信をいただくという意味の正定聚がある。「正定」ということは、たんにもう動かないという意味ではなく、変わらないような質のものをいただくということが成り立った凡夫、凡夫であるけれども有為法を生きる凡夫に、無為法をいただくような資格が与えられる。これが、「真《しん》の仏弟子《ぶつでし》」（聖典二四五頁）であるといい得る根拠である。仮・偽の仏弟子といわれるのは、自力でどれだけ努力していても、本当に無為法に触れているか。無為法を思い描いているだけではないかという批判が、親鸞聖人にはあるのです。

凡夫として、絶対に無為法に触れ得ない存在であるにもかかわらず、大悲を信ずる、金剛の信をいただくということが起こるのは、大悲の願心が無為法（大涅槃）を我われに誓っているからなのです。これを信ずるということにおいて、凡夫と矛盾せずに、無為法をいただくのだという宣言なのです。

そういうところに、『無量寿経』は真実教であり、そして真実教たるゆえんは如来の出世本懐であるとまでいわれるのです。これ以外の経は、すべて方便であって、本当に説きたかったのはこのことなのだ。ここまで、親鸞聖人は『無量寿経』を信頼されるわけです。こういうことが、「金剛不壊の真心」ということのもっている、課題ではなかろうかと思います。

易往無人の浄信

そして第六番目が「易往無人の浄信」です。「易往」は、「往き易くして人なし（易往而無人）」（聖典五七頁）という『無量寿経』の言葉からきています。その「易往而無人」という言葉を、また「横超断四流」釈に引用しておられる（聖典二四三頁参照）。

龍樹菩薩は、易行といわれ、法然上人もそれによって念仏は易であるといわれる。できるだけ易しい方法をもって、できるだけ易しく説こうと、こういう道であるけれども、それを信受することが難しい、難信である。それを信受する凡夫が、有限のいのちを生きていながらも、我執をもっていて、おのが力を信頼して生きている。おのが力は有限であり不足がちの力であるということは、十分わかっていながらも、自分が自分で生きているという自我の執心を離れることができない。そういう愚かな凡夫として生きている立場からは、どれだけ易しいといわれても信じられない。本願力を信ずるということは、自力に破れなければ信じられない。自力に執着したままでは、いくら信じようとしても矛盾する。だから、信ずることができない。

これが私にも困難でした。私などは、ずるい根性で、仏教が真理であるならば、それをちょっとかじればよいと思っていた。飴だって少し舐めれば甘いのだから、真理の一部でもちょっと味わえば、それを糧にして後は世俗を生きていけるのではないか。それくらいで何とかなるのではないかという、甘い考えで京都に二、三年遊学しようかと思ったのです。それが間違いのもとで、舐めさせてくれない。全然甘くもない、味もしないし、面白くもない。わからない。一体何なのだろう。易しい易しいというけれど、少しも信じられない。全くわかりませんでした。

念仏するのは易しいかも知れないけれども、しかし念仏しても何の功徳も感じられない。その内に光がくるだろうと思っても、光などこない。「一体これは何なのだろう」と思いました。結局、耳がないのです。聞く耳がない立場で、さっと聞けると思ったのが大間違いでした。三定死とはよくいったもので、つまり片手間に手に入れて使おうなどと思っても、そんな形で手に入るものではないのです。そのことを知らなかったものだから、大間違いでした。

こういうことで、「易往而無人」といわれていて、易しいけれども、「無人」で人はいない。つまり、手に入れる人はいないのだと、ここまで書いてあるのです。二河譬でも、

この人すでに空曠《くうこう》の迥《はるか》なる処《ところ》に至るに、さらに人物なし。

（「信巻」聖典二一九頁）

といわれています。人がいないというのは譬喩です。まわりにたくさんいるのは全部「群賊悪獣《ぐんぞくあくじゅう》」なのです。

この「群賊悪獣」の譬喩の意味は、外が群賊悪獣なのではない。生きていること自身が、五蘊仮和合の身であるということ、つまり有為法を生きているということが、無為法を求める立場にとっては、群賊悪獣なのです。こういう内容の譬喩です。敵は外にあるのではない。自分自身が敵なのです。ですから、敵が見えないのです。初めに聞いたときは、何ということだろうと思いました。

ところが、いったんこれに触れるならば、親鸞聖人は、

しかるに常没《じょうもつ》の凡愚《ぼんぐ》・流転《るてん》の群生《ぐんじょう》、無上妙果《むじょうみょうか》の成じがたきにあらず、真実の信楽《しんぎょう》実《まこと》に獲《う》ること難《かた》し。何をもってのゆえに。いまし如来《にょらい》の加威力《かいりき》に由《よ》るがゆえなり。博《ひろ》く大悲広慧《だいひこうえ》の力に因《よ》るがゆえなり。

（聖典二一一頁）

といわれるのです。

「無上妙果」は、大涅槃です。あるいは滅度ともいい、「証巻」の内容といってもいいのですが、その「無上妙果」は「成じがたきにあらず」といわれる。無上妙果を凡夫に与えようというのが、選択本願です。その選択本願が、第十一願を生み出す。親鸞聖人は、第十一願を真実証の願と押さえられました。第十八願の願因が、願果となった場合は、第十八願成就の文で、これは信心の因果です。けれどももう一つ、第十一願の果は、第十八願の願因に応えて開けるという因果をいわれています。『三経往生文類』に、

大経《だいきょう》往生というは、（中略）これすなわち念仏往生の願因によりて、必至滅度《めつど》の願果をうるなり。現生《げんしょう》に正《しょう》定聚《じょうじゅ》のくらいに住して、かならず真実報土《しんじつほうど》にいたる。（聖典四六八頁）

と、第十八願の願因に応えて、第十一願の願果をうるといわれています。信心を因として、無上妙果を開くという因果です。これが本願の因果なのです。ですから、本願の因果は、一方では第十八願自身が本願と本願成就とをもっていて、「信巻」を生み出す。他方では、行信を因として、滅度を果とする。つまり、行・信と証という因果は、本願の因果として、親鸞聖人が「正信偈」で十二光の後にいわれる、

本願の名号は正定《しょうじょう》の業《ごう》なり。至心信楽《しんぎょう》の願を因とす。等覚を成《な》り、大涅槃を証することは、必至滅度の願成就なり。

（本願名号正定業　至心信楽願為因　成等覚証大涅槃　必至滅度願成就）（聖典二〇四頁）

という因果です。このようにして、行・信と証の因果があるのです。

これは、我われの自力の立場からでは、信じられません。しかし、信じられないにもかかわらず、「無上妙果の成じがたきにあらず」といわれています。無上妙果は、本願が誓っているのだから、我われの分限ではない。我われが得られるか得られないかを論ずるべき問題ではない。「無上妙果の成じがたきにあらず」というのは、これは本願力の分限です。「真実の信楽実に獲ること難し」とあります。我われにかかっているのは、真実の信楽を得ることです。私たちがいただくべきは、この真実の因なのです。この因は、如来が誓っておられるけれども、それに出遇うまでは、衆生は求めて出遇わなければならない。

求めたごとくに出遇えるのではないけれども、求めないものが、出遇えるはずがない。他力なのだから、何もしなくても口を開けていればもらえるだろうという、いわゆるお他力ではだめなのです。それでは堕落仏教になって

しまう。出遇うまでは、一人ひとりが求めなければならない。求めることなく、功徳だけ欲しいという他力は、依頼心です。依頼心は、人間を救いません。求めて苦しむ存在が、求めずして与えられるというものに、出遇うまで歩む。これが難しいのです。求めても求めても出遇えない。求めようという心が、満足するのではないのだけれども、あにはからんや、求めずして与えられてあるのだということに気づくまで、求めなければならない。これが、なかなかできないことなのです。

真宗大谷派に清沢満之先生が生まれてくださり、近代という時代に、生きた仏教を、本当に親鸞聖人の教えが生きた信心であるということを、身をもって教えてくださった。そのことの一番大切なことは、ここにあると思うのです。

お寺の子として大谷大学にくる学生さんたちは、どうしても坊さんの業を背負って生まれてくる。初めから門徒さんが、「ぼん、ぼん」と大事にしてくれる。そして「早くに教えてくださいね」といわれて育つ。すると、求道して獲得するなどというのではなく、早く理屈を覚えて、それを人に教えればいいと思ってしまう。そういう学生に対して、清沢先生は、自分自身が求めて、体験して、それから語れと厳しくいわれたと聞いています。

これはなかなか厳しいことですけれども、やはり自分が本当に体験しないで宗教的教義を語るということは、商人が自分で使ってみないで「これはいいですよ」と商品を売るのと同じですから、無責任です。そういうところから、清沢先生は、ご自分が命がけで求道し、自力の骨が砕けるまで、自力に破れて骨が折れましたとご自分が表白されるまで、ご苦労された。そして、自力は役に立たないのだと、本当に自力無効に出遇って、これが本当の人生の幸せであったとまでいわれて亡くなっていかれた。そういう清沢先生に出遇った曽我先生や金子先生という方々が、受難の歴史といってもいいような、教団が長い間保ち続けた封建体制と、お他力安心で教えてきた、そういうイージーな安心だったものを、求めていくのだという魂を吹き込まれた。この、お仕事を引き受けることが、ある意味で、大変困難なのです。

前にも触れましたが、真実信心をもつということは、世俗倫理とぶつかるということなのです。親鸞聖人が「別序」にいわれている、「人倫の哢言」に遇うのです。「人倫の哢言を恥じず」ということがないと、信心は得られない。こういう厳しいことがある。だから曾我先生も金子先生も、何度も罵声を浴びせられ、あるいは、金子先生は僧籍を剝奪され、大谷大学を追放された。そのように、文字通り受難の歴史を歩みながら、一貫して清沢先生の精神を何とか明らかにしようと悪戦苦闘されたのです。

現代になって、ようやく聞いてくださる方が出てきたという状況ですけれども、真理というものは、大体この世俗からは嫌われるのです。多数派になるのは難しいかも知れないけれど、しかしけっして真理は消えない。多数派というのは、世俗派なのです。真理は清水のようなもので、本当に困難な中を湧き上がってくるようなものだと思うのです。

けれども、これに出遇ったということが、私は本当に有難かったと思っています。たとえ本当に細い道でも、それに出遇ってみたら大道なのです。これは二河譬の譬えと同じです。貪瞋煩悩のただ中に、白道など信じられない。あるかないかもわからない。「南北辺《ほとり》なし」という、広大なる煩悩の河のただ中に「四五寸《しごすん》」の細い道がある。こんな頼りない道に立てるか、というようなものです。けれども足をおろして立ってみたら、これが大涅槃の直道であった。こういうことが信心の道です。ですから、非難されたり、圧力をかけられたりということが、起こらないはずがない。これは、仕方がないのです。

本当に困難な道を、親鸞聖人も生きてくださった。それはすごいことだと思うのです。世俗からは、わからないと思うのです、難信なのです。信じ難い。自力の立場からは信ずることができない。自力に破れてみると、本当にこの道が、どれだけ困難でどれだけ窮屈な人生であろうと、この人生に立つ勇気を与えてくれる。虚心平気に生きていかれると、清沢満之先生はいわれたのです。このことを思いおこすと、この愚かな身、本当に恥ずかしい愚かさを抱えているこの身が、悠々と生きていける。こういうことが開かれる。これが、難信の内容なのです。

「易往無人の浄信」といわれます。ここに「浄信」という語を当てられています。『浄土論』の清浄功徳は、「三界の道に勝過せり（勝過三界道）」（聖典一三五頁）といわれていて、欲界・色界・無色界の三界を超えた清浄性であることを示しています。これを超勝独妙ともいいます。人間のあらゆる経験内容を、突破していると教えるのです。そういう「清浄性」をもつ信だといわれるのです。有限で相対的な清浄性は、比較したり差別感情を助長したりするから、真の清浄性とはいえないのです。

そういうことで、「浄」は、浄土の清らかさです。我われの心、我われの煩悩の生活をする人間に起こる心なのだけれども、本願力回向の質をもっている心だから、浄信なのだということです。浄土の「浄」であるということは、大悲からくる浄らかさであって、我われの相対的な浄らかさではありません。これも、大切なところです。

現実の、煩悩の生活は、差別や偏見に満ちたものです。その中で、真理を生きるということは、困難至極であるといってもいい。それは外に敵があるだけではない。内なる敵、つまり自分自身が虚偽を生きているという本質をもっていますから、虚偽を生きている中に真理をいただくというのが、大矛盾です。我われはすぐに虚偽に引きずり込まれます。虚偽ということは、煩悩でもあり、分別でもあり、世俗倫理の側の虚偽でもある。そこに我われは引っ張り込まれる。真理を生きるということは、本当に困難至極です。しかし、相対的な状況の中には宗教的真理はないのです。

大悲を依り処とする以外の真理は、虚偽です。一応立場上とか、あるいは今の状態においてはとか、今の時代にあってはとかという、限定付きの正しさ、有限のあるべきあり方なのであって、絶対ではない。それをどこかで知っていれば、大悲に触れることにおいて、悠々と生きていける道が開かれるということがあるのではないかと思います。

心光摂護の一心

第七番目の「心光摂護の一心」に入ります。この「心光」はいうまでもなく、阿弥陀仏の心光です、大悲の心の光です。我われの光ではなく、心光は仏心の光、大悲心の光、阿弥陀如来の大悲の心光であり、如来の智慧の明みです。信心はその智慧の光に「摂取され護られている」心ですから、「心光摂護」といわれています。

善導大師が『観念法門』で、現生護念増上縁をあらわされるときに、『観無量寿経』の「真身観」の文を引いてこられます。この文を、親鸞聖人は、「信巻」に「真仏弟子」の特質をあらわすときに引用されています（聖典二四八頁）。

親鸞聖人は、現生の利益を説かれて、「心光常護の益」（聖典二四一頁）ということをいわれます。また「正信偈」では、

摂取《せっしゅ》の心光、常に照護したまう。（摂取心光常照護）（聖典二〇四頁）

といわれています。「善導和讃」には、

金剛堅固《こんごうけんご》の信心の　　さだまるときをまちえてぞ

弥陀《みだ》の心光摂護《しんこうしょうご》して　ながく生死をへだてける
（『高僧和讃』聖典四九六頁）

といわれます。

阿弥陀の意味を「摂取不捨の故に阿弥陀と名づく」と善導大師がいわれることを、親鸞聖人は、

また云わく、ただ念仏の衆生を観《み》そなわして、摂取《せっしゅ》して捨《す》てざるがゆえに、阿弥陀と名づく、と。
（聖典一七四頁）

と、「行巻」に引用されています。「摂取不捨の大悲」が智慧の光明となって「常照」して護っているのだとされるのです。護られていることが、「ながく生死をへだてける」という、信念の生活を開いてくるとされるのです。摂取の利益が、現生にあたかも浄土の生活のごとき信念の深さを確保するのだといわれるわけです。

「念仏の衆生を観そなわして、摂取して捨てざるがゆえに、阿弥陀と名づく」と、摂取不捨ということが阿弥陀の意味なのだといわれています。阿弥陀如来というお名前の意味は、念じてくれるものを救わずんば止まんと誓っておられて、その願いは十方衆生にかかっている。けれども、気づくのは一人ひとりです。気づいてみれば照らされていたのだとわかる。気づいてもらいたいという願いは、一切衆生にかかっている。一切衆生にかかっているけれども、それこそ「易往無人」といわれるように、皆にかかっているのだけれども一人として気づけない。こういう中に、仏を念ずるという心が生ずる。すると、照らされてあるのだ、護られてあるのだという、そういう利益を「念仏衆生　摂取不捨」というのでしょう。そのはたらきが阿弥陀であると、善導大師が語られているのです。

先の和讃に、「心光摂護」という言葉がそのままあります。「心光摂護」ということは、「金剛堅固の信心のさだまるときをまちえてぞ」と、つまり金剛堅固の信心において「弥陀の心光摂護して」という事実がいただかれる。ここに、道理としては弥陀の心光の方が先にあり、それによって気づきが起こるのですけれども、気づいてみれば、

そのように気がつくのであって、気づかない間は、照らされているということには何の意味もない。

教えを通して、闇の衆生の心の中に、救われない衆生であろうとも救わずんば止まんという誓いとして、はたらこうという心があるのです。自分のような身に、自分のような心を生きている衆生に、大悲がかかっているのかなあと思うのに、大悲の心が身に染みてくるには、容易ではないご苦労がある。こちらの苦労ではない、如来の側のご苦労がある。

如来の側のご苦労が、本当に成就して初めて、心光摂護ということが、利益として感じられる。そうするとそこに、「ながく生死をへだてける」ということが起こる。これは「横截五悪趣」の問題と絡むのですけれども、生死の迷いを、一挙に「横超断四流」ということがいわれて、信心を獲るところに、時を経ず、日を経ず、即、生死をへだてるという利益がくるのだと、親鸞聖人は押さえられます。これをどういただくかということは、大変な問題だと思います。

煩悩《ぼんのう》具足と信知して　本願力《りき》に乗ずれば
すなわち穢身《えしん》すてはてて　法性常楽《ほっしょうじょうらく》証せしむ
（『高僧和讃』聖典四九六頁）

という和讃も、ほとんど内容が重なると思うのです。どちらも善導大師のご和讃です。これは非常に大切なことを押さえておられると思うのです。

親鸞聖人は、善導大師の文とぶつかりながら、しかし善導大師の言葉を文字通り表面的に聞くのではなく、それを本願力回向の信心の立場において受け止められます。そういうところに、「煩悩具足と信知して」ということと、「穢身すてはてて　法性常楽証せしむ」ということとが、「すなわち」でつながる世界がある。

我われの個人の思いとしては、絶対矛盾です。たすからない身を生きているというのに、たすけられるという事実が起きるということはあり得ない。にもかかわらず、「本願力に乗ずれば」といわれている。「本願力の摂取不捨のはたらきを信ずるなら」という。これが我われにはできないことなのです。つまり、二河譬でいえば、三定死が決まらない。「あっちにも逃げよう。こっちにも逃げよう。後ろにも下がろう」という心で生きているから、「前に向かって行こう」という決断ができないのです。本願力に乗ずるということがもつ意味が大行なのだ、白道なのだと教えられるけれども、私たちはこの世を相対的に生きているところに引きずり込まれてしまいます。そして、迷いの心が年中起きてきて「ああもしなくては、こうもしなくては」と思いますから、「法性常楽」、「生死をへだてける」などということは、とてもいえないとしか考えない。

ところが、親鸞聖人は、信心を得るなら即座に生死を超えるのだといわれる。これがわからないものだから、やはり煩悩を生きているのだから死なてはだめなのだと考える。浄土へは死んでから往けばいいと、教義学が教えているわけです。しかし、親鸞聖人はそのように書いてはおられません。「すなわち」と書いておられます。前の和讃でも「心光摂護して　ながく生死をへだてける」であって、「心光摂護して　死んだら　ながく生死をへだてける」とは書かれていないのです。死なければたすからないと思ってしまうのは、本願力に乗ずるということについての決断が、不徹底だからだと思うのです。

だからといって、生きたまま往生するという表現は、間違いのもとなのです。しかし、死んでからというのは、責任逃れなのです。今生きているところに、本願と出遇うかどうかということを本当に突き詰めれば、親鸞聖人がいわれるように、本当に信ずるならば、「金剛堅固の信心」がさだまるならば、「ながく生死をへだて」るのです。「へだてける」というのは、「けり」というのは過去完了の助動詞です。「へだてらん」などと未来の助動詞でいっておられるわけではないのです。完全に如来の本願力によって、生死を超える意味が与えられるのだといわれます。

これも難しいところです。大涅槃を体験するということをいうのは、聖道門の発想です。浄土門では、大涅槃を体験するのではない。しかし、大涅槃は必ず本願力が恵むのだと誓っているということを信ずるということ、その信ずることにおいて、言葉と、言葉を信ずることにおいて、名号を通して大涅槃をある意味で体験する。これが難しいところなのです。体験するといってしまうと、大涅槃がわかったというように誤解される。

大涅槃は、仏智の境界ですから、凡夫が触れることはできない。にもかかわらず、大悲はそれを凡夫に触れさせようという形で呼びかけてくださって、そのために念仏を与えてくださる。念仏はそのまま大涅槃の内容を孕《はら》んでいる。名号は「真如《しんにょ》一実の功徳宝海」（「行巻」聖典一五七頁）、あるいは、

真実功徳《しんじつくどく》ともうすは、名号《みょうごう》なり。一実真如《いちじつしんにょ》の妙理《みょうり》、円満《えんまん》せるがゆえに、　（『一念多念文意』聖典五四三頁）

という言葉があります。一如の功徳宝海がここにはたらいてきているのだというところにおいて、この煩悩の生活のただ中に、ある意味で大涅槃の風光が開かれる。「無上妙果の成じがたきにあらず、真実の信楽実に獲ること難し」という言葉は、「無上妙果」はまったく関係ないといわれているのではない。無上妙果は必ず与えられるという、信念で十分であるということなのです。こういう分限的自覚をもつ。そういう触れ方ということがあるのではないか。

菩薩十地の階梯における初地とは何であるかというときに、初地不退があると龍樹菩薩はいわれる（「行巻」聖典一六二頁参照）。この、初地において、ある意味で必ず仏に成るという体験をもつという歓喜を、親鸞聖人は真実信心の喜び、信心歓喜の喜びと同質だと押さえられた。

『一念多念文意』には、

「歓喜《かんぎ》」は、うべきことをえてんずと、さきだちて、かねてよろこぶこころなり。　（聖典五三九頁）

といわれ、それは、菩薩初地の喜びと同じだとされるのです。菩薩初地は、菩薩がそれまでの求道で迷い続けてきたけれども、この道は必ず仏に成ることができる道だと、確信をもったという位、それを初地という。

その初地は、ある意味で大涅槃に触れた、一如に一分触れたという表現があるのです。一如に一分触れたとは、どういうことか。たとえば饅頭ならば、一部分をかじって味をみることができる。しかし、一如は本来、分量があってその一部分を取ってこられるというような概念ではない。本当は、触れればもう全分なのです。譬喩でいうならば、海に触れるということ、海水の味を味わうということは、触れる場所はその場所ですけれども、全大海に触れることになる。そのように、一如に触れるということは、一如に一分触れるということは、一如の全部に触れることなのです。それなのに、なぜそこで終わりにならないのか。そこから二地、三地、四地、五地と、一如に触れ続けながら、求道し続けていく。しかし、六地で行き詰まるというのです。

これはつまり、体験と言葉ということの難しさです。ある意味で、言葉は、言葉を通して体験して初めて、言葉が自分の言葉になる。しかし、言葉になったからといって、体験があるかといえば、全部を体験したのではない。だからといって、一部分体験しているというと、量的に限られて少ないように思ってしまう。けれども、問題は質なのです。凡夫でありながら大涅槃に触れるという触れ方は、「南無阿弥陀仏」において触れるのだということを信ずる。「南無阿弥陀仏」において一如真実の功徳を信ずるという形で、私たちにはたらいてきているということが、現実の生活に全然ないわけではない。皆様も念仏生活をしていて、何がしか仏法の功徳をいただいていると、お感じになっていると思うのです。これ以上の功徳はないといわれる方もあるでしょう。けれども全面的に体験して、悟りを開いたとはいわない。

そういうところに、言葉を大切にし、分限を大切にしつつ、しかも矛盾から逃げない。矛盾している事実を生きるのです。大乗仏教の大切さは、絶対矛盾を引き受けるという態度にあります。絶対にできないにもかかわらず、引き受ける。これを自力で引き受けたら、肩が抜ける。

菩提心を起こすことは、龍樹菩薩が、

発願して仏道を求むるは、三千大千世界を挙ぐるよりも重し。（真聖全一、二五四頁）

と『十住毘婆沙論』でいわれているように、三千大千世界を挙げるよりも重いのです。そのようなものを、個人で背負えるのか。

ですから、「心光常護の一心」ということは、常に矛盾の中にいるところに、一つの開けをいただくことです。これは、涅槃の利益といってもいいけれども、そうはいわないのです。私たちにたまわる本願力の利益というのです。本願力は、一如、あるいは涅槃からはたらきでているというのが基本です。本当は、大涅槃ははたらかない。それを、本願を通してはたらくと教えている。このように教えることで、凡夫にはたらき得るという道を見出したから、「教巻」に、

凡小《ぼんしょう》を哀《あわ》れみて、選びて功徳の宝を施《せ》することをいたす。（聖典一五二頁）

と親鸞聖人がお書きになるのは、この道を開いたのが、釈尊の「出世本懐」だといい得るからです。

希有最勝の大信

そして第八番目に、「希有最勝の大信」とあります。

「希有最勝」は、「行巻」で『十住毘婆沙論』を引いて「希有の行」（聖典一六四頁）といい、大行をまとめたとこ

ろに「超世希有の勝行」（聖典一九三頁）といわれています。ですから「希有最勝」とは、如来選択の大行「南無阿弥陀仏」の功徳をあらわす言葉でしょう。

本願力の信心は、その名号を信受するのであり、名号の功徳を受け止める信ですから、名号と一つの功徳を具するといわれるのでしょう。「希有の大弘誓を超発せり（超発希有大弘誓）」（「正信偈」聖典二〇四頁）ともいわれますから、弘誓の功徳が希有たることを得るのであり、これを得ることは、誠に難中の難であるから「希有」でもある。それは相対の比較を絶した「勝」です。

法然上人は、念仏の行について、

名号の功徳もっとも勝と為すなり。余行はしからず。（中略）次に難易の義とは、念仏は修し易く、諸行は修し難し。

（『選択集』真聖全一、九四四頁）

といわれています。このように、念仏を「易にして勝」であるといわれたことを受けているとも思われるのです。「希有」は、本当にあり得ない道を選ぶのが、選択本願の選びなのだといういただき方です。しかも「最勝」である。我われからは、「希有」も「最勝」もわからないから、言葉（名号）などというものは、軽いのではないか、どこにでもあるのではないか、あるいは、そこまでわかりにくいということは、本当のものではないのではないかと考える。けれども、そこにあえて言葉を選んだのだということです。

言葉を選んだということのもつ、大切な意味があります。本願力が言葉を選んだということを、つい我われは軽く見がちですけれども、言葉の中の言葉として、言葉の中に真理の一言《いちごん》を選んだということが、「希有」といわれることのもつ意味でしょう。

そして「大信」は「大信心」を受けています。「超発希有大弘誓」（聖典二〇四頁）、という言葉が「正信偈」にありますが、我われの考えからでは、よくわからない。ですから、なぜ言葉なのだろうという問いが起こり得るわけです。これについては、人間にとって言葉ということがどれだけ大切かということがあります。言葉には、虚偽の言葉も軽薄な言葉もあり得るけれども、そういう言葉のなかに一語をあえて選んで真実を語りかけようとするということのもつ大切さを、我われは聞かなければならない。こういうことがあるのではなかろうかと思います。

世間難信の捷径

続いて第九番目は「世間難信の捷径」です。

「世間」は一応、三界といわれる衆生界でしょう。広くは勝過三界をも包む「世間」もあり得るけれど、難信というのは、凡夫たる衆生が相手であり、その生きる場を「世間」というのでしょう。「難信」の難は、困難という意味でもありますが、有漏の邪見に生きる凡夫にとっては、「信」の不可能性をあらわす「難」でしょう。親鸞聖人は、「叵（かたい）」という字を使われることがありますが、これは「可」をさかさまにした字で、不可能をあらわす文字であるといわれます。「あることかたし」は、あり得ないようなことが、今ここに発起しているという「有難さ」を惹起する。信心を獲得できることの因は、大悲の力によるのであって、凡夫には信ずることなどできない。純粋な信など起こり得ない。それにも関わらず、信ぜざるを得ないと、降参する心が起こる。起こり得ない事実がここに起こったことの不思議さ、それを難信の事実というのでしょう。

世間には信じ難い。この世は、皆それぞれ因縁があるけれども、皆自分に執着し、自分の力で生きていると思って、自らを頼みとして、営々と苦悩のいのちを生きています。そういう世間の価値観の中に、「本願力を信ぜよ。

他力を信ぜよ」ということは、「難信」である。信じ難い道だけれども、この道を信ずるということを教えとする。

難行道は、行為は難しいけれども、その信は初めから世間を生きている関心と重なっているのです。努力して生きていくことが尊いことだというのは、世間でも教えられている。また、世間で努力して生きていることは、我われはすぐに大切だと認めることができます。世間で努力して、価値を築いていくということが成り立っていることを、善いことであり、尊いことだと思う。その世間の価値観の延長上に、仏教を教えとして聞いて、努力をし、難行をして仏に成っていく。これを受け入れるのは、何も難しいことではない。行為を尽くして仏に成っていくのは、難行苦行です、難しいけれどもよくわかる。それに対して、何もいらない、ただ本願力を信ずればいいといわれても、そんなことは信じられない。それは、世間の価値観を逆転するからです。だからそこに、どうしても回心が必要になるのです。回心なしにわかろうとしても、絶対にわからないということが、「難信」という問題です。

なかなかその回心が、成り立たない。それは、自力の執心が消えないということです。どれだけ聞いても、聞いている立場が自力ですから。他力はいいとは思い、他力の方がいいと比較しているけれども、足が出ない。一歩が踏み出せない。こういう立場ですから、「難信」なのです。しかし本当に、難信であるにもかかわらず、本願力が成就して、

その名号を聞きて、信心歓喜せんこと（聞其名号、信心歓喜）

（『無量寿経』聖典四四頁）

ということが起こる。起こる質が、難信の信心なのです。凡夫の努力で起こる心ではない。凡夫の心を破って超発する願心が、信心です。

ですから「別序」の最初に、

信楽《しんぎょう》を獲得《ぎゃくとく》することは、如来選択《にょらいせんじゃく》の願心より発起《ほっき》す、

（聖典二一〇頁）

といわれています。「如来選択の願心より発起する」という質のものでなければ、世間を突き抜けるようなものにはならない。難しいけれども、これが起こる。それが「捷径」である。「捷径」ということは、一応道がいろいろある中で、一番近い道という相対的な表現です。これは譬喩的表現です。本当は「すなわち」ですから、距離はない。距離はないのだけれども、そこを自力の道で遠回りして行こうとする。人間の努力を尽くして、無限にまで行こうとする。

ビールの空き瓶を積み上げていけば、月まで行けるだろうと、一生懸命酒を飲むようなものです。努力して努力して、仏様に成ろうとする。それは遠回りなのです。信ずるということは、即無上涅槃に直結している。これは、時間と空間を突き破って起こるから、希有の大弘誓であると、こういう教えです。

証大涅槃の真因

次が、第十番目「証大涅槃の真因」です。先の「世間難信の捷径」を受けて、証大涅槃は本願成就の信心こそが、それへの捷径であり、その真因であるといわれます。「無上妙果の成じがたきにあらず」（「信巻」聖典二一一頁）といわれていますが、真因にとって果は即時の必然です。第十八願の真因は、第十一願の大涅槃（滅度）の果に直接しています。先に、「選択回向の直心」といわれて、「直心」とありましたが、この因果を、如来大悲の因果と信受するのです。体験的証果にとらわれるのではなく、法蔵願力に帰入するところに満ちたりるのです。その因果の必然性を、正定聚というのです。

ここに「体験的証果」という言葉を使ってみるなら、これは大涅槃や証という結果を、生きている今、直接体験しようとする関心でわかろうとする証果をいい、それに対して、信心の仏法は、信心においていただく、一如の功徳を、信心としていただく、それを「言葉の体験」といういい方をしてみたいと思うのです。

たとえば文学作品を読むときの体験は、言葉の体験です。直接自分の体験でなくても、その物語の中の状況を生きている困難さや問題意識については、文学の表現を通して、ある意味で体験しています。

たとえば、ドストエフスキーの『罪と罰』を読むと、ラスコーリニコフが老婆を殺し、殺した罪の重さに自分の身体の震えが止まらなくなって、下宿に逃げ帰って、三日ぐらい高熱で意識不明になっていたという表現があります。これを読むと、もちろん自分が殺してその恐怖を味わったわけではないけれども、そのラスコーリニコフの体験というもののすごさに、自分も身震いするというようなことが起こる。それはやはり言葉の体験です。このように、言葉の体験ということが人間にとって非常に大きいものがあります。

たとえば、哲学書を読んで、その哲学者の考えていることが全部はわからなくても、何か感ずるものがあるというのも、言葉の体験です。自分で考えたことでなくても、何かを感ずる。そういうことが、人間にとっては、大変大事な手がかりになります。

ですから、「名号の体験」という言葉も、いってみたいのです。「名号が行だ」といわれるのは、名号に仏の世界を凡夫が体験できるはたらきがあるのだということ。少々いい過ぎかもしれませんけれど、それくらいいってもいいのではないか。そういうことを思います。

「正定」は、未来の果を現在に確定している信念のあり方を表現するものです。「生死即涅槃」が、大菩提の智慧における不二の自証でしょうが、凡夫においては本願の因果を通して、その真実性を因に満足して信受するというのです。

極速円融の白道

第十一番目は、「極速円融の白道」です。「極速」は、信の一念釈に、

「一念」は、これ信楽開発《しんぎょうかいほつ》の時剋《じこく》の極促《ごくそく》を顕《あらわ》し、広大難思の慶心《きょうしん》を彰《あらわ》すなり。（「信巻」聖典二三九頁）

とありますが、時の中から起こって時を破るというか、時を截るというか、時を超えるような瞬間をあらわしています。時の持続を待って、願いを満たすのではなく、この一瞬の時に、時を超えて完全満足するのです。一瞬が、兆載永劫の意味を具することをいうのです。この今が、願力成就を信受することにおいて、「万劫の初事」であるという意味を具した時になるのです。

「円融」は、円満・融通でしょう。「円満」は、『摂大乗論』では浄土の荘厳が「十八円満」と翻訳されていることがあり、『浄土論』の荘厳形相功徳では、

浄光明満足すること、鏡と日月輪とのごとし（浄光明満足　如鏡日月輪）（聖典一三五頁）

ともいわれ、欠けることなく満ちたりる相をあらわしています。

「融通」は、妨げが入らない状態で、融通無碍ともいう。「無碍」については、「行巻」に『浄土論註』を引いて、

「無碍」は、いわく、生死《しょうじ》すなわちこれ涅槃《ねはん》なりと知るなり。（聖典一九四頁）

といわれていて、流転の生死において無碍自在のはたらきをすることとされています。すなわち、「苦悩の有情をすてずして」（『正像末和讃』聖典五〇三頁）といわれる大悲が、人間の苦悩の場を引き受けて、それを願力のはたらく場とすることをいうのです。煩悩具足の凡夫の心には、纏縛・具縛・執着といわれる閉鎖性があって、けっして

自在を得ません。しかし、その貪瞋煩悩のまっただ中に「白道」が見出されるなら、その白道が大道となるというのです。「白道」は善導大師の二河譬からくる言葉です。この「道」は、

本願一実の直道《じきどう》、大般涅槃《だいはつねはん》無上《むじょう》の大道なり。（「信巻」聖典二三四頁）

と、親鸞聖人はいわれるのです。

真如一実の信海

最後の第十二番目は、「真如一実の信海なり」と結ばれます。「行巻」の初めに、

この行《ぎょう》は、すなわちこれもろもろの善法を摂《せっ》し、もろもろの徳本を具せり。極速《ごくそく》円満す、真如《しんにょ》一実の功徳宝海なり。（聖典一五七頁）

とあり、第十一番目の「極速円融」と合わせて、この二つの徳が、名号に由来するものであることがわかります。行について、「真如一実の功徳宝海」（聖典一五七頁）とあるのを受けて、信には「真如一実の信海」といわれる。功徳の宝は大行たる名号であり、それが衆生のための選択の行であるとうなずいた心は、「真如一実の信海」であるとされます。

「信海」は、後に「大信海」という語で、その内容が確認されていますが、「行巻」で「一乗海」の分析をされたことを受け、

如来の智慧《ちえ》海は、深広《じんこう》にして涯底《がいてい》なし。（如来智慧海　深広無涯底）（『無量寿経』聖典五〇頁）

に照らして、信心が一切平等の「智慧」の意味を持つことを明らかにしてこられます。まさに、真如一実の信が、

大海の功徳を具しているとされるのです。

法然上人は、『選択集』で、

名号は万徳の帰するところなり。

（真聖全一、九四三頁）

といわれています。名号は、功徳のかたまりであるといわれるのですが、その功徳の本質は、真如一実であるということです。法蔵菩薩の物語、法蔵菩薩の因位の勝行段では、菩薩道を行ずるという形で六波羅蜜を行じたり、貪欲・瞋恚・愚痴の三毒の煩悩を起こさないとか、いわゆる修行内容が語られています。そして、その修行で蓄積した功徳のすべてを、名号を通して衆生に回向する。こういうことが、「南無阿弥陀仏」を選択本願が選び取って、衆生に恵むことの意味であるとされます。その内実が真如一実なのだ、その真如一実の功徳が衆生に受け止められるときに、受け止めた衆生の信心に真如一実という功徳が映ってくると、親鸞聖人はいただかれました。こういう意味で、「真如一実の信海なり」といわれているわけです。

突き詰めていけば、真如は大涅槃と同義語ですから、大涅槃の功徳がくるということでもあるわけです。したがって、大信心の十二徳の十番目「証大涅槃の真因」とは深い関わりがあって、この大涅槃や真如一実と、我われ愚かな凡夫とが関わり得る一点が名号であり、それを受け止めるのが信心であるわけです。これが一番大事なところになるのだろうと思います。

その大涅槃と貪瞋煩悩の生活との関わりは、やはり二にして一であるといいますか、貪瞋煩悩を離れて涅槃があるのではない。けれども、貪瞋煩悩がそのまま涅槃では絶対にない。生死の煩悩と涅槃は、絶対の矛盾だけれども、そこに関係が成立し得る。人間が悟りを開いて関係するのではなく、本願の大悲を信ずるという、『無量寿経』の道理によって、凡夫に大涅槃の功徳に通ずる道が開かれる。こういうような意味が、「信巻」に確かめられるのだろうと思います。

この二にして一というのは、一になったら同じかというと、けっして同じではない。しかし、たんに別かといったら、別であっては仏法にならない。名号を通して信心を獲得する。それは、我われに無量寿如来に帰命するという心が、本当に受け止められるということですから難しい。

我われは、なかなか帰命しない。真実の帰命など成り立たない。そこに帰命を如来招喚の勅命であると、親鸞聖人が押さえられ、我われから起こるような質のものではないけれども、如来の本願力が、必ず起こさせずんば止まんといってくださっているのだといわれる。我われが往けると思うと、とんでもない間違いである。では往けないかというと、往ける道があるということです。こういう教え方をしてくださっているのだろうと思うのです。

第二節　選択本願の名

真実信心の根拠

十二の徳を述べ終わると、次に、信心の根拠となる本願の名を出されています。


この（斯）心すなわちこれ念仏往生の願より出でたり。この大願を選択本願と名づく。また（亦）本願三心の願と名づく、また（復）至心信楽の願と名づく。また（亦）往相信心の願と名づくべきなり。

（「信巻」聖典二一一頁）


まず「この心（斯心）」といわれます。「この」という言葉も、漢文で書く場合には「是」、「此」等もあります。

「是」は「非」に、「此」は「彼」に対します。だいたい「これ」というと、「かれ」とか「あれ」とか「それ」と対応します。英語で言えばthisという言葉には、thatとかitとか、違う言葉が対応し得るわけです。どうしても「これ」といえば、普通は相対的な状況の中であっちではなくてこっちだという「これ」です。こういう指示代名詞の「これ」をあらわす漢字は、いくつかあるわけです。ところが中国の文字としての「斯」の漢字には、対応する「あれ」「それ」はないのです。ですからたんなる指示代名詞ではないといわれているのです。

この字をお使いになるときは、『唯信鈔』の「唯《ゆい》」の字について、親鸞聖人は、「『唯』は、ただこのことひとつという」（『唯信鈔文意』聖典五四七頁）と注釈されますけれども、何かそういうニュアンスの文字なのだそうです。ですから、こういう言葉は、英語にはないのではないかと思うのです。漢字だから「斯《これ》」がある。全体が「これだ」というような「これ」は、日本語でも押さえるのが難しい。

ですから、延べ書きにしてしまうと、たんなる「この」ですから、対応概念がある「この」と区別がつきませんけれども、唯一無二の「心」というか、そういうような強い、かけがえのない、難中の難をいただいたという意味の言葉として、「この心」と押さえるのだということです。

「信巻」では、特にこの「斯」の字が「信」に付くことが多いのです。それは他の信ではなく、本願力回向の信であることを示すのであると思うのです。「この心」すなわち、かけがえのないこの心が、どこから与えられるかというと、「念仏往生の願より出でたり」という。これは、法然上人が、この願を「念仏往生の願」と名づけられたのです。

法然上人は、「南無阿弥陀仏《なむあみだぶつ》　往生《おうじょう》之《し》業念仏《ごうねんぶつ》為《い》本《ほん》」（「後序」聖典三九九頁）という『往生要集』の言葉を、『選択集』の冒頭にもってこられますから、そういうことが選択本願だと、こういう押さえです。そういうことからすると、次に出ている「選択本願」という名前も、「念仏往生の願」という名前も、法然上人では全体を包んでいる名前であるということになります。選択本願は、『無量寿経』全体を包む願といってもいいわけですから、そういうところに、法然上人の意図は、「南無阿弥陀仏」が教えの体であるということを押さえられて、専修念仏によって浄土宗が成り立つといわれるのです。念仏一つを行ずることで、仏道を成就できるという仏教の受け止め方があるということを、主張なさったわけです。法然上人にあっては、選択本願は念仏にかかる名前です。選択本願の念仏ということが、四十八願全体を包む名前でもあるし、特に王本願としての第十八願でもある。ですから、こういう意味で、親鸞聖人が教・行・信・証に分けられる前のすべてを、「南無阿弥陀仏」に総合するような意味をもった名前である。こういうことが、いえるのではなかろうかと思うのです。

そこから、親鸞聖人は、名号によって成り立つ仏法の内容を、教・行・信・証と分けてこられた。それはたんに、聖道門の教・行・果と並ぶ形ではなく、むしろ全体が如来の本願による衆生への大悲として回向されるという。如来回向という形で、本願が生み出して衆生に与えようとする仏道の内容を、人間の側からの教・行・証の歩みではなくて、本願の側からの教・行・証という形で展開された。「念仏往生の願」による一願建立の教えを、教・行・信・証と開き分けたのはなぜであるのか。教えの内実を開き分ける縁となったものには、『無量寿経』下巻の成就文のことがあり、曇鸞大師が『浄土論註』で三願的証をされているということがあるのでしょう。

けれども、この思想的作業をせざるを得なかった親鸞聖人自身の内的な要因は、名号の仏法を「如来回向」の大法とし、凡夫が大涅槃と直接し得る大乗至極の道理を解明するという目的が、あったからなのでしょう。それには、まず、行・信の問題を分けざるを得なかった。善導大師のいわゆる「本願加減の文」、曾我量深先生は、これを根本本願復元の文と見られました。その「本願加減の文」を、法然上人は、親鸞聖人に付属された真影に書いて与えられました。それは「若我成仏　十方衆生　称我名号　下至十声　若不生者　不取正覚」（「後序」聖典三九九頁）とあり、まさに善導大師による「念仏往生の本願」です。この称名の面を、親鸞聖人は第十七願に、信心の面を第十八願に分けて見直された。それには、『無量寿経』下巻の成就文が、第十一願、第十七願、第十八願の成就の次第になっていることを、どう理解するべきかという課題があったに違いありません。『無量寿経』下巻の成就文は、まず大涅槃の因を正定聚の位として語り出す。ですから、初めに第十一願の成就を語り出しています。

第十一願成就の文に続いて、

十方恒沙《ごうじゃ》の諸仏如来、みな共に無量寿仏の威神《いじん》功徳《くどく》の不可思議なることを讃歎《さんたん》したまう。

（『無量寿経』聖典四四頁）

と、「諸仏称名の願」の成就が語られます。この第十七願成就文の意味を「大行」の願の表現であると見ることによって、「諸有衆生、聞其名号」以下の第十八願成就文を、信心の願の成就であると判明にすることができます。そしてそこには、「至心回向」という問題があって、大悲の本願が衆生を包んで成就するためには、「回向成就」という見方を、『浄土論』『浄土論註』から取り出して、回向成就する本願という見方をするべきであると、親鸞聖人は気づいていかれたのではないでしょうか（「信巻」聖典二一三頁参照）。

第十七願の成就が、大行を成り立たせている事実を語るのだというように成就文を読めたとき、第十八願は明確に信心の願としてあらわれてきたのでしょう。しかも「至心信楽欲生」とある。十方衆生と呼びかける機の三願に共通する、至心と欲生の語に挟まれた信楽は、発願、回向の語とは明らかに異なることを誓っている。これを見出して、法然上人が法蔵願心の選択を総合する意味で用いられる「念仏往生の願」という名を、「選択本願」であると受け止めつつ、親鸞聖人は新しい意味として「至心信楽の願」の名を掲げられたのです。

「念仏往生の願」、あるいは、「選択本願」という名前は、法然上人ゆかりの名前ですけれども、それに続いて、「亦、本願三心の願となづく」と、「亦」という字を置かれるのは、親鸞聖人が、ここに独自の名前、新しい名前を出していくという意味をもつといただかれたからです。その初めが「本願三心の願」です。

法然上人は、『観無量寿経釈』のなかで、「本願の三心」ということをいわれています。親鸞聖人は、それを引き受けられて、「本願の三心」というならば、第十八願の至心・信楽・欲生であると特定されて、「本願三心の願」という名前をつけられたのでしょう。

そうすると、この「亦」は、親鸞独自といっていいかどうかわかりません。けれども、「信巻」を開くについて、ともかくこういう意味があると、「亦名本願三心之願」と名前をつけるということではっきりさせられた。ですから、「亦」という字は、自分がここにこの名をいただくのだという形で、書いておられるということだろうと思うのです。

そして、次には、「復、至心信楽の願と名づく」とあります。ここでは、「復」という字を書いておられる。この「復」は、復習とか復唱とか「もう一度」というような「復」ですから、「亦」ほどは強くはない。「亦」というのは、いうならば、電気でいえば直流ではなくて交流だ、というようなものです。つまり、こっちもあるけれどもこっちもあるというような、違う道をたてているような字が「亦」です。それに対して、「復」は「亦」の下についてて繰り返すような意味になります。つまりこの第十八願に「至心信楽の願」と名づけるのは、親鸞聖人自身がなさったわけです。

そして、次に、「亦、往相信心の願と名づくべきなり」とあります。これについては、もう一度「亦」を書いておられる。これはどういう意味なのかということは、なかなか難しい問題が絡むかと思います。

「教巻」の初めには、

謹《つつし》んで浄土真宗を案ずるに、二種の回向《えこう》あり。　（聖典一五二頁）

といわれ、『高僧和讃』には、

弥陀《みだ》の回向《えこう》成就して　往相還相《げんそう》ふたつなり
これらの回向によりてこそ　心行ともにえしむなれ　（聖典四九二頁）

と押さえられます。弥陀の回向成就に、往相と還相という二つの相があり、二回向ともに弥陀の回向成就なのだということを押さえられていますから、ここを外してはならない。「弥陀の回向成就して」とは、弥陀の本願が成就することが、衆生を救済すべき課題の成就ですから、回向成就なのだということです。ですから、選択本願を選択回向と、先の十二徳では「選択回向の直心」と了解なさったともいえるわけです。そして、「教巻」では、

往相《おうそう》の回向《えこう》について、真実の教行信証《きょうぎょうしんしょう》あり。　（聖典一五二頁）

といわれるのです。すなわち、往相の回向の教、往相の回向の行、往相の回向の信、往相の回向の証ということが、衆生の上に仏道を成就せしめる。第十八願の「至心信楽の願」については、往相回向の信を誓うのですから、「亦、往相信心の願と名づくべきなり」といわれる。

他の願は「名づく」ですけれども、この願については、「亦可名往相信心之願也（また往相信心の願と名づくべきなり）」と「可」という字を書き加えておられます。「名づける」とまではいわれない。「べき」というのは、名づけることも可能であろう、あるいは、名づけるべきであるということです。「べき」には、必ずそうしなければならない、という意味もあります。けれども、この場合は「可」の字を書いておられ、デリケートだと思うのです。これは命令形というよりは、模索しておられるというふうにもみえます。

行については、「行巻」の御自釈に、

しかるにこの行は、大悲《だいひ》の願《がん》より出《い》でたり。（聖典一五七頁）

とあります。「出る」という字で押さえておられ、大悲の願から出てきたのだといわれます。そして、そのあとで、

すなわちこれ諸仏称揚《しょうよう》の願《がん》と名づけ、また（復）諸仏称名《しょうみょう》の願と名づく、また（復）諸仏咨嗟《ししゃ》の願と名づく、また（亦）往相回向《おうそうえこう》の願となづくべし、また（亦）選択称名《せんじゃくしょうみょう》の願と名づくべきなり。（聖典一五七頁）

といわれます。

この中に、「また（復）諸仏称名《しょうみょう》の願と名づく、また（復）諸仏咨嗟《ししゃ》の願と名づく」と押さえられた後に、「また（亦）往相回向《おうそうえこう》の願と名づくべし」と読んでおられます。これは、親鸞聖人が、天親菩薩と曇鸞大師の教えをくぐって受け止められた、『無量寿経』の本願の意味だということで、「名づくべし」といわれたのです。おそらく、古今東西こんなことをいった人はいない。後の人も認めないかも知れないけれども、こういう意味があるのだというような、強い意向があるのではないかと思います。第十七願は、往相回向の願だということができるのだ。できるだろうか、こうだろうかではなくて、きっとできるというような「べし」です。可能であるか、可能でないかということを分けた可能態というよりも、こういうことを新しく名づける筋道があるということで、こう名づけるべし、名づくことができるといわれるのです。

言葉の中に、こういう道筋が一つ開けるに違いないといいますか、そういうような確信を「名づくべし」という言葉で押さえておられると思うのです。「行巻」のこの押さえを受けて、「信巻」は「往相信心の願」と、押さえられています。

まあ往相回向、還相回向という言葉自身が、誤解と混乱した考え方にさんざん迷わされてきていて、ずいぶんわ

からない思いもしました。けれども、私はどこまでも弥陀の回向成就、弥陀の本願力の二つのはたらき方であるといただいているのです。

「往相」の語義は、曇鸞大師においては、五念門を行ずる菩薩が、他なる衆生を摂して、共に阿弥陀の浄土に生まれるという、利他の意味をもちます。還相は、浄土の菩薩が阿弥陀の功徳をもって、他方国土（生死の園、煩悩の林に遊ぶともいう）に生まれて、普賢行を行ずるといわれます。

この普賢行ということも、何が普賢行なのかということが、よくわからない。親鸞聖人が大切になさった『華厳経』には、たくさんの菩薩が出てきます。普賢菩薩という菩薩も、『華厳経』に説かれる菩薩なのです。「普賢行願品」というのは、じつは『華厳経』の最終的なところに出てきます。

これは、まあ謎のようなものなのですけれど、『華厳経』は『十地経』に象徴される菩薩行を説く経ですから、菩薩行を究極まで求めていく。求めたあげくの果てに、究極にとどまってしまうならば、小乗仏教に堕してしまう。曇鸞大師が押さえられた七地沈空のように、ここが究極だと思うと、そこが人間を停滞させる場所になってしまうのです。ですから、とどまるべき究極ではなくて、そこを原点として、そこに立って本当に歩み出せるような意味の究極を求めるのです。『華厳経』が開く人間観というのは、だんだん偉くなっていくのではない。求めて、じつは一番自分が愚か者として、このいただいたいのちをどう満足成就して生き抜けるかというような課題を求めて歩み続ける、そういう意味の象徴的な名前が、普賢行というようなことなのではないかと思うのです。

「普賢行願品」を読んでも何をいいたいのか、はっきりわからないのです。けれども、『無量寿経』では、第二十二願がこの普賢行ということを誓っています。そして和讃にも普賢行ということを説かれています。「行巻」に大行の利益として、しかれば、大悲の願船に乗じて光明《こうみょう》の広海に浮《う》かびぬれば、至徳の風静かに衆禍《しゅか》の波転ず。すなわち無明《むみょう》の闇《あん》を破し、速やかに無量光明土に到りて大般涅槃《だいはつねはん》を証す、普賢《ふげん》の徳に遵《したが》うなり。（聖典一九二頁）

と書かれています。行の中に、行・信・証を包んだはたらきを大行の結びで押さえて、そのはたらきが普賢行だといわれるのです。もっともここは「行巻」だけではなくて、これから展開する行・信・証を一応書いておられるのだというような解釈もありうるのです。けれども、そんなだらしない解釈では親鸞聖人の意図にはならないと思うのです。ですから、これは、大行がこういう意味をもつということを押さえておられると思うのです。

大行が本当の意味で受け止められることが起こるなら、こういう事実が恵まれる。それを受け止めるのは凡夫ですけれども、凡夫に無限なる大悲の願心の功徳が、すべて恵まれるということは、こういうことだと押さえておられるのです。けっして、凡夫が自分でできるという意味ではない。誤解したら絶対にいけないわけで、凡夫はどこまでも迷い深き凡夫です。しかし、仏法の功徳がいただけるということは、こういうことが与えられるということなのです。

これは絶対矛盾なわけです。絶対矛盾なのに、大行の功徳が私たちに与えられるということは、じつは法蔵菩薩の願行の功徳が、すべて衆生に回向されるということです。その内容が、行・信・証である。そういうことを、ここでは押さえておられるのです。

その体が「南無阿弥陀仏」である。ですから、私たちは本当に「南無阿弥陀仏」をいただいたか、などと反省したら、少しもいただいていないということになるのです。「一切の功徳にすぐれたる　南無阿弥陀仏をとなうれば」（「現世利益和讃」聖典四八七頁）といわれているのですから、そういう功徳を本当はいただいている。ところが、全然自分で自覚もしないし、そのことをいただいているということを証明できるような人生になっていないというのが凡夫ですから、矛盾しているのです。矛盾はしているのだけれど、本願の側からすれば、こういう功徳を与えるのだというところに、往相回向ということの大悲の意味があるわけです。

法蔵願心が、本当に受け止められるときには、凡夫を破って法蔵願心がはたらきだす。法蔵願心は、個我の心が行ずる心とは、まったく異質なのです。我われの心は、どれだけ開こうと思っても開けない。自我の心、自己愛着の心、自分に近いところを愛する心、こういう心をもっている人間は、そういう考えを止めろといわれても止められない。もうちょっと心を広くして、近隣の国々のことを平等に、一緒に考えようといわれると、そのとおりだなと思うけれども、現実にはなかなかそうはいきません。ぶつかったとたんに、「あいつらは」「こいつらは」ということになってしまう。そして、平等だなどとは、とても思えない。

そういうようなことで、凡夫は抜き難い比較心をもっています。比較するというのは煩悩です、「慢」です。慢の心を消すことはできない。「慢」は、唯識では根本煩悩の一つで、貪・瞋・痴・慢・疑・悪見を六大煩悩といいます。慢は、根本煩悩だと押さえられるだけではなくて、末那識相応の煩悩として、我痴・我見・我慢・我愛といわれていて、「我慢」という煩悩があるのです。つまり寝ても覚めても、慢の心を離れることができないのが我われですから、こういう人間が大悲の心になるということは、絶対にあり得ない。あり得ないのだけれども、大悲は、それでも大涅槃を恵もうとしてはたらきかけてくださっているのです。これは矛盾である。愚かな凡夫が、はたらきかけずんば上まんという願心とぶつかる、このことを我われはどう受け止めるかということが大切なのです。

「仕方ない、こんなものなのさ」と開き直っているだけでは、人間として成就しない。けれども「本願を聞け」と。聞けということは、そちらの方に向く要求を、法蔵菩薩はかねてより衆生一切に恵んでいるのだ。それに目覚めれば、いかに煩悩の壁が厚くても、法蔵願心が立ち上がるのだ。こういう凡夫に対する信頼が、法蔵菩薩のお心だと思うのです。

ですから、我われは遠慮して、法蔵菩薩はわからないから止めておこうとできるかというと、そうはいかない。それでは、人間としてたすからない。人間として成就しない。有限な人間が無限を求めるということは、矛盾しているのだけれども、矛盾こそ人間が仏法の機である証拠なのです。

矛盾がなくて、自分は有限だけでいいのだということであったら、これはもう機ではなくなってしまう。仏法の機ではなくなる。だからそこに、我われは、ある意味で、苦悩のいのちを与えられたということは、宿題を与えられたようなものですから、気づくと、もったいないという面と、申し訳ないという面とがあるわけです。でも大悲は、必ずやそれを果たし遂げんと誓ってくださっているのです。

自分でやるのではないのです。自分を破って大悲がはたらいてくることを、いかに受け止めるかということなのです。これが難しいことだと思うのです。すぐに人間は分限をおかして、自分がやれるようになると考える癖があります。だから、往相の回向をいただいて、自分が浄土に往くのだなどと考えてしまうのです。そういう教義学が江戸時代以来あったわけです。往相の回向は、他力をいただいたら自分が往くのだと考えてしまうのです。ところが、親鸞聖人は、自分が往くなどとどこにも書いておられないのです。「一切の衆生とともに安楽国に往生せん」というのが往相の回向です。往相の回向は、如来の回向です。大悲願心の回向です。我われが、そのようなことができるはずがないのです。これを忘れてはいけないのです。往相の回向が自利だなどという解釈は、まったくのとんでもない誤解なのです。往相であろうと還相であろうと、回向は利他なのです。

利他の回向に二つの相《すがた》があると、

弥陀《みだ》の回向《えこう》成就して　往相還相《げんそう》ふたつなり

　これらの回向によりてこそ　心行《しんぎょう》ともにえしむなれ　（『高僧和讃』聖典四九二頁）

と、親鸞聖人は和讃されているのです。弥陀の回向が、法蔵菩薩の回向が利他回向なのです。ここを忘れてはいけないのです。

　ですから「往相信心の願」という意味も、自分が浄土に往くということをいっているのではない。如来の往相回向を受け止める信心であるということです。もちろんその利益には、大涅槃を必ず与えるぞという、法蔵菩薩の往相回向の願としてのはたらきがあるわけです。自分が往くというよりも、願の中に浄土の功徳を必ず恵まんという大悲のはたらきがきていると信ずるわけです。そういう意味で、「往相信心の願」なのです。

　ですからこれをいただいて、自分の足で往くというような、そんな話をいっているのではないのです。往く往かないというのは、如来の本願の話なのです。我われは、凡夫としてそのことを信ずるのです。信に立つのです。ですから、親鸞聖人は、如来の二種の回向に値遇して行・信を得るとか、如来の二種の回向によって信・行を得るとか、繰り返して語っておられます。どこまでもそういう受け止め方なのです。

　回向は如来だけれど、自分はその回向を受け止めて自分がどうにかするというふうに、考えてはいけないのです。凡夫が受け止めるのは、信心を受け止めるのであって、信心の中に、往ったり還ったりさせるような大悲のはたらきがもうきていることを信ずるのです。本当に信ずれば、そこに満ちたりるのです。信じて自分でこれから往けるだろうか、往けないだろうかと考えるのは、疑いであって、本願を信ずるところに、凡夫として「うべきことをえたり」（『一念多念文意』聖典五三五頁）と喜ぶことができる。「大《だい》慶《きょう》喜《き》心を得」（「信巻」聖典二一二頁）と親鸞聖人がいわれるのは、そういう意味です。

　そういう意味だということを、何とかいおうとされているのですけれども、どういってみても、いいたりないというか、いえばいうほどわかりにくくなる。それほど、言葉にするということは難しいのです。

願生、あるいは浄土に生まれる、浄土往生ということは、じつは三心の中の欲生心の問題に深く関わっています。「浄土に生まれる」という表現は、後に明らかにする「欲生心」の象徴的意味、すなわち本願のはたらきによって、一如真実を信念に感受する宗教的新生をあらわすものです。文字どおりなら、この濁世に生きる凡夫の霊魂が、他方空間に生まれ直すことと誤読されてしまいますが、言葉の密意はそうではないのです。生まれ直しの真の意味は、宗教的死生の意味でなければなりません。

この往生という言葉も、善導大師は『観経疏』の「玄義分」で、

『観経』は即ち、観仏三昧をもって宗となす。亦、念仏三昧をもって宗となす。一心に廻願して浄土に往生するを体となす。（真聖全一、四四六頁）

と述べておられますから、『観無量寿経』は念仏往生の経だといってもいいわけです。ところが、『観無量寿経』には「隠顕」がある。「顕」の義は定散二善を説くけれども、念仏が「隠」の義だといわれる。称名念仏は隠れた秘義だと、こういうようないい方で、『観無量寿経』にも真実はあるのだけれども、表向きは自力の心に応じて説かれているのだという押さえをしておられます。親鸞聖人は、その『観無量寿経』の顕の義を、第十九願意と押さえられます。「観経往生」ということは、やはり人間が何かの行為をして浄土に生まれていくという発想で、教えが開かれている。これは人間の常識です。人間が何かをして何かを得るという、そういう人間のものの考え方に応じて、経典が開かれています。

まあそういう意味で、往生という言葉もある意味で多義的です。いろいろなニュアンスがありますから、一義で押さえることはできない。しかし、その言葉をとおして教えようとすることの意味は、なかなか深い。

生老病死の四暴流の闇を抜ける

親鸞聖人は、「信巻」に「横超断四流」と説かれています。

「断」と言うは、往相《おうそう》の一心を発起《ほっき》するがゆえに、生《しょう》として当《まさ》に受くべき生なし。（中略）かるがゆえにすなわち頓《とん》に三有《さんぬ》の生死《しょうじ》を断絶す。かるがゆえに「断」と曰《い》うなり。「四流《しる》」は、すなわち四暴流《しぼる》なり。また生《しょう》・老・病・死なり。（聖典二四四頁）

ここで親鸞聖人は、往相の一心を発起することで、生老病死の四暴流の闇を抜けることができるのだとまでいわれているのです。ですから、親鸞聖人にとっては、それは死んでからの話ではないのです。現実では無理だということで、死後として逃げるのは、それがある意味で一番楽ではある。けれども、親鸞聖人はあえて、この困難至極で矛盾する事実において、本願との切り結びをいただくのだと、ここを大切にしようとしておられるということです。

これは、親鸞聖人が、人間の苦悩の歴史と阿弥陀の本願とのぶつかりあい、そういうものの先端に立って、人間がたすかるということを明らかにしようと、努力しておられるということです。それを、死んでからというほうにもっていってしまうのは、逃げであって、親鸞聖人に学ぶものとしては、本当にしてはならないことなのです。

方便とわかって一時的にそれをとることは、どうしても必要になることは、この世を生きる場合にあるかも知れない。しかし、そのことは方便であると自覚して、あえて方便をとるということにしないといけないのです。方便はいけないわけではない。方便がぜひとも必要なことが、この世にはあります。それがどうしても必要なら、認めざるを得ません。けれども、それはある意味で、親鸞聖人に背くことであり、本願の教えに背くことであるということを、どこかで心得ながら決断せざるを得ないということが、あると思うのです。この問題は、根本問題に関わると私は思っています。

ですから、親鸞聖人のいわれる往還二回向は、穢土から浄土へ、衆生が異空間を往来するということではないのです。信心において、本願力回向が、大乗仏道の課題を往還という形で具体化する。大乗仏道の課題というのは、『華厳経』の課題でもあるし、『涅槃経』の課題でもあります。大般涅槃を得るという課題でもあるし、平等法身を得るというような課題、あるいは仏性を開発《かいほつ》するというような課題なのです。

『涅槃経』は、阿闍世の救い、罪悪深重の身がたすけられる道が仏法だということを、明らかにしようとします。そういう矛盾した存在がたすかるのだという課題に、おそらく親鸞聖人は『涅槃経』をいくら読んでも、『華厳経』をいくら読んでも、自分の中に確信をもって「これだ」という形で大乗仏教を引き受けるという自信がなかった。親鸞聖人の深い悩みは、そこにあって、自分は仏教を求めているけれども、仏教徒として落第だというような悲しみをもって、二十九歳で六角堂の百日参籠に入られたのではなかろうかと思うのです。それで百日参籠の九十五日目の暁、法然上人のもとに行けといわれた。

こういう親鸞聖人像というものは、近代になって恵信尼消息が見出されて、それの解読が手がかりになって、こういうことがわかってきたのです。親鸞聖人の深い悩みとか、法然上人との出遇いの経緯というようなことがわかってきて、今のようなことが考えられるようになったのです。それ以前は、『御伝鈔』に書かれてあるように、

隠遁のこころざしにひかれて、源空聖人の吉水の禅房を尋ね参りたまいき。（聖典七二四頁）

ということだと理解されていたのです。

しかし私は、「隠遁のこころざし」でふらっと法然上人を尋ねられたというような、そんな話ではないと思いま

す。ですから、『御伝鈔』の書き方はちょっとおかしい、間違っていると私は思うのです。それで大乗仏教の課題を、親鸞聖人は、選択本願が往還二回向という形で、凡夫の上に具体化するというふうに受け止められたということです。

往相の回向《えこう》ととくことは　弥陀《みだ》の方便《ほうべん》ときいたり
悲願の信行《しんぎょう》えしむれば　生死《しょうじ》すなわち涅槃《ねはん》なり
（『高僧和讃』聖典四九二頁）

とあります。「弥陀の方便」というのは、往相の回向ということは弥陀の方便だということです。弥陀の方便というときには、いわゆる機の三願、第十九願、第二十願という意味も含んできますけれども、法蔵願心の兆載永劫の修行のご苦労が、方便の表現だといわれているというふうにもいただけると思うのです。それが「悲願の信行をえしむ」るということでしょう。

親鸞聖人は、信・行という次第と、行・信という次第との両方を使われます。ここにどういう違いがあるのかというのは、なかなか難しいことですけれども、やはり言葉というものは、二つ並べたときには、上の方に重きを置くというのが、一つの了解の仕方です。

ですから、ここに「悲願の信行」とあるからには、「信」を中心にして「行」ということになる。まあ行信を得るともいうし、「信」という字を「心」という字で書かれて「心行を得る」という場合もある。そういう、いろいろな使い方をされます。それで重さが違うのかといわれると、よくわからないこともありますけれども、親鸞聖人がお書きになるときに、もし配慮があったとすれば、やはり先に書く方に力点があるというふうに、いただくことができようかと思います。

「弥陀の方便ときいたり　悲願の信行えしむれば」というのは、往相回向の願によって「行」が成り立ち、往相信心の願によって「信」が成り立ちますから、信行ともに往相回向の願のはたらきです。それが我われに与えられる。すると、「生死すなわち涅槃なり」とあるように、「生死」すなわち「涅槃」であるということになるのです。「生死」と「涅槃」は絶対矛盾ですけれども、生老病死は即涅槃であるということです。ここに「死んだら」などという言葉を入れてはいけないのです。「悲願の信行」によって成り立つ人生の大転換、ここに「生死即涅槃」ということが成り立つ。ということは、死して生きるということが、利他の信行というものをいただくところに与えられる。こういうことが、親鸞聖人の発信だろうと思うのです。

『高僧和讃』に、

還相《げんそう》の回向《えこう》ととくことは　利他教化《りたきょうけ》の果をえしめ
すなわち諸有《しょう》に回入《えにゅう》して　普賢《ふげん》の徳を修《しゅ》するなり
（聖典四九二頁）

とあります。このような和讃は、涅槃を得た人の話だから、いう必要がないではないかというようなものなのですが、親鸞聖人は、「証巻」の中に、涅槃ということが浄土の教えとしてどう表現されているか、大涅槃の徳を本願荘厳、つまり本願が見える形にして荘厳した、『浄土論註』の荘厳功徳釈の中から、特に真実証と教えられている大涅槃の内容にふさわしい内容があるということで引文をされ、さらに『安楽集』『観経疏』の引文を終わって、

それ真宗の教行信証を案ずれば、如来の大悲回向《だいひえこう》の利益《りやく》なり。かるがゆえに、もしは因もしは果、一事として阿弥陀如来の清浄願心《しょうじょうがんしん》の回向成就《えこうじょうじゅ》したまえるところにあらざることあることなし。因浄《じょう》なるがゆえに、果また浄なり。知るべしとなり。
（聖典二八四頁）

と結んで、そして、

二つに還相《げんそう》の回向《えこう》と言うは、すなわちこれ利他教化地《りたきょうけじ》の益《やく》なり。
（聖典二八四頁）

と第二十二願に入っていかれるのです。

親鸞聖人は、願心が荘厳した浄土の功徳について、「証巻」に『浄土論註』の文を引用されます。その引用に当たって、「妙声功徳」は二十九種荘厳功徳の中の器世間荘厳功徳（十七種荘厳功徳）のだいぶ後の方にある功徳です。そしてその次の「主功徳」、「眷属《けんぞく》功徳」、それから一部分「大義門《だいぎもん》功徳」、そして「清浄《しょうじょう》功徳」。「清浄功徳」釈は最初の荘厳功徳ですが、引文は『浄土論註』下巻の文をとられるのです。そのようにして、荘厳功徳の全体を引文されるわけではなくて、浄土荘厳の言葉と、浄土荘厳を解釈する言葉を選んで、「証巻」の内容とされているのです。つまり大涅槃の証は、こういう意味で衆生に呼びかけるといわれる。浄土の形は方便荘厳である、方便の形をとる。形をとるのが荘厳です。

方便荘厳の形を、曇鸞大師は、

かの仏国は、すなわちこれ畢竟成仏《ひっきょうじょうぶつ》の道路、無上の方便《ほうべん》なり。
（「証巻」聖典二九三頁）

と、「無上の方便《ほうべん》」とされています。つまりこの方便が、衆生に本当に涅槃を理解させるのだということです。そういうことで、親鸞聖人は、「証巻」の内容に『浄土論註』を引用されます。『浄土論註』を引用して、それを結んで、

それ真宗の教行信証《きょうぎょうしんしょう》を案ずれば、如来《にょらい》の大悲回向《だいひえこう》の利益《りやく》なり。
（聖典二八四頁）

といわれる。これは往相回向としての大悲回向です。如来の往相回向の利益であると。

かるがゆえに、もしは因もしは果、一事として阿弥陀如来《あみだにょらい》の清浄願心《しょうじょうがんしん》の回向成就《えこうじょうじゅ》したまえるところにあらざることあることなし。因浄《じょう》なるがゆえに、果また浄なり。
（聖典二八四頁）

と。つまり、教・行・信・証のすべては、如来の大悲回向であるといわれる。因が如来の願心、果も如来の果徳で

あるということです。

この因果、大悲回向の因果が、どこで衆生の上に実を結ぶかといえば、信心である。こういうような課題が、「信巻」にあるわけです。

大悲回向が、勝手にどこかで成就しているわけではない。一人で勝手に大悲が成就するなんて話は、大悲ではない。大悲は、救うことのできない、出離の縁のない、自分から仏に成る可能性のない衆生を、救わずんば止まんというところに、大悲たる所以があります。大悲が成就するということは、絶対矛盾が超えられるということです。愚かな凡夫が無上功徳を得る、大涅槃の功徳を得るということです。つまり、生死すなわち涅槃なりということは、絶対矛盾ですから、それが矛盾のままに、矛盾がなくなるのではない。矛盾のままに、矛盾が超えられる。

矛盾がなくなって矛盾を超えるという超越は、竪の超越です。矛盾がありながら矛盾を超えられるというのが、横の超越です。これは考えにくいことです。我われは超えるというと、今まで泥沼だったとし、泥沼から出たら、泥沼を超えたとはいえるけれど、泥沼の中にいながら超えるというのはどういうことだろうと考えても、さっぱりわからない。でも、大悲回向ということは、その絶対矛盾を突破する道を開かずんば止まんという、兆載永劫の修行のご苦労なのです。愚かな凡夫が信ずるという、たったそのこと一つのために、兆載永劫の修行がかかっている。

これが、親鸞聖人の受け止め方です。

そこから大涅槃のはたらきである還相回向が開かれる。還相回向というのは、大涅槃の内容なのです。大涅槃には一面で浄土の功徳があるけれど、一面で還相回向の功徳があるのです。これが真実証、大涅槃ということのもつ意味です。

親鸞にとっては、大涅槃は還相回向の原点であって、還相回向のはたらきをする普賢行と大涅槃とは、別のこと

ではない。それを、

還相《げんそう》の回向《えこう》ととくことは　利他教化《りたきょうけ》の果をえしめ
すなわち諸有《しょう》に回入《えにゅう》して　普賢《ふげん》の徳を修《しゅ》するなり　（『高僧和讃』聖典四九二頁）

と和讃されるのです。「諸有」というのは、諸々《もろもろ》の有ということで、条件によって因縁によって生きている衆生を「諸有」という。有は、限定されて人間として存在しているということです。それを生死流転という。

有限であるということは、「諸有」ということなのです。我われが迷いの衆生だと仏教は押さえるのですけれど、迷いということは、一人ひとりのいのちが自我の意識で、「俺が生きているのだ、俺がやっているのだ」という妄念が取りついて生きていますから、諸々の条件のあるいのちを生きていることを、迷妄のいのちだというふうに、仏教用語としてはいうわけです。ですから「諸有」というのは、親鸞聖人のご和讃に、

聖道権化《しょうどうごんけ》の方便《ほうべん》に　衆生ひさしくとどまりて
諸有《しょう》に流転の身とぞなる　悲願の一乗帰命《きみょう》せよ　（『浄土和讃』聖典四八五頁）

というのがあります。ですから、諸有とは流転の有なのです。

状況的いのち。状況が違えば、違う生活があるはずだけれども、状況がきたら我われは状況に流されているわけです。もうこればっかりは、仕方ないのです。けれども、そういうところに回入していく。「諸有に回入して　普賢の徳を修する」（『高僧和讃』聖典四九二頁）のです。ですから、普賢の徳というけれど、諸有を捨てて超越するという発想ではなくて、あえて諸有を生きるということなのです。

煩悩《ぼんのう》の林に遊びて神通《じんずう》を現じ　（遊煩悩林現神通）　（聖典二〇六頁）

と「正信偈」でもいわれていますけれども、煩悩の林に遊ぶというのが大菩薩の功徳です。凡夫がその真似をしたら、埋没するだけです。仏法を生きるというか、普賢行を生きているのだなんて、そんなふうに自分で自力で自覚して生きられるか。たいがい埋没するのです。煩悩をもって煩悩の林に遊べるか。煩悩はやはり苦労のもとですから、煩悩で遊んだつもりで苦労を生きているわけです。

そういうことを成り立たせるのが還相回向だといわれる。我われにできないと考えるから、死んだ人間が還ってきてやるのだなどと解釈する。親鸞聖人は、そんなことをいわれません。「死んだら」などということは、一言もいわれません。学者が勝手に解釈しているだけです。これは、法蔵願力がしてくださっているということを、語っているわけです。

『正像末和讃』に、

如来《にょらい》の回向《えこう》に帰入《きにゅう》して　願作仏心《がんさぶっしん》をうるひとは
自力《じりき》の回向《えこう》をすてはてて　利益有情《りやくうじょう》はきわもなし
（聖典五〇二頁）

といわれます。「如来《にょらい》の回向《えこう》に帰入《きにゅう》して」、これが、大変大事なところです。自分でするのではない。自分で俺が「遊煩悩林」するのだ、などと思うから、とんでもない話になるのです。「如来の回向に帰入」する。往相も還相も、自利も利他もすべて如来のはたらきです。一切が如来のはたらきであり、それに帰入する。帰入の一心が我われの立場であって、自分の立場で普賢行を行ずるなどということは、絶対にできません。

ですから、そこに生まれ直しが必要なわけです。生まれ直しは、思想信念の生まれ直しです。それは人間の自力ではできない。できないところに、いかにして愚かな凡夫に、仏法が成就するかという大矛盾を突破して、本願力の回向ということに値遇するということの功徳をあらわそうとされたのが、親鸞聖人です。

ですから、「利益有情」は、全部如来のはたらきであり、本願力のはたらきです。それに帰入するという一点が、我われの仕事です。でもその仕事すら自分でやるのではない。自分ではできない。そのぐらい、親鸞聖人は厳しいわけです。

ここにある「願作仏心」ですが、

尽十方《じんじっぽう》の無碍光《むげこう》仏　一心に帰命《きみょう》するをこそ
天親論主《てんじんろんじゅ》のみことには　願作仏心《がんさぶっしん》とのべたまえ
（『高僧和讃』聖典四九一頁）

とあります。つまり「願作仏心」を、我われは自分で起こすのではない。「自分が仏に成ってやろう」と思うという、そのような「願作仏心」ではありません。願作仏心というけれど、「南無阿弥陀仏」の信心が願作仏心です。「尽十方無碍光仏に帰命する」。「南無阿弥陀仏」を信ずる心一つが、願作仏心なのです。こういう言葉の使い方なのです。ですから、これは、昔の言葉でいえば「信心のおいわれ」です。信心のおいわれであって、自力で起こす心ではない。自力で起こす心でない「願作仏心」などというものは、我われは考えられない。考えようとしても、考えられない。

親鸞聖人は、曇鸞大師の菩提心の注釈についての、

願作仏心は、すなわちこれ度衆生心《どしゅじょうしん》なり。度衆生心は、すなわちこれ衆生《しゅじょう》を摂取《せっしゅ》して有仏《うぶつ》の国土《こくど》に生ぜしむる心なり。
（『信巻』聖典二三七頁）

とある善巧摂化章の言葉を、天親菩薩のご和讃として、

願作仏《がんさぶつ》の心《しん》はこれ　度衆生のこころなり
度衆生の心《しん》はこれ　利他真実の信心なり
（聖典四九一頁）

とされています。天親菩薩の意向を、曇鸞大師の解釈をくぐって、親鸞聖人は「天親和讃」として書いておられるわけです。

この「往相信心の願」という言葉のもつ課題について、往相の回向というのは、回向をいただいて、自分が浄土に往く相なのだと考えるような、今までの解釈が間違っているのです。親鸞聖人は、そのようなことはどこにもいわれていないのです。「願作仏心」は、自分で起こすのだなどと、そんなことは一言もいわれていないのです。親鸞聖人がいわれていないのに、親鸞聖人の教えとしての宗学がいっているから、宗学といえば親鸞聖人だろうと考える人が出てきて間違うのです。解釈学者には、間違って解釈する可能性がある。もちろん私も、間違って解釈する可能性が大いにある。人がいただいて解釈するわけですから、間違うのです。江戸時代だから偉いなんてことを考えるのは間違いです。真実と虚偽とを読み分けて、親鸞聖人の教えを聞いていかなければいけないと、私は教えを学ぶものとして思っているのです。

ここは、ここだけの問題ではなくて、『教行信証』全体の理解の問題にも関わっているものですから、ちょっと時間をかけて、お話をさせていただきました。

第四章　極悪深重の衆生と真実信心

第一節　無上妙果は如来の願力によるできごと

しかるに常没《じょうもつ》の凡愚《ぼんぐ》・流転《るてん》の群生《ぐんじょう》、無上妙果《むじょうみょうか》の成じがたきにあらず、真実の信楽実《しんぎょうまこと》に獲《う》ること難《かた》し。何をもってのゆえに。いまし如来《にょらい》の加威力《かいりき》に由《よ》るがゆえなり。博《ひろ》く大悲広慧《だいひこうえ》の力に因《よ》るがゆえなり。

（聖典二一一頁）

親鸞聖人は、如来回向の信心を語るとき、信心を受け取る存在について、かならず「凡夫」であることを確認されます。ここでは、「常没の凡愚・流転の群生」といわれています。

この凡夫であるという存在規定は、信を受け取る前段階の位にのみいうのではなく、本願の呼びかけを受け止めて本願成就の信を生きる立場にも一貫するものです。本願の機の自覚内容とは、受け取るまでは凡夫で、信に立ったら凡夫ではなくなるというのではない。願を受け止めて生きる存在の、自覚的規定としての凡夫です。このことは、親鸞聖人の信心を考察するときに、忘れてはならない大切な人間規定です。

普通ならば、凡愚とか群生を外に見て、そして菩提心に立って自分は仏道を歩む。こういうふうに出世、あるいは出世間、あるいはこの世を超越するというような形で、宗教心が動く。けれども、親鸞聖人は、どこまでも「常没の凡愚・流転の群生」というあり方に立って、それをどうにかするのではなく、この立場に足をどっしりと据えて、しかし、大乗仏道を成就するといわれる。こういう困難至極な課題を、本願力回向を信ずるということによって、成就し得るのだという確信を明らかにしていかれるのです。

それで、「無上妙果」という課題に、凡夫がまともにぶつかって成就しようとする。普通はできないというべきなのでしょうが、これを成就しうる原理があるのだといわれるのです。

自力聖道《じりきしょうどう》の菩提心《ぼだいしん》　こころもことばもおよばれず
常没流転《じょうもつるてん》の凡愚《ぼんぐ》は　いかでか発起《ほっき》せしむべき
（『正像末和讃』聖典五〇一～五〇二頁）

と和讃されますが、おそらくそれは、親鸞聖人自身が、

三恒河沙《さんごうがしゃ》の諸仏の　出世のみもとにありしとき
大菩提心《だいぼだいしん》おこせども　自力《じりき》かなわで流転せり
（『正像末和讃』聖典五〇二頁）

という和讃を作っておられるように、努力して生きてきた。流転するということは、一貫して変わらざるものを求めるから、そしてこの世のいのちを流転だと仏陀が教えてくださるから、流転するというふうに生活が見えるのであって、求めることがないならば、流転とは考えられない。もちろん、つらいとか苦しいとか迷っているとかは思うけれども、流転とは思わない。迷わされ転がされ流されてしか生きられないという悲しみが、流転という教えを聞くわけです。

「常没」というのは、善導大師の機の深信に、「常に没し常に流転して（常没常流転）」（「信巻」聖典二一五頁）といわれます。親鸞聖人は、三一問答で、「没」ということがどういうことかをいわれています。世俗生活に埋没していて、一歩も出ようとはしない、そういうことが「常没」です。海に沈没するごとくに、世俗生活の中に沈没している。まあ普通我われは、自分が沈没しているとも思っていません。そういうあり方の凡愚であり、そして流転

である群生に、一般の仏教では、没している立場を出られるのだと、流転しているところから脱出していけると教えるし、そうなれるのだと考えて努力するということになっているわけです。それは竪型の仏教理解なのです。

そういう仏教に対して、横の道があるというのが親鸞聖人で、「横超」「横出」といわれるのです。横の見方で世俗生活を見直すといいますか、そういう眼の転換に立ってみると、「常没常流転」を離れるのではなくて、「常没常流転」でありながら、「無上妙果」を成ずることができる。「成じがたきにあらず」、成ずることが難しいのではないのだと、こう宣言して、問題は「真実の信楽実に獲ること難し」。真実信心を獲ることが難しい。第十八願が誓っている大悲の願心を受け止めることが難しいのだと、こういうふうに押さえておられます。問題を、真に願力を信じ切れるかどうかという、一点に集約するのです。

そして、「いまし如来の加威力に由るがゆえなり。博く大悲広慧の力に因るがゆえなり」と。「如来の加威力」によって、初めて真実信心も獲られるし、無上妙果も成じ得る。ですから、凡夫が自分で成じたり、獲得したりするのではない。「如来の加威力に由」るから、「獲ること難し」といわれる。ここでは、「由る」という字は、理由の「由《ゆう》」という字が書かれています。この「由」という字は、善導大師の三心の引文、

正《まさ》しくかの阿弥陀仏、因中に菩薩《ぼさつ》の行を行じたまいし時、乃至《ないし》一念一刹那《いっせつな》も、三業の所修みなこれ真実心の中《うち》に作《な》したまいしに由《よ》ってなり。　（「信巻」聖典二一五頁）

のところに出てくる文字です。親鸞聖人は、この字をとても大事にされます。

そして、「博く大悲広慧の力に因る」というときには、「因《いん》」という字を書いておられます。信楽を獲るということの原因といいますか、因力が「大悲広慧」だということになります。法蔵菩薩の願心をあらわす言葉であろうと思います。「別序」の初めに、

信楽《しんぎょう》を獲得《ぎゃくとく》することは、如来選択《にょらいせんじゃく》の願心より（自）発起《ほっき》す、真心《しんしん》を開闡《かいせん》することは、大聖矜哀《だいしょうこうあい》の善巧《ぜんぎょう》より（従）顕彰《けんしょう》せり。

（聖典二一〇頁）

とありますが、このときの「願心より発起す」の「より」は、「発起自如来選択願心」と「自《じ》」という字の「より」です。そして、「真心を開闡することは、大聖矜哀の善巧より顕彰せり」の「より」は、「開闡真心顕彰従大聖矜哀善巧」と「従《したがう》」という字です。「よる」という字にもいろいろな文字があり、文字を使い分けられているのです。

これは、親鸞聖人だけではなくて、中国語、つまり漢字で、仏教を表現しようとするときに、因縁にもいろいろな因縁があり、唯識では十因とか四種の因縁とかいうことをいいますが、おそらくサンスクリット語にはいろいろな「より」がそれぞれ原語であるのだろうと思うのです。中国語ではその違いを漢字であらわすわけです。なかなかそれが、日本人にとっては理解が行き届かないということが起こるのだろうと思います。しかし、親鸞聖人はそれを適切に漢字で、どういう意味で「よる」というのかということを押さえていかれるのです。こういうところに、親鸞聖人という方が思想家であるということを思います。

「大悲広慧」、「大悲」ですから法蔵願心をあらわす。「広」は無条件の広大性を示し、「慧」は、「如来の智慧海は、深広にして涯底無し（如来智慧海　深広無涯底）」（『無量寿経』聖典五〇頁）の智慧を示しています。有ることがほとんど有り得ない信心、それがここに発起する不思議さ、かたじけなさを、「実に獲ること難し」といわれるのでしょう。

たまたま浄信《じょうしん》を獲《え》ば、この心《しん》顛倒せず、この心虚偽《しんこぎ》ならず。ここをもって極悪深重《ごくあくじんじゅう》の衆生《しゅじょう》、大慶喜《だいきょうき》心を得《え》、もろもろの聖尊《しょうそん》の重愛《じゅうあい》を獲《う》るなり。

（「信巻」聖典二一二頁）

と続きます。「信巻」の全体の課題を包んで押さえているともいえるような言葉が、ここに書かれています。

大信心の十二徳の第六番目に、「易往無人の浄信」とありましたが、如来の加威力がはたらいて信心が成就するなら、その心は「浄信」であるということです。「無人」の浄信ということは、人の徳や質ではなく、如来の徳であり如来の性であることを、忘れてはならないということです。

その浄信が、「たまたま」とは、「遇《たまたま》」と書かれています。「総序」にも、

たまたま行信《ぎょうしん》を獲《え》ば、遠く宿縁を慶《よろこ》べ。（遇獲行信、遠慶宿縁）　（聖典一四九頁）

とあり、本願力回向に値遇することが、「永劫修行」といわれる法蔵願力の見えざる背景によることをあらわしています。ですから本当に獲るということは容易ではないし、獲た感動というものはかたじけない、「有難い」というしかないような質のものであるのです。

「この心顚倒《しんてんどう》せず、この心虚偽《しんこぎ》ならず」とあります。この「顚倒せず」「虚偽ならず」は、曇鸞大師が讃嘆門を釈するときに、

凡夫人天《ぼんぶにんでん》の諸善・人天の果報、もしは因・もしは果、みなこれ顚倒《てんどう》す、みなこれ虚偽《こぎ》なり。このゆえに不実の功徳と名づく。　（「行巻」聖典一七〇頁）

と書いておられます。

『浄土論註』だけを読んでいるときには、こういう言葉があっても、あまり気にしないで通り過ぎてしまうような言葉です。「ああそういうものか」というような言葉に思えるのですが、親鸞聖人は非常に大事な言葉として、

煩悩成就《ぼんのうじょうじゅ》の凡夫《ぼんぶ》、生死罪濁《しょうじざいじょく》の群萌《ぐんもう》、　（「証巻」聖典二八〇頁）

ということを、曇鸞大師が教えてくださっている言葉として、大事にされるのです。

それに対して、菩薩の法は、

この法顚倒《てんどう》せず、虚偽《こぎ》ならず、真実の功徳と名づく。

（「行巻」聖典一七〇頁）

ということになります。この菩薩については、曇鸞大師はどういう菩薩かは書いておられません。一般的な菩薩のようにも読めます。けれども、親鸞聖人は、「これは法蔵菩薩だ」と読み取られているわけです。そして、真実功徳を名号であるとも押さえておられますから、「不顚倒・不虚偽」は、名号の功徳である。その不顚倒・不虚偽の力が信心の力になるといわれるのです。

「ここをもって極悪深重の衆生」。ですから「極悪深重の衆生」でなくなるのではなく、極悪深重の衆生が浄信を得る。極悪深重の衆生が、どこまでも顚倒虚偽でしかないにもかかわらす、「不顚倒・不虚偽」の心をたまわる。こういう、普通でいえば矛盾して一致するはずがないものが発起する。

これは、どうしてそういうことがいえるのかと説明しようとすると、矛盾しているわけですから説明できない。でも、矛盾を破ってでも大悲が、有限で愚かなる衆生を救いたい、不可能を可能にしたい、それで兆載永劫にはたらくのだ、それが大悲心なのであるといわれる。我われに起こる心は、可能かどうかをだいたい計算して、可能なことを実行しようとするのです。不可能なことを初めからわかっていて、実行するはずがない。でも、愚かだから、不可能なことをやり始めて、できないということも多々あるのです。けれども、初めからできないとわかっていたらするはずがありません。

凡夫から大悲との接点を求めても、絶対に接点はない。しかし大悲は、初めから、愚かな衆生をたすけんがために本願となってはたらきだそうという教えですから、矛盾だろうと何であろうと、成就せずんば止まんというところに、『無量寿経』は本願の物語として如来の大悲を語ろうとする。そうすると、兆載永劫の修行という表現にならざるを得ないわけです。兆載永劫ということは、無限の時間をかけてでも成就できない課題だということです。

でも兆載永劫の修行を成就するというのですから、これも矛盾しています。終わらないはずなのに、終わるという表現なのですから。これが経典のわからなさです。

本願力に値遇するという構造も、なかなかすんなり受け止められません。それはつまり自力の心で、愚かなのだけれども、少しずつでも行じていけば何とかなるという発想を、止められないからです。初めから何もしないで全部もらえるなどということは、あるはずがない。だから、本願力というのは聞けないのです。

私は、このような教えを信ずることは、どうしてできるのかと思い続けて、そうかとうなずくまで長い時間がかかりました。「愚かだなあ」と思うけれども、仕方がない。わからないのですから。そういう矛盾していることを突破するのだと、親鸞聖人は初めからいわれるわけです。出発は凡夫だけれども、本願力の回向を聞いているうちに、少しはましな人間になってたすかるのだと考えたいわけです。ところが、いくら聞こうが、どうしようが、極悪深重の衆生ということは動かない。それでどうしてたすかるのか。これはたすかるはずがないのに、「如来の加威力に由るがゆえに、大悲広慧の力に因」って、たすかるということなのです。

「極悪深重の衆生」が「不顛倒・不虚偽」の心をいただくなら、そこに「大慶喜心を得」と。「慶」とは得べきことを既に得たという喜びであるとされます。仏道の課題は本願力によって決定するから、なすべきことは信のみであり、それを已に終えたという喜びが、大慶喜であるとされるのです。

第二節　信心についての経論の引文

至心信楽の願、成就の文

いよいよ本願文が引用されます。ここまでの文章は、御自釈の短い文章でしたけれども、ある意味で「信巻」全体に関わるような内容をはらんだ御自釈ですので、かなり時間をかけさせていただきました。

ここから、引文に入ります。

『教行信証』というのは、「文類」です。本の題が「文類」です。これは『楽邦文類』が名のもとだというようなこともいわれています。『楽邦文類』も、楽邦についての文章がたくさん集めてある本です。しかし、考えてみると、道綽禅師の『安楽集』も、安楽についての文章がたくさん集められている。それから、源信僧都の『往生要集』も、往生の要を集めた「集」です。『選択集』も選択本願について十六章にわたって法然上人が章立てを考えられ引文をしておられる。ですから仏陀の御言葉と、それを受け止めた諸仏善知識の方々のご了解を受け止めた人が、それぞれ編集し集めてくるという仕事が伝承されているわけです。親鸞聖人が初めてされるわけではありません。しかし、どういう形で編集するかというところに、親鸞聖人のご苦労があるわけです。

根本の根拠は経典であり、経典の中でも『無量寿経』であり、その『無量寿経』の宗である本願である。ですから「至心信楽」の本願文がここに引用され、それについて『無量寿如来会』の、至心信楽の願に対応する文が引用されます。そして本願成就の文、『無量寿如来会』の成就文と続きます。経典に説かれた本願の因果を、引文するという展開です。ですから引文を外して御自釈だけを取り上げるのは、形式に拘泥して内実を見失うことになりかねないのです。

親鸞聖人は、非常に『無量寿如来会』を大切にしておられます。経典に語られている言葉それ自身は、正依の『無量寿経』の方が思想としては透明というか、純潔になっていると、私には感じられます。『無量寿如来会』は、後から翻訳されているけれども、なんだか鮮明でないというか、あまりいい漢文ではないと感じられる翻訳のようにも見えます。けれども、親鸞聖人は唐訳『無量寿如来会』の言葉を、非常に大事にされます。それは、『正像末和讃』に色濃く出ています。

親鸞聖人は、『正像末和讃』で唐訳の「有情」、「等正覚」、「証大涅槃」等の訳語を使われます。正依の『無量寿経』では、「衆生」、「正定聚」、あるいは「不退転」、「必至滅度」とそれぞれ訳されています。求道の課題が、「迷妄の凡夫に大涅槃の功徳を確保する」という一点に絞られるとき、信心に付与される仏法の利益を非常に明確にするのが、こういう異訳の言葉であると、親鸞聖人は思われたのではないでしょうか。

そして願文に続いて、「本願成就の文」が置かれます。この成就文に、親鸞聖人の独自の読み込みがあります。後にこの成就文を二分して、「本願信心の願成就の文」「本願の欲生心成就の文」と名づけてくることから、その意味が良くわかってくるのです。

それは、本願成就文の中間に、「至心回向」という言葉があって、この語に信心のわからなさが凝集していると、親鸞聖人は気づかれたからでしょう。「至心」は、三一問答の「至心」のところで真実心であるといわれています。これは善導大師の至誠心釈によっています。衆生は顛倒虚偽であって、虚仮諂偽であると押さえられます。つまり、不真実なのであるから、至心は衆生に属さない。それでは、この本願成就の文をどう読むべきか。第二十願の願文は、「至心回向の願」と名づけられるように、「至心回向欲生我国」となっています。この第二十願の意味と同じ意味で、第十八願成就に「至心回向」があると読むのならば、本願成就が第二十願と重なっていることになります。ですから、第二十願とは何を誓っているのかという問題を、解明しなければならないのです。それで親鸞聖人は、このことを「化身土巻」で徹底して論じられるのです。

一方、『浄土論』の五念門を凡夫の行と読むと、回向門の「大悲心を成就する」（『浄土論』聖典一三九頁）という語を、どう理解すべきか。こういう矛盾を、親鸞聖人は見過ごされなかったのだと思うのです。

本願成就文を、「諸有衆生　聞其名号　信心歓喜　乃至一念」、ここで切れるのだと読むのは、ここまでを「本願信心の願成就」と見ることができると読めたからです。それは「信の一念」という言葉を編み出したことと関係します。本願による衆生の救済が、愚悪の衆生に現前することこそ、本願成就の意味なのだということなのです。そう読めてくると、「乃至一念」とは、本願成就が衆生の上に成り立ったことであり、「至心回向」以下はその内面を開示することがらだと読むべきことになります。親鸞聖人は、成就文の至心を法蔵願心の心と受け止められた。「信の一念」を「行の一念」から別開するのは、無限大悲が積功累徳した一切の功徳を名号に運載して、衆生に施与したいと願じても、大行が大行として現行するためには、衆生に「信心開発」が発起しなければならないためです。大行の現行が、衆生の側から見えてくる現前の事実を、親鸞聖人は「信の一念」として表示されたのです。それを「信楽開発の時剋の極促」（聖典二三九頁）とあらわされ、凡夫の時間を破って、如来からのはたらきが発起するとき、それを時剋の極促とあらわされるのです。

「至心回向」が、如来から発起する大悲の「回向」であることを明らかにすることによって、第二十願の「至心回向欲生我国」の意味を、自力執心の問題として解明しなければならないことになります。それが「化身土巻」の大事な課題になります。衆生が因縁の中で起こす慈悲は、「衆生縁」の慈悲と名づけられ、仏の大悲に対して「小悲」であるといわれます。ですから、衆生が自分の回向のはたらきの功徳を要求するのは、大悲の深みを理解していないことになります。ですから、往相回向を衆生の自利だと解釈するなどということは、如来回向の意味をまったく理解していない誤りです。「雑行を棄てて本願に帰す」（「後序」聖典三九九頁）と親鸞聖人が書き留められたのは、自力の行為を意味づける心を、本願の前にしっかりと自覚して、本願力に帰託して自力の心を棄てることを選ばれたからです。その上で、「回向」を如来二種の回向に開いて、菩薩道の利他（衆生利益）の課題を、法蔵願心が成就するのだと了解された。衆生は、その願力成就の功徳を、名号の意味として信受するのです。

弥陀《みだ》の回向《えこう》成就して　往相還相《げんそう》ふたつなり
これらの回向によりてこそ　心行《しんぎょう》ともにえしむなれ　（『高僧和讃』聖典四九二頁）

と和讃されるように、どこまでも、如来回向の二面を、往相・還相と名づけるのであって、けっして衆生の意欲や行為を、往・還で表現するのではないのです。

「至心回向」以下を欲生心成就として、いかに了解するかについては後述します。

なぜ親鸞聖人が、如来回向ということに気づいていかれたかということについて、『歎異抄』には吉水の教団で、

善信が信心も、聖人《しょうにん》の御信心《ごしんじん》もひとつなり　（聖典六三九頁）

と、御同朋の前で「自分の信心も法然上人のご信心もただひとつだ」と相論されたことがあったとされています。それに対して法然上人は、

源空が信心も、如来《にょらい》よりたまわりたる信心なり。善信房《ぜんしんぼう》の信心も如来よりたまわらせたまいたる信心なり。されば、ただひとつなり。　（聖典六三九頁）

と、私の信心も、善信房の信心も、如来よりたまわった信心であり、これは一つだといってくださったと伝えられています。同じだという根拠は「たまわりたる信心」といういい方ですけれども、たまわりたる信ということは、明らかに回向の信ということです。

　ですから、このときにもうすでに、回向ということに気づいておられたと考えられるし、そのことを法然上人にお話しになって、法然上人から「なるほど、それはお前のいうとおりだ」というふうに、うなずきを得ていた可能性が高いと考えられます。そうでなければ、いきなり皆の前で、「法然上人の信心も、わが信心もただ一つだ」といい張って、師匠の裁決を仰ごうなどという話になるのは、ちょっと無理があります。多分、『選択集』付嘱の後、新しい名のりをいただき、そして回向ということについての了解をとおしたうえでの、議論だったのではないかと私は推測するのです。

　まあ法然上人の教団におられたときに、すでにたまわりたる信心という考え方をもっておられたわけですから、それは、たんに本願成就ではない。たまわりたる信心という表現で、回向の信ということを表現しているのではなかろうかと、これは私の了解です。

　そして「住不退転唯除五逆誹謗正法」で、第十八願成就文の全体が結ばれます。「住不退転」については、「現生正定聚」と同意義とされてくるのですが、この「住不退転」は、『阿弥陀経』に不退転の意味がはっきりと出されています。『阿弥陀経』の終わりの方に、まず第一回目は、

　舎利弗、もし人ありて、已《すで》に願を発《おこ》し・今《いま》願を発《おこ》し・当《とう》に願を発《おこ》して、阿弥陀仏国《あみだぶっこく》に生まれんと欲《おも》わん者は、

（聖典一三二～一三三頁）

とあります。つまり、願生の位です。すでに願を発し、今願を発し、当に願を発しという、三つの時を経て願生し

たものは、

　このもろもろの人等《ひとら》、みな阿耨多羅三藐三菩提《あのくたらさんみゃくさんぼだい》を退転せざることを得て、

（聖典一三三頁）

とあります。これは漢文では、「皆得不退転　於阿耨多羅三藐三菩提」です。「三藐三菩提を退転しないことを得て、彼の国に生まれて」という展開になっています。阿耨多羅三藐三菩提というのは、無上菩提と翻訳されたりしますが、阿耨多羅三藐三菩提というのは梵語をそのまま漢字に当てているわけです。大乗の無上菩提というものにおいて退転しない。ということは、無上菩提を必ず成就するという確信をもった位を、不退転と押さえているわけです。

　その次の段落で、もう一度「舎利弗よ」といって、

　釈迦牟尼仏《しゃかむにぶつ》、能《よ》く甚難希有《じんなんけう》の事《じ》を為《な》して、能《よ》く娑婆国土《しゃばこくど》の五濁悪世《ごじょくあくせ》、劫濁《こうじょく》・見濁《けんじょく》・煩悩濁《ぼんのうじょく》・衆生濁《しゅじょうじょく》・命濁《みょうじょく》の中にして、阿耨多羅三藐三菩提《あのくたらさんみゃくさんぼだい》を得て、もろもろの衆生のために、この一切世間に信じ難き法を説きたまう。

（聖典一三三頁）

と説かれています。

「五濁」という言葉が、『阿弥陀経』ではっきりと出てきているのはここですね。そして「阿耨多羅三藐三菩提《あのくたらさんみゃくさんぼだい》を得て、もろもろの衆生のために、この一切世間に信じ難き法を説きたまう」とある。「甚難希有の事を為し」、「娑婆国土」の「五濁悪世」の中で衆生のために難信の法を説くというところに、「阿耨多羅三藐三菩提を得て」という言葉があるのです。

　そして「舎利弗よ」といって、

　当《まさ》に知るべし。我《われ》五濁《ごじょく》悪世にして、この難事を行じて、阿耨多羅三藐三菩提《あのくたらさんみゃくさんぼだい》を得て、一切世間のために、この難信の法を説く。

（聖典一三三頁）

と、釈尊は無上菩提を得てこの難信の法を説いているのだといわれています。

ですから衆生は、願生して無上菩提を退転しないという位を得るという展開です。不退転というのは、無上菩提を退転しないという意味だということは、これで押さえておくことができると思います。

そして、現生正定聚ということをいってこられるときには、「生彼国者、皆悉住於正定之聚」（『無量寿経』聖典四四頁）という『無量寿経』下巻の初めにある、第十一願成就の文を、親鸞聖人は「証巻」にお引きになって、そして、

かの国に生《う》まるれば、みなことごとく正定《しょうじょう》の聚《じゅ》に住す。（聖典二八一頁）

と、「かの国に生まるれば」と読んでおられます。けれども、『一念多念文意』でその言葉を解釈されるときには、

かのくににうまれんとするものは、みなことごとく正定《しょうじょう》の聚《じゅ》に住す。（聖典五三六頁）

と、「生まるれば」という得生の位の正定聚を、「うまれんとするものは」と、願生の位の正定聚で読んでおられるのです。どうしてそう読まれたのか。なぜ「得生の位」の正定聚を、「願生の位の利益」として読まれたのかという謎があるわけです。

現生正定聚は、真宗の大事な主張だということを、先輩の方々は皆苦労していわれるわけですけれども、これは真宗だけがいうことであって、浄土教の他の流派ではいわない。それを、親鸞聖人は「行巻」では、『十住毘婆沙論』にある「聞名不退」という言葉を、

それ名《みな》を聞くことある者は、すなわち不退転を得《う》と。（「行巻」聖典一六五頁）

と書いておられますから、これを一つの根拠にされる。そして、「証巻」で曇鸞大師の「妙声功徳」の釈文を引用されています。「妙声功徳成就《みょうしょうくどくじょうじゅ》」ということがあるわけです。そこに、「梵声悟深遠微妙聞十方《ぼんしょうごじんのんみみょうもんじっぽう》」という荘厳

功徳について、

もし人ただかの国土の清浄安楽《しょうじょうあんらく》なるを聞きて、剋念《こくねん》して生まれんと願ぜんものと、また往生《おうじょう》を得るものとは、すなわち正定聚《しょうじょうじゅ》に入る。（「証巻」聖典二八一頁）

と書かれています。ここの「また」も「亦」です。つまり、「願生者」と「得生者」が正定聚に入ると書かれている。この言葉を親鸞聖人は依り処になさって、曇鸞大師が現生正定聚といわれているという証文にされているわけです。それを、欲生心成就の文の問題にされてくるのです。

そして、「唯除」以下の問題は、「信巻」後半の『涅槃経』の引文によって考察されています。ですから、「信巻」は、「至心信楽の願」の因果による凡夫の救済の問題を、解明しているといえるわけです。

『無量寿経』の文「聞法能不忘…是故当発意」、および『無量寿如来会』の文

次は『無量寿経』の、「聞法能不忘　見敬得大慶　即我善親友」（『無量寿経』聖典五〇～五一頁）です。

「聞法能不忘」、「法を聞きて能《よ》く忘れず」とあります。これもどういうことだろうと思うのです。日常経験の中で聞法している者にとっては、聞法する条件があると、仏法を聞くということがあるけれども、一歩離れて、それこそ世俗生活に埋没すると、仏法のことはすっかり忘れてしまう。門徒の方がよく、法を聞いている間は一応わかったようなつもりだけれども、会座を離れたとたんに、仏法なんかどこかにいってしまうということをいわれます。

それに対して蓮如上人は、

「そのかごを水につけよ」と。わが身をば法にひてておくべきよし、仰せられ候。

（『蓮如上人御一代記聞書』聖典八七一頁）

と、「かごを水につけよ」とおっしゃったと伝えられています。水から上げるから干上がるのだ、だから水につけておけばいいのだといわれるのです。日常生活の中では、なかなか仏法につかっているというふうにならない。ですから、聞法して忘れないというのは、どういうことだろうということが、課題となってきます。

我われ凡夫は、思いおこせばたすかっているつもりだけれど、すぐに忘れる。忘れるということが、忘れなくなるのではなくて、忘れることがあるというえで、凡夫として仏法をいただいていけばいいという表現ではないかと思います。

ところがここでは、「聞法能不忘」、忘れなくなるまで聞けといわれるわけです。これは実際どういうことだろうか。私は、具体的に忘れなくなるということがあるのだろうかと、初めは思いました。

結局これは、仏法における相続心であると思います。曇鸞大師の押さえておられる、「不淳心・不一心・不相続心」という問題と絡むわけです。相続ということになると、「ねてもさめてもへだてなく　南無阿弥陀仏《なむあみだぶつ》をとなうべし」（『正像末和讃』聖典五〇五頁）といわれ、文字どおりこれを実践しようとしたら、寝られませんね。寝ても覚めてもですから、寝ても称えるとはどういうことだろうか。夢にまで称えているということか。それは、法然上人はできたかも知れないけれども、親鸞聖人は本気でそういっておられるのだろうか。大変失礼な考え方かも知れませんけれども、はたしてどうなのか。

この「忘れず」とはどういうことか。親鸞聖人は、法を聞くということは、

「聞《もん》」と言うは、衆生、仏願の生起《しょうき》・本末《ほんまつ》を聞きて疑心あることなし。

（「信巻」聖典二四〇頁）

であるといわれ、疑いがなくなることだといわれています。疑いがなくなるということは、法を聞いたということ

です。「法を聞きてよく忘れず、見て敬い得て大きに慶べば（聞法能不忘　見敬得大慶）」、この言葉において、親鸞聖人は、衆生において忘れないということの意味を見抜かれたのだと思うのです。

つまり、譬喩的にいえば、起きているときの意識で考えたレベルのわかり方ではない。聞法して、聞薫習が蓄積して、初めは自力の「聞」の関心でしょうけれども、それが破れて、聞かされるといいますか、聞こえてくるといいますか、そういうふうに法の道理が流れ込んでくるようになったときには、第六意識の生活レベルで忘れようが忘れまいが、蓄積された聞薫習の力というものは、憶念する形を引きおこしてくる。表の相としては、思ったり忘れたりです。

世俗生活をする、俗世間の生活の仕事に関わるということは、仏法のことを考えながらするなどということは、難しいですね。やはり一生懸命やろうと思ったら、それに集中する。たとえば自動車の運転だってそうです。あんまり仏法のことなんか考えていたら、衝突してしまいます。やはり運転するときは、運転に集中しますよね。

まあ念仏しながらなんて、心が入っていない念仏ならば、やっておられてもいいかも知れないけれども、念仏に集中していたら危ないですね。歩いていたって、人とぶつかってしまう。

ですから、これは「ねてもさめてもへだてなく　南無阿弥陀仏をとなうべし」ということを、素直に本当に疑いなく信じたならば、表層意識で忘れようが忘れまいが、そんなことは、どっちでもいいといったら変だけれども、とらわれる必要がない。妨げもあり、煩悩が起こって邪魔をするような生活をしていても、相続する。それが、本願力が立ち上がったということでしょう。こういうふうにいただきなおせば、この文はそう難しくない。

「見敬得大慶」については、現行の「正信偈」には、「獲信見敬大慶喜」というふうにまとめられますが、「坂東本」では、この一句についてだけ、非常に特徴的な手直しがおこなわれています。消して直すというようなことは、

「坂東本」にはときどきありますけれども、一句全体に何回も何回も書き換えられた跡が、そのまま残っているのです。

『尊号真像銘文』でいいますと、尊号真像ということを語られた最後に、親鸞聖人ご自身が、真像に並べられるお一人として、自分自身の名のりを挙げて、

和朝《わちょう》愚禿釈《ぐとくしゃく》の親鸞《しんらん》が『正信偈《しょうしんげ》』の文《もん》　（聖典五三〇頁）

と、日本における愚禿釈の親鸞の「正信偈」の文といって、「正信偈」をご自分で取り出されています。「正信偈」の六〇行一二〇句の中から、十行二十句の文だけを取り出されています。ですから、「正信偈」の中で一番大事なところがここにあるという押さえをされるわけです。そこでは、

獲信見敬得大慶《ぎゃくしんけんきょうとくだいきょう》　（聖典五三一頁）

と書かれているのです。この『尊号真像銘文』には、「正嘉二歳戊午六月廿八日書之、愚禿親鸞八十六歳」という署名があって、自筆本が残っています。ですから、間違いなく八十六歳のときには、「獲信見敬得大慶」と、「正信偈」の文を書いておられるのです。

「正信偈」の「獲信見敬大慶喜」の『真宗聖典』の注（聖典一〇三五頁）を見てみますと、「底本では、『見敬得大慶喜人』を抹消して『獲信見敬大慶人』としている」とあります。ですから、「坂東本」では、「見敬得大慶喜人」と初めは書かれていて、それを「獲信見敬大慶人」とされたということです。

『無量寿経』には、

法を聞きて能《よ》く忘れず、見て敬《うやま》い得て大きに慶《よろこ》べば、すなわち我が善き親友なり。

（聞法能不忘　見敬得大慶　則我善親友　是故当発意）　（聖典五〇～五一頁）

といわれていて、「人」の字はないのです。けれども「人」をわざわざ入れておられます。そして、『尊号真像銘文』では、「獲信見敬得大慶」と、今度は「人」を外して、「得」の字を入れておられるのです。

「信心歓喜」の「歓喜」と、「見敬得大慶（見敬大慶喜）」の「慶喜」の違いを、親鸞聖人は大切にされます。仮名聖教で、このことを注意しておられます。「慶」の字について、

大慶は、おおきにうべきことをえてのちに、よろこぶというなり。（『尊号真像銘文』聖典五三二頁）

「慶」は、うべきことをえて、のちによろこぶこころなり。（『一念多念文意』聖典五三九頁）

と注釈しておられます。これは歓喜について、

「歓喜」は、うべきことをえてんずと、さきだちて、かねてよろこぶこころなり。（『一念多念文意』聖典五三九頁）

とされるのに対応しています。

菩薩の初地は、初歓喜地であると『十地経』で名づけられています。歓喜地の歓喜の喜びの質というのは、菩薩十地の階梯を突破して、ついに仏に成り得る可能性を発見したという喜びです。いい換えれば、菩提の成就を確定した喜びなのです。ですから、『十住毘婆沙論』では、初地には不退があるといわれているわけで、必ず仏に成るという可能性を確定したということです。その不退転を獲得したという喜びが、「歓喜」の内容なのです。

それに対して、「慶喜」の方は、「見敬得大慶」となっていますから、「見て敬い得て大きに慶ぶ」ということで、ある意味で値遇を語っています。大慶喜といわれるのは、浄信を獲るということは、起こるはずがないことが凡夫に起こったということで、その値遇を喜ぶ気持ちが込められています。

たんなるお与えではない。起こらないことが起こるということを、私たちがはっきりと本当にかたじけないこと

が起こったと自覚することが獲得です。口を開いていたら、たまたま棚からぼた餅が落ちてきて「有難い」というような、そんな棚からぼた餅をいただいたような有難さではないのです。悪戦苦闘して、得られるはずがないものが与えられたということが、獲得なのだということで、こういう文字をわざわざ使われるわけです。そういう意味で、得難きものを得たということによる喜びが「大慶喜」です。こういう喜びの質を、私たちが実感するのは、なかなか容易ではないということを私は思います。

そのように、初地において得られる歓喜といわれる喜びを、今、信心を得るところに与えられるというのが、「大慶喜」だと思うのです。

「獲得」という字も、親鸞聖人は、「獲」と「得」と分けて解説しておられます。

獲《ぎゃく》の字は、因位のときうるを獲《ぎゃく》という。得《とく》の字は、果位のときにいたりてうることを得《とく》というなり。

（『正像末和讃』聖典五一〇頁）

と、因と果に分けて解説されます。そういうように、因果の違いを読むということも注意されます。ですから「得」の字を入れたいと思われた。つまり「獲信見敬」というのは、「得」の字が入るような喜びだということで、「得大慶」としておられるのだと考えられます。

それで、最終的に、「西本願寺本」や「高田本」の写本には、「獲信見敬大慶喜」になっているわけです。「坂東本」を底本にするということであるなら、本当は「見敬得大慶喜人」「獲信見敬大慶人」としておきたいところです。けれども、蓮如上人のお仕事では、やはり写本とされたものがそうなっていて、「獲信見敬大慶喜」ということで流布し、私たちも「獲信見敬大慶喜」で覚えていますから、これをちょっと違う偈文にしてしまうと混乱するということで、『真宗聖典』では、あえて注を付けて、ここは直しているのです。

本当は、底本である「坂東本」のとおりに表記したいところです。こういうところは、大変困りました。真宗聖典編纂委員会で、どうするかという激論があって、やむを得ずこうしようとしたところなのです。

親鸞聖人がおられたら、どちらにしようといわれただろうか。「坂東本」を直しておられないということ、そして八十六歳のときに『尊号真像銘文』で、「愚禿釈親鸞の『正信偈』」として書いておられるものがあるのに、直していいものだろうか。どちらが本当なのだろうか。こういうのは困りますね。でもまあ注を付けて、そういうこともあるということをくぐった上で、現行のあり方をいただいておこうと、こういう妥協をしたわけです。そういう問題になるほど、親鸞聖人は、この言葉に非常に注意をされたということです。

このように、『無量寿経』の、「見て敬い得て大きに慶べば（見敬得大慶）」（聖典五〇頁）という言葉を根拠にして、「大慶喜心を得る」ということについて、得るのは極悪深重の衆生が大慶喜心を得るのだということを、明らかにしようとされたということです。

次に、『無量寿如来会』では、

かくのごときらの類は、大威徳《だいいとく》の者《ひと》なり。よく広大仏法《こうだいぶっぽう》異門に生ぜんと。（「信巻」聖典二一三頁）

とあります。

「広大仏法異門」の「異」というのは、異なるというのですけれど、「別異《べっち》の弘願《ぐがん》」（『安心決定鈔』聖典九四七頁）という言葉があります。普通の四弘誓願のような菩薩の願に比べて、本願の質というものが、自力ではなくて本願力をあらわす。本願力の広大性というものは、人間の煩悩罪濁を障碍としないような大きさがある。その広大性をもつ願として、「別異の弘願」といういい方をするのです。

ですから、法蔵菩薩の願は、いうならば釈尊の願より大きいわけです。釈尊自身が、自分の個人的願よりも大きな願に気づかれた。自分の身体は死んでいく。しかし自分が本当に出遇った仏法の大きさを語るには、自分の願では尽くせないような、大きな願というものを語らざるを得ない。そこから、『無量寿経』の本願の物語が生まれてくる。これが「広大仏法の異門」である。こういうことが、仏法の広大性だと思います。

そして、これに出遇うなら、

善友の摂受《しょうじゅ》を具足して、かくのごときの深妙《じんみょう》の法を聞くことを得ば、当にもろもろの聖尊《しょうそん》に重愛《じゅうあい》せらるることを獲《う》べし。（聖典二一三頁）

といわれるのです。

「当にもろもろの聖尊に重愛せらるることを獲」というのは、『観無量寿経』に白蓮華の譬えがありますけれども、「妙好華《みょうこうけ》」（聖典二四八頁）「妙好人《みょうこうにん》」（聖典二四九頁）としてほめるということと同じだと思われます。そして、ほめられるのは、やはり凡夫なのです。

凡夫だから、曇鸞大師の『浄土論註』の解釈にありますように、

「高原の陸地《ろくじ》には、蓮華《れんげ》を生ぜず。卑湿《ひしつ》の淤泥《おでい》に、いまし蓮華《れんげ》を生ず。」これは、凡夫《ぼんぶ》煩悩《ぼんのう》の泥の中にありて、菩薩《ぼさつ》のために開導《かいどう》せられて、よく仏の正覚《しょうがく》の華を生ずるに喩《たと》う。（「証巻」聖典二八八頁）

と、泥田から蓮の華が生ずるようなものだといわれるのです。煩悩の生活の中に、美しき華が咲く。煩悩を嫌って、煩悩を避けてきれいにするのではない。煩悩をまったく嫌わない清浄性があるのです。こういう不思議な、汚い人間を摂して、清浄に転ずるような清浄性がある。こういう美しさがあるのだということで、それに出遇う人間も、その功徳を得るという信頼感なのでしょう。それを諸々の聖尊がほめてくださるのだと、そのようにいわれているわけです。

この語が、先の、

たまたま浄信《じょうしん》を獲《え》ば、（中略）極悪深重《ごくあくじんじゅう》の衆生《しゅじょう》、大慶喜《だいきょうき》心を得、もろもろの聖尊《しょうそん》の重愛《じゅうあい》を獲《う》るなり。

（「信巻」聖典二一二頁）

という御自釈にある言葉の依り処でしょう。そして、聞法することが、自己の大慶喜心を生み出し、それは『無量寿如来会』に、

妙法《みょうほう》すでに聴聞《ちょうもん》せば、常に諸仏をして喜びを生ぜしめたてまつるなりと。

（聖典二一三頁）

と結ばれるように、諸仏によって発起せしめられる喜びなのです。

信心の徳の六番目に、「易往無人の浄信」といわれていました。浄信には、諸仏護念の利益があり、独立者でありつつ、三世の諸仏との同感において、孤立することのない広大なる僧伽を与えられる。もろもろの聖尊の重愛とは、親鸞聖人にとっては、いつも念頭を離れない師法然上人や、大事な課題を見出した七祖などとの感応であったのかも知れません。

『浄土論註』の引文

『浄土論註』の引文に入ります。ここでいよいよ、初めから何回も私が語っていた文章が出てきます。

『論の註』に曰《い》わく、「かの如来《にょらい》の名《みな》を称《しょう》し、かの如来《にょらい》の光明智相《こうみょうちそう》のごとく、かの名義《みょうぎ》のごとく、実のごとく修行し相応せんと欲《おも》うがゆえに」といえりと。

（聖典二一三頁）

この「かの如来の名を称し、かの如来の光明智相のごとく、かの名義のごとく、実のごとく修行し相応せんと欲

うがゆえに」と括弧でくくっているところは、『浄土論』解義分の讃嘆門釈の言葉です。これを、曇鸞大師が注釈されているわけです。

まず初めに、

「称彼如来名《しょうひにょらいみょう》」とは、いわく無碍光如来《むげこうにょらい》の名《みな》を称《しょう》するなり。「如彼如来光明智相《にょひにょらいこうみょうちそう》」とは、仏の光明《こうみょう》はこれ智慧《ちえ》の相なり。この光明、十方世界《じっぽうせかい》を照らすに障碍《しょうげ》あることなし。よく十方衆生《じっぽうしゅじょう》の無明《むみょう》の黒闇《こくあん》を除く。日《にち》月珠光《がつしゅこう》のただ室穴《しっけつ》の中《うち》の闇《あん》を破するがごときにはあらざるなり。（聖典二一三頁）

とあります。

彼の如来の名を称するというのは、『浄土論』の初めに、「帰命尽十方　無碍光如来」（聖典一三五頁）とありますが、この無碍光如来の名を称えることだといわれるのです。

次に、「如彼如来光明智相」について、「仏の光明《こうみょう》はこれ智慧《ちえ》の相なり」と、光明は智慧の相であるとされます。これは、大事な押さえです。光は智慧の譬喩である。智慧が開けると、見通しがよくなって、ものがよく見えてくる。それを、光に喩えるわけです。そこで、光明は智慧だといわれる。

次に、「この光明、十方世界《じっぽうせかい》を照らすに障碍《しょうげ》あることなし」といわれています。これは、『阿弥陀経』の、

かの仏の光明、無量にして、十方の国を照らすに、障碍《しょうげ》するところなし。（聖典一二八頁）

という言葉を、ここに述べておられるのです。

この照らすということはどういうことかを、曇鸞大師が注をされて、「よく十方衆生《じっぽうしゅじょう》の無明《むみょう》の黒闇《こくあん》を除く」といわれます。「無明の黒闇」ということは、無明を黒闇に喩える。黒という色で表現されるような、漆黒といわれるような闇で譬えられています。真っ暗闇というのは恐怖です。その恐怖心と、まったく何もわからないという状

態が除かれるということの有難さ。明るみが見えたということのもつ感動を述べられたのだろうと思います。

次に、「日月珠光《にちがつしゅこう》のただ室穴《しっけつ》の中《うち》の闇《あん》を破するがごときにはあらざるなり」といわれています。「日月珠光」ということで、光を代表しているわけです。物質的光は、物質的暗闇を明るくする。それを部屋の中とか穴の中とかの闇を明るくするといわれます。

このように、阿弥陀如来の光、仏の光明というのは、届かざるところがない、精神の闇の底まで届くのです。いうまでもなく、精神の闇というのは、人間の意識の底に沈んでいる見えざる闇です。これがなかなか自分では自覚できない。けれども、光の届かない闇のところも明るくしたいということなのです。世界中の光の届かないところを明るくしたいというのは、原子力のエネルギーの電気でもいいわけですけれども、精神の闇の暗闇は、物質的な技術では明るくならない。これはどれだけ科学が進もうと、やはり本当の心の問題は、教えを通して、闇の自覚を通して、明るみをいただくしかないのです。

次に、

「如彼名義欲如実修行相応《にょひみょうぎよくにょじつしゅぎょうそうおう》」とは、かの無碍光如来《むげこうにょらい》の名号《みょうごう》よく衆生《しゅじょう》の一切の無明を破す、よく衆生《しゅじょう》の一切の志願を満てたまう。（聖典二一三頁）

とあります。

『浄土論』の、「如彼名義欲如実修行相応《にょひみょうぎよくにょじつしゅぎょうそうおう》」という言葉に、かの如来の光明智相の名義が具現するように、如実に修行して相応しよう、という意味です。それについて曇鸞大師は、「かの無碍光如来の名号よく衆生の一切の無明を破す、よく衆生の一切の志願を満てたまう」と注釈されるのです。

破闇は、先の仏の智慧のはたらきですが、満願は、曇鸞大師が加えられたものです。これは、名号の功徳は本願力による功徳ですから、浄土の荘厳功徳に照らして加えられたのでしょう。『浄土論』の十七種の器世間荘厳の中に、光明功徳は「仏恵明浄日　除世痴闇冥」（聖典一三六頁）と語られているのに対し、一切所求満足功徳には「衆生所願楽　一切能満足」（聖典一三六頁）とあらわされています。曇鸞大師は、この二荘厳が法蔵願心の自利利他成就を代表的に示すものとして、破闇満願の願心の功徳を、名号の意味として押さえられたと思われます。光明の破闇は智慧に、満願は慈悲に配当されることがありますのも、自利利他に配するなら当然かと思うのです。

この曇鸞大師の注釈を、親鸞聖人は「行巻」にもっていかれるわけです。

しかれば名《みな》を称するに、能《よ》く衆生《しゅじょう》の一切の無明《むみょう》を破し、能く衆生《しゅじょう》の一切の志願を満てたまう。称名《しょうみょう》はすなわちこれ最勝真妙の正業《しょうごう》なり。正業《しょうごう》はすなわちこれ念仏なり。念仏はすなわちこれ南無阿弥陀仏《なむあみだぶつ》なり。南《な》無阿弥陀仏《むあみだぶつ》はすなわちこれ正念《しょうねん》なりと、知るべしと。

（聖典一六一頁）

と、御自釈の一段に曇鸞大師のこの文を引かれるわけです。そういうわけで、曇鸞大師のこの注釈は、非常に大事なわけです。

そして次に、

しかるに称名憶念《しょうみょうおくねん》あれども、無明なお存《そん》して所願を満てざるはいかんとならば、実のごとく修行《しゅぎょう》せざると、名義《みょうぎ》と相応せざるに由《よ》るがゆえなり。いかんが不如実修行《ふにょじつしゅぎょう》と名義不相応《みょうぎふそうおう》とする。いわく如来《にょらい》はこれ実相の身《しん》なり、これ物の為《ため》の身《しん》なりと知らざるなり。

（聖典二一三～二一四頁）

とあります。

「しかるに称名憶念《しょうみょうおくねん》あれども、無明なお存《そん》して所願を満てざるはいかんとならば」というのが、私が「信巻」

の講義の初めから課題にしている問題です。親鸞聖人が、この問題を受け止められたのです。なぜ念仏を称えても無明が晴れないのか。物質的な光であれば、スイッチをひねりさえすれば明るくなる。ところが、念仏を称えるということは、ある意味でスイッチをひねるわけだけれども、称えても明るくならない。それはどうしてか。

それについて、二つの問題で曇鸞大師が押さえられて、「実のごとく修行《しゅぎょう》せざると、名義《みょうぎ》と相応せざるに由《よ》るがゆえなり」と、二つの答え方をされます。如実に修行していないということと、名義と相応しないということだと。二つの否定形で、名号を称えても明るくならないという原因を明らかにしておられる。

そして、「名義不相応《みょうぎふそうおう》」について、「いわく如来《にょらい》はこれ実相の身《しん》なり、これ物の為《ため》の身《しん》なりと知らざるなり」といわれる。「真如《しんにょ》実相」（「行巻」聖典一七一頁）という言葉がありますが、「実相」という言葉は、仏教用語として、悟りの内容をあらわす言葉です。実相について、親鸞聖人は、

無為法身《むいほっしん》はすなわちこれ実相《じっそう》なり。実相はすなわちこれ法性《ほっしょう》なり。法性はすなわちこれ真如《しんにょ》なり。

（「証巻」聖典二八〇頁）

と、実相が法性であるとか真如であるともいわれていますから、存在の真実のあり方というような意味なのでしょう。そして、如来というのは、名であらわしてあるけれども、本質は「実相の身《しん》」であるということです。

そして、それは「物の為《ため》の身《しん》」でもあるといわれます。「物」とは、衆生のことです。その衆生とは、『歎異抄』に、

弥陀《みだ》の五劫思惟《ごこうしゆい》の願《がん》をよくよく案ずれば、ひとえに親鸞一人《しんらんいちにん》がためなりけり。

（聖典六四〇頁）

といわれて、親鸞聖人は自分のことであると引き受けて聞いておられます。「正信偈」に、

五劫《ごこう》、これを思惟《しゆい》して摂受《しょうじゅ》す。重ねて誓《ちか》うらくは、名声《みょうしょう》十方に聞こえんと。

（五劫思惟之摂受　重誓名声聞十方）　（聖典二〇四頁）

といわれますから、五劫思惟は、名声を選び取る苦心に関わるのだと見ておられるのでしょう。それは自分のためだと聞き取られたのです。如来の名は、衆生に虚妄の相を知らせる形であり、衆生のための相なのだと知ることが、名義に適うことだといわれるのでしょう。

次に、

また三種の不相応あり。一つには信心淳《あつ》からず、存《そん》せるがごとし、亡《もう》ぜるがごときのゆえに。二つには信心一ならず、決定《けつじょう》なきがゆえに。三つには信心相続せず、余念間《へだ》つるがゆえに。　（聖典二一四頁）

といわれます。

『浄土論』では、「不如実修行」といわれていますが、『浄土論註』では、「また三種の不相応あり」といわれて、「一つには信心淳からず、……」と展開されています。この意味を、親鸞聖人は、「曇鸞和讃」において、

不如実《ふにょじつ》修行といえること鸞師《らんし》釈してのたまわく

一者《いっしゃ》信心あつからず　若存若亡《にゃくぞんにゃくもう》するゆえに　（『高僧和讃』聖典四九三頁）

と受け止められています。不如実修行の姿が、不淳心・不一心・不相続心という三不心なのだと読み取られたのです。

この「不如実修行」を「如実修行」にせよと教えられるのですが、凡夫の努力で「如実修行」が成り立つのか。曇鸞大師は、

体、如にして行ずれば、すなわちこれ不行《ふぎょう》なり。不行にして行ずるを、如実修行と名づく。（聖典二八八頁）

といわれています。これを親鸞聖人は「証巻」に引かれています。「不行にして行ずる」ことは、大乗の菩薩にと

っては常識的な課題なのでしょうが、親鸞聖人の信からすれば、これは聖道門の思想であるか、さもなければ阿弥陀如来因位の法蔵菩薩の行といただくべきものでしょう。ですから、親鸞聖人は、信心の背景に法蔵菩薩の兆載永劫の修行を見出され、「如実修行」は法蔵菩薩の行であると受け止められたのです。そして、凡夫の課題はこれと相応することであるとされた。如実修行相応は、本願の信心によって成り立つ。このために、凡夫に真実信心が回向されるということを明らかにし、罪業深重の衆生に浄信が発起する道理をあらわされるのです。

ともあれ、この破闇満願の名義がいかにして凡夫に成就するかという問題が、この曇鸞大師の解釈から見出され、それにしっかりと応答するために、「信巻」を説き起こされたということがわかります。

曇鸞大師は、三不信が展転して相成ずるとし、

この三句展典《てんでん》して相成《あいじょう》ず。信心淳《あつ》からざるをもってのゆえに決定《けつじょう》なし、決定《けつじょう》なきがゆえに念相続せず、また念相続せざるがゆえに決定《けつじょう》の信を得ず、決定《けつじょう》の信を得ざるがゆえに心淳《あつ》からざるべし。これと相違《そうい》せるを「如実修行相応《にょじつしゅぎょうそうおう》」と名づく。このゆえに論主建《ろんじゅはじ》めに「我一心《がいっしん》」と言《のたま》えり、と。

（聖典二一四頁）

といわれたのです。この結論によって、親鸞聖人は、

決定《けつじょう》の信をえざるゆえ　信心不淳《ふじゅん》とのべたまう
如実《にょじつ》修行相応は　信心ひとつにさだめたり

（『高僧和讃』聖典四九四頁）

と和讃されるのです。そして、如実修行相応が信心として成り立ったという宣言が、天親菩薩の「願生偈」の初めの「我一心」であると、曇鸞大師は押さえられるのです。

ここの問題は、根本問題です。「信巻」全体に関わる問題でもあるし、親鸞聖人自身が、「別序」で「しばらく疑問を至《いた》してついに明証《みょうしょう》を出《い》だす」（聖典二一〇頁）といわれた疑問の問題に関わるところです。ですから、わから

ないのが当然といっては変ですが、ちょっとやそっと読んでもよくわからない。でもここは大事な問題だということを思います。

曇鸞大師は、「願生偈」の「帰命尽十方　無碍光如来　願生安楽国」（聖典一三五頁）に、解義分でいわれる五念門の礼拝門・讃嘆門・作願門を配当し、讃嘆門釈に天親が書いておられる、「かの如来《にょらい》の名《みな》を称《しょう》し、かの如来《にょらい》の光《こう》明《みょう》智《ち》相《そう》のごとく、かの名義《みょうぎ》のごとく、実のごとく修行し相応せんと欲《おも》うがゆえに」（聖典二一三頁）という注釈に、如実修行相応していないという問題、無明が晴れないという問題を加えて解釈しておられる。そこを親鸞聖人が深く追求なさって、「信巻」の中心の問題を論じていかれる。ここの問題は、なかなか読んでもすぐにすんなりとはわからないし、いろいろ課題のあるところであると思います。

『讃阿弥陀仏偈』の文

続いて『讃阿弥陀仏偈』が引かれています。

あらゆるもの阿弥陀の徳号を聞きて、信心歓喜《しんじんかんぎ》して聞くところを慶《よろこ》ばんこと、いまし一念におよぶまでせん。至心の者《ひと》回向したまえり。生まれんと願ずれば、みな往《ゆ》くことを得しむ。ただ五逆と謗正法《ほうしょうぼう》とをば除く。かるがゆえに我頂礼《われちょうらい》して往生を願ず、と。（聖典二一四頁）

この文を引用される意図は、おそらく、本願成就文の意に合わせ、先の「見敬得大慶」の意にも照らして、これを取られたのかと拝察されます。漢文では、

信心歓喜慶所聞　乃曁一念至心者　廻向願生皆得往　唯除五逆謗正法　故我頂礼願往生

です。親鸞聖人は、成就文の「信心歓喜　乃至一念」を「信心歓喜慶所聞」の語に照応することによって、「うべきことをえたりとよろこぶ」と釈されたのでしょう。また、「至心者　廻向」を「至心の者　回向したまえり」と敬語の送り仮名をふられ、「本願成就の文」の意味として読まれています。

（真聖全一、三五七頁）

『観経疏』の引文

続いて『観経疏』の引文です。初めに「定善義」の「如意《にょい》」（聖典二一四頁）という言葉の注釈を引いておられます。

「如意」と言うは二種あり。一つには衆生《しゅじょう》の意《こころ》のごとし、かの心念に随いてみなこれを度すべし。二つには弥陀《みだ》の意《おんこころ》のごとし、

（聖典二一四頁）

とあります。

「如意」に「衆生《しゅじょう》の意《こころ》のごとし」と、「弥陀《みだ》の意《おんこころ》のごとし」の二つの意味があるという注釈をされています。この引文の意図は、次の「序分義」の文と相照らして考察すべきでしょう。というのは、「衆生の意のごとし、かの心念に随いてみなこれを度すべし」とありますが、衆生の意といっても、これがたんに凡夫の意であるはずがないからです。「煩悩具足の凡夫」のままの意なら、雑染の意欲です。先の『浄土論註』の名義釈にありましたように、「破闇」があっての「満願」です。「衆生の意」といっても、本願に触れた心に違いありません。

次の「序分義」の文には、

この五濁《ごじょく》・五苦等は、六道に通じて受けて、未《いま》だ無き者はあらず、常にこれに逼悩《ひつのう》す。もしこの苦を受けざる者は、すなわち凡数《ぼんじゅ》の摂《しょう》にあらざるなり、と。（聖典二一四頁）

という文が置かれています。

これは、先の「極悪深重の衆生」の意味をあらわしていますが、『入出二門偈』にこれを受けて、

煩悩《ぼんのう》を具足せる凡夫人《ぼんぶにん》、仏願力によって摂取《せっしゅ》を獲《う》。

この人はすなわち凡数《ぼんじゅ》の摂《しょう》にあらず、これ人中の分陀利華《ふんだりけ》なり。（聖典四六六頁）

といわれます。これは、「極悪深重の衆生、大慶喜心を得、もろもろの聖尊の重愛を獲るなり」（「信巻」聖典二一二頁）と対応しているといえましょう。

ですから、この「序分義」の文は、凡夫が本願力に値遇するなら、獲信によって、「凡数の摂」を突破して、分陀利華と誉められるような意味を獲得することができることをあらわしています。

そこで先の「定善義」の引文を見るなら、「如意」とは、阿弥陀の心に出遇うところに、仏智に随順する衆生となることをあらわすのではないでしょうか。そこにおいて、凡夫に仏願がはたらくとき、法蔵願心が衆生の意欲になって、衆生の凡心を妨げとせずに、仏心が凡夫の上に立ち上がることを表現しようとされるのでしょう。しかし、弥陀の如意は、そのままでは凡夫の如意と重ならない。大悲だからといっても、凡夫の煩悩の闇を晴らすための慈悲であって、闇のままでは救済しようがない。だからして、五濁を転じて本願のはたらく場所にするために、「兆載永劫」のご辛労があらわされるのです。破闇があってこその満願です。衆生からすれば、信心獲得あってこその「如意」であることを知らなければなりません。いうならば、衆生の煩悩の意欲が、完全にいったん否定される契機をくぐって、完全に充足することを教えられているのでしょう。

罪障《ざいしょう》功徳の体《たい》となる　　こおりとみずのごとくにて
こおりおおきにみずおおし　　さわりおおきに徳おおし
（『高僧和讃』聖典四九三頁）

とは、否定肯定の信念生活に与えられる智慧の内実です。

その次に「散善義」の「三心」の釈文が引かれます。『観無量寿経』の上品上生の段に、「三心《さんじん》を具すれば、必ずかの国に生ず（具三心者、必生彼国）」（聖典一一二頁）とある経文についての、善導大師の解釈の引文です。

善導大師は、表から読むのか裏から読むのかということをいちいち注釈せずに、『観無量寿経』には「隠顕」があるといわれます。けれども、三心の釈については、その中に、どうしてもこれは自力の心を励ましているとしか読めない部分がまじっています。

三心の全体を、定散二善に通ずるといわれています。至誠心・深心・回向発願心をもって、定善を修し、散善を修するといわれるわけです。『観無量寿経』は、自力の心で行ずる浄土の教えで、親鸞聖人が第十九願意だといわれるのは、そういう自力心で修するように経典が展開しているからです。善導大師も、三心を釈するについては、一応自力の心のように釈していかれます。

それでは、法然上人はどう読まれたのかというと、『選択集』三心章では、長文にわたる三心釈の二河譬の結びまでを引いた後に、注釈を短く記されます。そこで「至誠心釈」について、

外相と内心と調わざるの意なり。（中略）もしそれ内を翻《ほん》じて外に播《ほどこ》さば、また出要に足りぬべし。
（真聖全一、九六六～九六七頁）

といわれています。「外相と内心が調わない」ということを取り出して、内と外を一致させるべきであるといわれているのです。

善導大師の至誠心釈は、確かにわかりにくいのですね。衆生の内心と外相が不一致であるような不誠実であってはならず、「至誠心」になりなさいといわれていますが、衆生は三業ともに不実であって虚仮邪偽であり、たとえ三業を起こすといっても「雑毒の善、虚仮の行」であり、「蛇蝎」と同じようなものだともいわれています。身口意三業のうち、意業を内とし、身口二業を外とするようにも見えますが、三業共に虚偽であるといわれる。それなら、「至誠心」はいかにして衆生に成り立つのか。

また、法然上人は、

三心四修《さんじんししゅ》と申す事の候うは、皆、決定《けつじょう》して南無阿弥陀仏にて往生するぞと思う内《うち》に籠《こも》り候う也《なり》。

（『一枚起請文』聖典九六二頁）

といわれています。

「四修」というのは、恭敬修《くぎょうしゅ》、長時修《じょうじしゅ》、無間修《むけんしゅ》、無余修《むよしゅ》の四つです。恭敬は、南無するのだから恭敬修。それから、長時間とにかく休むことなく、臨終に至るまで称え続けるのが長時修。そして、暇なく称える無間修。それから、他の行をしないで、これ一つをやっていくというのが無余修です。

こうなると、聖道門の行者であっても、この四修を実践するのはたいがい難しいということになります。それで「四修」をどうするのかというときに、法然上人は『選択集』の「四修章」で、さらっと、これはやるべきだという課題として取り上げられておられるのです。

ところが、親鸞聖人は、「四修」ということについて、『教行信証』を通して一切外しておられます。一箇所だけ、「化身土巻」（聖典三三六頁）で「四修」という言葉は出てきます。けれども、これは前後の文脈で出てくるだけです。それで、「四修」については、完全に自力の心の行の内容であると、親鸞聖人はご覧になったように思われます。

こういう、なかなか難しい問題を、法然上人は、さらっと、念仏を信じて称えていれば、いつの間にか全部付いてくるのだというふうにして、教えておられます。何かやはり、比叡山の行者の生活とその考え方のままに、しかし行は念仏になっているのです。それで、

自行化他ただ念仏を綷《こと》とす。　（真聖全一、九九三頁）

といわれるように、念仏一つを生き抜いていかれたのです。

法然上人御自身については、疑いなくそれが成り立っているとしか見えないし、御自身もそう思っておられたと思います。けれども、親鸞聖人は、生活の形は問わないという法然上人の教えを文字通り生きていこうとされたとき、自分には四修はできないことであるとされた。だから、「四修」ということをはずそうという決断をされたのではないかと思われます。これは一つの課題ですね。

三心の釈について、親鸞聖人はどう読まれたのか。親鸞聖人は、善導大師の表現にある「隠顕」を通して掘り下げられ、真実信心の内面だと読める部分と、これは明らかに自力の心だと読める部分とを分けられた。分けることによって、三心釈の意図を受け取られたわけです。次の三一問答で繰り返して押さえられますように、三心の深みに法蔵菩薩の願心がはたらいていて、凡夫の意識上の三心は自力の心を超えられないが、それを翻して如来利他の三心に通入していくことが求められているのだと読まれたのです。すなわち、真実信心を得るところに、初めて三心も具わるということです。

定散《じょうさん》諸機各別の　自力《じりき》の三心《さんじん》ひるがえし
如来《にょらい》利他の信心に　通入せんとねがうべし
（『浄土和讃』聖典四八六頁）

と「観経和讃」で詠われます。「定散諸機各別」、これが衆生の心がそれぞれ違うということに対応するわけです。「定散諸機各別」、人によってそれぞれ心の起こり方は違う。受け止めている宿業も違う。環境も違う、性格も違う。体力ももちろん違う。いろいろ違う、その違うところから起こってくる努力心《ごころ》ですから、「定散諸機各別」です。一人ひとり違う行為や心がまじったまま願生する場合には、親鸞聖人は「化身土の因」として、「業因千差《ごういんせんじゃ》」（「真仏土巻」聖典三二四頁）という言葉を使われます。「諸善万行《まんぎょう》」（『浄土和讃』聖典四八四頁）ともいわれますけれども、どの行を中心的に修するかとか、どの行が自分に合っているかというのは、人によって違う。あるいは、教えの伝承によって違う。そのために、「諸善万行」は平等の世界に生まれていく因にはなりえません。それゆえ、親鸞聖人は、「化身土の因」と押さえられるのです。『観無量寿経』における三心は、定散二善に関わる三心ですから、「自力の三心」だと、このように和讃では押さえられています。しかし、三心を翻して、つまり自力から他力へ。自力の心から、本願力を信受する、本願力に乗ずるという心に翻る。この翻りを経て、利他の信心、真実信心に入っていこうといわれるのです。

善導大師の三心釈に出てくるさまざまな問題は、後に取り上げられるので、そこで考察することにします。

『般舟讃』の文

次は、『般舟讃』の引文です。「般舟三昧」というのは、「諸仏現前三昧《しょぶつげんぜんざんまい》」ともいわれるのですけれども、諸仏が現前してくることを、精神集中によって得ることです。善導大師は、『観無量寿経』の課題と『般舟三昧経』の課題とを、ご自分の求道の中で重ねておられるように見えます。『般舟三昧経』だけを読んだら、普通はそうは読めないところだと思うのです。

善導大師という人は不思議な人で、非常にまじめな、すごい自力の行者でもあるわけです。それで、自力の修行をしている立場からすれば、『観無量寿経』は当然「観ずる経」ですから、浄土を「観じていく」、自力の修行の一つの形としての経典です。こういうものを読みながら、善導大師は、『観無量寿経』には二つの宗があるといわれる。「玄義分」では、

この『観経』は、すなわち観仏三昧《さんまい》をもって宗とす、また念仏三昧をもって宗とす、

（「化身土巻」聖典三三三頁）

と、表は観仏三昧の経だけれど、裏には念仏三昧が説かれていると、そういう読み方をしておられます。

そういうところが、善導大師の文の魅力なのです。自力の心があって善導大師のものを読むと、実に引きつけられる。引きつけられた心で読んでしまうと、親鸞聖人のように、隠顕という大切な善導大師の眼差しが見えなくなる。真実の如来の大悲、釈尊の「密意《みっち》」（「証巻」聖典二八三頁）、秘密の意《こころ》が見えなくなる。すなわち本願が見えなくなる。見えなくなるぐらいに、善導大師の言葉というのは、人間の心に深くよりそって、呼びかけてくる。私はそういうふうに思います。

親鸞聖人のように読むというのは、普通ではなかなか難しい。親鸞聖人は、全部をお取りになるのではなくて、中にぴかっと光っている「あ、ここは善導大師が阿弥陀に帰したことを語っておられる」というところだけを、引文されるわけです。他のところを読むと、とてもこれで、はたして自力を翻した人なのだろうかと思うほど、善導大師はすごい自力の行者の方向で語っておられるのです。

法然上人は、専修念仏になられましたから、善導大師ほどいろいろな行ということはないけれども、生活の形と

いい、いわれることといい、よくわからないところがあります。そういう点から、本当に愚かな凡夫の身だと、罪悪深重の身だと、この身を捨てずして、この身を離れずして真実の教えをいただけるのだという、親鸞聖人のいただき方は、これは本当に難しい。

我われは、初めからもう他力というか、親鸞聖人の教えをいただくべく学んでいますから、当然のごとくに読んでしまうけれども、親鸞聖人がそういう眼で読み変えるまでの、翻りまでのご苦労というものは、大変なことだったであろうと思います。

『般舟讃』の文は短いのですけれども、ちょうどまあ、三心釈でいえば二種深信にあたるようなことが出てきます。それをここに引用しておられます。

敬《うやま》いて一切往生《いっさいおうじょう》の知識等《ちしきとう》に白《もう》さく、大きに須《すべか》らく慚愧《ざんぎ》すべし。釈迦如来《しゃかにょらい》は実にこれ慈悲《じひ》の父母《ぶも》なり、種種の方便をもって我等《われら》が無上の信心を発起《ほっき》せしめたまえり、と。

（聖典二二一～二二二頁）

善導大師は、教主釈迦如来の教えに、「種種の方便」があることによって「無上の信心」が発起するということを、「慚愧」の思いとともに感謝されています。

ところが、親鸞聖人は、「善導和讃」で、

釈迦弥陀《しゃかみだ》は慈悲《じひ》の父母《ぶも》　種種に善巧方便《ぜんぎょうほうべん》し
われらが無上の信心を　発起《ほっき》せしめたまいけり

（『高僧和讃』聖典四九六頁）

と詠われます。「信巻」の「別序」の初頭で、信心発起の因縁を語るときに、「信楽獲得」は純粋清浄の因である本願自身より起こるのであるが、その信心が凡夫の心に開かれるのは、聞法を通して経説の善巧を受け取ることを縁とするといわれます。信心の発起は「釈迦・弥陀」の慈悲であると示されます。釈迦をして語らしめる力が、弥陀如来の本願力だからでしょう。

『往生礼讃』の文

次に、『往生礼讃』の文が引かれます。

親鸞聖人は、この『往生礼讃』を引くについて、なぜかということはわからないのですけれども、

『貞元《ていげん》の新定釈教《しんじょうしゃくきょう》の目録《もくろく》』（円照編）巻《かん》第十一に云《い》わく、『集諸経礼懺儀』上下、大唐西崇福寺《だいとうさいしゅふくじ》の沙門智昇《しゃもんちしょう》の撰《せん》なり。（中略）『懺儀《さんぎ》』の上巻は、智昇《ちしょう》諸経に依《よ》って『懺儀《さんぎ》』を造る中に、『観経』に依っては善導の『礼《らい》懺《さん》』の日中の時《じ》の礼《らい》を引けり。下巻は比丘《びく》善導の集記云々《うんぬん》。かの『懺儀《さんぎ》』に依って要文《ようもん》を鈔《しょう》して云《い》わく、

（聖典二二二頁）

という註釈を入れておられます。

「『貞元《ていげん》の新定釈教《しんじょうしゃくきょう》の目録《もくろく》』（乃至）沙門智昇《しゃもんちしょう》の撰《せん》なり」というのは、唐の沙門智昇という方が選んだ『礼懺儀』が、『新定釈教の目録』に入れてあるということです。そして、「『懺儀《さんぎ》』の上巻は智昇《ちしょう》諸経に依《よ》って『懺儀《さんぎ》』を造る中に」と智昇という人が、『礼懺儀』を造るについて、いろいろな経典の文を引かれる。そういう中に、上巻については「善導の『礼懺《らいさん》』の日中の時《じ》の礼《らい》を引けり」といい、「下巻は比丘《びく》善導の集記云々《うんぬん》」ですから、下巻は全部『往生礼讃』の文を入れてあるということです。こういう注釈を書いて、そこから「要文《ようもん》を鈔《しょう》して云《い》わく」といって、引文しておられます。これほどていねいではありませんけれども、「行巻」（聖典一七六頁）にも『往生礼讃』を引かれるときには、やはりこういうことを注記しておられるのです。

『往生礼讃』そのものが手に入らなかったからなのか、あるいは、『往生礼讃』については、日常的にこれを使っているからという注釈的意味で置かれているのか、まあともかく親鸞聖人は、何かこのことを書いておきたいと思われたのですね。私はこの原因のことはよくわかりません。

それで、『往生礼讃』の文の中にある深心のところを引文されるのです。

　二つには深心《じんしん》、すなわちこれ真実の信心なり。自身はこれ煩悩《ぼんのう》を具足せる凡夫《ぼんぶ》、善根薄少《ぜんごんはくしょう》にして三界《さんがい》に流転《るてん》して火宅《かたく》を出《い》でずと信知す。今、弥陀《みだ》の本弘誓願《ほんぐぜいがん》は、名号を称《しょう》すること下至十声聞等《げしじっしょうもんとう》に及《およ》ぶまで、定んで往《おう》生《じょう》を得しむと信知して、一念に至るに及《およ》ぶまで、疑心あることなし。かるがゆえに「深心《じんしん》」と名づく、と。

　乃至　それ、かの弥陀仏《みだぶつ》の名号を聞くことを得《う》ることありて、歓喜して一心を至せば、みな当《まさ》に彼《かしこ》に生まることを得《う》べし、と。

（聖典二二二頁）

とあります

「二つには深心《じんしん》、すなわちこれ真実の信心なり。自身はこれ煩悩《ぼんのう》を具足せる凡夫《ぼんぶ》、善根薄少《ぜんごんはくしょう》にして三界《さんがい》に流転《るてん》して火宅《かたく》を出《い》でずと信知す」とあります。いわゆる三心の「機の深信」といわれる文とはだいぶ違います。煩悩の自覚が、ここは「善根薄少」というようなことで、流転して出られないということであって、

　自身は現にこれ罪悪生死《ざいあくしょうじ》の凡夫《ぼんぶ》、曠劫《こうごう》より已来《このかた》、常に没《もっ》し常に流転《るてん》して、出離《しゅつり》の縁《えん》あることなし

（「信巻」聖典二一五頁）

というあの深刻な表現と比べると、だいぶ違うようにも思いますが、「煩悩を具足せる凡夫」ということが、ここで押さえられている。

「煩悩具足の凡夫」の自覚と、称名得生について疑心あることなしといわれていて、「真実信心」の内実が明確に

表現されています。本願の信心には、この善導による二種深信の内面が必須契機であることを、この引文で確信されているのであろうと思うのです。

「三界に流転して火宅を出でずと信知す」とは、凡夫であることの事実です。「無有出離之縁」と『観経疏』の深信釈ではいわれていましたが、凡夫は欲望中心で自己認識を固め、自己中心に人間関係を作っていこうとします。それは一如平等の慈悲に出遇うことができない身であるということです。そういう凡夫に、大悲の側から無碍の光明を届ける手立てが名号であり、それを深く信ずることでのみ、本願のはたらきに摂取されるということです。

そして、「今、弥陀《みだ》の本弘誓願《ほんぐぜいがん》は、名号を称《しょう》すること」とあります。いわゆる「法の深信」には、「願力に乗じて」という言葉になっているところが、ここでは「名号を称すること」とあります。もちろん「願力に乗ずる」ということは、「南無阿弥陀仏」を信ずるということですから、別のことではないのですけれども、少し表現が違います。

そして、「下至十声聞等《げしじっしょうもんとう》に及《およ》ぶまで、定んで往生《おうじょう》を得しむと信知して、一念に至るに及《およ》ぶまで、疑心あることなし。かるがゆえに『深心《じんしん》』と名づく」と、ここで「疑心あることなし」という言葉が押さえられてきています。この「疑心あることなし」ということは、これから三一問答に入ると、この「疑いない」、「疑いない」ということが繰り返されます。

「乃至」があって、「それ、かの弥陀仏《みだぶつ》の名号を聞くことを得《う》ることあって、歓喜して一心を至せば、みな当《まさ》に彼《かしこ》に生まるることを得《う》べし、と」といわれます。ここには「聞其名号」ということと、「歓喜一心」ということ、そういう言葉が出ているというところから、この言葉をお取りになっているのかなと思います。いろいろと考えることはあろうかと思います。

『往生要集』の文

『往生要集』はかなり量がある、引文の多い書物ですけれども、十門（十章）で成り立っているのです。親鸞聖人が引文されるのは、その中の「正修念仏章」といわれる、念仏を正《まさ》しく修するという章です。

その中から、親鸞聖人は、「菩提心不可壊《ぼだいしんふかえ》の法薬《ほうやく》」、「菩提心《ぼだいしん》の住水宝珠を得《う》れば、生死海《しょうじかい》に入りて沈没《ちんもつ》せず。たとえば金剛《こんごう》は百千劫《ひゃくせんごう》において水中に処《しょ》して、爛壊《らんえ》しまた異変なきがごとし」（聖典二三二頁）というような言葉が出ている『華厳経』「入法界品《にゅうほっかいほん》」の文に気づかれて、ここに引かれる。「入法界品」から引くのではなく、源信僧都が引いておられることを大切にされるのです。

『華厳経』は、因位を説く経典だといわれます。果位を説くのではなく、因位を説く。つまり、菩提心を明らかにする。あるいは信心を明らかにする。仏道を生きていく一番もとになる心を明らかにしていくということが、『華厳経』の中心課題です。『涅槃経』は、逆に果である仏の世界、仏や如来や涅槃という、そういう問題を明らかにしていく。ですから、『華厳経』と『涅槃経』とは、対照的な課題をもっていると思われます。この『華厳経』から、菩提心の言葉をここに引用されます。

もちろん『往生要集』では、「願生安楽国」という作願門の釈に、菩提心論を展開されていますから、願生心が菩提心であるということを論じているわけです。けれども、内容を読んでいると、自力の菩提心としかとらえられないような問題を論じられています。そういうところが『往生要集』の難しさです。

『往生要集』には、浄土の教えを説いてあるけれども、源信僧都の本心は、やはり一乗にあるのではないかと思うような書き方です。『往生要集』を書くときの源信僧都の信念が、どこにあるのかというのがよくわからない。自力の行者が、浄土もやっておこうかというような関心で、浄土でなければならないとか、浄土が絶対私にとって必要だとか、そういう書き方ではないのです。

この『華厳経』の文も、これだけ読んだら、やはり、自分の中にこういう心を獲得していきたいというか、作っていきたいというか、そういう課題かとも思われるのです。菩提心というものは壊れないといわれるのですが、信心が菩提心としてもつ性質を「菩提心不可壊の法薬」とか「菩提心の住水宝珠」という語で押さえていることに注意しておいて、次に進みたいと思います。

第二文は、

また云わく、我《われ》またかの摂取《せっしゅ》の中にあれども、煩悩眼《ぼんのうまなこ》を障《さ》えて見たてまつるにあたわずといえども、大悲倦《ものう》きことなくして常に我が身を照らしたまう、と。（聖典二二二～二二三頁）

です。これは、「正修念仏」章の観察門を論ずる中で、源信僧都は『観無量寿経』の第九真身観の文、「一一光明遍照十方世界念仏衆生摂取不捨」（『観無量寿経』聖典一〇五頁）を出し、続けて「我亦在彼摂取之中　煩悩障眼雖不能見　大悲無倦常照我身」（真聖全一、八〇九頁）と書かれています。その言葉を親鸞聖人は引かれているのです。

第九真身観は、一応定善の中の第九番目ですから、「真身」、本当の仏様の姿を観ずるところです。その前は「像観」、阿弥陀の像を観ずる。像というのは、まだ形が見えている。「真身」になると、本当の身になる。本当の身とは何であるかということになると、これは「仏心というは大慈悲《だいじひ》これなり」（『観無量寿経』聖典一〇六頁）といわれて、見えざる法身といいますか、そういうようなことが、真身観にくるといわれてくるのかと思いきや、ものすごく大きな仏様だと書いてある。これを、親鸞聖人は、「化身土巻」の一番初めに、

仏は『無量寿仏観経《むりょうじゅぶつかんぎょう》』の説のごとし、真身観《しんしんかん》の仏これなり。（聖典三二六頁）

と押さえられます。

その真身観の仏から光明が十方世界に向かって出るわけですけれども、その光の光線の一一に、また諸仏がおられて、またその一一が光を出すという、そういう、光が諸仏を生み、諸仏がまた光を生んでいる。そういう光の中に、一一の光がある。『観無量寿経』には、

一一の光明遍く十方世界を照らす。念仏の衆生を摂取して捨てたまわず。

（一一光明、遍照十方世界。念仏衆生、摂取不捨）（聖典一〇五頁）

と説かれています。

これは「一一の光明は十方世界の念仏の衆生を照らして、摂取して捨てず」とも読めるのです。光は全部を照らしているのです。中でも念仏の衆生を照らしているのだというふうに読むこともできる。それは、光はあらゆる世界を平等に照らすのです。

けれども、それに気づくか気づかないかは、一人ひとりによって違う。だから、気づきのないところには、照らしていても見えないわけです。阿弥陀の本願の大悲の真実としては、一切衆生を平等に照らしている。けれども、「ああこの光は私一人《いちにん》のためなのだ」と気づくことにおいて、普遍の光が現実化するのです。ですから、「念仏の衆生を摂取して捨てたまわず」と読むべきなのでしょう。

念仏の衆生のみを摂取するということは、差別かというと、そういう意味ではない。気づきが大事なのです。精神的な光ですから。物質的な光があらゆるところを照らしているというのとは違って、精神的な光は、気づかなければないのと同じです。しかし、気づかなくてもないわけではない。原理としては、照らしているわけです。けれ

ども、照らされていると気づかなければ、あるとはいえない。

まあ譬喩的にいえば、あることに気がつかないなどということは、例としていくらでもあるわけです。空気でも、我われはあることに気がつかない。気がついてみたらある。重力でもそうですね。重力はあるけれども気がつかない。教えられてみたら、これが重力なのだとわかる。こういうわけで、まあ譬喩としてはそういうことはいえます。

阿弥陀の光明は、十方世界を照らしている。遍く、どこであろうと、照らさざるところがあるならば、自分は仏に成らないと誓っている光ですから、それは、必ず照らしている。けれども、誰も気づかない。もし気づけば、それは本当に難中の難であることを知り、大悲回向のはたらきに歓喜する。そういう形で、光は我われを照らしている。光は智慧のかたちですから、阿弥陀の智慧が我われに響いて、我われにとって、これが本当の利益なのだと気づかしてもらわないことには、光の意味がうなずけないのです。

それで、光が照らしている、念仏衆生を摂取して捨てないといわれた後に、「我《われ》またかの摂取《せっしゅ》の中にあれども、煩悩眼《ぼんのうまなこ》を障《さ》えて見たてまつるにあたわずといえども」と、煩悩が眼を障えていて見ることができない、けれども、「大悲倦《ものう》きことなくして常に我が身を照らしたまう」、普遍なる光が照らしているといわれるのです。

文章を読んでいく過程でこの言葉を見ても、素通りしてしまうのです。「ああ、そうだそうだ。普遍の光があっても、私どもは気がつかないなあ」とすっと通り過ぎてしまう。ところが、親鸞聖人はこの言葉にぶつかったのです。大行の意味の中に、「摂取して捨てざるがゆえに阿弥陀と名づく」（「行巻」聖典一七四頁）という善導大師の語を取り上げられますが、真実信心には、この大行の「光明摂取」の言葉に出遇いつつも、「摂取の中にあっても、煩悩に眼を障えられる」凡夫であり、それにも関わらず「大悲は常に我が身を照らしている」という矛盾的な構造があることを信知することが、特に大切な自覚のあり方であると見られたのではないでしょうか。光が当たっているというのが信心ではなくて、光は照らしているけれども、私は見えない。見えないけれども、照らされているのだという自覚が信心なのです。

これは、気づいたら信心なのだというふうに考えようとする心にとっては、そんな気づき方ではまだ不純粋ではないかと考えがちなのです。けれども、そうではない。これが親鸞聖人の、真実信心ということはこういう構造だという押さえとして、非常に大事なのです。

我われは、どんなことでもすぐ飽きる。人間には飽きがくるという問題があるのです。求道でも倦怠感といったことをいいますが、生活は皆そうです。倦怠という問題は、人間の精神にとって、これを自分で消すことができない。飽きないでやり続けようと思っても、飽きがくる。間をはさめば、またやる気になる。ずーっと続けて、たとえば念仏を無間修でやれといわれても、初めは一生懸命やっていても、三日もたったら、たいがいくたびれてくる。「ちょっとぐらい休もう」となるわけです。激しくやればやるほど、倦怠期が激しいわけです。

ですから、求道における倦怠の問題というのは、根本問題なのです。七地沈空もそうですけれども、倦怠というのも根本問題です。必ず途中で嫌になる。これは相手が嫌になるとか、法が嫌になるのではなくて、自分自身が疲れてくるわけです。やる気がしなくなる。こういう問題です。こういうことが、やはり源信僧都にもおありだったから、「大悲は飽きることがない」といわれる。これはすごい意味だと思うのです。

人間はくたびれるものなのですが、「くたびれるのがだめだ」というのではなく、「くたびれても当然だ」という信心が親鸞聖人の信心です。『歎異抄』第九条で、唯円が出した、

念仏もうしそうらえども、踊躍歓喜《ゆやくかんぎ》のこころおろそかにそうろうこと、またいそぎ浄土《じょうど》へまいりたきこころのそうらわぬは、いかにとそうろうべきことにてそうろうやらん。

（聖典六二九頁）

という問いに対して、親鸞聖人は、「お前は、まだだめだ」という答え方をされていない。
親鸞《しんらん》もこの不審《ふしん》ありつるに、唯円房《ゆいえんぼう》おなじこころにてありけり。
（聖典六二九頁）

と答えておられるのです。これは、自分も昔はそう思ったという話ではないのです。常にそういうふうに自力の心が起こるけれども、気がついてみれば、如来は初めから「煩悩具足の凡夫よ」と仰せられているのだ。煩悩具足の凡夫は、いくら教えが正しいと教えられても、疑いが残るし、疑わなくなっても、今はまだもうちょっとここにいたいという、濁世に対する執着が残る。もう少しこの身を生きていたいという、我が身に対する執着が残るのです。これをなくして願生するなんていうことをいったら、誰も願生なんかできない。

まあそういうふうに、親鸞聖人は、信心をいただくということは、凡夫であるということを本当に自覚しながら、大悲の願心を信ずる。こういう構造ですから、まさに源信僧都のこのお言葉が、信心をあらわすわけです。ですから、「煩悩眼《ぼんのうまなこ》を障《さ》えて見たてまつるにあたわずといえども、大悲倦《ものう》きことなくして常に我が身を照らしたまう（煩悩障眼雖不能見　大悲無倦常照我身）」という言葉を、親鸞聖人はどれほどか感激してお読みになったことか。この言葉は、普通はすっと素通りするような言葉です。「我われは見ることはできないけれども、光は照らしている」、「ああそうですか」と通り過ぎてしまう。親鸞聖人は、ここに心を止められたのです。これが、結局念仏しても無明が晴れないという問題と、重なっているわけです。

第三節　結　釈

真実信心を明らかにする伝承の言葉を、『無量寿経』の本願文に始まり、源信僧都の『往生要集』まで引文し、最後に結釈が置かれています。

しかれば、もしは行・もしは信、一事として阿弥陀如来《あみだにょらい》の清浄願心《しょうじょうがんしん》の回向成就《えこうじょうじゅ》したまうところにあらざることあることなし。因なくして他の因のあるにはあらざるなりと。知るべし。

（聖典二二三頁）

と結んでおられます。

ここでもう一度、信心だけでなくて、行信ともに「一事として阿弥陀如来の清浄願心の回向成就したまうところにあらざることあることなし」といわれます。現代語は、二重否定が嫌いだといわれています。新聞とか雑誌とかで、二重否定の文章は、できるだけ直すのだそうです。一重肯定にしてしまう。「あらざることなし」といわれると、現代の若い人は「え？　どっちなんだ」となる。若い人は「ある」といった方がわかりやすい。すると「阿弥陀如来の清浄願心は、回向成就である」となる。それだって、文章は同じといえば同じです。でも、「回向成就したまうところに、あらざることあることなし」という、二重否定というのは、たんに肯定よりも強い肯定をあらわすのです。「そうでないはずがない」という、二重否定がもつ強い肯定という修辞法といいますか表現法なのです。「もしは行・もしは信、一事として阿弥陀如来の清浄願心の回向成就したまうところにあらざることあることなし」という押さえですが、「行巻」を始めるに当たって、

謹《つつし》んで往相《おうそう》の回向《えこう》を案《あん》ずるに、大行《だいぎょう》あり、大信《だいしん》あり。

（聖典一五七頁）

と書かれていました。そして、「信巻」の初めには、

謹《つつし》んで往相《おうそう》の回向《えこう》を案ずるに、大信有り。

（聖典二一一頁）

とあります。「行巻」の「正信偈」の前に置かれた、いわゆる偈前の文には、

おおよそ誓願《せいがん》について、真実の行信《ぎょうしん》あり、また方便の行信あり。その真実の行願《ぎょうがん》は、諸仏称名《しょうみょう》の願なり。

その真実の信願《しんがん》は、至心信楽《しんぎょう》の願なり。これすなわち選択《せんじゃく》本願の行信なり。（聖典二〇三頁）

とあります。「総序」にも、

たまたま行信《ぎょうしん》を獲《え》ば、遠く宿縁を慶《よろこ》べ。（聖典一四九頁）

といわれる。つまり、親鸞聖人にとっては、念仏は常に信心と一体であってこそ、凡夫の救済の事実なのであって、たんなる称名ですますことはできないのです。

真実の信心は必ず名号《みょうごう》を具す。名号は必ずしも願力の信心を具せざるなり。（聖典二三六頁）

と「信巻」で押さえられています。今ここで、信心の伝承を結ぶについて、「もしは行・もしは信」と書いてありますのは、信心は名号を具した信心であることを押さえ直し、「信巻」の課題が「行巻」のいわば内面の展開であることを示しておられるのでしょう。そして、行信ともに、本願力回向の成就以外の何ものでもないのだと、押さえられるのです。

　行信ともに、如来大悲の回向であることによって、凡夫に受け止められても、凡夫の罪障によって少しも汚れず、凡夫の愚かさによって少しも光を減じない。それは、根本原因が如来の本願にあるからです。名号をのみ誉めるのでなく、それを信ずることこそ如来のはたらきによるのだというところに、この「信巻」を開いて真実信心を究明する意味があるのです。凡夫の中に、一点真実が与えられる、「不顚倒・不虚偽」が与えられるという、その真実は因が大悲の如来回向であると、これをいただくのです。それが信心であると、こういう押さえです。このことが、「結釈」で押さえられています。

第五章　三心一心の問答

第一節　第一の問答

字訓釈

本願の信心についての経論の引文を結んで、行信ともに阿弥陀如来の清浄願心の回向成就によるものであることを明示し、そこから改めて問答が始まります。「別序」において、「しばらく疑問を至《いた》してついに明証《みょうしょう》を出《い》だす」（聖典二一〇頁）と述べられたことがらを、ここに開示されるのです。この「信巻」を開く動機は、じつはこれからの問答にあるともいえましょう。

「行巻」において、如来の本願が一切の凡愚を救済する法は、仏の名号であることを解明し、名号が「衆生《しゅじょう》の一切の無明《むみょう》を破し、能く衆生の一切の志願を満てたまう」（聖典一六一頁、二一三頁）と教えられていることを、懇切に開示されますが、それによっても「無明なお存《そん》して所願を満てざる」（聖典二一三頁）凡愚がここに残っている。これこそ聞法の大事であると、親鸞聖人は凡愚の先頭に立って、この無明を晴らすための問答を起こされます。

問答を二段にわたって展開されますが、その第一は、信心の因である本願の文に、「至心・信楽・欲生」という「三心」が誓われていることを、それぞれの文字の吟味を通して解明されています。これを字訓釈といっています。

他の漢字の文字を当てて、もともとの文字の意味を明らかにするという方法で、それを字訓釈といい慣わしています。

第二段には、三心それぞれの意味を、『無量寿経』の願成就の文、『無量寿如来会』の成就の文、さらには『涅槃経』の文などに照らして、信心が三心に開かれている教えの意図を解明されます。本願が信心を三心に開くことの意味ということで、いろいろないい方があるようですけれども、仏の意図ということで「仏意釈」という言葉が使われています。

第一段の字訓釈は、天親菩薩の『浄土論』が「世尊我一心」に始まる、その「一心」と、本願の至心・信楽・欲生の三心との違いを手がかりにされます。すなわち、天親菩薩の「我一心」は、『無量寿経』によって成り立った信心、すなわち名号と相応した「如実修行相応」の一心であり、その一心と『無量寿経』の本願の三心とが、いずれも願力回向の信心であるのなら、なぜ「三」と「一」との違いを出すのかという問いを出されるのです。

問う。如来《にょらい》の本願、すでに至心・信楽《しんぎょう》・欲生《よくしょう》の誓《ちか》いを発《おこ》したまえり。何をもってのゆえに論主《ろんじゅ》「一心」と言うや。　（聖典二二三頁）

この問いに対して、

答う。愚鈍《ぐどん》の衆生《しゅじょう》、解了易《げりょうやす》からしめんがために、弥陀如来《みだにょらい》、三心を発《おこ》したまうといえども、涅槃《ねはん》の真因はただ信心をもってす。このゆえに論主《ろんじゅ》、三を合《がっ》して一と為《せ》るか。　（聖典二二三頁）

と自ら答えられています。「為るか」という疑問形のような表現になっています。この疑問形の表現というのは、反語的表現で、漢文の常識です。「そうであろうか」というのは疑問形のようだけれども、強い肯定をあらわすのです。こういう文章表現の、修辞法的な使い方があるのです。

それで、愚鈍の衆生に分かり易くするために、論主は「三を合して一と」されたが、それには、「涅槃の真因はただ信心をもってす（涅槃真因唯以信心）」ということがあるからだと、親鸞聖人はいわれます。願力回向の信心が涅槃の真因であるということは、親鸞教学の中心課題であり、中でもこの「信巻」の根本問題であるのですが、ここではあたかもそれが常識であるかのように、さっと提起されています。浄土往生の信心ということなら常識でしょうが、親鸞聖人が信心を涅槃の真因であると決定されたのには、それこそ「疑問を至して」歩んだ背景があったからに相違ありません。親鸞聖人が大切にされる大乗の経典に、『涅槃経』があります。仏弟子であるとは、「大涅槃を超証す」（「信巻」聖典二四五頁）ることであると、「真仏弟子釈」で押さえられてもいます。凡夫であっても「大涅槃」を得ることのできる道が、この『無量寿経』の本願の仏道であるということこそ、『教行信証』の根本テーマであるともいえるのです。

この課題を確認することができたのには、曇鸞大師の『浄土論註』の「三願的証」に第十一願が押さえられており、これによって「証巻」を開設することができたということがあります。さらに、法然上人の『選択集』三心章に、

当に知るべし、生死の家には疑をもって所止とし、涅槃の城には信をもって能入とす。（真聖全一、九六七頁）

という言葉があり、それを「正信偈」に、

速やかに寂静《じゃくじょう》無為《むい》の楽《みやこ》に入《い》ることは、必ず信心《しんじん》をもって能入とす、（聖典二〇七頁）

と記されています。また、『三経往生文類』で押さえられていますが、

大経往生《だいきょうおうじょう》というは、如来選択《にょらいせんじゃく》の本願、不可思議の願海、これを他力《たりき》ともうすなり。これすなわち念仏往生の願因によりて、必至滅度《めつど》の願果をうるなり。（聖典四六八頁）

と、選択本願の願を因として、必至滅度の願果を得るというように、本願の因果において、大涅槃を凡夫がいただける道筋が与えられているとされています。この確信があるから、親鸞聖人は、信心は大般涅槃道だといわれるわけです。それによって、「涅槃の真因は、ただ信心」であるからこそ、天親菩薩が信心を「一心」とされているのだといわれるのでしょう。ともかく、涅槃の真因が信心であるから、論主は「三を合して一」とされるのだろうと答えられています。

大涅槃を凡夫が得るというのは、絶対矛盾です。矛盾というか不可能です。自力の大菩提心ということになれば、何回生まれ変わってやってみても、とうてい及ばない。「自力聖道《じりきしょうどう》の菩提心《ぼだいしん》」と、親鸞聖人はいわれます。

　自力聖道《じりきしょうどう》の菩提心《ぼだいしん》　こころもことばもおよばれず
　常没流転《じょうもつるてん》の凡愚《ぼんぐ》は　いかでか発起《ほっき》せしむべき
　（『正像末和讃』聖典五〇一～五〇二頁）

このように、「自力の菩提心」では無理なのだといわれるのです。凡夫にあっては、生死と涅槃は矛盾する。絶対に一致しない。にもかかわらず、大乗仏教は「生死即涅槃」という課題を出している。「即」なのですから、あたかもそれはそのまますぐに成就する、生死のままに涅槃であるということが成り立つごとくに教えている。どの大乗仏教の論書を開いても、そう書いてある。

ところが、現実は、生死の迷いに苦しんでいるままに涅槃であるなどとはいえない。涅槃ということは、生死に悩み苦しむのではなくて、生死を遊ぶがごとくに自由自在に生きていけるということです。迷いや苦しみや悩みというものを、つらいこと嫌なこと、逃げ出したいこととして感ずるのではなくて、悩みや苦しみや痛みやつらいことを、喜んで引き受けて、それを場として歩んでいける、そういうふうに展開することが、大乗仏教の目的とするところなのです。それは、確かにそうなれたらすごい。

煩悩《ぼんのう》の林に遊びて神通《じんずう》を現じ（遊煩悩林現神通）

（「正信偈」聖典二〇六頁）

ということができたら、それはすごいことです。ところが、親鸞聖人は、そのことは第二十二願の果であるとされます。大涅槃それ自身は、本願の果である。凡夫は、どこまでも悩み苦しみ、

欲《よく》もおおく、いかり、はらだち、そねみ、ねたむこころおおく、ひまなくして臨終《りんじゅう》の一念にいたるまでとどまらず、きえず、たえずと、

（『一念多念文意』聖典五四五頁）

このようにいわれるのです。凡夫であるということは、絶対に苦しみ悩みから離れられない存在だということです。喜んで、苦しんだり悩んだりするなどとは、絶対にいえない。痛ければ痛いし、つらければつらいし、病気になったら嫌だし、ちょっとしたことでも不安になる。ちょっとした病気でも暗くなる。そういうのが凡夫です。「いやあ、病気になって嬉しい」などといえるような、そんな凡夫はいません。ですから、とても「生死即涅槃」などということはいえない。いえばそれは、嘘ということになる。けれども、目的として、大乗仏教はそうあるべきだということをいう。

それに対して、親鸞聖人は、本願は、その果である大涅槃を凡夫に与えられるという。そのために、いかにしたら衆生に大乗仏教の功徳を与えられるかというところに、本願が立ち上がり、名号という方法を案じいだして、「信心を獲よ」と、こういう方法を選び取られた。我われは、信心を得れば、大乗仏教の道理を凡夫のままに因をいただいて、生きていける道が開けるのだといわれる。迷い苦しみを逃げるのでもない、迷い苦しみを喜ぶのでもない。迷い苦しみはつらいけれども、そこを縁として、「南無阿弥陀仏」の生活において、大涅槃を必定とする信念に立って生きていける。これを本当に実践的に生きるということは、大変かたじけないし、また難しい。

虚偽、顛倒を生きている愚かな凡夫が、どうして真実の心になり得るのか。真実の心をいただくなら、それは、

そのまま浄土の質と同じ質ですから、これから浄土に生まれるというよりも、浄土の質をもうここにいただく、つまり涅槃の質を今ここにいただく。こういうことを、親鸞聖人は明らかにされるのです。

念仏して浄土に往くというけれども、本当にそこに隙間がないのか。念仏したけれども、いつになったら往けるのだろうという間《あいだ》があったら、その疑問は絶対に除くことができない。そういう問題について、この「涅槃の真因はただ信心をもってす」という形で、親鸞聖人自身が確認しておられるのだろうと思うのです。

「至心」の字訓

次に、

私《わたくし》に三心の字訓を闚《うかが》うに、三はすなわち一なるべし。その意《こころ》何《いか》んとなれば、（聖典二二三頁）

といわれて、三心それぞれの漢字の意味を、他の文字に引き当てていかれます。

この方法を字訓釈といい習わしています。こういう方法は漢字独特の分析方法で、親鸞聖人は比叡山での修学で身につけられたのでしょう。その当時手に入った辞書に、漢字の意味が解明されていまして、そういう文字を拾われ、ここに当てておられるということなのです。本当に、親鸞聖人は、知識の広い方で、そういう辞書の調べ方はもちろんですけれども、すごく記憶力のよい方だったに違いない。まったく違う経典にある文字などももってこられているのです。

それで、字訓を始めるに当たって、「三はすなわち一なるべし」と、結論を推量し、当然そうあるべきことを予測してあります。あるいは「なるべし」とは、如来のお心から必然的にそうなるであろうと論定しておられるのかも知れません。または、すでに自分では確認したことを、ここに開示するということかも知れません。

まず「至心」については、

その意何《こころいか》んとなれば、「至心」と言うは、「至」はすなわちこれ真なり、実なり、誠《じょう》なり。「心」はすなわちこれ種なり、実なり。（聖典二二三頁）

と文字の意味を他の文字で確認されます。法然上人が、念仏往生の願とされている本願に、親鸞聖人は信心が三心として誓われていると気づかれた。それについては、善導大師の三心釈が気になっていたからでしょう。『観無量寿経』三心の至誠心に、善導大師が問題を投げかけておられます。人間に至誠心があり得るのかということと、その釈文の中に、

正《まさ》しくかの阿弥陀仏《あみだぶつ》、因中に菩薩《ぼさつ》の行を行じたまいし時、乃至《ないし》一念一刹那《いっせつな》も、三業の所修みなこれ真実心の中《うち》に作《な》したまいしに由ってなり、と。（「信巻」聖典二一五頁）

といわれていることがあります。衆生のなす三業はすべて虚仮雑毒であって、真実心は阿弥陀如来の因位の作願にあり得るのだと、善導大師はいわれているわけです。ここの字訓釈では、それを背景に至心は至誠心であるとして、如来の願心の真実であることを明らかにされています。

「信楽」の字訓

「信楽」については、

「信楽」と言うは、「信」はすなわちこれ真なり、実なり、誠《じょう》なり、満なり、極《ごく》なり、成《じょう》なり、用《ゆう》なり、重な

り、審《しん》なり、験《けん》なり、宣なり、忠《ちゅう》なり。「楽《ぎょう》」はすなわちこれ欲なり、願なり、愛なり、悦《えつ》なり、歓なり、喜なり、賀なり、慶なり。（聖典二二三頁）

といわれています。

「信」については、十二文字を取り出され、「楽」については、八文字を出されて、その意味を尋ねておられます。これについては、当時の漢字辞書を用いられたのであろうといわれています。

「欲生」の字訓

続いて「欲生」については、

「欲生」と言うは、「欲」はすなわちこれ願なり、楽《ぎょう》なり、覚なり、知なり。「生」はすなわちこれ成《じょう》なり、作《さ》なり、為なり、興《こう》なり。（聖典二二三～二二四頁）

と尋ねておられます。

続いてそれらを四文字ごとにまとめられる。四字で意味をまとめるということも、四字熟語という言葉もあるほどで、漢字で意味内容を要約するときの伝統的方法のようです。

明らかに知りぬ、「至心」はすなわちこれ真実誠種《しんじつじょうしゅ》の心なるがゆえに、疑蓋雑《ぎがいまじ》わることなきなり。「信楽《しんぎょう》」はすなわちこれ真実誠満《しんじつじょうまん》の心なり、極成用重《ごくじょうゆうじゅう》の心なり、審験宣忠《しんけんせんちゅう》の心なり、欲願愛悦《よくがんあいえつ》の心なり、歓喜賀慶《かんぎがけい》の心なるがゆえに、疑蓋雑《ぎがいまじ》わることなきなり。「欲生」はすなわちこれ願楽覚知《がんぎょうかくち》の心なり、成作為興《じょうさいこう》の心なり、大悲回向の心なるがゆえに、疑蓋雑《ぎがいまじ》わることなきなり。（聖典二二四頁）

「至心」については、「真実誠種」だけですが、「信楽」は、「信」にもたくさんの意味があるし、「楽」にもたくさんの意味があるということで、六つの四字熟語ができています。次に、「欲生」については、「欲」の方には「願楽覚知」があり、「生」の方には「成作為興」があるということで、二つの四字熟語を置かれています。

そして、「至心」も「信楽」も「欲生」も総て、「疑蓋雑《ぎがいまじ》わることなきなり」という言葉で締めくくられています。

三心字訓釈の結釈

三心の字訓が終わって、それをまとめて、

今三心の字訓を案《あん》ずるに、真実の心にして虚仮雑《こけまじ》わることなし、正直の心にして邪偽雑《じゃぎまじ》わることなし。真《まこと》に知りぬ、疑蓋間雑《ぎがいけんぞう》なきがゆえに、これを「信楽《しんぎょう》」と名づく。「信楽《しんぎょう》」はすなわちこれ一心なり。一心はすなわちこれ真実信心なり。このゆえに論主建《ろんじゅはじ》めに「一心」と言えるなり、と。知るべし。　（聖典二三四頁）

といわれています。

三心の字訓釈を通して「疑蓋がない」といわれるのは、三心共に真実という意味が貫かれているからだと読み取ることにあるようで、それは、「今三心の字訓を案《あん》ずるに、真実の心にして虚仮雑《こけまじ》わることなし、正直の心にして邪偽雑《じゃぎまじ》わることなし」といわれてくることからわかります。

そして、「真《まこと》に知りぬ、疑蓋間雑《ぎがいけんぞう》なきがゆえに、これを『信楽《しんきょう》』と名づく。『信楽《しんぎょう》』はすなわちこれ一心なり。一心はすなわちこれ真実信心なり。このゆえに論主建《ろんじゅはじ》めに『一心』と言えるなり、と。知るべし」といわれるわけです。

要するに、至心・信楽・欲生は如来の願心の言葉ですから、人間の虚仮不実はまじらない。その信念の上で字訓を見るということなのでしょう。疑いがないということから、「一心」がないのだから「一心」だと結論されます。こういう展開ですから、三心は一心であることを字訓から導き出したというよりも、三心が如来の真実からきているのだから一心であると、どうも初めから見ておられたといっても良いのではないでしょうか。

第二節　第二の問答

仏意釈

親鸞聖人は、「このゆえに論主建めに『一心』と言えるなり」と第一問答を結んで、「また問う」といって第二問答を起こされます。

また問う。字訓のごとき、論主《ろんじゅ》の意、三をもって一とせる義、その理しかるべしといえども、愚悪《ぐあく》の衆生のために、阿弥陀如来《あみだにょらい》すでに三心の願を発《おこ》したまえり、云何《いかん》が思念せんや。答う。仏意測《はか》り難《がた》し、しかりといえども竊《ひそ》かにこの心を推するに、一切の群生海《ぐんじょうかい》、無始よりこのかた乃至《ないし》今日今時に至るまで、穢悪汚染《えあくわぜん》にして清浄《しょうじょう》の心なし。虚仮諂偽《こけてんぎ》にして真実の心なし。（聖典二二四〜二二五頁）

論主は「一心」といわれたけれども、やはり本願は三心を発していると。これはどう考えるのかといわれて、まず、「答う。仏意測《はか》り難《がた》し」と、わかるわけはない、なぜ三心なのかということは、阿弥陀如来のお心ですから、本当はわからないといわれるのです。

そして、「しかりといえども竊《ひそ》かにこの心を推するに」といわれます。「竊かに」という字は、「総序」の冒頭に使われ、「後序」の冒頭も「竊かに」という文字から始まります。その「竊かに」という文字を、文章の中で使われているのです。これは「仏意測り難し」ということなのだということが押さえられているわけです。

次に、「竊《ひそ》かにこの心を推するに」とありますが、「この（斯）心を推するに」の「この」という字は「斯《し》」という字が使われます。どうしてこの字を使われるのかわかりません。「総序」には、「ただこの信を崇めよ（唯崇斯信）」（聖典一四九頁）とあります。ここに「斯信」という字があります。

ここで、「この心」というのは、どの心かという議論があるのです。「一心」といわれた信心が「三心」に開かれるということはどういうことか。「仏意は測り難い」という展開ですから、「この心を推するに」の「この心」というのは「この信心」で、「真実信心」なのだと、曾我先生は強くいわれています。

これは、人によって意見が違うのです。「三心のうちの信楽だ」とか、「いや至心から始まるのだから至心だろう」とか、いろいろあります。

しかし、これは、三心の中の一つをいわれているのではないと思います。「竊かにこの心を推するに」という「この心」というのは、如来が三心を起こされる所以を推察されるのであるから、その根源の「信心」そのもの、あるいはそれを天親菩薩が一心といわれた「疑蓋無雑」の「心」それ自体を考察するということでしょう。この「信心」を推すれば、衆生が穢悪汚染・虚仮諂偽であるのに、いかにして真実の信心が衆生に発起し得るかという、絶対不可能の矛盾が問いそのものとなるのです。このように押さえるのが「この心」なのですから、これは「真実信心」なのです。

次に、「一切の群生海《ぐんじょうかい》、無始よりこのかた乃至《ないし》今日今時に至るまで、穢悪汚染《えあくわぜん》にして清浄《しょうじょう》の心なし。虚仮諂偽《こけてんぎ》にして真実の心なし」といわれます。これは、善導大師の「機の深信」の言葉を受けている表現です。「一切の群生海、無始よりこのかた乃至今日今時に至るまで」、「虚仮諂偽にして真実の心なし」と、徹底的に押さえられます。この世の相対的な真実とか相対的な清浄であったら、「俺は真実だ。清浄だ」などという人がいるかも知れません。でも親鸞聖人の眼からすれば、如来の大悲に照らせば、人間の心に清浄があるはずがない。情況に迷わされて悩み苦しむ存在が凡夫ですから、一切の存在は凡夫である。その凡夫の事実は、極悪深重であると、このように押さえられているのです。ですから、「お前は人よりも悪い」というようなことをいわれているわけではない。比較していいとか悪いとかいわれているわけではない。存在の本質、凡夫の本質が「虚仮諂偽」なのだと。衆生の穢悪汚染の自覚的事実を親鸞聖人はいわれているのです。

初め私は、「こんなことまでいわなくてもいいのではないか」と思いました。「そうかも知れないけれども、嫌な言葉だなあ」と思っていました。聞き始めのうちは、親鸞聖人の眼が全然わからなかったのですが、だんだん聞いて読んで聞法を続けていくうちに、親鸞聖人のお心がわかるようになり、見えなかった自分が見えてくるようになりました。

自分というのは自分で見えないのですね。いい自分は見えるけれども、嫌な自分は見たくないから、隠しておこうとする。自分自身の意識が自分の盲点を作っているのですね。だから、見えないのです。それを、親鸞聖人は、本願に照らして、えぐり出しておられるわけです。ですから、教えを聞いていくうちに、だんだんと「虚仮諂偽にして真実の心なし」という自分の姿に近づいていくことになるのです。

けれども、虚偽だけしかないという自己確認をすることは、やはりとても難しいのです。

たとえば、死を譬えにするならば、もう必ず死ぬのだ、疑いなく死ぬのだということを本当に覚悟するということとは、容易ではありません。どう見てもあと数日で死ぬというところまでいっていても、医者から「手術しましょうか」といわれると、家族とか本人は悩むわけです。「どうせ死ぬのだから手術しないでください」とは、なかなかいえない。やはり人間というのは、本当に虚偽を生きているなあと、つくづく思うのです。

ですから、その虚偽であるままに真実に出遇うしかない。虚偽をなくして真実にはならない。虚偽のままに真実をいただこうというところに、大悲が起こらざるを得ない理由があるのです。ということで、親鸞聖人は、次に、

　ここをもって如来、一切苦悩の衆生海《しゅじょうかい》を悲憫《ひびん》して、不可思議《ふかしぎ》兆載永劫《ちょうさいようごう》において、菩薩《ぼさつ》の行を行じたまいし時、三業の所修、一念・一刹那《いっせつな》も清浄《しょうじょう》ならざることなし、真心ならざることなし。如来、清浄《しょうじょう》の真心をもって、円融無碍《むげ》・不可思議・不可称《ふかしょう》・不可説の至徳を成就したまえり。如来の至心をもって、諸有《しょう》の一切煩悩《ぼんのう》・悪業・邪智《じゃち》の群生海《ぐんじょうかい》に回施したまえり。すなわちこれ利他の真心を彰《あらわ》す。かるがゆえに、疑蓋《ぎがい》雑《まじ》わることなし。この至心はすなわちこれ至徳の尊号をその体とせるなり。

（聖典二二五頁）

といわれるのです。

最初に、「ここをもって如来」とありますが、これについて、曾我量深先生は、ずいぶん大切に扱っておられます。曾我先生は、この「ここをもって如来」というのは、代替的な言葉ではないといわれるのです。これがだめだからこっちだと、そういうふうに普通は読んでしまう。凡夫では助からないから、如来の力によるというように、自分ではできないから如来によるというように、何か取り替えたような感じで読んでしまう。それと違って、「ここをもって」といういい方は、他に手立てはないのだ、これしかないのだということだといわれるのです。

曾我先生がいわれるのは、ここで問題にされていることは、存在の一部欠如や一部の意味不明さから出る問いではなくて、存在全体が問いとならざる得ない事態だから、如来は全存在をかけて衆生に関わろうとして、「ここを

もって」といわれるのだということなのです。存在自体が虚仮不実である衆生に、如来が全存在をかけて真実を開示しようとするのだということなのです。

曾我先生は、そういうことをいわれて、ずいぶん強調しておられました。私は最初、どうしてそんなに強調されるのかと思っていたのですけれど、なるほどと少しわかってきました。

ここの文章の展開は、善導大師の至誠心釈の言葉を映しておられます。『無量寿経』でいいますと、

不可思議の兆載永劫《ちょうさいようごう》において、菩薩《ぼさつ》の無量の徳行を積植《しゃくじき》して、　（聖典二七頁）

とあります。こういうことから、親鸞聖人は、善導大師の表現を用いながら、『無量寿経』の法蔵菩薩の行、兆載永劫の行ということは、衆生の信心獲得のためであるとされたのです。法蔵菩薩のご苦労が名号の選択にかかるとも読めなくもないのですけれども、善導大師が、三心の釈に使っておられるということを大事にされて、法蔵菩薩のご苦労は、虚仮雑毒の衆生の心に真実信心を発起せしめるためなのだとされました。衆生の努力や心がけなどでは、絶対に不可能なことだから「難信」である。けれども、如来の大悲はそれをけっして諦めないと、親鸞聖人は受け取られたのです。

三心は三相であるということ

その大悲が衆生に三心を語りかけるのは、信心が「時熟」の心であるということがあるからなのでしょう。衆生の移ろいゆく時間に起こる意識作用の中に、如来の願心がその大悲を呼びかけるために、時間存在の構造に根ざす「心」として、願心が三心に分化したのではないか。このことを、『唯識三十頌』における主体たる「阿頼耶識」の

三相に照らして考察されたのが、曾我量深先生の思索です(『如来表現の範疇としての三心観』『曾我量深選集』第三巻所収)。

阿頼耶識は、『唯識三十頌』において、「阿頼耶、異熟、一切種」と三名で解明されています。その三名は、阿頼耶識の「自相、果相、因相」であるとされます。「阿頼耶」という語は、もともと「蔵」という意味があるので、阿頼耶識は蔵識ともいわれます。その「蔵」とは、人間の主体の成り立ちをあらわしています。現在ここに生きている自己自身は、一面で自分にまで成ってきたものである。すなわち、曠劫以来の生命の歴史の結果、人間の両親から現在の身体を与えられ、誕生してからこのかた、生活の一切の世話を受け、言葉を始めとして人間としての教育を受け、歴史的社会的存在としての現在の自分にまで育てられてきた。けっして突然今の自分が降って湧いたわけではない。その現在の背景を、自己の過去の生活経験の歴史というなら、自己は生活史を蓄えた蔵であるということになります。

それを阿頼耶識の果相といい、その果相を「異熟識」といいます。異熟とは、その時その時の行為経験が、次の時間に何らかの意味を残して蔵に蓄えられ、その性質が、善悪の行為経験の果として苦楽の状態があらわれてくるので、「異なって熟す」といわれます。「善悪」と「苦楽」とは、善悪業という行為に対応して、結果が苦・楽という情況として出てくる。善悪という価値概念に対応するものが、楽しいか苦しいかという情況になります。つまり、行為の質と存在状況のあり方ということでは、性格を異にして熟してきています。それで果相を異熟識と呼ぶのです。

一方で、その自己が生きているということは、念々に次の行為を生み出していく可能性を、保っているということでもあります。次の時にいかなる行為経験を起こすかは、わかりません。未知数です。それを可能性として、

「種子《しゅうじ》」という。これから芽生えてくる力を持っているということです。これからの可能性を、阿頼耶識の因相といいます。つまり、一切種識とは、阿頼耶識の因相の名です。

こういうわけで、阿頼耶は、果相と因相とをもった、自相の名であるというのです。この阿頼耶識の分析を本願の三心に当てはめたのが、曾我量深先生の三心観なのです。それはたんに、違うことがらを無理矢理当てはめたということではありません。唯識学派（瑜伽行派）が、迷妄の自己を反省内観して見出した深層意識としての阿頼耶識は、『無量寿経』に照らせば、因位法蔵願心が兆載永劫をかけて、迷妄の衆生を真如平等の智慧にまで導こうとする意識の場所に当たるからです。迷妄の身に自己を没して、衆生と共に苦悩の闇を生き抜いて、無量光明の境遇に導こうとするのが法蔵願心である。迷妄の主体を担う阿頼耶識は、本願の信心にまで歩む因位の主体でもあると、曾我量深先生は考えられた。迷妄の主体以外に、信心の主体はない。しかし、迷妄を転じなければ、衆生の根本識は闇のままです。煩悩の主体でしかなかったような意識の中に、聞薫習を経て、真実信心が立ち上がるとき、たんに今までの法相唯識が伝える阿頼耶識だけだったら、絶対に大菩提心が成就しない。聞薫習を経て、阿頼耶識が転ずるということがどうして起こるかというときに、阿頼耶の経験は全部、無明の経験ですから、すべて無明の経験を蓄積した主体に、どうして真実の言葉が響き得るかということが、論理としては説明できないわけです。

しかし、阿頼耶識がいかに無明の意識のごとくに生きていても、本質に本性として、法性とか真如といわれる真実性というものが、本来性としてあることを教えるのが大乗仏教です。大乗仏教からすれば、どれだけ無明のいのちを生きている衆生であっても、一如である、「生死即涅槃」である。生死の側からは涅槃は見えないけれども、涅槃ということからすれば、生死は涅槃と別ではない。こういうことから、阿頼耶識は無明の主体なのだけれども、しかし、聞薫習を経れば、大菩提心を起こしてくる基礎になるといわれる。

ですから、虚偽諂曲の衆生に、真実の信心が起こるはずがないけれども、起こってくるその原理が、法蔵菩薩なのだといわれるのです。法蔵菩薩と、無明のいのちを生きてきた一人ひとりの宿業因縁の衆生の主体とは、ぶつかるのです。ですから、法蔵菩薩を阿頼耶識だと考えることにおいて、無明を担って立ち上がる真実の主体、こういうことを、曾我先生は何とか考え抜こうとされたのです。曾我先生に、『闇へ闇へ』（『曾我量深選集』第三巻八七頁）という題名の論文があります。これこそ、法蔵願心そのものを考究する主体が見出す論題です。

さて、その阿頼耶識の三相と本願の三心が、どのような対応関係を持ち得るのか。普通には、三心の至心・信楽・欲生を、三相の因相・自相・果相の次第で配当するようです。その場合は、因たる至心が信楽となり、信楽を得たなら欲生が起こるという展開を考えますから、欲生をこれから浄土へ生まれていこうとする意欲として了解することになります。

これはまさに、一般的な浄土への願生心の理解になります。ところが、この願生の意欲は、凡夫の起こす意欲になりますから、親鸞聖人が明らかにした純粋な意欲としての如来の意欲にならないという問題が発生します。凡夫がまじめに発起することが願生心だとなると、どうしても「願生づのり」の異義を対治することができないこととなり、それで、欲生の問題は良くわからないから、避けておこうということになってきたらしいのです。

それでは、親鸞聖人が如来の欲生心といわれ、「欲生心成就の文」として本願成就の文の後半を引用し、欲生心は回向心であるといわれた問題が、抜け落ちた教学ということになります。これに対して、曾我量深先生は、全力をかけて欲生心の問題を考究されたのです。

信心の果相としての至心

三心を三相に配当する場合、信心の自相は当然、信楽です。『唯識三十頌』の場合は、阿頼耶識です。その果相は異熟識です。それに対する信心の果相を、曾我量深先生は「至心」であるといわれました。それは「至徳を成就」した名号を体として開かれる心を、「至心」であると親鸞聖人が見られるからです。

如来、清浄《しょうじょう》の真心をもって、円融無碍《むげ》・不可思議・不可称《ふかしょう》・不可説の至徳を成就したまえり。

（聖典二二五頁）

といわれます。これを「如来の至心」であるといわれるのですから、至心は、明らかに永劫修行の果相である。その至心を、『無量寿経』勝行段の「もろもろの衆生《しゅじょう》をして功徳を成就せしむ」（聖典二七頁）という言葉で親鸞聖人は押さえられます。果相が背景にあって信心が成り立ってくる、それは宿業因縁が背景にあって、我らの現実が成り立ってくることに対応します。阿頼耶識においては、果相と現行とは、意識それ自体の位であって別の物があるのではありません。果体たる自己が、すなわち現行として生きている自己です。宿業因縁を引き受けている身が自己自身です。自分自身がそれ以外にあることはできません。

それを回向の信心において考察するなら、法蔵願心の永劫修行によって煩悩の衆生の心に信心が成り立ってくる。煩悩を妨げとせずに無碍の光明に摂取されつつある存在の自覚が起こる。それが真実明たる阿弥陀の名号の具体的事実です。一如は不増不減の真理とされますが、それを衆生の事実にするための無限の修行、無倦の願心、不可能事を現行せしめんとする大悲の具現。その果たる果相そのものが、現行の可能根拠となるのです。

さて、親鸞聖人は、『無量寿経』勝行段、それに対応する『無量寿如来会』の文に続けて、「散善義」の至誠心釈を引文されます。

もし善の三業を起こさば、必ず真実心の中に作《な》したまえるを須《もち》いて、内外《ないげ》・明闇《みょうあん》を簡《えら》ばず、みな真実を須《もち》いるがゆえに、「至誠心《しじょうしん》」と名づく、と。　(聖典二二六頁)

先に、徹底的に衆生の愚痴を押さえられていましたが、それを全面的に引き受けて如来の修行が開示してくるのは、その愚痴の衆生の心における真実心です。真実心が起こる場所は、愚痴の無明のただ中です。それは如来の「真実」ということからくることをいうために、

この心すなわちこれ不可思議・不可称・不可説の一乗大智願海《いちじょうだいちがんかい》、回向利益他《えこうりやくた》の真実心なり。これを「至心」と名づく。　(聖典二二六～二二七頁)

と御自釈で、不可思議・不可称・不可説の願海が、真実そのものを悪業邪智の衆生に回向することを示されます。

そして、『涅槃経』「聖行品」から、

『涅槃経《ねはんぎょう》』に言《のたま》わく、実諦《じったい》は一道清浄《いちどうしょうじょう》にして二あることなきなり。「真実」というは、すなわちこれ如来《にょらい》なり。如来はすなわちこれ真実なり。真実はすなわちこれ虚空《こくう》なり。虚空はすなわちこれ真実なり。真実はすなわちこれ仏性《ぶっしょう》なり。仏性はすなわちこれ真実なり、と。　(聖典二二七頁)

と、「実諦」についての文と、真実は如来であり仏性であるという文を「乃至」せずに引用されます。

そして、先の善導大師の「内外・明闇」の語を、人間の意識の内面と外面ということではなく、次の御自釈で、

『釈』(散善義)に、「不簡内外明闇《ふけんないげみょうあん》」と云えり。「内外《ないげ》」とは、「内」はすなわちこれ出世なり、「外」はすなわちこれ世間なり。「明闇《みょうあん》」とは、「明」はすなわちこれ出世なり、「闇」はすなわちこれ世間なり。また

「明」はすなわち智明《ちみょう》なり、「闇」はすなわち無明《むみょう》なり。（聖典二二七頁）

と、「内」は出世、「外」は世間であるとし、「明」は智慧の明るみであり、「闇」は無明であるとされます。その根拠を『涅槃経』の文で、

『涅槃経《ねはんぎょう》』に言《のたま》わく、「闇」はすなわち世間なり、「明」はすなわち出世なり。「闇」はすなわち無明なり、「明」はすなわち智明なり、と。（聖典二二七頁）

と、確かめられています。

その内外・明闇を簡ばずにはたらき続けるものが真実心である、相対的な明闇を突破してこそ、真実が如来であるといえるのです。こういう展開をしていますから、至心が「疑蓋間雑あることなし」とされるのでしょう。内外という問題については、親鸞聖人は『愚禿鈔』で随分と突っ込んでお考えになっておられます。

我われが内と考えるのは、自分の心の中であり、外は自分の心身の外側ということです。ところが、親鸞聖人がいわれるのは、そういう一般的な内外ではなくて、仏道と凡夫との関係において、どちらが内か外かということなのです。そういうことで、『愚禿鈔』の「内外対」では、「内外道外仏教《ないげどうげぶっきょう》」（聖典四五七頁）と、内は外道にしてむしろ外が仏教だというようなことを説かれるのです。

今、ここで「内外・明闇を簡ばず」といわれるのは、これは法蔵菩薩のお心です。内と外、つまり濁世を生きている心と仏法の心とを、『涅槃経』を引いて親鸞聖人は、内外ということで押さえられています。

「内」はすなわちこれ出世なり、「外」はすなわちこれ世間なり。（聖典二二七頁）

であると。また「明闇」では、

「明闇」とは、「明」はすなわちこれ出世なり、「闇」はすなわちこれ世間なり。（聖典二二七頁）

と、明は出世間であり、闇は世間であるといわれます。

こういって内外を示されて、しかし「内外・明闇を簡ばず」ですから、この不簡という字はあとで、「大信海を案ずれば」（聖典二三六頁）というところに出てくるのですけれども、大信海という言葉で、信心を得たならばいただくべき利益として、簡ばないということが成り立つということをいわれるのです。

「大信海を案《あん》ずれば、貴賤《きせん》・緇素《しそ》を簡《えら》ばず、男女《なんにょ》・老少を謂《い》わず」（「信巻」聖典二三六頁）という言葉で始まって、とにかくこの世のあらゆる差別というものが、本願海を信ずる精神界においては、簡ばないという平等性が成り立つのだと、そういうことが押さえられてきます。

そういうことで、内外明闇を簡ばずということは、明るみか闇かを簡ばないのだと、こういう言葉です。そこに法蔵願心ということが感じられるわけです。

その内外・明闇を簡ばずにはたらき続けるものが、真実心なのだといわれるのです。相対的な明闇を突破するような真実こそが、如来の願心であるということでしょう。

それで真実心とは、

しかれば、大聖《だいしょう》の真言《しんごん》・宗師の釈義《しゃくぎ》、まことに知りぬ、この心すなわちこれ不可思議・不可称・不可説の一《いち》乗大智願海《じょうだいちがんかい》、回向利益他《えこうりやくた》の真実心なり。これを「至心」と名づく。　（聖典二二六～二二七頁）

といわれています。

信心に真実という実質があるのは、如来回向の心であり、如来のお心がはたらいてくるからであるといわれるわけです。それに対して、衆生はどこまでも虚仮諂偽であると、そういう押さえを徹底的になさいます。

「至心」ということをいい始めるについて、「穢悪汚染」の衆生、「虚仮諂偽」の衆生、そこに如来がはたらく。

その如来がはたらくときに、「不簡内外明闇」ということが起きる、こういうふうに押さえられてくるわけです。

至心を体とする信楽（真実報土の因）

次に、信楽について説かれます。

次に「信楽《しんぎょう》」というは、すなわちこれ如来の満足大悲・円融無碍《えんゆうむげ》の信心海なり。このゆえに疑蓋間雑《ぎがいけんぞう》あることなし、かるがゆえに「信楽《しんぎょう》」と名づく。すなわち利他回向の至心をもって、信楽《しんぎょう》の体とするなり。しかるに無始より已来《このかた》、一切群生海《いっさいぐんじょうかい》、無明海《むみょうかい》に流転し、諸有輪《しょうりん》に沈迷《ちんめい》し、衆苦輪《しゅくりん》に繋縛《けばく》せられて、清浄《しょうじょう》の信楽なし。法爾《ほうに》として真実の信楽なし。ここをもって無上功徳、値遇《ちぐう》しがたく、最勝の浄信、獲得《ぎゃくとく》しがたし。一切《いっさい》凡小《ぼんしょう》、一切時の中に、貪《とん》愛の心常によく善心を汚《けが》し、瞋憎《しんぞう》の心常によく法財を焼く。急作急修《きゅうさきゅうしゅ》して頭燃《ずねん》を灸《はら》うがごとくすれども、すべて「雑毒《ぞうどく》・雑修《ざっしゅ》の善」と名づく。また「虚仮《こけ》・諂偽《てんぎ》の行」と名づく。「真実の業《ごう》」と名づけざるなり。この虚仮《こけ》・雑毒《ぞうどく》の善をもって、無量光明土《むりょうこうみょうど》に生まれんと欲する、これ必ず不可なり。

（聖典二二七〜二二八頁）

といわれています。

まず初めに、「次に信楽というは、すなわちこれ如来の満足大悲・円融無碍の信心海なり」とあります。つまり信楽は、私たちの上になり立つ心なのですけれども、それはじつは如来が大悲を満足される、円融無碍の信心なのだといわれて、如来自身が衆生をたすけんと立ち上がってそれが満足するような海、そういう信心の海であるといわれます。

信心それ自体は、果相たる至心を体として、至心を内容として成り立つ心だということです。それが現行となっている信心自体です。その信楽を語りだすとき、すぐに「如来の満足大悲・円融無碍の信心海なり。このゆえに疑蓋間雑あることなし、かるがゆえに『信楽』と名づく」といわれています。これは信楽が至心を体としていることを、すでに前提にしている展開だからなのでしょう。

そういう表現があって、「しかるに」という言葉がここに出てきます。至心（仏意釈）には、衆生が虚仮諂偽であるということを徹底的に押さえられたのですが、信楽に入ると、初めに「如来の満足大悲」だと押さえて、「しかるに」といって、「無始より已来、一切群生海、無明海に流転し、諸有輪に沈迷し、衆苦輪に繋縛せられて、清浄の信楽なし」と押さえられます。

如来は満足大悲なのだけれども、「しかるに」と、それに出遇うはずの衆生の相をもう一度、一切群生海は、「無明海に流転し、諸有輪に沈迷し、衆苦輪に繋縛せられて、清浄の信楽なし」と、これでもかというほど押さえ直されます。無明海というのは、無明ということは広く深くして、限りがないというイメージですね。

諸有輪も、『浄土和讃』に「諸有に流転の身とぞなる」（聖典四八五頁）といわれますけれど、諸有は、流転のあり方ですから、輪転して諸状況を経巡って止まることがないということです。その、グルグルと苦悩の命をまわっているというあり方を、諸有輪と表現されているのです。

そしてさらに、衆苦輪といわれます。諸々の苦悩、一つ苦悩が去れば次の苦悩がくる。次々に苦悩がきて、苦悩のないときはないというほどの輪であるという表現です。衆苦輪といって、そういうものに繋縛される。繋縛ということは、完全にそれに縛りつけられているということです。繋縛というのは、煩悩をあらわす言葉でもありますけれど、ここでは海とか輪とかいう、そういうあり方に繋縛せられているということです。

次に、「清浄の信楽なし。法爾として真実の信楽なし」といわれます。法爾としてということは、清浄の信楽がないのだから当然のこととして、「真実の信楽なし」と。真実の信心がないということを徹底的に押さえられるわけです。

そして「ここをもって」とあります。前にも如来が立ち上がるときに「ここをもって」(「信巻」聖典二二五頁)とあったのですが、こんどは、「ここをもって無上功徳、値遇しがたく、最勝の浄信、獲得しがたし」といわれています。

これは、真実功徳に出遇うことのない凡夫性を、再確認されているわけです。ここも「ここをもって」とあるのは、先に如来がすでに「悪業邪智の群生海に」真実功徳を回施すべく、「ここをもって」永劫の修行に立ち上がるのに、「しかるに無始より已来、一切群生海、無明海に流転し、諸有輪に沈迷し、衆苦輪に繫縛せられて、清浄の信楽なし。法爾として真実の信楽なし」という構造が、厳然として立ちはだかっています。ほとんど救われるべき縁はないという、群生海の自覚を呼びかけるために、如来の大悲と無明海に沈没する衆生の事実を、このように繰り返して語りかけておられるのです。

せっかく如来が、満足大悲の信楽を与えてくださっているのに、衆生は一向に苦悩から出られない。ということは、じつは信楽がないということなのです。無上功徳に値遇し難い。無上功徳とは名号ですから、名号の功徳に遇えないのです。

そして、「最勝の浄信、獲得しがたし」と、最勝の浄信とは真実信心です、最も勝れたる清い信心というものは獲得し難いと、このように徹底的に否定されます。

そして「一切凡小、一切時の中に、貪愛の心常によく善心を汚し、瞋憎の心常によく法財を焼く。急作急修して頭燃を灸うがごとくすれども、すべて『雑毒・雑修の善』と名づく」とあります。これは、善導大師の三心釈にあった表現を、そのまま踏襲する形で、煩悩の衆生のあり方を語っておられます。

凡夫の心から起こる行為は、いかに必死になっていても、すべて「雑毒・雑修の善」であると。また「虚仮・諂偽の行」と名づく、「真実の業と名づけざるなり」と。そして「この虚仮・雑毒の善をもって、無量光明土に生まれんと欲する、これ必ず不可なり」と。そういう心で無量光明土を求めても、絶対に得られない。無量光明土は、真実報土に親鸞聖人が名づけられた名前です。無量光明土というのは、法蔵菩薩の本願が果として荘厳している世界です。この世界は、苦悩の衆生のどのような心、どのような業、身口意の三業がどのように激しく動こうとも、無量光明土に対応する心ではないといわれるわけです。

「いや、俺は本当に願生する心がある」ということを思っている方があるかもしれませんが、虚仮の心しかない人間がいくら激しく思っても、その願生は、無量光明土に向かう心ではないのだということを、親鸞聖人がここで押さえておられるわけです。

清浄なる本願の因に応えて、真実報土は建立される。我われの心で真実報土に向かうことはできない。こういう対応です。徹底的に否定形で押さえられます。信楽といっても、如来の満足大悲の信楽であって、私たちが信ずるという信心は、全部虚仮の行なのだという押さえです。

続いて、

> 何をもってのゆえに、正《まさ》しく如来、菩薩《ぼさつ》の行を行じたまいし時、三業の所修、乃至《ないし》一念・一刹那《いっせつな》も疑蓋《ぎがい》雑《まじ》わることなきに由《よ》ってなり。この心はすなわち如来の大悲心なるがゆえに、必ず報土の正定《しょうじょう》の因と成る。如来、苦悩の群生海《ぐんじょうかい》を悲憐《ひれん》して、無碍《むげ》広大の浄信をもって諸有海《しょうかい》に回施《えせ》したまえり。これを「利他真実の信心」と

（聖典二二八頁）

名づく。

といわれています。

親鸞聖人は、衆生の意欲では、真実報土に行けないのだと、このように徹底して否定されます。徹底して否定しておいて、「何をもってのゆえに、正しく如来、菩薩の行を行じたまいし時、三業の所修、乃至一念・一刹那も疑蓋雑わることなきに由ってなり」といわれる。ここでまた『無量寿経』の勝行段の法蔵菩薩の修行を出してこられるわけです。

法蔵願心の因位の行が「疑蓋無雑」ですから、「無量光明土」は、衆生が自分の意欲で行ける場所ではないといわれて、そして「この心はすなわち如来の大悲心なるがゆえに、必ず報土の正定の因と成る」と、法蔵願心が、一念一刹那も三業のすべてに「疑蓋無疑」であることをもって、願心荘厳の報土の因となることを押さえられるのです。

面白い対応だなと思います。衆生がたすからないというのが、どうしてかというと、法蔵菩薩がたすけようとはたらいているからだという。何か普通の論理とは、少し食い違うような論理ですね。

法蔵菩薩の願心が、本当にはたらいてくるということと、衆生はどれだけ善行を積んだとしても真実報土に行くことできないという対応です。

「乃至一念・一刹那も疑蓋雑わることなきに由ってなり。この心はすなわち如来の大悲心なるがゆえに」と、ありますが、「この心」は、三一問答の一番初めの「この心（斯心）」と対応しますね。「この心はすなわち如来の大悲心なるがゆえに、必ず報土の正定の因と成る」と。ですから、徹底的に衆生の心を否定されるけれども、その衆生の中に立ち上がる法蔵菩薩の願心というものが真実であると、それが必ず報土の正定の因と成ると、このように押さえられているのです。

そして続いて、「如来、苦悩の群生海を悲憐して、無碍広大の浄信をもって諸有海に回施したまえり。これを『利他真実の信心』と名づく」といわれます。

このように、徹底的に、真実は如来の側から、内外明闇を簡ばないような法蔵願心の真実性からはたらいてくるものであり、それが真実報土の因なのだといわれる。私たちが努力したり作ったりする心で、真実に出遇うことはない。ここを徹底的に押さえられるのです。

これに続いて、「本願信心の願成就の文」（聖典二二八頁）の引文に入ります。

本願成就の文というのは、至心信楽の願文全体が「信巻」の初めに本願文と成就文として押さえられてありました。そこには「至心信楽の本願の文」という言葉と、『無量寿如来会』の文が引かれた後に、「本願成就の文」（聖典二一二頁）とある。ですからこの「本願成就の文」はいうまでもなく「至心信楽の本願成就の文」なのです。「至心信楽の本願成就の文」という名前は、ですから成就文全体にかかる言葉ですけれど、「本願信心の願成就の文」は、ほとんど同じようなことのようなのですけれど、ここでは、「至心」を外して「本願信心の願成就の文」というふうに名づけられて、そして先に本願成就の文として引いた「諸有衆生」に始まる文（聖典二一二頁）から、

諸有《しょう》の衆生《しゅじょう》、その名号を聞きて信心歓喜《しんじんかんぎ》せんこと、乃至《ないし》一念せん、と。（聖典二二八頁）

と、ここまでを引用されます。

信心それ自身を誓っている願が、全体を包む。これは本願の信心の問題全部を包んでいるのです。本願成就の文としては、「諸有衆生、聞其名号」から始まって「唯除五逆誹謗正法」まで全体をおさめられています。しかし、ことさらに「信心の願成就の文」と名づけられた場合には、「諸有の衆生」から「乃至一念せん」というところま

で切られるのです。

何故、そこで切られるかというと、それから後、

至心に回向せしめたまえり。かの国《くに》に生まれんと願ずれば、すなわち往生を得《え》、不退転に住せん。ただ五逆と誹謗正法《ひほうしょうぼう》とをば除く、と。

(聖典二一二頁)

「至心回向」以下の文は、別の課題である、欲生心成就であるということを押さえるためです。

本願の信心が発起するということは、諸有に流転して止まることのない迷没の群生が、諸仏世尊の教えの言葉を聞き当てることができるなら、「名号を聞きて」一念の浄信が起こり歓喜することだとされます。すなわち「信心歓喜乃至一念」ということが、「満足大悲円融無碍」と出されていたことの、現前の事実であると示されるのです。信心において、絶対満足といえる存在の無碍なる明るみが開かれるということです。ですから、自我の思いで「欲生」することは「不可」であり、さらにいうならば不要なのです。それは如来の大悲を満足した信心、如来の無碍なる広大無辺際の境地を具する信海だからだといわれるのです。

その信心が、先には「涅槃の真因」といわれ、「無量光明土」の正因といわれています。本願が開示した因は、本願の開く果とは、因果の位を異にして語りかけるけれども、衆生の分限では如来利他の願力に信順するのみで十分なのです。衆生がそれに条件を付け加える必要はないのです。またそれは不可能なのです。

無限の領域に、有限の部分を加えることは、ナンセンスなのです。如来が満足しておられるのだから、衆生が不足をいうことは、如来に対する「疑蓋」になるのでしょう。如来の満足大悲の信心であるという言葉を、しっかりと受け止めなければならないのです。

如来の願心が、この三心を開く因位の意味について、阿頼耶の三相との対応を考察しました。そこで「時熟」と

いう問題に触れたのですが、一如とか法性は、いわば時を超えた、時間とは関わりを持たない概念です。そういう概念で、仏法は菩提の智慧を表現するのです。それを本願は、第十一願で衆生に回向するのだと、親鸞聖人は考察されています。そして、それは如来が衆生に回向する果上の功徳という、位置づけをされているのです。それは、時間の中で流転する衆生に、本願力が大悲回向のはたらきで、一如真実の功徳を恵む構造なのです。

それを浄土教の構造で示すために、無量光明土は第十二願（光明無量の願）と第十三願（寿命無量の願）に酬報する場であり、真仏・真土の意味をもつ場として、「真仏土巻」にあらわされています。その場合は、

超世《ちょうせ》無上に摂取《せっしゅ》し　選択《せんじゃく》五劫《ごこう》思惟《しゆい》して
光明寿命《じゅみょう》の誓願《せいがん》を　大悲の本《ほん》としたまえり
（『正像末和讃』聖典五〇二頁）

と和讃されていますように、いわば大悲の根本であり、本願の根源であるという意味が与えられているのでしょう。苦悩の衆生を観察して、その大悲の根本から回向が立ちあがったのだと、親鸞聖人はご覧になったのでしょう。その意味を聞くのです。

「経」に「聞《もん》」と言うは、衆生《しゅじょう》、仏願の生起《しょうき》・本末《ほんまつ》を聞きて疑心あることなし。これを「聞」と曰《い》うなり。
（「信巻」聖典二四〇頁）

といわれています。仏願の因果を聞くところに、信心が成り立つのです。いうならば流転の時の中に、本願力が一如の意味に適う「時」を創出するのが、願力回向なのであろうと思います。これは後に、「信の一念」の問題として考察されてくる問題です。

そして、信心の願成就の文に対応して、『無量寿如来会』の信心の願成就の文にあたる文章を、

他方仏国の所有の衆生、無量寿如来の名号を聞きて、よく一念の浄信を発して歓喜せん、と。（聖典二二九頁）

と、「一念の浄信を発して歓喜せん、と」と、そこまで引かれる。本願を根拠として信心を成就するということをあらわされているのです。本願の成就が衆生の上に成り立ってくるということを明らかにされて、次に『涅槃経』を引かれます。

信楽釈における『涅槃経』の引文　その一

本願の信心ということを裏づけるために、『涅槃経』の文を引かれます。

善男子《ぜんなんし》、大慈大悲《だいじだいひ》を名づけて「仏性《ぶっしょう》」とす。何をもってのゆえに。大慈大悲は常に菩薩に随《したが》うこと影《かげ》の形に随《したが》うがごとし。一切衆生畢《つい》に定んで当《まさ》に大慈大悲を得《う》べし。このゆえに説きて「一切衆生悉有仏性《いっさいしゅじょうしつうぶっしょう》」と言《のたま》えるなり。大慈大悲は名づけて「仏性《ぶっしょう》」とす。「仏性」は名づけて「如来」とす。大喜大捨《だいきだいしゃ》を名づけて「仏性」とす。何をもってのゆえに、菩薩摩訶薩《ぼさつまかさつ》は、もし二十五有《にじゅうごう》を捨つること能《あた》わずは、すなわち阿耨多羅三藐三菩提を得《う》ること能《あた》わず。もろもろの衆生畢《つい》に当《まさ》に得《う》べきをもってのゆえに。このゆえに説きて「一切衆生悉有仏性」と言《のたま》えるなり。大喜大捨はすなわちこれ仏性なり、仏性はすなわちこれ如来なり。仏性は「大信心」と名づく。何をもってのゆえに、信心をもってのゆえに、菩薩摩訶薩はすなわちよく檀波羅蜜《だんはらみつ》乃至《ないし》般若波《はんにゃは》羅蜜《らみつ》を具足せり、一切衆生は畢《つい》に定んで当《まさ》に大信心を得《う》べきをもってのゆえに。このゆえに説きて「一切衆生悉有仏性」と言《のたま》えるなり。大信心はすなわちこれ仏性なり。仏性はすなわちこれ如来なり。仏性は「一子地《いっしじ》」と名づく。何をもってのゆえに、一子地の因縁をもってのゆえに菩薩はすなわち一切衆生において平等心を得たり。一切衆生は畢《つい》に定んで当《まさ》に一子地を得《う》べきがゆえに、このゆえに説きて、「一切衆生悉有仏性」と言《のたま》え

るなり。一子地はすなわちこれ仏性なり。仏性はすなわちこれ如来なり、と。已上　（聖典二二九頁）

ここに「仏性」という言葉が出ていて、この仏性という課題、そして「一切衆生悉有仏性」という言葉は、大乗仏教の根本標識ともいえる大切な『涅槃経』の言葉です。『大乗涅槃経』で、この「一切衆生悉有仏性」という言葉が伝わってきたことで、中国仏教が大きく揺らいだといえるほどの、ものすごい宣言なのです。

仏になる可能性をもっているのは、真面目に修行して立派な心を作りあげた人だけだということになると、罪を犯したり、反逆したりする人間はたすからないことになります。しかし、それが普通の世間常識と対応している、仏教一般の価値観だったわけです。大乗仏教といっても、罪人はたすからない。大乗というけれども、そういう問題が残っていたのです。それを『涅槃経』が入ってきて、一切の衆生は如来の眼から見れば必ず仏になる存在であるということを宣言する。これが、ものすごく大きな影響を生んだわけです。

それまでは、たすからない罪を犯した人間は、どういうことになるのか。理念だけはたすかるといっているけれども、実際にはたすからないではないか。一向に仏法を聞こうとしない人間は、どうするのかというようなことから、理論と実際が矛盾するという大問題になるわけですね。

そういう問題が、大乗仏教といいながら大乗ではないではないか、という問題にぶつかって、『涅槃経』が非常に大きな課題を投げかけてきたわけです。その大乗の課題を宣言している、この仏性の問題を、親鸞聖人は、ここに引用されて、如来回向の信楽というものは、この『涅槃経』の課題に応えるものなのだということを押さえられるのです。

このように「一切衆生悉有仏性」という大乗の『涅槃経』の根本主張が出され、「大慈大悲」「大喜大捨」そして「大信心」と「一子地」が「仏性」であり、「仏性」は如来であるといわれてきます。これら慈悲喜捨は四無量心として説かれてきた課題であり、一子地は如来の慈眼にとっての衆生が、平等の慈悲の対象であることをあらわす言葉といえるでしょう。

親鸞聖人の読経眼からすれば、この『涅槃経』の「菩薩」は『無量寿経』の「法蔵菩薩」に相当するのでしょう。その菩薩にとって、大慈大悲は影の形に添うようなものであり、大捨とは、二十五有（諸有）を捨てて無上菩提に立つ願心であり、この一子地の因縁で一切衆生が平等心を得るのだといわれるのです。これらのすべてを、衆生についには獲得させるのだから、「一切衆生悉有仏性」なのだといわれ、仏性は如来なのだといわれているのです。

大信心のところには、

> 仏性は「大信心」と名づく。何をもってのゆえに。信心をもってのゆえに、菩薩《ぼさつ》摩訶薩《まかさつ》はすなわちよく檀波羅蜜乃至般若波羅蜜を具足せり、一切衆生は畢《つい》に定んで当に大信心を得べきをもってのゆえに。このゆえに説きて「一切衆生悉有仏性《いっさいしゅじょうしつうぶっしょう》」と言えるなり。大信心はすなわちこれ仏性なり。仏性はすなわちこれ如来なり。
>
> （聖典二二九頁）

とあります。このことを「和讃」でも、

> 信心よろこぶそのひとを　如来《にょらい》とひとしとときたまう
> 大信心は仏性《ぶっしょう》なり　仏性《ぶっしょう》すなわち如来《にょらい》なり
>
> （『浄土和讃』聖典四八七頁）

と詠われていて、親鸞聖人のいわれる信心を理解するに当たって、重要不可欠の文なのです。

「信巻」初頭に、「大信心はすなわちこれ」といって十二徳が並べてありましたが、この「大信心」という語が、ここの『涅槃経』の言葉に依るのであり、親鸞聖人はその信を如来回向という原理によって凡夫が獲得できるということを明らかにしておられるのです。

そして、ここでは、「一切衆生悉有仏性」という言葉と「一子地」という言葉を、信楽釈（聖典二二七～二三二頁）には引用しておられます。一子地ということは、和讃にもありますけれども、ひとり子、親がひとり子に対して愛情をかける如くに、如来は一人ひとりの有情を一子地、ひとり子の大地、地というのは、初地、二地、三地の菩薩地と同じで、親鸞聖人は仏地という言葉も使われます。「本願の仏地」と曽我先生がおっしゃった。

心《しん》を弘誓《ぐぜい》の仏地《ぶつじ》に樹《た》て、念を難思《なんじ》の法界に流す。
（「後序」聖典四〇〇頁）

というあの仏地です。地というのは、自分がそこに本当に心をすえて身を立てることができるような大地、そういうことをイメージ的に「地」ということでいわれるのです。ですから、菩薩地も仏地も、共にそこに立てるような大地というイメージがあるのです。

それで、一子地というのは、ひとり子のような地です。如来が一人ひとりの宿業多き衆生を、一子地として「お前こそ、仏になってほしいのだ」というふうに呼びかけてくださる。そういうあり方が与えられるのだと。信楽において、そういうことが与えられるのだということで、一子地という言葉を親鸞聖人は、ここに押さえられます。一子地は、後に『観無量寿経』によって、分陀利華や妙好人という言葉が出てきて、さらには本願を信ずるなら勝友であると、衆生を如来がほめてくださる。お前はわが善き友だと、「善親友」（『無量寿経』聖典五一頁）だとほめてくださる。罪深い、虚仮雑毒の凡夫であるにもかかわらず、ほめてくださるという、そういうことと関係しているわけです。

『涅槃経』の菩薩を一般的な修行者として、自力でこの課題を成就すべく歩む存在として読む限り、これは愚かな有限存在にとって、無限に遠い到着点を望むようなことです。親鸞聖人は、その大なる課題を法蔵願心が回向するところに、大信心が衆生のものとなり得るのだといわれるのです。

法蔵願心を信ずることが、「大信心」に適うということです。「真仏土巻」には、「一切衆生悉有仏性」ということは、如来の随自意説であり、衆生からはこの課題は煩悩に妨げられていて見えないのだ（聖典三一二頁参照）といわれています。したがって、大慈大悲の課題を文字通り凡夫が成就しようとすることは、罪業深重の凡夫の道ではないのです。しかし、仏道の成就にとって不可欠の課題であり、如来回向の必要条件であるのです。一切衆生にこの課題を成就させなければ、如来も大悲を成就できないのです。この矛盾をいかにして乗り越えられるか。ここに『無量寿経』の本願が、悲願をおこされる所以があるのでしょう。大信心が仏性であり、仏性はすなわち如来であると説かれています。これによって親鸞聖人は、「信心仏性」といわれるのです。本願力の信心に立った、独自の理解を提起されるのです。「一切衆生悉有仏性」という大乗の課題を、願力回向の信心において応答されていくのです。

信楽釈における『涅槃経』の引文　その二

続いて、『涅槃経』の「迦葉菩薩品」の文を引かれています。

また言《のたま》わく、あるいは阿耨多羅三藐三菩提《あのくたらさんみゃくさんぼだい》を説くに、信心を因とす。これ菩提《ぼだい》の因、また無量なりといえども、もし信心を説けば、すなわちすでに摂尽《しょうじん》しぬ、と。（聖典二二九頁）

この「阿耨多羅三藐三菩提を説くに、信心を因とす」という言葉は、親鸞聖人にとって、本願の信心が無上菩提の因であり、真実報土の正因であるという確信を保証する言葉でしょう。こういう言葉は、たまたま『涅槃経』に落ちこぼれたようにあるのではなく、じつはこういう言葉を生み出すべく、教えが展開しているのだと読み取られたに違いなのです。

この言葉を真に裏づけるものが、『無量寿経』の本願の教えであるという確信から、逆に『涅槃経』や『華厳経』を、大乗の課題を提起し解明している大事な経典として取り上げられているともいえるでしょう。

そして、『涅槃経』からもう一文を引いておられます。

信にまた二種あり。一つには聞《もん》より生ず、二つには思より生ず。この人の信心、聞《もん》よりして生じて思より生ぜざる、このゆえに名づけて「信不具足」とす。また二種あり。一つには道《どう》ありと信ず、二つには得者を信ず。この人の信心、ただ道ありと信じて、すべて得道の人ありと信ぜざらん、これを名づけて「信不具足」とす、といえり。（聖典二三〇頁）

信楽釈の中に、信不具足という言葉を取り上げられるということです。『涅槃経』に「信不具足」と「聞不具足」という言葉があって、ここでは、信不具足ということをとられます。

「聞其名号　信心歓喜」ですから、当然、聞という課題がありますから、聞不具足というのは、後で「信の一念」の問題として取り上げられてきます。信心の問題では、信不具足という課題を乗り越えるということが、ここで取り上げられる。信不具足とは何であるかというと、聞と思、聞くということには、思うということがある。仏教の信心は、奇跡を信ずるのではなくて、どこまでも道理を聞くのです。

聞其名号ですから、名号というのは、陀羅尼ではありません。陀羅尼でないということは、何か神秘的なるものがあるのではない。名号は、本願が衆生に呼びかけようとする名ですから、本願の選択が名を行として選び取って、衆生に与える名となっている。そのいわれを聞いて本願を信ずる。名を通して本願の意味をいただく。いわれを聞くということなしに、名が特別のはたらきをするわけではないのです。聞を省いて、他力だからと口を開けて待っていたら、すごいことが起こるというなら、それは仏教ではない。仏教は智慧の宗教ともいわれますが、愚かな衆生であろうとも、いわれを聞いて心を翻すということですから、不可思議の神秘的なことが起こるというようなことを信ずるのは、仏教ではない。

仏教は、智慧の教えです。慈悲の教えでもあるけれども、智慧の教えでもあるのです。智慧抜きに慈悲があったら、慈悲は妄念になります。ですから、阿弥陀の智慧が名号を生み出しているのだということを、どこまでも疑いが晴れるまで聞くのです。不可思議なことを信ぜよということは、いわないのです。仏教はどこまでも、疑いを晴らして始めて信心が成り立つ。疑いを切って捨ててというのではないのです。疑いが晴れるまで聞く。聞くということに、思が関わるのです。

我われは、どこまでも聞思する。思うということは分別ですから、迷いにもなるのですけれども、迷いを尽くさずして真実にぶつかることはないのです。はじめから真実があるのだけれども、そこに出遇うためには、聞熏習の時がいるわけです。「どのくらい聞いたらわかるのですか」という話ではないのです。凡夫は、どこまでも虚偽ですから、虚偽が破れるまでは聞くしかありません。

法蔵願心が、兆載永劫に修行することを誓っているのは、じつに困難至極のものがあるからです。しかし、我われとしては、疑いが晴れるまで聞く。親鸞聖人にあっても、「しばらく疑問を至してついに明証を出だす」といわれるのですから、疑問を潜らずして信心が生ずるなどということはあり得ないのです。

我われは、疑いから出発するのです。いきなり信ずるなどということはあり得ません。初めから信じているのは、本当の信心ではないのです。それは初めから妥協しているわけです。そういうことが、信不具足として押さえられていると思うのです。

もう一つは、この得者を信ずるということは、これはもっと広くいえば、僧伽を信ずることです。我われより先に道理に触れた得道の人が居るのだと、これに出遇う。先人が努力して伝えてきた真理というものには、真理それ自身が歩んできた歴史があるのです。人がそれを受け止めて、その歴史に出遇うわけです。

『歎異抄』では、

弥陀《みだ》の本願まことにおわしまさば、釈尊の説教、虚言《きょごん》なるべからず。（聖典六二七頁）

と、釈尊の説教から始まっているのではなくて、弥陀の本願から始まっています。これが真理をどこまで本当に仰ぐかということです。

人間がどれだけ勝れていても、人間は有限ですから、だから有限を超えたものに出遇う歴史がある。そういうことを信頼する。道があるということは、人がいるということです。これは何でもないようだけれど、こういうふうに気づくということができると、僧伽を拝む意味がわかってくるのです。

僧伽というと、現実にある教団というものは、人間にとってはいろいろと問題が多いし、矛盾もあるし、不純粋だし、娑婆と同じだという面も圧倒的に多い。娑婆以下だというところもあります。ですから、これが僧伽ならとても嫌だと、何で僧伽を拝めるのだと。けれども、現実の濁っている面だけしか見えないのは、人間は凡夫ですから、凡夫の目で見たら凡夫のことしか見えないのです。ところが、如来は、僧伽を尊んでくださっているのです。信頼なさっているのです。

人間は、愚かで雑毒雑修で邪偽なのだけれども、それでも如来が信じてくださっている。「一切衆生悉有仏性」だといってくださっている。不純粋な目で見れば、不純粋しか見えないのです。純粋な眼からは、純粋なものが見える。我われは、不純粋な心と不純粋な眼ですから、腐った面しか見えないのです。本当に尊いものがあるのだということは、如来が見てくださるわけです。こういうことは、ある意味で怖いことだし、ある意味で尊いことなのです。

得者を信ずるということは、どれだけ大きいことか。得者ありと信ずることができるということが、仏教に出遇うことなのだと。これが、大乗仏教が諸仏を見出したということかも知れません。

私は、これがなかなかわかりませんでした。そんなに信じられる人が、この世の中に居るのかなどと思っていましたから。それでも、やはり生きた人、生きて仏道を本当に尊んでいる人の歴史があるということに出遇わせていただいたのですね。それで、「ああ、そうだったのだ」と教えられました。

それがやはり、信心の課題になるのだということです。

信楽釈における『華厳経』の引文

次に、『華厳経』の文が引かれてきます。『華厳経』は、「因分可説　果分不可説」といわれています。『華厳経』はどこまでも、因の立場で求道心を追求する。果の立場は取らない。果分不可説、果の方は『華厳経』は説かないのです。不思議な経典なのです。どこまでも求める側の因の位を語っています。したがってそこに、信心が非常に重きを持っているのです。信心をもつということが出発点であるとともに、もう無上菩提にまでつながっているという、そういう形で出てくる言葉が多いのです。

初めの引文は、

この法を聞きて、信心を歓喜《かんぎ》して疑《うたが》いなき者は、速やかに無上道を成らん、もろもろの如来と等し、となり。

（聖典二三〇頁）

とあります。先に挙げた「和讃」の、

信心よろこぶそのひとを　如来《にょらい》とひとしとときたまう
大信心は仏性《ぶっしょう》なり　仏性すなわち如来なり
（『浄土和讃』聖典四八七頁）

の冒頭部は、正にこの『華厳経』の文からきていることがわかります。『涅槃経』『華厳経』の問題を信心に集約して、これを受け止める者が「仏性」を具現し、如来と等しい存在の意味をいただくことを示されているのです。

次は「賢首品」の長文の引用です。この文の中には、

「信は道の元とす、功徳の母なり。」
「信はよく歓喜して仏法に入る。」
「信はよく必ず如来地《にょらいじ》に到《いた》る。」
「信力堅固《しんりきけんご》なればよく壊《え》することなし。」
（聖典二三〇頁）

などと、信についての大切なことがらが説きあらわされています。

その中には、

信は道の元とす、功徳の母なり。一切もろもろの善法《ぜんぽう》を長養《ちょうよう》す。疑網《ぎもう》を断除して愛流《あいる》を出《い》でて、涅槃無上道《ねはんむじょうどう》を開示せしむ。
（聖典二三〇頁）

とあります。

これはやはり、親鸞聖人の課題に響く文です。涅槃無上道は、信において凡夫に開けるのだということを、『華厳経』によって押さえられます。信の功徳を語っている言葉、信があって善知識に親近する等、非常に大事な言葉

を次々と引用しておられます。

そして「賢首品」唐訳からの引文の終わりに、

すなわち憍慢《きょうまん》および放逸《ほういつ》を離《はな》る。もし憍慢および放逸を離《はな》るれば、すなわちよく一切衆《いっさいしゅ》を兼利《けんり》せん。もしよく一切衆を兼利すれば、すなわち生死《しょうじ》に処して疲厭《ひえん》なけん、となり。（聖典二三二頁）

とあります。こういう言葉は、信心をいただいた衆生に成り立つ心のようでもあるし、その信心を起こしてくる法蔵菩薩の心でもあるようです。この辺が、『華厳経』はどこまでも求道者の因位の立場で書いていきますから、そういう信が成り立ったら、どのような人であってもこういう功徳がいただけるという書き方なのですね。

そこに、信楽、信心、すなわち回向の信心が凡夫に成り立つということから見れば、何回もお話ししますように、邪偽であり、虚仮である衆生に、邪偽でない、虚仮でない信心が成り立つという。成り立った側から語れば、如来回向の信心の質がある。しかし、その衆生自身は虚仮不実である。ということで、まったく相反する表現があり得るわけです。

しかしその両方を包んで、真実信心がここに成り立つ、これが大事なところなのです。これが親鸞聖人の教えの難しいところでもあるし、有難いところでもあると思うのです。

信楽釈における『浄土論註』の引文

こういうふうに、大乗経典の『涅槃経』『華厳経』の信心を誉める文章を引用して、深広な意味が「信心」にあることを見出し、それを信楽釈に置くことによって、如来回向の信心は、大乗仏教を究極的に成就する因であることを論定されます。そして、それを先に引用してあった『浄土論註』（聖典二一四頁）の言葉と、『浄土論註』下巻の結びにある言葉でしめくくられるのです。最初の引文は、

『論註《ろんちゅう》』に曰わく、「如実修行相応《にょじつしゅぎょうそうおう》」と名づく。このゆえに論主建《ろんじゅはじ》めに「我一心《がいっしん》」と言《のたま》えり。已上

（聖典二三二頁）

です。信楽が「如実修行相応」という言葉に対応していて、「世尊我一心」の「我一心」を信楽とされているのです。

如実修行相応という言葉を信心にかけますから、信心が如実に修行して相応するということなのですけれど、如実修行という言葉は、そのことだけを考えると、これは曇鸞大師の注釈（聖典二八八～二八九頁参照）でも、如実修行は大菩薩の行です。大菩薩の修行を如実修行だとされています。親鸞聖人は、『無量寿経』勝行段から、この行は法蔵菩薩の行であると読まれましたから、如実修行それ自身は、法蔵菩薩の兆載永劫の修行であるとされます。

それに相応するということは、信心において法蔵菩薩の願と相応する。相応するということは、二つなのだけれども一つである。二にして一であるということをあらわすのです。

二にして一であるといっても一体ではなくて、二はどこまでも二である。二でありながら、しかしたんに別ではない。ということをどこまでどういうふうに表現するかということが、大変難しい。これは仏教の場合は、たとえば、「生死即涅槃」の場合もそうですけれど、即というけれど、生死は涅槃ではない。涅槃は生死ではないことを涅槃という。けれども、まったく違うのだけれども即であるという。即という言葉は、同じことを二度いっているのではないのです。全然違うのだけれども、即だという。この即はどうして成り立つかというときに、空観では、空ということで即だという。

それで、空ということが、どうしたら凡夫に成り立つかといったら成り立ちません。成り立たなければ、生死即涅槃にはならない。ならないにも関わらず、大乗仏教の課題たる生死即涅槃を、我われは諦めなければならないのかといったら、生死即涅槃ということを曇鸞大師もいわれている。では、どういう形で成り立つかといったら、それは「信心」だと。信心において愚かなる罪障深き凡夫が、本願の大悲を信ずるところに、本願大悲の側は愚かなる衆生に必ず大涅槃を恵みたいという第十一願を起こしていると。十一願成就ということと、信心の願の十八願成就ということとがぶつかり合うところに、我われが自分で取りにいっても手に入らないけれども、本願を信ずるところに、生死即涅槃が成り立つのだというのが、

往相の回向《えこう》とときことは　弥陀《みだ》の方便《ほうべん》ときいたり
悲願の信行《しんぎょう》えしむれば　生死《しょうじ》すなわち涅槃《ねはん》なり
（『高僧和讃』聖典四九二頁）

という和讃の意味です。生死即涅槃ということは、悲願の信行、すなわち名号の信心において成り立つのだと、親鸞聖人はいわれるわけです。それを成り立たせるのが、往相の回向なのだということです。如来の往相の回向は、大悲をもって回向して、衆生には成り立たないはずの生死即涅槃を、成り立たせるのだといわれる。

ですから、これは大問題です。こういうことを本当に親鸞聖人がいわれているのですから、それを我われは受け止めなければいけない。初めからできないといってしまって、死んでからだなどという話にしてはいけないのです。

教えが語っているところを、どういただくかというところを、しっかりと聞かなければいけない。聞かないで、できないから死んでからにもっていってしまうのは、とんでもない話だと思うのです。生死即涅槃は、生きている内はできない、凡夫にできないのはわかっている。それなら往相の回向がはたらくとは、どういうことなのか。わざわざそういってくださっているのだから、親鸞聖人の言葉をしっかりと受け止めるべく学ばなければいけないの

です。

親鸞聖人は、ものすごく苦労しておられるのです。一生懸命ご苦労されて、如来の教えを受けながら、いろいろ考えてくださっている。ですから我われは、根本問題にまともにぶつからなければいけないのです。できる、できないは、こちらの側でやれる問題ではないのです。それは、如来の側のことなのです。その如来の側で、できるといってくださるのですから、こちらがいくらできないといっても、如来は必ず成り立たせるといってくださっているのです。では、どのように成り立つのかということをいただくには、こちらは聞思です。聞思以外にないわけです。

蓮如上人の『御文』の中に、「煩悩を断ぜずして涅槃をう」ということについて、

煩悩《ぼんのう》を断ぜずして涅槃《ねはん》をうといえるは、このこころなり。此《こ》の義は当流一途《いちず》の所談なるものなり。他流の人に対して、かくのごとく沙汰《さた》あるべからざる所なり。（聖典八三四頁）

といわれています。この歯止めはどういう意味があるのかと考えてみますと、これは時代を超えて凡夫であることを忘れてしまうような形では、発言してはいけないということなのです。凡夫であるという面を忘れて、「俺はもう生死即涅槃だ」などと、平気な顔をしていうことは、それはとんでもない話で、どこまでも生死即涅槃を成り立たせるのは如来の往相回向のはたらきですから、それを信ずるのだということです。私の自力の因縁において、生死即涅槃などとは絶対にいえない。たんに迷っているままで、たすかっているなどとはいえない。いえないのに、いわなくともその利益を与えようというのが、大悲のはたらきです。

その大悲を信じていくというのは、生死即涅槃というのは、自分で解決しようとしなくても、如来回向の大悲が誓ってくださっていることを信ずれば良いのだということです。信ずることができるのも、如来の大悲のはたらき

なのです。満足大悲の心なのだといわれることを、どこまで受け止めるか。これが難しいのだけれども、いい過ぎというか、領域を超えてはいけない。

我われは、有限の領分ですから、病気している心というか、生死に苦しんでいる心は、凡夫の位としては、どうにもならないわけです。それはまるで、治らない病気を抱えているようなものです。しかし、にもかかわらず天下晴れて無碍であるような、大悲のはたらきがくるのです。そこを信ずる。理論としたら、非常にわかりにくいのですけれども、不可思議・不可説・不可称の功徳というものがくるというのが、信ずることによって成り立つ満足大悲の教えです。そこを一人ひとりが聞き抜くことが、大事だと思うのです。そういう、根本の問題がここにあるわけです。

『浄土論註』からの二つ目の引文です。

また言わく、経の始《はじ》めに「如是《にょぜ》」と称することは、信を彰《あらわ》して能入とす。已上　（聖典二三二頁）

この「能入」は、一般的には信が仏法への入門であることをいうのでしょう。けれども、親鸞聖人の信楽釈の意図からは、信心が涅槃の真因であることをいうのです。つまり、仏道は信に始まって、その信が仏道を究竟するものであることをあらわしているのです。

欲生心釈について

次にいよいよ、根本の欲生の問題に移ります。

欲生心は、如来の欲生心であるという。如来の欲生心とは何か。これは、私たちが生きていることの命の根源に、何か可能性としてある力、唯識ではこれを種子というのです。可能性が与えられているということが、生きていることです。特に本来性への目覚めの可能性を、生きることの根源に与えられているということを、欲生心として見出されたということなのでしょう。

私たちは、前滅後生、念々に変わるということをどう説明するかというと、念々に死んで念々に生きる。我われは、一瞬一瞬死んで新たに生きています。我われの意識も我われの生きている身体全体も、死につつ生きています。一瞬一瞬死んで生きるということが、成り立っている瞬間が現存在です。

こういうふうに考えざるを得ないのです。固定したものがあったら、これは時が変わらないことです。時が変わるということは、全部が変わりつつ続いているという、不思議なことが起こっているわけです。この続いている主体を、阿頼耶識と名づけて過去を引き受けるものと、未来を生み出すものとが、同時にここに成り立っている。これを自相としての阿頼耶識と名づけると、こういうふうに教えられています。

これを信心に当てはめて考えるならば、信心の自相としての信楽が真実信心自体であり、それを論主が「一心」と述べられたのであると明らかにされました。

それでは、本願に誓われる「欲生我国」とはいかなる意味であるのか。それについて、本願の三心を阿頼耶識の三相に対応して考察した曾我量深先生は、欲生は信心の因相であるといわれるのです。

阿頼耶識の因相とは、種子識と呼ばれる場合の第八識の意味であり、主体が未来の可能性としてのはたらきを持続する面をいうものです。それに照らして、信心に可能性という面を考察するのは、いかなる意義があるのでしょうか。もしその可能性を、自我意識の内容としての意欲であると考えるならば、自力の意欲としての「願生」となりますから、真実信心のもつ内容とするわけにはいかないことになります。

親鸞聖人がいわれるように欲生心が信心の内に回向されているということは、常に歩んで、信心がこれで良しと止まることはない、そういう力の源泉でしょう。如来の悲願が、凡夫とぶつかり合っているところに成り立つ信心ですから、凡夫は煩悩を起こして苦しみ迷い出すのですから、常に本願大悲がはたらいてくるしかない。ですから、そこに欲生心がはたらかなかったら、信心が死んでしまう。信心が固形化し、これで良しと終わってしまう。それを安田理深先生が、精神生活の停滞といわれたのです。つまり「ああ、これで良いのだ」となった途端に、もとの木阿弥以下になる。求める以前の堕落状態に陥ってしまう。ですから、停滞しない歩み、常に聞不具足の邪心を離れるべく、つまりいつでもいつでも、念々に「信の一念」に立つという、そういう考え方が、欲生心釈を因相と考えるという、曾我量深先生の考え方から出てくるのではないかと思うのです。

つまり、可能性を常にはらんだ信心であり、可能性ということは、常に聞いていく、聞いても、聞いても終わることがない。ここまで聞いたから、「はいお終い」というような信心は、もうそれで途端に信心以下になってしまう。ですから、信は常に「聞其名号」に立つ。聞いていくとは、忘れれば直ぐに煩悩です。忘れたらまた迷いだす、煩悩生活で苦しみます。でも、また、憶念する。「憶念弥陀仏本願」と、「南無阿弥陀仏」を念ずるところに、立ち直ることができるのです。

こういうのが、「聞其名号」を大事にしながら、煩悩生活を生きているという、大切な意味になるわけです。煩悩生活だから駄目なのではない、煩悩生活があるからこそ、聞法が力をもって歩んで生きていけるのです。こういう積極的な意味になるわけです。それが欲生心を因相と考える、大きな意味ではないかと私はいただいています。

それでは、親鸞聖人が如来回向の欲生といわれるのは、どういう意味なのでしょうか。

阿頼耶識の種子は、果相たる一切の経験の薫習が、自相たる阿頼耶に蓄えられた瞬間に、可能態としての種子となるとされます。それに照らすならば、信心の因相たる欲生は、果相たる至心の永劫の修行が信楽に蓄えられて、信心自身の因相になるわけです。

信心は、それが本願成就であると同時に、兆載永劫の修行の願心自体です。信心が時間の中にはたらく真実であり、真如・一如・涅槃の現行であることは、常に煩悩の闇を明るくしつつ、大涅槃に向かって動く意欲であるということでしょう。

法蔵菩薩の求道心に終点はない。それが大乗仏道に『華厳経』が生まれ、「入法界品」の善財童子が、「いかなるかこれ菩薩道」という問いを問い続け、『華厳経』の結びに普賢行が説かれて、連続無窮の意欲が語られてくるということなのではないでしょうか。

信自身が欲生を持続するところに、親鸞聖人が三願転入の帰結に、「難思議《なんしぎ》往生《おうじょう》を遂《と》げんと欲《おも》う」（「化身土巻」聖典三五六頁）という欲生心の形で語られていることも、うなずけるのです。「往生」それ自体を、欲生心が展開することがらとされているのです。

そして親鸞聖人は、

「欲生《よくしょう》」と言うは、すなわちこれ如来、諸有《しょう》の群生《ぐんじょう》を招喚《しょうかん》したまうの勅命《ちょくめい》なり。（聖典二三二頁）

と、欲生は、如来が呼びかけてくださる命令であると示されます。この勅命という言葉は、我ら衆生の意識より深く、存在の根源から呼びかけてやまない、存在の本来性への促しをあらわす言葉なのではないかと思うのです。

この世の絶対命令は、聞く側がそれに随順せざるを得ない圧力をもつ。その言葉をもって、衆生が信順せざるを得ない、存在の根源からの真理の呼びかけをあらわそうとするのでしょう。この呼びかけに耳を傾け、この声に信順することがないなら、我ら衆生は安心を得ることはできません。その意味で、存在の本来性からの絶対命法なのです。

この命法を「利他真実の欲生心」であるというのです。この欲生心の体は、真実の信楽です。信楽の他に欲生があるのではありません。信楽それ自体に、回向の欲生心がはたらいているのです。それは、阿頼耶識が種子識でもあることと、同じ構造なのです。因相としての欲生心は、如来の回向であるといわれるのです。

これは別のいい方をすれば、人間として生きている我われの意識よりも深いところに、本当の命になれという呼びかけがきているということです。

私たちは、自分としては自覚しないし、表層の意識では気づけないのです。ですから、本当に呼びかけがきていることが、良くわからないで気がつかないから、いろいろなことをやり出すわけです。

ですから、宗教心とか、欲生心ということを、根源的な人間の深い動機として考えれば、それがもがいて出てきて変な行動をしたり、間違った行動をしたり、法律にぶつかるようなことさえやるのだけれども、それを動かすものは何であるかというと、たんなる煩悩とか、欲望とかだけにはとどまらない、何かもがいて本当のことを求めようとするのだけれども、方向がわからないからとんでもないことをやってしまうこともあるのです。このように、人間をもがかせるものは、欲生心であり、宗教心なのだということです。

ですから、本願が第十八願、第十九願、第二十願の三願にわたって「欲生我国」を誓われるということは、人間に限りなく、本当の命に還りなさいという呼びかけがきているということです。それが「欲生」を「諸有の群生を招喚したもう勅命」だと、親鸞聖人がいわれる意味だと思うのです。

我われは聞こえない。直接的にはわからない。勅命がきているなどとは、全然自覚できない。けれども、如来の大悲は、あらゆる衆生に勅命をかけ続けておられるのです。それでも、我われはなかなか聞けない。そのようなものがきているとは、なかなか思えないのです。

親鸞聖人は、その欲生心は、

すなわち真実の信楽《しんぎょう》をもって欲生の体とするなり。

（聖典二三二頁）

といわれます。欲生が信楽と別にあるのではない。ですから、一体二相といういい方があるのです。体は信心で、一心です。信心が至心と欲生という面を開くのは、どういう意味かというときに、それを阿頼耶の三相に当てて考えたら、三心に分けて教えられる意味が、少しはわかるかなというのが、曾我先生の試みです。

三心をどう考えるのかということについては、いろいろあり得るかと思います。別にこうでなければいけないということではないでしょう。でも特に欲生心の面は、見えざる意欲、聞こえざる意欲という意味、そして至心の面は、名号から開かれる功徳だということ。名号は「五劫思惟之摂受　重誓名声聞十方」ですから、法蔵菩薩の願心が選び取ってご苦労してくださって、ご苦労を功徳に込めた名だということです。その結果をいただく心だから至心だと。そういう意味で至心が果相だという意味も、よくわかると思うのです。

果相（至心）と因相（欲生）を持った自相（信楽）だということは、常に生きているいのち、我われのいのちが常に、念々に死んで生まれていくようなことを成り立たせているはたらきである、阿頼耶識という識のはたらきと対応する。信心は、今ここに凡夫のいのちと如来のはたらきとがぶつかり合うところに、成り立つ心である。ですから、阿頼耶識と信心とに、まあ似たところがありますから、対応させて考えると、考えやすいという試みだろうと思います。

それで、ここに、欲生心は回向心だと、こういうことをいうために、不回向ということを押さえて、

誠にこれ、大小・凡聖《ぼんしょう》・定散《じょうさん》・自力の回向《えこう》にあらず。かるがゆえに、「不回向」と名づくるなり。

たとい別に回向を用いざれども自然に往生の業となる。
（聖典二三二頁）

と、「自力の回向にあらず」、だから「不回向」だといわれます。不回向とは、法然上人の、

「念仏は不回向の行」
（『選択集』真聖全一、九三七頁）

といわれる「念仏は不回向の行」ということを承けているのです。凡夫から回向を加えるのではない。如来回向の信心である。その信心に具する因相を、欲生というのです。

自力の回向にあらず、如来の回向であるといわれるのですが、これは、『観無量寿経』の三心が、至誠心・深心・回向発願心であるということも背景にはあるかも知れません。その場合、欲生は、回向発願心に対応します。

何で欲生心が回向心かということを押さえるのに、不回向であって、衆生の自力の回向ではないということです。欲生心は、衆生からすれば不回向だと。このように押さえて、衆生には、

しかるに微塵界《みじんかい》の有情《うじょう》、煩悩海《ぼんのうかい》に流転し、生死海《しょうじかい》に漂没《ひょうもつ》して、真実の回向心なし、清浄《しょうじょう》の回向心なし。
（聖典二三二頁）

といって、如来が回向心を起こされるのだと、こういわれる。何故、回向心をここに出さなければいけないのかということが、わかり難いなと思っていたのですけれども、これは確かにいろいろなことが背景にあって、五念門の回向門ということもあるのですけれど、親鸞聖人が欲生心を回向心であるとされる根拠には、本願成就文の読み方が関わっているのです。

欲生心成就の文

本願成就の文の「至心回向」をどう了解するかという、親鸞聖人にとっての課題があるのです。そこで、

ここをもって本願の欲生心成就の文、（聖典二三三頁）

といわれて、それに続いて、

『経』（大経）に言わく、至心回向したまえり。かの国に生まれんと願ずれば、すなわち往生を得、不退転に住せんと。唯五逆と誹謗正法とを除く、と。已上（聖典二三三頁）

と引文されます。これは、本願成就の文の前半を「本願信心の願成就の文」として引文された後半の文です。親鸞聖人が、至心信楽の願の成就文といわれる『無量寿経』下巻の文を、「信巻」の初めには、

本願成就の文《もん》（聖典二一二頁）

として、その全文を、

『経』（大経）に言《のたま》わく、諸有衆生《あらゆるしゅじょう》、その名号を聞きて、信心歓喜《かんぎ》せんこと、乃至《ないし》一念せん。至心に回向せしめたまえり。かの国《くに》に生まれんと願ずれば、すなわち往生を得《え》、不退転に住せん。ただ五逆と誹謗正法《ひほうしょうぼう》とを除く、と。已上（聖典二一二頁）

と引文されています。

そして後の「信楽釈」のところには、

本願信心の願成就の文《もん》、（聖典二二八頁）

として、その前半部分だけを、

『経』（大経）に言わく、諸有《しょう》の衆生《しゅじょう》、その名号を聞きて信心歓喜《しんじんかんぎ》せんこと、乃至《ないし》一念せん、と。已上

（聖典二二八頁）

と引文されているのです。そして今、「欲生心釈」では、

ここをもって本願の欲生心成就の文《もん》、

（聖典二三三頁）

として、

『経』（大経）に言《のたま》わく、至心回向したまえり。かの国に生まれんと願ずれば、すなわち往生《おうじょう》を得《え》、不退転に住せんと。唯《ただ》五逆と誹謗《ひほう》正法《しょうぼう》とを除く、と。已上

（聖典二三三頁）

と、「本願成就の文」の「乃至一念せん」以下の後半部分を引文されているのです。

このように、親鸞聖人は、「本願成就の文」を、「乃至一念せん」で切って、前半は「本願信心の願成就の文」、後半は「本願欲生心成就の文」とされているのです。このように二つに切られたことの意味は、至心回向ということが、如来の回向なのだということを明らかにしないなら、本願成就の文として読めないと、親鸞聖人はお考えになられたからです。

法然上人は、これについては何もいわれていません。法然上人は、本願成就の文を、

念仏往生の願成就の文に、「諸有衆生、其の名号を聞きて、信心歓喜せんこと、乃至一念せん。心を至し回向して、かの国に生まれんと願ぜば、すなわち往生を得て不退転に住せん」と云える。

（『選択集』真聖全一、九四六頁）

と、全体を取られて「至心に回向して」と読まれています。法然上人は、素直に念仏していれば、三心はおのずか

ら具わると考えておられますから、至心回向はひとりでにできてくるということなのです。

ところが、親鸞聖人は、徹底的に衆生は顚倒虚偽であるという、曇鸞大師、善導大師の押さえを受けて考えられた。虚偽諂曲であり、虚仮雑毒であり、雑行雑修でしかない、徹底的に不純粋な人間存在という自覚を通して、至心回向にぶつかられた。そして結論として、至心は如来の心であって、衆生に至心はあり得ないとされたのです。

それでは、成就文の「至心回向」はどうして成り立つのか。こう考えれば、この本願成就の「至心回向」は如来の回向といわざるを得ない。そうしたら、この本願成就の文は、乃至一念で切るべきだと、そのようにお考えになられた。

つまり、親鸞聖人が「行の一念」と「信の一念」を分けるということ、そして「欲生心成就の文」という意味を見出されたということです。本願成就ということは、法然上人もいわれるし、善導大師もいわれるけれども、欲生心成就ということは、親鸞聖人が初めていわれた。欲生心が徹底的に如来の欲生心だということも、親鸞聖人が初めていわれたのです。

だいたいは、衆生の欲生心だと思われていたのです。普通は、如来が呼びかけているのに対して、「はい、わかりました。私が生まれたいと思います」というのが、欲生心だと思うのです。

ところが、そうではないと親鸞聖人は見られた。虚仮雑毒の人間が良いところに行きたいと思う心なら、その意欲に対応するのは、真実報土ではない。衆生の起こす欲生心では、無量光明土には生まれられない。こういう押さえを、忘れてはならないのです。至心回向を、このまま「心を至し回向して」と読めば、第二十願の成就文になります。ではこの至心回向は、第二十願の「至心回向の願」の意味なのか。第二十願成就の文が、第十八願成就の文に混じっているのか。

では、第二十願はどういう意味なのか。こういうことで、親鸞聖人はいろいろな問題を整理なさって、第二十願の問題は「化身土巻」にもっていかれました。至心回向が、もしそのまま第二十願の成就なら、第十八願と第二十願が混ざってしまって、「至心信楽の願」が、不純粋になってしまいます。ですから、「乃至一念せん」で切るのだとされたのです。

このようなことは、いまだかつて誰もされたことがない。そのようなことを、親鸞聖人はなさったわけです。それは、親鸞聖人が、徹底して真実を求められたからです。煩悩の衆生であり、虚偽の衆生であるけれど、真実を求めざるを得ない。これは人間の心というよりは、如来の呼びかけなのです。如来の呼びかけを聞いて、求めざるを得ない。このように真実を求めて、悪戦苦闘してくださった。そこに独自の意味があるのです。欲生心成就などということは、親鸞聖人のほか誰もいわれないのです。

では、欲生心成就として、どういうことをお考えかといえば、「至心回向したまえり」と、それは如来の回向であるとされるのです。この本願成就の文の「至心回向」について、『一念多念文意』で、

> 「至心回向《ししんえこう》」というは、「至心《ししん》」は、真実《しんじつ》ということばなり。真実は阿弥陀如来の御《おん》こころなり。「回向」は、本願の名号《みょうごう》をもって十方《じっぽう》の衆生《しゅじょう》にあたえたまう御《み》のりなり。（聖典五三五頁）

と、「至心回向」というのは、名号を回向されるのだと注釈しておられます。至心は、名号を体とする心ですから、名号の回向です。つまり、「聞其名号」と本願成就の文の初めにありましたけれども、これによって「乃至一念」ということが成り立つ。それがどうして成り立つのかという原理を、「至心回向」以下が語っている、つまり欲生心成就なのだといわれるわけです。欲生心成就ということは、成就文の後半部分なのだと押さえられた。

そうすると、「至心回向したまえり」という如来のはたらきを受けて、「かの国に生まれんと願ずれば、すなわち

往生を得」、そのことによって「不退転に住する」ということが成り立つ。これがすごいことだと思うのです。「かの国に生まれんと願ずれば、すなわち往生を得て不退転に住す（願生彼国、即得往生、住不退転）」ということは、如来の回向のはたらきの中に与えられる功徳なのだということなのです。自分がこれから浄土にいきたいと思いますという話ではないのです。何回もいいますが、私たちが思ったら不実の心なのです。その不実の心では、真実報土に向かわないのです。ですから、「本願欲生心成就の文」で、至心回向を受けて欲生心が成就するといわれる。成就した内容が、「即得往生　住不退転」なのだと、これが親鸞聖人の押さえ方です。

我われが、体験的に往生するのではないのです。我われが、自分で往生するのではない。でも、我われは、あたかも往生したと同じ利益を、本願成就の功徳においていただくわけです。ですから、『一念多念文意』には、

正定聚のくらいにつきさだまるを、往生をうとはのたまえるなり。（聖典五三五頁）

といわれています。ですから、不退転に住するということは、往生を得て不退転に住するのです。往生を得ないで、不退転に住するというのはおかしなことになるのです。現生不退の現生正定聚ということは、往生を得ていなければいえないことなのです。

しかし、我われは凡夫で、穢土に居るのです。それなのに、どうして往生したといえるのか。我われは、どこまでも凡夫なのです。凡夫だけれども、本願成就ということに出遇うという事実はある。そこを親鸞聖人は、

光明寺《こうみょうじ》の和尚《かしょう》の『般舟讃《はんじゅさん》』には、「信心《しんじん》の人《ひと》はその心《しん》すでに浄土《じょうど》に居《こ》す」と釈《しゃく》し給えり。居《こ》すというは、浄土に、信心の人のこころ、つねにいたりというこころなり。（『御消息集（善性本）』聖典五九一頁）

と書いておられるのです。信心それ自身は、浄土にいるといってもいいのだといわれる。しかし、浄土にいるというと凡夫でなくなったように思ってしまうといけないから、凡夫でありながら浄土の功徳をいただく。信心自身が、

無上功徳を信じることが法蔵願心なのですから、「内外明闇を簡ばず」、つまり悟っているとか、迷っているということを簡ばない、そのような法蔵願心が貫くのだということです。これを信ずる。凡夫であることを忘れてはならない。しかし今、浄土の功徳をいただくのだと、こういうことですから、頭で考えたら混乱してしまいます。

本願の信心が、至心・信楽・欲生という三相をもつということを、別の面から考察してみましょう。

至心が、名号を体とするということは、成就文に照らせば、「聞其名号」があって成り立つ「信心」だからでしょう。信楽が至心を体とするとは、名号によって成り立っている信心だからです。信楽が至心を体とするとは、本願の信心は、真実功徳たる名号によって成り立っているからです。「真実の信心は必ず名号《みょうごう》を具す」（「信巻」聖典二三六頁）といわれるゆえんです。

この名号は、物語的には十劫の昔に正覚を成った阿弥陀の名です。それが至心の体ですから、曾我量深先生が、至心を信心の果相であるとされるのです。一方で、本願の信心は、必ず真実報土への往生を確信することです。それを「涅槃の真因」とも「真実報土の因」ともいわれています。因とは可能性ですから、現行の信心における因相であるといわれるのです。

三心は三相であるということは、三心がそれぞれ別々の心なのではなくて、一体二相という意味をあらわすのです。信心が、一面で名号によって成り立ち、一面でその信心は涅槃の因となって、信ずる人に新しい人生を開示することをあらわすのです。

親鸞聖人が、「欲生」に応答する成就の文ということで、「至心回向」以下を取り上げられるということは、この因相を明確にされたかったからに違いないのです。因相ということは、別の体があるのではなく、信心に具している可能態を示すのです。そのために、

ここをもって本願の欲生心成就の文、

『経』（大経）に言《のたま》わく、至心回向したまえり。かの国に生まれんと願ずれば、すなわち往生《おうじょう》を得《え》、不退転に住せんと。唯《ただ》五《ご》逆《ぎゃく》と誹《ひ》謗《ほう》正《しょう》法《ぼう》とを除く、と。已上　（聖典二三三頁）

といわれるのです。

「至心回向」を、真実心の回向であると読むのは、本願成就に自力を付け加える必要がないということを、判然とするためでしょう。「至心回向」は、第二十願の願文のままの意味なら、なぜ第十八願成就文に出なければならないのか。この「至心回向」をどう読むのかということは、『浄土論』の回向門をどう読むのかと重なって、親鸞聖人にとっておそらく長い間の疑念であったと思われます。五念門を「本願力回向」から振り返って、阿弥陀仏の本願力（「観仏本願力」）が不虚作住持の功徳を「願力を信ずる人に」施与しようとするためのご苦労であると読み取られた。そこから「如来の回向」ということが、法蔵願心の物語の意味であると読み取られた。その願力回向が、この成就文に出てくるのだと読むことで、この至心回向を「如来の回向」と読まれたのでしょう。

そもそも、三心すべてが如来回向であることを明らかにして、特にこの欲生心は「回向心」であると見抜かれたのです。そして本願成就文の後半を、「欲生心の成就」の内実として引用されているのです。

「願生彼国」と「即得往生」の間に、時を挟んで読むことが、真宗の教義学にも根強く残っています。それは第十九願、至心発願の願の「臨終」の意味が、第二十願、至心回向の願にも響いていて、自力の残滓が残る限りは、この身が文字どおり死んで初めて「往生」するという了解、存在の意味転換が起こるのは、文字どおりの肉体の「死」が必要契機だという了解があるからです。親鸞聖人は、本願力に帰するということが徹底してうなずかれるなら、それは自力心に死ぬということだと了解されたのです。

『愚禿鈔』に、「本願を信受するは、前念命終《ぜんねんみょうじゅう》なり」（聖典四三〇頁）と書かれるのは、そのことを示すためでしょう。その死とは、無明の黒闇に覆われた生存に、無碍光の明るみが差し込んだことをあらわすのでしょう。それによって初めて、本願力による存在の意味転換、すなわち「願力摂して往生す」ということの宗教的意味が、凡夫の生存を救済する事実となるのであると、了解されたのです。

親鸞聖人は、『愚禿鈔』で、「前念命終　後念即生」という善導大師の『往生礼讃』のお言葉を、

本願を信受するは、前念命終《ぜんねんみょうじゅう》なり。（中略）即得往生《そくとくおうじょう》は、後念即生《ごねんそくしょう》なり。（聖典四三〇頁）

と、本願を信ずるところに、前の命が死ぬのだ、願生心に死ぬのだといわれ、そして、即得往生に甦るといわれる。このように、一念の内に前念と後念がある。

この問題を、曾我量深先生が、親鸞聖人七〇〇回御遠忌のときに、京都会館の大ホールで講演されました。その講演のテーマが、「信に死し願に生きよ」でした。そして「前念命終　後念即生と言うは」と、いきなり始められたのです。曾我先生は、そのことを七〇〇回御遠忌の講演でいうために、ずうっと何十年と考えてこられた課題を、「信に死し願に生きよ」というテーマに込めて、爆発するようにもち出されたのです。

そして「信の一念」、そこに信に死んで願に生きるということが成り立つのだ。「願生彼国　即得往生」が成り立つのだ。そのことを叫んでおられました。本当に生きた信心が、念々にそこに生きるのだ。いっぺん死んだらお終いという死は、肉体の死ですけれど、精神の死は念々に起こる。念々に今、煩悩のいのちに死んで、本願のいのちに甦るということが「南無阿弥陀仏」である。念々に煩悩のいのちに死んで本願のいのちに甦る。いっぺん死んだらお終いではないのです。念々に煩悩も生き続けるし、本願もまたはたらき続ける。だから念々に「南無阿弥陀仏」と共に、我われは生きていく。こういう話ですから、いまだかってない話です。

けれど、それはよくよく考えてみると、親鸞聖人が一生懸命にいおうとされ、非常に苦労していおうとされている革命的な思想です。浄土教といえば、死んだら往生ということになっていた往生観を、親鸞聖人は、そのようなことを突破して、本願成就による救いをいおうとされているわけです。これはすごいことです。

如来の回向によって成り立つ救い、それは回向に値遇するところにあるのです。行信においてたすかるのだということ、真実証は如来の本願のはたらきですから、我われがいじることはない。我われは、信に立てば良いのです。こういう道を明らかにしてくださったのです。無上涅槃の大道は、その因に立てば良い。ところが、我われは立とうとしない。三定死、貪欲と瞋恚の二河の前に立ち止まってはいるけれど、足を踏み出そうとはしない。足を踏み出すということは、死ぬことです。それが前念命終です。親鸞聖人のこういう激しい叫びを受けて、曾我量深先生が叫ばれたのだということを思うのです。

その叫びは、常識の耳には聞こえませんし、なかなかわからないのです。頭が良いからわかるというものではない。あの頭の良い仏教学者桜部建先生が、金子先生の話はわかるのだけれど、曾我先生の話はさっぱりわからないといわれていました。これは頭が良いからわかるという話ではないのです。宗教的要求が燃えたときに、始めて火がつくのです。

理性で考えても絶対にわからない。矛盾しているのですから。あり得ないことをいっているのですから。本願に立てばたすかる。それが、今たすからないから、死んでからたすかるのだという。それは自分が今、この二河譬の前に立って一歩を出そうとしていないからです。そういうことが、一番大事なことでないかと、私は思うのです。

「信に死し願に生きよ」（『曾我量深選集』第十二巻所収）という講題は、親鸞聖人があらわされた本願力による「往生」の思想的意味を、あらためて明示したものであると思うのです。「願生」は、欲生心成就の往生において、

「即得往生」の内実を具しています。それが「住不退転」の生活となるのです。名号によって至心が与えられ、至心から真実信心が回向され、「疑蓋無雑」の心が発起するとき、その一念に真実の欲生心が成就することが、本願成就の信の生活内容なのだと、曾我先生はいただかれたのです。

その一念を、行の一念から信の一念を開示することによって、時を超えた「諸仏称揚」の大行から、「至心信楽」の願が時熟した真実信心であることを自覚するよう、勧めてくださるのです。

欲生心の成就は、時が消えることではありません。真実の光明が凡夫の生存を覆う無明の闇を晴らす時間に、終点はないのです。凡夫の生存が、兆載永劫の修行の場という大切な意味をもって、大悲無倦の現行を相続するのです。それが欲生心に「不退転」が付帯するということではないかと思うのです。不退転とは、乃至成仏まで願力がはたらき続ける相でしょう。願力相続の方向性が大涅槃を志向して、凡夫の生活にあらわれ出ることを示すのでしょう。

停滞した救済状態を要求する自力心は、常に魔界の誘惑にさらされるから、文字どおりの肉体の死を要求してくるのではないかと思うのです。願力の信心は、大願業力が我ら凡夫を摂して回向してくる「往生」ですから、凡夫において欲生心が歩んでくださる生活を受け止めるのであると思うのです。

如来の意欲たる欲生心は、凡夫の心理作用の意欲より深層にはたらく真実の意欲でしょう。生存の深みに、根源的な本来性への欲求を呼びかけ続ける意欲を、如来の欲生心として見出してきたことが、本願の欲生心の教えとなっているのであると思うのです。

親鸞聖人が、信心の問題をほぼ結んだところに、

悲しきかな、愚禿鸞《ぐとくらん》、愛欲の広海に沈没《ちんもつ》し、名利《みょうり》の太山《たいせん》に迷惑《めいわく》して、定聚《じょうじゅ》の数《かず》に入《い》ることを喜ばず、真証の

証に近づくことを快《たの》しまざることを、恥《は》ずべし、傷《いた》むべし、と。
（聖典二五一頁）

といわれています。必ず真実証が得られるのだといっても、真証の証に近づくことを快《たの》しもうとしないのだ。真実証に近づきたくないというのが正直、凡夫の心なのだという言葉をおかれて、そして「唯除五逆誹謗正法」の問題に関わる、『涅槃経』の文の引文をされてくるのです。

五逆・謗法・一闡提という『涅槃経』が取り上げている三つのたすからない存在、この三つの存在と「唯除の文」とをぶつけ合わせて、そして『涅槃経』の阿闍世の回心の問題を中心にして引文をされる。たすからない存在をたすけずんばやまんという、罪悪深重の衆生をたすけずんばやまんという大悲が、この「唯除五逆誹謗正法」という言葉にあるとすれば、この言葉の意味は、どこまでも、欲生心を気づかせるための手がかりであると、このようにいただくことができるのではなかろうかと思うのです。

つまり、悪事を行ずる悪人を排除するのが「唯除」の目的ではない。宗教的要求を成就したいと思って求め始めた私たちが、それでも自分の中の罪業性が本当に見えていないから、自力が破れない。何とか自分で努力して、少しでも涅槃に近づこうと努力するという心は破れない。そこに罪の深いことを知らしめ、みな漏れず救い遂げるという大悲の抑止があるのです。こういう意味で、欲生心成就の文にも「唯除五逆誹謗正法」という言葉を加えられる。親鸞聖人の抑止文理解には、こういう読み込みがあるのではなかろうかと思います。

そして、本願成就文の「至心回向」以下に欲生心成就の文ということがあるから、欲生心は如来の回向心なのだと、逆に照らし返しているのです。欲生心は回向心だと、こう押さえ直して、それが字訓釈の方にまで響いて、大悲回向の心だということが入っていたのではないかと、そのように私はいただいているのです。

どうして、「欲生」が「回向心」なのかということが、なかなかわかりませんでした。どうして欲生が回向心といえるのか、字訓釈からは全然出てこない。そしてこの「欲生と言うは」という文脈でいきなり不回向と出てくるけれど、何でここで回向をいい出すのだろうか、よくわからない。しかし、欲生ということは、回向心だというふうに押さえれば、欲生心成就の文は、至心回向から始まるということは、親鸞聖人にとっては明白だったのでしょう。

欲生心釈における『浄土論註』回向門釈の文

次に、『無量寿如来会』の欲生心成就の文を引いて、次に、『浄土論』からの引文になるのです。

『浄土論』では回向という言葉を取りあげて、

「云何《いかん》が回向したまえる。一切苦悩の衆生《しゅじょう》を捨《す》てずして、心に常に作願《さがん》すらく、回向を首《しゅ》として大悲心を成就することを得たまえるがゆえに」とのたまえり。（聖典二三三頁）

とこういって、「回向に二種の相あり」と続くのです。この「云何が回向したまえる」から「大悲心を成就することを得」るというところまでが、『浄土論』なのです。

それに対する注釈が、「回向に二種の相あり」と、これは『浄土論註』の言葉です。如来の回向について、「弥陀《みだ》の回向《えこう》成就して　往相還相《げんそう》ふたつなり」（『高僧和讃』聖典四九二頁）という和讃がありますけれど、往相・還相という言葉は、これは曇鸞大師のお言葉です。

五念門に対して五功徳門を語られていて、「回向門」が出るのは『浄土論』です。その因の回向門に対して、果の五功徳門の第五の功徳門、園林遊戯地門と名づけられる門が対応しています。園林遊戯地というのは、第二十二願によって成り立つ内容です。

大慈悲《だいじひ》をもって一切苦悩《くのう》の衆生《しゅじょう》を観察して、応化身《おうけしん》を示して、生死《しょうじ》の園《その》・煩悩《ぼんのう》の林の中に回入《えにゅう》して、神通《じんずう》に遊戯《ゆげ》し教化地《きょうけじ》に至る。本願力の回向《えこう》をもってのゆえに。

（『浄土論』聖典一四四～一四五頁）

といわれますが、この問題は第二十二願の内容だと、親鸞聖人が読まれたのです。

曇鸞大師では、回向門に対する園林遊戯地門は、回向門の往相に対する還相という意味があると、曇鸞大師が名づけられた。天親菩薩は、往還二回向といわれたわけではないのです。でも、確かにそういうふうに読めます。衆生を摂して仏のまします国土に生まれんと、阿弥陀如来の国土に一切衆生と共に生まれたいというのが回向門で、生まれたら生まれた衆生は、煩悩の林に帰ってきて阿弥陀如来の願いを伝える仕事をするのだということでしょう。

こういうことが、語られていますから、行ったり還ったりする如くに書いてあります。でも、これはどちらも如来の回向だと、親鸞聖人は見られたのです。如来が法蔵菩薩の願心をとおして、行ったり還ったりして成就するような課題を、往相回向、還相回向であるとされた。如来の回向として衆生に与えて、衆生はそれを信ずる。如来の二種の回向によって、信楽を得るという語り方を、親鸞聖人はなさいますから、如来の二種の回向のはたらきを信ずる。如来二種のはたらきが「南無阿弥陀仏」をとおして我われにくる。

南無阿弥陀仏の回向《えこう》の　恩徳広大《おんどくこうだい》不思議にて
往相回向の利益《りやく》には　還相回向《げんそうえこう》に回入《えにゅう》せり

（『正像末和讃』聖典五〇四頁）

と、往還の二回向は、「南無阿弥陀仏」の内容なのだといわれるのです。「南無阿弥陀仏」を信ずるところに、往相回向、還相回向という如来の回向というはたらきをいただくと信ずる。それは、我われが行ったり還ったりするというようなものではない。どうしても我われは、浄土にいってたすかるのだという、第十九願的往生理解に傾きがちです。けれども、親鸞聖人はそれを突き破って、名号によって信心を得るところにたすかるのだ、後は本願のはたらきなのだといわれる。そういう、本願の仏法の理解をなさった。これが難しい。私もこういうふうにうなずくしかないというふうになるのに、随分時間がかかりました。

そのことをいくらいっても、人はなかなか納得してくれない。親鸞聖人も苦労されたと思うのです。親鸞聖人もわかってくれる人はいないなと、思われたのではないかと思うのです。やっぱり死んだら浄土だという、『観無量寿経』の往生イメージが濃厚ですから、それは全面的に否定してみてもしかたがない。でも、それは「方便化身土なのだけれどもなあ」という思いで、親鸞聖人はおられたのではないかと思うのです。「易往無人の浄信」といわれるのは、それだと思います。親鸞聖人が、本当にこのことを明らかにしようとして、苦労されたところですから、聞法されるのなら、是非ここまで聞いていただきたいと思うのです。

「回向に二種の相あり。一つには往相《おうそう》、二つには還相《げんそう》なり」(「信巻」聖典二三三頁)という二種回向の名と、それについての曇鸞大師の釈が引文されています。

『浄土論』では、自利の四門に続いて利他の回向門の名が出されます。この菩薩の五念門のその行果たる五功徳の全体を、親鸞聖人は、『無量寿経優婆提舎願生偈』という論の行の因果であるからには、『無量寿経』の物語で主体になっている法蔵願心の行の因果に相違ないと読まれたのです。その回向門の往還二相の内容を欲生心釈に引くということは、本願の欲生心を如来の大悲の意欲であると見て、この欲生心によって真実信心をも成就すると見られたということだと、思われるのです。

機の三願に通じて、「至心」と「欲生」が呼びかけられていますが、それを衆生は自分で起こす心と考え、努力してそれを成就しようとします。しかし、如来の意欲は、衆生の虚偽を突き破って、真実の存在を成就させずにはおかない。欲生が因相であるとは、ここにきて非常にはっきりしてくるのです。「欲生心」が如来の意欲であることで、浄土教の救済が一切衆生に平等に恵まれていくと信ずることができるのです。

機は、その如来の意欲を私の心と誤解して、努力してその果を取ろうとするけれど、自力無効と気づかされれば、如来の大海に帰入していくことができるのです。

一如宝海より法蔵菩薩が立ち上がったと、親鸞聖人はいわれますが、一方で法蔵菩薩は阿弥陀如来になるべく修行すると語られ、一切衆生を報土に往生させなければ自分は成仏しないと誓われています。愚かな衆生と大悲の如来の関わりを生み出そうとするのです。その関わりの場所を、国土荘厳によって提供しようとするのが、欲生心の形なのです。それで、二種回向の釈文の次に、「三種荘厳」の釈文を引用されるのでしょう。

『三経往生文類』には、

> 如来《にょらい》の二種の回向《えこう》によりて、真実の信楽《しんぎょう》をうる人は、かならず正定聚《しょうじょうじゅ》のくらいに住するがゆえに、他力《たりき》ともうすなり。（聖典四七一頁）

といわれています。これは、欲生心釈に二種回向を取り上げられるという引文の意図に照らすならば、欲生心成就によって信楽を獲得する人は、正定聚・不退転に住するということです。

この二種回向によって、浄土真宗の教えを構築し直したのが、『教行信証』なのです。

> 謹《つつし》んで浄土真宗を案ずるに、二種の回向《えこう》あり。一つには往相《おうそう》、二つには還相《げんそう》なり。往相の回向について、真実の教行信証《きょうぎょうしんしょう》あり。（聖典一五二頁）

と「教巻」が始められています。その往相の回向の内容たる、教・行・信・証の結びの真実証は、往相回向の果であり、同時に還相回向の初めです。その二種回向を「欲生」がはらむということは、浄土真宗の教えの全体が、如来の欲生心から生み出されてくるということでもあります。別のいい方をするなら、浄土真宗の事実は欲生心成就にあるともいえるのです。

「教巻」には、

如来の本願を説きて、経の宗致《しゅうち》とす。すなわち、仏の名号《みょうごう》をもって、経の体《たい》とするなり。（聖典一五二頁）

とあって、仏の名号を自体とし、その名の謂われが説きあらわされた本願は、経の宗致であるとされています。法蔵願心たる欲生心は、一方で仏身仏土となり、一方でそれを衆生に与える形としての行信となるのです。この両面が本願として説かれるけれど、その全体を包括する形が名号であるということなのでしょう。如来の欲生心は、いわば一如から立ち上がって、この全体を生み出そうとする意欲であるということなのではないでしょうか。

こういう意味を「欲生」に見るということは、個人的な心理としての願生心では、けっして自己も他人も平等一如の大悲に触れる方向に向かないからでしょう。真実の意欲は如来の意欲であり、それを信受することによって、二種回向が成就してくる現行の場を生きることができるということでしょう。この視点の原点は、欲生心成就が「至心回向」によって成り立つということに、気づいたところにあると思うのです。

その「至心回向」は、

「至心回向《ししんえこう》」というは、「至心《ししん》」は、真実《しんじつ》ということばなり。真実は阿弥陀如来の御《おん》こころなり。「回向《えこう》」は、本願の名号《みょうごう》をもって十方《じっぽう》の衆生《しゅじょう》にあたえたまう御《み》のりなり。（『一念多念文意』聖典五三五頁）

と釈されています。名号の回施ということが、本願欲生心成就の根拠なのです。これを受けて、続いて、

「願生彼国《がんしょうひこく》」というは、「願生」は、よろずの衆生、本願《ほんがん》の報土《ほうど》へうまれんとねがえとなり。「彼国《ひこく》」は、かのくにという。安楽国《あんらくこく》をおしえたまえるなり。「即得往生《そくとくおうじょう》」というは、「即《そく》」は、すなわちという、ときをへず、

日《ひ》をもへだてぬなり。また即は、つくという。そのくらいにさだまりつくということばなり。（聖典五三五頁）

といわれています。

ここで親鸞聖人は、「願生」は如来からの勅命であり、即の字は、「ときをへず、日をもへだてぬなり。また即は、つくという。そのくらいにさだまりつくということばなり」と釈されるように、願生・得生が、一念同時の信念の生活内容を示すといわれるのです。その回向が如来の大悲から出るものであり、回向を生み出す大悲を如来の意欲として語れば、「欲生」が勅命であるということになるのです。

そして親鸞聖人は、勅命という語を「帰命」にも当てられています。

「帰命《きみょう》」は本願招喚《しょうかん》の勅命《ちょくめい》なり。（『行巻』聖典一七七頁）

とされています。帰命も願生も、如来の絶対命令であるということは、存在の本来性への帰還が、存在それ自体の根源的要求であり、これに目覚めて歩むことが聞法生活であることを教えているのです。

我らに仏法の無上功徳を恵むべく、如来が名号となって、我らが乗ずべき大行を開設し、その命法の内実を、願心の感得する荘厳功徳として表現されるのです。

欲生心成就の文のところは、今まであまり教義学ではふれようとしませんでした。それは、本願による欲生心成就という意味がわかっていないからだと思うのです。こういうことは、親鸞聖人の革命的なお仕事ですから、これをしっかりと聞いていきたいと思うのです。

次の引文は『浄土論』の浄入願心章（曇鸞の章立てによる）についての、『浄土論註』の釈文です。

「浄入願心」とは、『論』に曰《い》わく、「また向《さき》に観察《かんざつ》荘厳《しょうごん》仏土功徳《くどく》成就《じょうじゅ》・荘厳仏《しょうごんぶつ》功徳《くどく》成就《じょうじゅ》・荘厳《しょうごん》菩薩《ぼさつ》功徳《くどく》成就《じょうじゅ》を説きつ。この三種の成就は、願心の荘厳したまえるなりと、知る応《べ》し」といえりと。「応知《おうち》」とは、この三種の荘厳成就は、本《もと》四十八願等《しじゅうはちがんとう》の清浄《しょうじょう》の願心の荘厳したまうところなるに由《よ》って、因浄なるがゆえに果浄なり、因なくして他の因のあるにはあらざるなりと知る応《べ》しとなり、と。（聖典二三三～二三四頁）

「三種成就」とは、『浄土論』にあらわされた浄土の功徳、すなわち器世間（仏土）と衆生世間（仏と菩薩）として展開された浄土の荘厳功徳のことです。「浄土に願生せよ」と呼びかける仏陀の大悲が、願生心の内容となる仏土を、有形の功徳で語っている。それを曇鸞大師が、因である本願に返して、四十八願等の荘厳するところなのだと注釈されています。ここを親鸞聖人が、欲生心の意味として引用されるのです。

つまり願生は、如来の招喚する勅命であり、喚びかける場所たる浄土は、じつは本願自身の形相であるということです。

これによって、「正信偈」で天親菩薩を讃えて、

横超《おうちょう》の大誓願《だいせいがん》を光闡《こうせん》す。（光闡横超大誓願）（聖典二〇六頁）

といわれるのです。大誓願が、浄土の荘厳の相となっているということです。浄土の形相は、法蔵菩薩が衆生を大悲して表現されるところであり、法蔵菩薩が願心を観察された内容なのです。つまり、『浄土論』では、観察門の

内容として説かれ、その「解義分」では、「智慧観察」といわれます。意識の二分（見分・相分）でいうなら、法蔵願心の相分ということです。大誓願には、光明無量の願と寿命無量の願の光・寿二無量の願も、大行・大信の願も含まれています。それらの願の根源に、「欲生」の意欲がふつふつと涌き出す源泉のごとくに、呼びかけている。その意欲が、衆生に真実信心を施与するところに、大悲の一切をかけるのだといわれるのです。本願の意欲は、いわばその相分と見分を包んで願心として立ち上がる。その願心の主体を法蔵菩薩と名づけ、その相分の中に一切群生海と真実報土を見込むのでしょう。この願心は、因果ともに清浄であり、凡心の領域ではない。曇鸞大師は、「因浄なるがゆえに果浄なり」と、純粋なる本願の因果であることを押さえられて、最後に「知る応しとなり」と結ばれるのです。

一如宝海を、凡夫にはたらきかける形で教えにするとき、一如から法蔵菩薩が立ち上がり、浄土を荘厳する願心となるというわけです。いうまでもなく、これは大悲の無上方便の形相です。

欲生心釈における『浄土論』利行満足章の「出第五門」の文

『浄土論』では、五念門を因の自利利他の行とし、果は五功徳門と名づけられています。その因の利他回向門の果である出第五門について、『三経往生文類』には、

還相《げんそう》回向《えこう》というは、『浄土論《じょうどろん》』に曰《い》わく、「以㆓本願力回向㆒故《ほんがんりきのえこうをもってのゆえに》、是名㆓出第五門㆒《これをしゅつだいごもんとなづくといえり》」これは還相《げんそう》の回向《えこう》なり。

（聖典四七〇頁）

といわれています。この「以本願力回向」の文を、今ここに引用されています。

欲生心は、如来の還相回向という意味をもっているといわれるのです。その欲生心成就とは、如来の往還の二回向が、凡愚の心に信心となって発起することであるといわれているのです。我らの信が回向するのではない。「和讃」に、

如来《にょらい》の回向《えこう》に帰入《きにゅう》して　願作仏心《がんさぶっしん》をうるひとは
自力《じりき》の回向をすてはてて　利益有情《りやくうじょう》はきわもなし
（『正像末和讃』聖典五〇二頁）

といわれます。我らの凡心がはたらくのではない。我らの身に信心が獲得されるなら、その信に本願力がはたらいて、願力それ自身が利他のはたらきをしてくださるといわれるのです。本願が主語となって、我らの存在をとおして、「利益有情はきわもなし」という欲生心を発揮していくといわれるのです。ここまで本願を信じ、本願のみが自利利他の仏道を成就してくださるといわれる。地下水が地上の樹木を支えるように、凡愚の根源に願力が静かに流れ入って、願力のはたらきを実現してくださるといわれるのです。つまり、凡愚の自力の立場から、本願力を依り処とする生活への、主体の転換を起こすのが「回向」というはたらきだと教えられているのでしょう。

いうまでもなく、

神通《じんずう》に遊戯《ゆげ》し、教化地《きょうけじ》に至る。
（「証巻」聖典二九七頁）

という大慈悲のはたらきは、「証巻」の大涅槃から出てくることがらですから、どこまでも凡夫の位にあってできることではない。如来の意欲が、真実信心にはたらいてくることを示すのです。

欲生心釈における「散善義」回向発願心釈の文

次に、善導大師の回向発願心釈からの引文があって、ここに、「金剛」という語が出てきます。この文は、先に三心釈を広く引用した中にあったものですが、ここに、欲生心に相当することとして、再度取り出してこられるのです。その引文は、

回向発願《えこうほつがん》して生まるる者は、必ず決定《けつじょう》して真実心の中に回向したまえる願を須《もち》いて、得生《とくしょう》の相を作《な》せ。この心深く信ぜること、金剛《こんごう》のごとくなるに由って、一切の異見《いけん》・異学《いがく》・別解《べつげ》・別行の人等《ら》のために動乱《どうらん》破壊《はえ》せられず。ただこれ決定《けつじょう》して一心に捉《と》って、正直に進みて、かの人の語《ことば》を聞くことを得ざれ。すなわち進退の心ありて怯弱《こうにゃく》を生じ、回顧《えこ》すれば、道に落ちてすなわち往生《おうじょう》の大益《だいやく》を失するなり、と。已上　（聖典二三四頁）

とあります。

ここで善導大師は、「この心深く信ぜること、金剛《こんごう》のごとくなるに由って」といわれています。つまり、欲生心が金剛心であるということです。そして、金剛心が壊れない理由として、「異見・異学・別解・別行の人等のために動乱破壊せられず」といわれています。

ここでいわれる、「異見・異学・別解・別行の人等のために動乱破壊せられず」といわれていることについて、安田理深先生は、思想の魅力というものは、強いものだといわれました。特にヨーロッパからくる思想には、ぐいぐい引きつけられ、引き込まれるということをいわれていました。次々に新しく哲学者が生まれたり、小説家が生まれたりして、そういうものが翻訳されて入ってきたものを読むと、すごい魅力があると感じるといわれていまし

た。
そういうのは、つまり、それ自身に魅力があって感じているのは悪いわけではないけれども、その魅力に引かれて、教えの根幹の見方まで揺らいでいるのであれば、それは「動乱破壊せられ」たことになるわけです。動乱破壊しないような、本当に揺るがないような人間理解といいますか、そういうものがどこで成り立つのかという課題なのです。

そうすると、それは、如来の欲生心というものにおいて、如来が荘厳する浄土の功徳をいただくなら、如来の欲生心が、常に信心を磨いてくる。それで、信心それ自身が、たとえいろいろな思想やら表現やら、時代の影響というものがあっても、そういうものはもう要らないといえるようなものが成り立ち得る。それが「金剛」だと、こういうことなのではないかと思います。ですから、金剛ということは、他のものをもう絶対に受け入れないという排除型の固さではないのでしょう。

「真仏弟子《しんぶつでし》」（「信巻」聖典二四五頁）の引文に関わって、第三十三願、触光柔軟の願が、取り上げられていますけれども、衆生の上に揺るがないことを成り立たせるものは、じつは如来の本願なのです。如来の本願が、光となり名となって呼びかける。それによって我われは「真仏弟子」という資格をいただくことができる。「真仏弟子」の内容は、如来の本願が誓っている内容だということで、第三十三願、第三十四願が「真仏弟子」のところに引かれてきます。触光柔軟《そっこうにゅうなん》の願と聞名得忍《もんみょうとくにん》の願です。この願では、阿弥陀の浄土の衆生といわずに、「諸仏世界の衆生の類」といって、あらゆる他方仏土の衆生というふうに呼びかけている願の内容です。そこに「触光柔軟」つまり柔軟心ということがいわれています。金剛心とは、我われが普通に考える「金剛」は、この世にあってどのような力がこようと、どのような化学反応があろうと、ほとんど変わらないものの喩えです。ですから、他の影響をまったく受けない固さを考えます。しかし、真実信心の金剛は、「柔軟心」と矛盾しないのです。他からの影響を嫌うのでなく、一切のことにぶつかりつつ、自己を失わないことを喩えるのです。

このように、「金剛」ということは、壊れないということと、純粋であるということをあらわす言葉なのです。親鸞聖人は善導大師の「散善義」の文で、「金剛」ということに、その二つの意味を見出され、そして、如来の欲生心成就は、如来の真実の回向心の成就であることによって、凡夫の転変かぎりない意識に、その質を破って不壊の金剛心を起こすのであるといわれるのです。

第三節　二河譬の釈

二河譬を釈し、金剛を開示す

次には、二河譬の中から、「白道四五寸」と「能生清浄願心」の二語を取り上げて注釈されています。この注釈の意図は、善導大師が「金剛」といわれることを、明らかにするためだと思います。まず、

二河《にが》の譬喩《ひゆ》の中に、「白道四五寸《びゃくどうしごすん》」と言うは、「白道《びゃくどう》」とは、「白」の言《ごん》は黒《こく》に対するなり。「白」は、すなわちこれ選択摂取《せんじゃくせっしゅ》の白業《びゃくごう》、往相回向《おうそうえこう》の浄業なり。「黒《こく》」は、すなわちこれ無明煩悩《むみょうぼんのう》の黒業、二乗・人天《にんでん》の雑善《ぞうぜん》なり。「道」の言《ごん》は、路《ろ》に対せるなり。「道」は、すなわちこれ本願一実の直道《じきどう》、大般涅槃《だいはつねはん》無上《むじょう》の大道なり。「路《ろ》」は、すなわちこれ二乗・三乗・万善諸行《まんぜんしょぎょう》の小路なり。

（聖典二三四～二三五頁）

といわれています。

「白道《びゃくどう》四《し》五《ご》寸《すん》」の譬えについて、「白道」とは何であるかということを解釈されて、

「白」は、すなわちこれ選択摂取《せんじゃくせっしゅ》の白業《びゃくごう》、往相回向《おうそうえこう》の浄業なり。「黒《こく》」は、すなわちこれ無明煩悩《むみょうぼんのう》の黒業、二乗・人天《にんでん》の雑善《ぞうぜん》なり。
（聖典二三四頁）

と注釈されます。

白道は、選択摂取の白業です。摂取というのは、阿弥陀の光明が摂取の利益をもつということです。阿弥陀の名義として「行巻」で、

摂取《せっしゅ》して捨《す》てたまわず。かるがゆえに阿弥陀仏《あみだぶつ》と名づけたてまつると。
（聖典一九〇頁）

といわれています。ですから、阿弥陀の名号は摂取ということをあらわす名だということです。「選択摂取の白業」というのは、阿弥陀が選択された名号の行が白業であるということです。次の、「往相回向の浄業なり」というのは、名号の功徳を受けた業であるから、「白業」であり「浄業」であるということです。「白《びゃく》」という言葉で、そういう如来回向のはたらき、阿弥陀の大悲のはたらきを受けた行為であることを押さえておられるわけです。

それに対して、「黒《こく》」は、「無明煩悩《むみょうぼんのう》の黒業、二乗・人天《にんでん》の雑善《ぞうぜん》なり」といわれます。つまり、有限の側からどれだけ一生懸命であろうと、まじめであろうと、どれだけ集中していようと、そういう質が、有限の質なのだということを、徹底的に押さえるために、「無明煩悩」を離れることができないのだとされる。そして「二乗・人天の雑善なり」と、雑じり気の善でしかないといわれる。「雑」とありますが、人間の分限では、「雑」しかないのだ、純粋は成り立たないのだということを、繰り返し押さえられるのです。

これも初めは、私はわかりませんでした。人間にだって純粋があってよさそうなのに、なぜこんなにひどくいうのだろうと思いました。けれども、人間の考える純粋は、相対的純粋なのです。相対的純粋というのは、純粋の譬

喩にはなっても、本当には純粋ではあり得ません。この世にあって、相対的なあり方というものは、相対的であるということは絶対ではないわけですから、相対的純粋ということは、不純粋を排除した純粋ということでしかないのです。つまり、不純粋を排除した純粋は、本当の純粋かという問題は、有限の純粋というもののもつ限界なのですね。

それで「内外《ないげ》・明闇《みょうあん》を簡《えら》ばず」（聖典二一五頁）というのが大事になるのです。法蔵願心の純粋性は、人間の不純粋性を厭わない。人間の相対的純粋性を評価しないし、不純粋性を嫌わない。こういう純粋性が、我われにはわからないのです。我われは相対的にしかものを考えられません。それで、ここで徹底的に、如来の「選択摂取の白業、往相回向の浄業」のみが純粋なのだといわれる。我われの方は、「無明煩悩の黒業、二乗・人天の雑善」であって、これを出ることはできないといわれるのです。

できないから悪いといっているのではなくて、そういう立場の自覚と、純粋なるものを自分にとって大切なものとして帰命するということです。これをいただくということです。この関係です。自分が純粋になれるわけではないのです。自分は不純粋なのです。不純粋な心を包んで、不純粋を厭わないで、「摂取不捨」のはたらきをもたらそうという大悲を信ずる。こういうことが、ここでいわれてくるわけです。

「道」は、すなわちこれ本願一実の直道《じきどう》、大般涅槃無上《だいはつねはんむじょう》の大道なり。「路」は、すなわちこれ二乗・三乗・万《まん》善諸行《ぜんしょぎょう》の小路なり。（聖典二三四～二三五頁）

といわれます。

この「本願一実」の一というのは、これは、二を厭わない一です。我われは、生死と涅槃とを分けて、生死に苦しんでいて、涅槃が欲しいと思っても涅槃には往けない。こういう二の世界に生きている。けれども、二のままに一であるということが、如来の大悲の出発点なのです。その二にして一であることを与えようというところに、選択本願が立ち上がる。本願からくる「一実の直道」なのだといわれます。「直道」というのは、初めの大信心の十二徳にも、「極速円満の白道」「世間難信の捷径」とありました。そういう道が、「大般涅槃無上の大道」であるといわれるのです。

それに対して、「小路」は、「二乗・三乗・万善諸行《まんぜんしょぎょう》の小路なり」といわれています。人間が起こし得るあらゆる努力や行為というもののすべては、「小さい路《みち》」なのです。有縁の路である。人それぞれ、できるできないがあります。どれだけ能力があったり、力があったり、体力があったりしても、やはり小さい路なのです。つまり相対的にちょっと大きいというだけですから、相対的にちょっと大きいということは、大悲がわからない立場ですから小さいのです。

そして「四五寸《しごすん》」、これは、

「四五寸《しごすん》」と言うは、衆生の四大《しだい》・五陰《ごおん》に喩《たと》うるなり。（聖典二三五頁）

とあります。「四大・五陰に喩うる」とありますが、これは数を当てているだけのことです。そしてこれは、微《かす》かである。「微」であるということをあらわしているのです。煩悩が激しいのに対して、白道は微かであり、頼りないということを喩えているのだといわれます。

「能生清浄願往生心」から往生を外された意味

次に、「能生清浄願心《のうしょうしょうじょうがんしん》」の釈をされます。

> 「能生清浄願心」と言うは、金剛《こんごう》の真心を獲得《ぎゃくとく》するなり。本願力回向の大信心海なるがゆえに、破壊《はえ》すべからず。これを「金剛のごとし」と喩《たと》うるなり。（聖典二三五頁）

といわれます。善導大師の「散善義」の文では、

> 「中間の白道四五寸」というは、すなわち衆生の貪瞋煩悩《とんじんぼんのう》の中によく清浄願往生の心を生ぜしむるに喩《たと》うるなり。（聖典二二〇頁）

とあり、漢文では、「衆生貪瞋煩悩中、能生清浄願往生心」です。その「能生清浄願往生心」を、親鸞聖人はここで、「能生清浄願心」といわれて、「往生」という文字をあえて外しておられるのです。二文字だけですから、面倒くさいから書かなかったという問題ではないと思うのです。これは、私は、『顕浄土真実教行証文類』の「顕浄土真実」という親鸞聖人のお考えと、どこかで響き合っていることがあると見ています。

「教巻」では、

> 如来の本願を説きて、経の宗致《しゅうち》とす。すなわち、仏の名号《みょうごう》をもって、経の体《たい》とするなり。（聖典一五二頁）

といわれます。『無量寿経』の体は「名号」であり、宗は「如来の本願」であるとされています。このとき、『無量寿経』の宗にも体にも「往生」ということは出てきません。

それに対して、『観無量寿経』については、善導大師が、「玄義分」で、

> 『観経』はすなわち観仏三昧《さんまい》をもって宗とす、また念仏三昧をもって宗とす、一心に回願《えがん》して浄土に往生するを体とす、（「化身土巻」聖典三三三頁）

といわれていて、「一経両宗」が宗になっていて、体は「一心に回願《えがん》して浄土に往生するを体とす」と、つまり往生浄土を体とするのが『観無量寿経』なのだということを、いわれているのです。

だいたいこれが、浄土教の主流の考えでしょう。浄土教といえば浄土往生が体だと考えられているわけです。ところが、親鸞聖人は、「顕浄土真実」、つまり「浄土の真実を顕《あらわ》す」といわれます。これは、如来の回向によって、我われが浄土と出遇うということ、浄土の功徳をいただくということです。信心において、本願成就の功徳によって不退転に住するということが与えられる。そのために、もう浄土にあらためていくということは必要なくなる。本願の功徳は、本願が浄土を生み出し、衆生に与えようとする功徳です。ですから、荘厳された功徳というものを、名号をとおして如来が大悲回向しようということです。ですから、我われはそれに値遇することによって、如来の功徳の一切をいただける。「万徳の所帰」である名号の功徳の一切を、いただけると信ずることができれば、その信において、浄土の功徳の一切は、名号をとおして我われに与えられるのです。

我われは、それ以上に何か欲しいと思っているけれども、何が欲しいのか。「真如一実」こそ、本当に出遇うべき功徳ではないか。「真如一実」の功徳に遇うということ以外に、仏法の功徳はないのです。ですから、「顕浄土真実」ということにおいて、衆生に、仏法の功徳が大悲をとおして与えられるのだということを、親鸞聖人は叫んでおられるのです。それをもらったけれども、まだ物足りないから死んでから浄土にいくのだなどという、そういういただき方をしたのでは、親鸞聖人の『教行信証』の意味がなくなってしまう。親鸞聖人は「顕浄土往生」などとはいわれていないのです。「顕浄土真実」なのです。

我われは、凡夫であるからわからない。凡夫であるから、どこまでも如来の功徳に出遇えない。だから死んでからだと。こういういただき方をするのは、『観無量寿経』的なのです。自力の心が残っているから、まだだめなのだ、もっといいものがあるはずだと考える。これは「横超」に出遇っていないのです。「竪超」「竪出」の心が残っているのです。そういうのは「横出」というのです。

「横超」に出遇うということは、もうこちらからはいかなくともよいのです。向こうからくるものを、いただくのだといわれているのです。そのように転換する。これがなかなかできない。どうしても、自分の立場、自我の立場、自分で獲得できるものを信頼するという立場でしか、見られないからわからないのです。

ですから、善導大師が「能生清浄願往生心」といわれている言葉から、「往生」を外すということは、もう往く距離がなくなったということなのです。「願生彼国　即得往生」ですから。「即」が如来の大悲によって我われに成り立つのだということです。「生死即涅槃」というのは、我われがいこうとして獲得できるものではない。しかし、「生死即涅槃」の功徳が、如来の回向を信ずるところに、我われは因に立ちながら、果の功徳に出遇っているのだと、そういういただき方を親鸞聖人はしておられるわけです。

これが、なかなかいただけないのです。「能生清浄願往生心」を「能生清浄願心」とされていますが、「清浄願心」ですから、選択本願です。つまり如来の願心をあらわすわけです。

先ほど「白道」の「白」というのは「往相回向の浄業」だと押さえられていましたから、「往相回向の浄業」に足を置くということは、本願力に帰入するということです。

『高僧和讃』に、

煩悩具足と信知して　本願力《りき》に乗ずれば
すなわち穢身《えしん》すてはてて　法性《ほっしょう》常楽《じょうらく》証せしむ
（聖典四九六頁）

とあります。つまり、その決断において、自分からいくのではない。向こうからはたらいてくる、涅槃の功徳に値遇するのだということが、この本願力回向という意味なのです。

そうでなかったら、回向というのは、何か私たちが欲しいものに向かっていくのを横からたすける力のごとくに受け止めて、それでやはりいけないから、死んでからだということであったら、往相回向に値遇していないわけです。往相回向と値遇するということは、愚かな凡夫、有限な凡夫に、無限なる力がくるのです。無限の側がここに立ち上がるわけです。そういう出遇い方をここにしなさいと、親鸞聖人は叫んでおられるわけです。ですから、こちらからの「往生」はいらないのです。それでわざわざ、「往生」の二文字を外しておられるわけです。ここをしっかりと受け止める必要があるのです。

そういうことが、

「能生《のうしょう》清浄《しょうじょう》願心《がんしん》」と言うは、金剛《こんごう》の真心を獲得《ぎゃくとく》するなり。本願力回向の大信心海なるがゆえに。

（聖典二三五頁）

といわれる意味なのです。

これを、どうしても我われは、何か今あることから違った自分になれるのだと思うものですから、やはり、まだ凡夫だから、まだだめなのだと考える。親鸞聖人はそのようなことはいっておられないのです。初めから、極悪深重の衆生が大慶喜心を得るのだと、「信巻」の初めにありました。極悪深重の衆生が大慶喜心を得る。大慶喜というのは、「うべきことをえたり」（『一念多念文意』聖典五三五頁）と喜ぶのだと。「うべきことをえたり」という喜びに触れれば、あともうちょっと欲しい、などということはいらないわけです。

我われは、「慶喜」という言葉、「獲信見敬大慶喜」（「正信偈」聖典二〇五頁）をどう受けとめるかということです。あれだけ苦労して親鸞聖人が、何度も書き直しをされて、「獲信見敬大慶人」（『教行信証』（行）校注、聖典二〇三五頁）と書いてくださっていたりする、つまり、人になれと。慶喜する人、これがなかなかなれません。なれないから仕方ないとも思うのですけれども、親鸞聖人はそのことを呼びかけてくださっているのです。

「浄業」「白業」は譬喩ですけれども、白道が「選択摂取の白業」であり、「往相回向の浄業」ですから、その「往相回向の浄業」に乗るということです。乗るというのも譬喩的表現ですけれども、本願力に乗ずるといわれる。本願力に帰入するといわれる。これは、一般的な言葉でいえば、お任せするということでしょう。こちらから何かをするのではない。お任せなのです。こういう人間観が開ける。それが回向の信です。その信には、欲生心成就がはたらいてきている。如来の欲生心成就がはたらいてきている。その中に「願生彼国　即得往生」の利益があるから、我われは、自分から獲得したわけではないけれども、本願力に帰するところに、現生に正定聚の利益を得る。「正定聚の機」というのが「信巻」の課題ですから、「正定聚の機」が「金剛の真心」なのです。

善導大師の「金剛」に関わる文の引用

次に、「金剛」の語を善導大師が使われている文を、三文引用されています。その第一は「十四行偈」（勧衆偈・帰三宝偈）の文です。

道俗《どうぞく》時《じ》衆等《しゅうとう》、おのおの無上心を発《おこ》せども、生死《しょうじ》はなはだ厭《いと》いがたく、仏法また欣《ねが》いがたし。共に金剛《こんごう》の志《こころざし》を発《おこ》して、横《おう》に四流《しる》を超断《ちょうだん》せよ。正《まさ》しく金剛心《こんごうしん》を受け、一念に相応《そうおう》して後《のち》、果、涅槃《ねはん》を得ん者《ひと》と云《い》えり。

（聖典二三五頁）

ここで「各発無上心」と「共発金剛志」とを対応して、「おのおの無上心を発せども、生死ははなはだ厭いがたく、仏法また欣いがたし」というのに対し、「共に金剛の志を発して横に四流を超断せよ」といい、「正しく金剛心を受け、一念に相応して後、果、涅槃を得ん者」といわれています。「各発無上心」が、後に論じられる菩提心論における竪の菩提心に当たるのでしょうが、これは「無上心」であるけれども、「仏法また欣いがたし」といわれていて、成就しがたいことを示しておられます。

それに対して「共発金剛志」の「共発」は、一切苦悩の衆生に呼びかけている「欲生心」を暗示していて、横超の菩提心であることを示すのでしょう。この「横に四流を超断せよ」についても、横超断四流釈といわれる段（聖典二四三頁）で詳論されるところです。

第二文は、「序分義」の文です。

この「序分義」の文は、『観無量寿経』序分の解釈ですから、その『観無量寿経』序分のところに、王舎城の悲劇の中で、家庭の殺人事件という親殺しの罪の問題、この苦悩を語るところに、善導大師が書かれている言葉です。その中に、

苦悩の娑婆《しゃば》、輒然《ちょうねん》として離《はな》るることを得《う》るに由《よし》なし。金剛《こんごう》の志《こころざし》を発《おこ》すにあらずよりは、永く生死《しょうじ》の元《もと》を絶たんや。（聖典二三五頁）

といわれています。苦悩の娑婆は、離れたくても離れられない。ですから、「金剛《こんごう》の志《こころざし》を発《おこ》すにあらずよりは、永く生死《しょうじ》の元《もと》を絶たんや」といわれるのです。

生死流転を超えるには、「金剛の志」を発すほかに道はないといわれます。「善導和讃」に、

真心徹到《しんじんてっとう》するひとは　金剛心《こんごうしん》なりければ
三品《さんぼん》の懺悔《さんげ》するひとと　ひとしと宗師《しゅうし》はのたまえり
（『高僧和讃』聖典四九六頁）

とありますが、この「真心徹到するひとは　金剛心なりければ」とはどうしていえるのでしょうか。

それは「序分義」のこの文によって、「真心徹到するひと」とは「金剛心を発すひと」以外にはあり得ないと見

ておられるのでしょう。それに『往生礼讃』に出される「三品懺悔」の文の結びに、

真心徹到《てっとう》する者《ひと》は、すなわち上《かみ》と同じ、と。（「化身土巻」聖典三三七頁）

とあり、「真心徹到」するなら、上品・中品・下品の三品の懺悔と等しいといわれてあることを合わせて、この「和讃」にしておられるのです。真心徹到して、金剛の志を発すことによって、「横さまに四流を超断」する道が開かれるとされるのです。

第三文は、先に触れた「定善義」の文であり、

「金剛《こんごう》」と言うは、すなわちこれ無漏《むろ》の体なり。已上（聖典二三五頁）

というものです。金剛は不壊であるといわれていましたが、それはまた純粋清浄だということであり、その純粋さは汚れを受けないから「無漏」とあらわすのだということです。

つまり、煩悩具足の凡夫に純粋無漏の心を発起する力はないのですが、大悲回向の願心が内に立ち上がって真実信心となるからには、信心が金剛だとされるのです。

第四節　三心の結釈

このように、至心・信楽・欲生の三心を論じて、

信《まこと》に知りぬ。「至心」・「信楽《しんぎょう》」・「欲生」、その言《ことば》異なりといえども、その意惟《これ》一なり。何をもってのゆえに、三心すでに疑蓋《ぎがい》雑《まじ》わることなし。（聖典二三五頁）

と結んでおられます。それは三心に通じて「疑蓋無雑」であるからだといわれています。

ここで「信《まこと》に知りぬ」という「まことに」は、「信」という字を使われます。親鸞聖人は、「まこと」に真実の「真」を書かれたり、「誠実」の「誠」の字を書かれたり、「実」の字を書かれたり、いろいろな字を当てておられます。同じ文字を何回も使うというのは、漢文の文章上の修辞法として、あまりいい漢文ではないということもありますから、文字を変えるということもあり得ます。ですから、あまり字が違うことにこだわっても、見当違いの場合もあると思うのです。けれども、「信巻」において三一問答を結ばれるときに、この「信」を置かれたのは、何かやはり配慮があるように思います。

信《まこと》に知りぬ。「至心」・「信楽《しんぎょう》」・「欲生」、その言《ことば》異なりといえども、その意惟《これ》一なり。何をもってのゆえに、三心すでに疑蓋《ぎがい》雑《まじ》わることなし。（聖典二三五頁）

とあります。至心・信楽・欲生の三心に、「疑蓋が雑わることがない」ということは、字訓釈の初めのところから、ずっと繰り返していわれてきたわけです。如来の大悲がはたらいてくるのだから、疑蓋がないのだといわれ続けています。

私などからすると、どうしても、なぜ疑蓋がないといえるのだろうかという、疑いの気持ちが消えないのですけれども、親鸞聖人は徹底的に、如来の願心の立場から呼びかけておられるのだから、如来の大悲には疑いがないのだといわれるのです。

我われは、疑いをもっていて、なかなか相応できないけれども、曾我先生は、如来が私たちを愛してくださるのだという表現を、とられたことがありました。私たちがどれだけ疑っていようとも、どれだけ我われがうろうろしていようとも、如来の大悲は疑わないのだといわれた。「一切衆生悉有仏性」と信じて、必ずや聞いてくれよと呼びかけてくださるのだといわれていました。

「至心」ということは、如来の「至心」であるから疑いがない。「信楽」というのは、如来の「信楽」だから疑いがない。「欲生」というのは、如来の「欲生」だから疑いがない。こうやって何度も繰り返し、「疑蓋がない」といわれているのです。ですから、三心というのは、我われの心ではないということなのです。我われの心ではない心が、私たちを破って、私たちの中に信ずる心として立ち上がる。これは、あり得ないことが起こるわけです。そういうことを、いおうとされているわけです。

次に、

かるがゆえに真実の一心なり、これを「金剛《こんごう》の真心」と名づく。金剛の真心、これを「真実の信心」と名づく。真実の信心は必ず名号《みょうごう》を具す。名号は必ずしも願力の信心を具せざるなり。このゆえに論主《ろんじゅ》建《はじ》めに「我一心《がいっしん》」と言《のたま》えり。また「如《にょ》彼《ひ》名《みょう》義《ぎ》欲《よく》如《にょ》実《じつ》修《しゅ》行《ぎょう》相《そう》応《おう》故《こ》」と言《のたま》えり。

（聖典二三五～二三六頁）

といわれています。

ここに、非常に大事な「信巻」独自の意味があるのだということを、信心と名号の関係で押さえられています。親鸞聖人は、「信巻」において、衆生の心に起こる信について、詳しく論じられるのです。それは、大行が大行としてのはたらきを成就するということは、信を具しているからである。だから回向の行・信といわれる。名号それ自身が、光明のはたらきを衆生に与えたいための名前である。けれども、その願いが、はたらきたくてもはたらけないということが、具体的事実としてある。それは、衆生の側に妄念が深くて、大悲が聞こえない、如来の光が見えないからです。そのために、如来はあえて、「真実信心」を回向するために第十八願をたてられたのだといわれる。つまり、三心の願をたてられたのだといただかれて、親鸞聖人は三心の意味をたずねてこられたのです。「真実信心」が真実といえるのは、名号があるからです。名号を抜きにした我われの心は、人天の心ですから、不実でしかない。大悲が浄土を生み出し、浄土の功徳のすべてを、名号一つに込めて与えられるのです。

これは、言葉を換えれば、名号の功徳を展開すれば浄土になるということです。「諸善万行《まんぎょう》」を具したような、「六度《ろくど》万行《まんぎょう》」を具したような功徳を、法蔵菩薩が衆生に与えたいとして、名号をたてられた。このように、名号の中に「万徳」を具している。ですから法然上人は、

名号は是万徳の帰するところなり。（『選択集』真聖全一、九四三頁）

と、「名号は万徳の所帰」だといわれています。ですから、名号の万徳を開けば、浄土の功徳です。浄土の功徳は、『浄土論』では二十九種だけれども、二十九種に限ることはない。無限に開いてもいいわけです。けれども、一応二十九種に絞ってある。その二十九種の中でも、一番大事なのは、仏功徳の「不虚作住持功徳」です。「不虚作住持功徳」の中に、「真如一実の功徳宝海」を衆生に恵みたいという願がある。だから、それが名号の意味になっているというのが、親鸞聖人が「行巻」の初めに「真如一実の功徳宝海」という言葉を出される意味でしょう。

つまり、浄土の功徳が、そのまま名号の功徳になっている。名号の功徳を開けば、浄土の功徳である。それは四十八願にも展開されます。願は四十八に限ることはない。三十六であってもいい。二十四であってもいい。もっと多くてもいい。けれども、一願に統一できるのだというのが、法然上人のお考えで、第十八願一つでいいということです。あとは、第十八願をたすけるための願（忻慕の願）であるとされます。ところが、親鸞聖人は、第十八願の一願だけでは、衆生がいただき損なうから、真実五願として、第十一願・第十二願・第十三願・第十七願・第十八願という形で開いてご覧になる。そして、その体は名号であると、このようにお考えになっていくわけです。

この教えの形は、名号をとおして本願をいただくということです。名号なしに本願といえば、理念としては大悲だとわからなくはないけれども、大悲が、具体的に私たちの日常生活の中に、一念に「死して生きる」ときをいた

だくところに、大悲が常にはたらけるかといったら、はたらかない。すぐ無明に陥っていって、大悲が見えなくなってしまいます。そこに、念々に無明の闇を切って、光明と触れる接点を、名号として与えてくださっているというのが、名号の教えでしょう。

けれども、名号それ自身を称えるときに、光に遇えるかというと、遇えないのが我われ凡夫なのです。そういう悲しみをくぐって、信心を明らかにし、信心が明らかになれば、必ず名号とともに我われは歩むことができるのだというところに、「真実の信心は必ず名号を具す。名号は必ずしも願力の信心を具せざるなり」（聖典二三六頁）という言葉があるのです。これも、なかなか素直にうなずくことはできません。

『教行信証の哲学』という本を書かれた武内義範《たけうちよしのり》という京大の宗教学の先生を、大谷大学の真宗学会がお呼びしたことがありました。その講演の中で、現代という時代で考えると、やはり、名号は邪魔だといわれました。自分自身で喫茶店に行って、喫茶店でコーヒーを飲みながら本願は思うけれども、「南無阿弥陀仏」は出てこない。武内先生は講演の中でそういうお話をなさいまして、「南無阿弥陀仏」は外した方が現代ではいいかも知れないといわれたのです。まだ私は学生でしたから、「そうかなあ。どうなのだろうかな」という迷いが起こりました。その後、曾我量深先生とお会いする機会があって、曾我先生に、「武内義範先生がそういわれたけれど、確かに生活がこれだけ変わっていて、やはり喫茶店で『南無阿弥陀仏』がいえないということは、他の場所でも、現代生活の中では、名号は要らないということがあり得るのでしょうか」とお聞きしました。すると、曾我先生はきりっとして、「そんなことはありません。名号は時代を超えています」と、一言のもとにいわれました。

つまり『無量寿経』を捨てるのならともかく、『無量寿経』を真実の教えとして仰ぐのならば、名号が邪魔だとか、時代に合わないとか、そんなことをいったら、もう教えの筋がなくなってしまうのです。ですから、時代状況が悪いから名号は称えられないというのは、名号ということの意味についての信念確立が、できていないといえるわけでしょう。名号は根本言だということなのです。

名号は、「南無阿弥陀仏、南無阿弥陀仏」という発音もあれば、「なまんだーぶ」という発音もある、「なーまんだー」「なまんだぶ」というように、いろいろな発音があります。さらには、「帰命尽十方無碍光如来」「南無不可思議光如来」と、意味をとった漢字もあるし、親鸞聖人には、御本尊として書かれる「帰命尽十方無碍光如来」あるいは「南無不可思議光如来」「南無不可思議光仏」と、いろいろなお名号があります。

言葉の表現としてはいろいろあっても、「名号が体」だということを失ったら『無量寿経』ではなくなるのです。つまり本願の教えではなくなります。

やはり、なぜこの教えが説かれてきたのかという、一番もとのところは、我われにはわからない。如来の大悲は、我われからはわからない。ですから、「竊《ひそ》かにこの心を推する」(「信巻」聖典二二五頁)ということしかできないけれども、やはり我われの心をつき破って、如来の願心がいただける形として言葉をとる。その言葉は名であるという。名をとおして本願を語る。この教えの筋を忘れてはいけないと思うのです。

自分にとってちょっと称えにくい場所ならば、それは大きな声でいわなければいいのです。念ずればいいのですから。大きな声で称えよということを、願われているわけではない。大きな声でいうことが本願ではないのです。大きいとか小さいとか、発音するとかしないとかということは、大悲とは関係ないのです。名が大事だということです。名を憶念するということが、如来の願いなのです。ですから、発音するのがちょっと恥ずかしいなら、発音しなければいいのです。念じればいいのです。

ですから、「真実の信心は必ず名号を具す。名号は必ずしも願力の信心を具せざるなり」という。信心が名号を具することは、至心を体とする信楽ですから、真実心たる至心の根拠が本願の誓う名号であることによって明示されます。しかし、「信巻」で明らかになることは、名号には、信心の魂を吹き込まれないならば、仏道の事実になることはできないという問題があるということです。名号には必ずしも、願力の信心を具せずということは、聞法の要がどこにあるかを教えるものでしょう。こういう求道の問題が、天親菩薩の「我一心」の宣言に含まれているのだといわれるのです。

その根本の課題を、

かの名義《みょうぎ》のごとく、実のごとく修行し相応せんと欲《おも》うがゆえなり。

（如彼名義欲如実修行相応故）　（『浄土論』聖典一三八頁）

という『浄土論』の言葉で押さえ、これが、

決定《けつじょう》の信をえざるゆえ　信心不淳《ふじゅん》とのべたまう

如実《にょじつ》修行相応《そうおう》は　信心ひとつにさだめたり

（『高僧和讃』聖典四九四頁）

という曇鸞大師の教示なのだといわれるのです。

これによって讃嘆門の言葉が、名号に相応せしめて、衆生に「破闇満願」の功徳を恵むという意味を持つことを、明らかにされるのです。「真実の信心は必ず名号を具す」、そういう名号を具した信心。このことをいうために、「論主建めに『我一心』と言えり」といわれています。

仏教は無我なのに、どうして「我」を付けるのだという質問を受けたことがあるのですけれども、これは、信心は、宿業多き衆生、宿業多きということは、一人ひとり違ういのちを、違う場所や、違う時代や、違う状況を、いのちの場所として与えられ、一人ひとり違う身体を、違う因縁を、違う出遇いを、皆違ういのちを与えられる。こ

れを宿業因縁と表現するのです。宿業というのは、過去世の業に報いて、業報ということをいうわけですけれども、過去の一切の行為経験に報いて、今のいのちがあるという考え方ですね。

それは、実体的な前世があって、前世に悪い行為をしたからどうこうとか、そう考えると、現世の違いを、過去世の生活の形で決定するというか、現実の違いを差別として、社会的差別として考えるような考え方を、宿業で説明するような使い方をする。これは大間違いだと思うのですけれども、一人ひとり違う身体と違う状況と、それぞれ違ういのちを与えられるということの深い背景があります。これは、生命の長い歴史の中に、不思議な因縁の歴史の中に、たまたま今の生命にまで歩んできた生命の歴史の結果が、今ここにあるという事実でしょう。これはもう逃げることができません。

つまり、今いただいたいのちに、たとえどれだけいろいろな問題があろうと、親も、親それ自身も、その親から引き継いでいるし、またその親もさらにその親からと、長い生命の伝承の流れとなって流れてきたいのちの因縁で、生きる力も、生きる能力も、六根のはたらきをする力も、全部いただいたものですから、いただいたということは宿業因縁なのだということをいっているのだと、私は思っているのです。

つまり、自分で作ったわけではない、全部がいただいたもので、過去の生命の歴史からいただいたものです。ですから一人ひとり違うし、その違うことも宿業を引き受けてそれぞれの違いとしての存在としてあるわけです。

人間は人間としての共業《ぐうごう》があって、人間として似たような形とか、力とか、能力とかが与えられてある。言葉がしゃべれるとか、人間的な感覚があるとか、そういう共通なものがある。そういう同じようなところを共業といいます。人間としての共業がある。でも、その中に一人ひとり違う。民族の違いもあれば、生活歴の違いもあれば、そういうことが皆それぞれ違いを持っている。これを宿業というのです。

大悲は、宿業因縁の違いがあり、一人ひとりの違いがあるにもかかわらず、平等に呼びかけられる。平等に呼びかけられるということが、一如宝海から立ち上がった大悲のはたらきです。まあこういうことで、それを受け止めるのは一人ひとりなのです。ですから、「我」、私が引き受けるのです。

龍樹菩薩の名前で伝えられている、『十住毘婆沙論』の偈が「我帰命」（「行巻」聖典一六八頁）と「我《が》」が入っているのですね。「われ帰命す」。つまり、帰命するかしないかは一人ひとりが決めるわけです。一人ひとりが、私は帰命しますと。法蔵願心のはたらきは、私のためでありましたと、私が信ずる。私が信じます。だから、信ずることが成り立つ場所は、罪悪深重、愚悪の衆生一人の上に成り立つ。それを「我」と名のるのです。

信ずるのは誰が信ずるのかというと、無我が信ずるなどということはあり得ません。私が信ずるのです。信ずる主体は、私において成り立つ。本願大悲のはたらきが、ここに成就して立ち上がる。立ち上がる場所は、一人ひとりの私においてです。こういうことが「我」という言葉にはあるのではないかと、いただくことができます。一心は「我」に成り立った一心なのです。

ですから、天親菩薩が「我」と名のりたまうのだといわれる。その「我」は、我執の我（自大我）をいっているのではない。「私において」ということをいっているのだというのが、曇鸞大師の釈です。それを、

「我一心《がいっしん》」は、天親菩薩の自督《じとく》の詞《ことば》なり。　（「行巻」聖典一六八頁）

と表現されています。自分自身だということをいうための言葉だといわれているわけです。こういう意味で「我一心」ということを押さえられています。

「信巻」は、初めから、

かの名義《みょうぎ》のごとく、実のごとく修行し相応せんと欲《おも》うがゆえなり。

（如彼名義欲如実修行相応故）（『浄土論』聖典一三八頁）

この天親菩薩の課題から始まっているのです。そして、「名義」と「如実修行相応」するのが一心だといわれるわけです。教えと、そして、教えによって成り立った「南無阿弥陀仏」の意味である名義。この名義と相応する。ですから、名義相応の一心なのだから、初めから名号なしの一心ということはあり得ないわけです。名号の意味をいただいた心が一心です。「如実修行相応故」とこういわれて、ここから大きく展開します。

第六章　真実信心の特質

第一節　大信海の徳

大信海を案ずれば

次は、信心の持つ独自の特質を解明する段です。

初めは、本願の信を「大信海」という語に包んで、その功徳を列記されています。そこでは、この世において、人間生活や求道生活を牛耳っているさまざまな対応概念を列挙して、信心がそれを突破して平等の地平を開くことを明らかにしておられます。

おおよそ大信海を案《あん》ずれば、貴《き》賤・緇素《しそ》を簡《えら》ばず、男女《なんにょ》・老少を謂《い》わず、造罪の多少を問わず、修行の久近《くごん》を論ぜず、行にあらず・善にあらず、頓《とん》にあらず・漸《ぜん》にあらず、定《じょう》にあらず・散《さん》にあらず、正観《しょうかん》にあらず・邪《じゃ》観《かん》にあらず、有念《うねん》にあらず・無念にあらず、尋常《じんじょう》にあらず・臨終にあらず、多念にあらず・一念にあらず。ただこれ不可思議・不可説・不可称の信楽《しんぎょう》なり。たとえば阿伽陀薬《あかだやく》のよく一切の毒を滅するがごとし。如来《にょらい》の誓願《せいがん》の薬は、よく智愚《ちぐ》の毒を滅するなり。（聖典二三六頁）

といわれています。

「おおよそ大信海を案《あん》ずれば」といって、一心の功徳、つまり本願成就の信心がもつ功徳を語られるのです。そして、「貴《き》賤・緇《し》素《そ》を簡《えら》ばず」「男女《なんにょ》・老少を謂《い》わず」「造罪の多少を問わず」「修行の久近《くごん》を論ぜず」「行にあらず・善にあらず」「頓《とん》にあらず・漸《ぜん》にあらず」「定《じょう》にあらず・散《さん》にあらず」「正観《しょうかん》にあらず・邪観《じゃかん》にあらず」「有念《うねん》にあらず・無念にあらず」「尋常《じんじょう》にあらず・臨終にあらず」「多念にあらず・一念にあらず」と十一対の否定でそれがあらわされているのです。

なぜ十一対なのかはわかりませんけれど、ただこれによって、この世にあり得るあらゆる差異から、差別する行動が起こる、これを否定しておられるといただくことができるのではないかと思います。非常に大事な、浄土の信心がもつ大きな意味を表現されているといえます。人間に大悲の信心が与えられて、それがいただけるということによって、人間に新たな眼が開かれてくる。これは、この教えがなかったら絶対に乗り越えることができない、しがらみを超える課題です。

貴賤緇素を簡ばず

第一には、「貴賤・緇素を簡ばず」といわれています。一番初めに「貴賤」という言葉が出されている。「貴賤」については、親鸞聖人自身が、比叡の山にいても、あるいは京都の町に下りても、常に目にしてぶつかる、人間として非常に深い問題として、この貴賤ということがあったのではないかと思います。それが、もう常識化して当たり前になっている。つまり、上流の方に生まれた貴族は、立派な漆塗りの牛車のようなものに乗って京都の町を動いている。一方貧しい人々は、履物もなく、着物もろくに着られないような、ボロを身にまとって生きている。そういうことが、生まれで違っている。生まれで違うのは当たり前だというのが、平安時代の人間の常識でしょうから、そういう状況に対して、親鸞聖人は、何らかの問題を強く感じておられたのではないかと思います。「貴賤」ということを最初に出されたということは、本願の信心に立って確立するべき人間理解において、初めて違いに対して腹を立てるとか、違いをなくしてやろうとか、そのように発想するのではなく、そういうことを超える眼をいただくということなのです。まずは「貴賤」を簡ばない。貴賤を簡ばないとは、本願力の開く智慧は、願力成就の信心において、存在の尊さを正定聚の位として確保するのであって、この世の一切のあり方を超えた平等の仏弟子としての意味をたまわることを示されるのです。「貴」と「賤」にこだわるのではなくて、貴賤を破ったような存在の尊さを見ていくという如来の眼、こういうものをいただくということがあるのではなかろうかと思うのです。

そして、その次に「緇素」が加えられています。「緇素」というのは、僧侶と在家です。「僧俗」と書かれずに「緇素」と書いておられます。「緇素」と書くということは、「緇」と「素」という言葉に、つまり一般的にいえば、宗教がらみの生活と宗教に直結しない生活とを分けておられるということです。まあ出家と在家といってもいいのでしょうが、僧・俗と言わずに緇・素と書いておられます。これも、何か意味の違いがあるのかどうか、よくわかりませんせん。いずれにせよ、緇・素で、出家・在家のあらゆる人々を色づけして見る見方を、示しているのだと思います。そういう差別扱いをする見方を超えて、「簡び」をしない平等の視座に立つことが、阿弥陀如来の大悲の視座であり、その心を映すものが信心ですから、真実信心は大信海だといわれるのです。

こういう、決定的ともいえるこの世の違いを簡ばない。本願を信ずるについて、本願のはたらきをいただくということについて、この違いは問題にならないといいますか、問題にならない眼が開かれるのが「大信海」であるといわれる。これは、すごいことだと思うのです。

男女・老少を謂わず

第二番目には、「男女・老少を謂わず」とあります。この世で身体を与えられるときに決定される男女の性の違いが、生理的な差異を超えて、社会的なさまざまな差別を生み出しています。この男性女性という、これは「根」の違いがあって、「男根」「女根」といういい方もあるのですけれども、性の違いは「根」の違いで、「根」の違いは、いのちの営みについて決定的な違いを与えています。これはもう、まったく違う二つの種族が、この世に与えられているというしかない。不思議なことに、性が二つで与えられているのが、生命の形なのです。

生命学者が、これは不思議なことだというしかないといわれています。一番初めに生命ができるときに、最初は一つだったかも知れない。アメーバ状態から生命が誕生してくるときには、一つだったかも知れないけれども、生命が、自己持続を自分で作るために、生命の必然的な力が、二つの性に分かれたということが、どうしてかわからないけれども、自然の力なのだと。一番原始的なところから、生命は雌雄に分かれるのです。一つだった場合は、どちらかがもう一方の性の方になるように変わるのだそうですね。魚にはまだそういうことがあるのだそうです。オスだったはずなのがメスに変わったり、メスだったのがオスに変わったりするということが起こるのだそうです。不思議なことがあるものだと思います。

ところが、だんだん生命の歴史が進む中で、機能が分かれて、どちらかに生まれついたら、その生命を全うして死んでいくことになった。生命は有限で死んでいくのですけれども、どちらかの性を生きていく。そういう形で、生命が新しい生命を誕生させる。これはなぜかというと、同じ性が次に同じ性を生んでいるという自己増殖では、環境、状況が激変したら、死滅してしまうのだそうです。だから、違うものを作っていくことで、どんなに状況が変わっても、またそれに対応できる生命を生み出すために、こういう生命自身が生みだした智慧なのではないかと生命学者が説明するのです。これも一つの説明であって、それは後智慧ですから、どうしてかは本当はわかりません。不思議なことですね。でも、本当に不思議なことだけれども、生命というのは、ふたつの形をとるのですね。そして、どんな生命体も、新しい生命を作るために、命がけで雄《おす》同士が喧嘩して、一番強い雄と雌が結ばれる。自然界ではみんなそういうふうに闘う、不思議なことだと思います。生命というのは、なぜそういうことをするのかわかりません。けれども、そういうことをして、生命を持続してきているのです。

人間の場合は、そういう性の違いで生まれて、ひとりでに生命を持続するというふうにならずに、言葉を通して社会的な生活をする。社会的だということは、共同体を作って、共同体同士も接触をしながら、生活をするという形を作るときに、たんに性の違いだけではない役割分担をし始めたわけです。性の違いの役割分担だけなら、動物でも鳥でもしているわけです。それぞれの種において、それぞれの生命の持続の形を作っている。そこには何も、別に差別意識などというものはないわけです。けれども、人間は、そこに違いをとおしながら、差別意識が生じてくる。それは人間独自の煩悩があるからでしょう。

人間は、独自の煩悩をもって生活するところに、苦悩のいのちを新しく生み出してくる。こういうところに、人間独自の問題があります。それをどう乗り越えるかということは、本当に難しいことです。どこまでが「差異」であって、どこからが「差別」なのかということは、これはなかなか解明できないぐらい難しい。何とかそこを乗り越えようとして、いろいろなことを試みるのですけれども、皆失敗するのです。それで、かえって苦悩を深くしたりする。これはやっかいで、難しいことです。

しかし、そういうことを越えるのだという眼をもたないで、ただ形だけ同じにしていこうとすると、違う形の差別が生ずる。差別意識がありながら、形だけ同じにするというのは虚偽でしかない。だからそれを、どう乗り越えるかということは大問題なのです。

「老少」もそうですね。それは、今の資本主義社会で、企業は、安く、働いてくれる人間を使いたいわけですから、歳をとってあまり動けない人とか、まだ身体が動かない小さい子とかは雇えるはずがない。そうすると、企業として金儲けに役立つ人間を雇うわけですから、そこに差別が生じてしまう。そうでなくても、「老少」という差別が、いつの時代でもありますね。これをどう乗り越えていくのかというのが、やはり人間独自の問題にあります。

歳をとってくたびれたら、ひとりでに生命の戦いに敗れて死んでいくというのは、動物の社会ならそうですけれども、人間社会はなかなかそこに難しい問題がある。貧しければ、小説にあったように、姥捨てとか、山の奥に行って捨ててくるというようなことが、歴史の中にあったわけです。けれども、こういうようなことをしてでも、貧しい中に生を持続しようということがあったわけですから、「老少」という問題は大変なことなのです。

今の時代は、また違う問題があります。いろいろな形で長生きするようになり、保障制度みたいなものができた時代ですから、違った形で問題があります。こういう問題も、形だけ同じにしようとしてやっているところに、かえって深い差別が生ずる。今は本当に、どうしたらいいのかという問題が、いろいろあります。そこに、これをいわないという眼を開く。「男女・老少を謂わず」という眼が大悲なのです。大悲からいただく心なのです。すごいことだと思うのです。

この「男女・老少を謂わず」という課題は、「根」という、機能や能力を生み出すよりどころに関わる無数の差別を、この男女という差異で総括しているのかと思います。大悲の視座を信ずるところには、この差異を越えた見方が開かれるということでしょう。老少も、老化しているか、まだ成人に達していないかということで、機根に関係するのだけれど、特にこの世の営みの業績とか、効果とかを評価する視線が、能力の劣った存在を蔑視し、比較相対する煩悩の視座と相まって、人間生活をいかに窮屈にしているかを思うとき、この語が示す存在の解放的な方向が見えることでしょう。

造罪の多少を問わず

第三番目は、「造罪の多少を問わず」とあります。「罪悪深重の凡夫」とは、衆生としての身の自覚ですが、「造罪」とはその罪悪を造ることは、生命の持続に必ず付帯する業だということでしょう。造罪の多少は、善導によれば「遇縁」であって、宿縁によるともいわれるところです。悪人とは、悪縁に出遇ういのちなのだということです。ですから、多少の差はあっても、生きるということは、みなすべからく造罪を生きるものなのです。その存在を、大悲によって平等に照らすということでしょう。

罪業深重の衆生を救うという大悲の教え、これは大乗仏教の悲願といってもいいわけです。そういう課題に応えようという場合に、「造罪の多少を問わず」ということはどういうことか。もちろんこれは、罪を作った人間は、そのままでいいのだということをいうためではありません。大信海ですから、本願の信心に触れる。つまり宗教的要求に目覚めて初めていただける、人間の眼です。それ以前の、人間の倫理的な形での日常生活について、何でも平等だということをいっているわけではないのです。これも誤解されて、犯罪者だって人間だからそのままでいいのだということになると、これは大変なことになるわけです。

善導大師は、『法事讃』で、

謗法闡提《ほうぼうせんだい》、回心《えしん》すれば皆往く。（謗法闡提回心皆往《ほうぼうせんだいえしんかいおう》）

（真聖全一、五六七頁）

といわれています。これを親鸞聖人は、「信巻」（聖典二七七頁）に引いておられます。回心ということにおいて、本願力は平等に照らしてくださる。ですから、罪業深き人間はたすからないのではなくて、たすかるかたすからないかは、大悲を信ずるかどうかにかかるのです。この世の犯罪者として、どういう判断が下るか下らないかは、これは別問題です。大悲に許されたからといって、別にこの世の罪が許されるわけではない。本願力に救われるについては、罪があるかないかは問われない。どれだけ重い罪を犯していようと、浄土の功徳に直接触れることはできる。けれども、倫理的な罪を社会的にどう処置するかは、この世の問題ですから、これは次元が違うのです。これを混乱して、間違ったことを発言する人があるのです。まあ難しいことです。如来の大悲は、どんな犯罪者であろうと、精神の闇に苦しんでいるものを明るくしてあげたいという大悲です。

「造罪の多少を問わず」というのは、つまり平等に救いたいという願いです。これはどんな問題も同じです。先ほどの「貴賤・緇素」も同じです。貴賤の違いがあるということをなくしたいのかというと、そういうことではない。なくして、本当に人間がたすかるわけではない。貴賤・緇素をなくすということは、違った形のまた差別を生みますから、なくしたらいいというものではない。あったからいいというものでもない。なくなるかといったら、なくなりはしないのです。また違う差別構造が生まれるのです。

人間が凡夫であるということは、比較意識があって、差別意識があるということです。ですから、生み出す社会が差別をもってしまうのです。それを乗り越えるのは、大悲によるしかないのです。この社会を平等にするということをいわれているのではないのです。この社会を平等にするということは、凡夫が凡夫でなくなるということがなければあり得ない。凡夫が凡夫のままに、平等などということはあり得ないのです。それを何とか平等にしようとするから、不自然な形で、妙な形になるわけです。

たとえば、幼稚園での運動会で、「よーい、どん」で走っていくけれども、ゴールの直前で手をつないで一緒にゴールに入ると。そんなことをやっているのは虚偽です。社会に出たらそんなことはあり得ないのですから。全部差別で成り立っていますから。おかしな教育だと思います。大信海の平等は、違いがあるのを直そうというのではないのです。差別意識で人間を差別構造として見る眼を翻そうというのです。足の速い人は足の速い人。遅い人は遅い人。これは違いがあるのです。どちらが人間として尊いかというふうに見る眼を翻すのであって、同じ速さにするということをいわれているのではないのです。同じ速さにしたって、何も面白くなんかないですね。速い人が速いから面白いので、遅い人はつらいけれど、つらいからといって人間の価値がないわけではない。違う道にいけば、そこでは意味があるわけですから。

ですから、一人ひとり違う形で、宿業因縁の違いがあっても、平等の価値があるというのが、大悲の眼なのでしょう。ですからそこに、眼の転換なしに了解しようとすると、とんでもない間違いになると思うのです。難しいことですけれど。人間は凡夫であることをすぐ忘れます。凡夫がもっている煩悩、つまり比較の煩悩、これを唯識では慢といいます。比較の煩悩があるということを忘れたら、虚偽の横行する社会になるわけです。

「貴賤・緇素」「男女・老少」「造罪の多少」ということは、一応この世にある、非常に根の深い差別構造をいかに突破するかということだと思います。そして、そのような課題は、大悲によって突破できるということをいわれるのだと思います。

修道の差別構造

第四番目以降の五項目は、仏道の行に関わる相対概念が列挙されています。「修行の久近」「行・善」「頓・漸」「定・散」「正観・邪観」と並べて、これらすべてを超える智慧が、信心の開く眼だとされます。これらのすべてが、人間の修行の努力に関わる概念ですから、本願力に立つなら、当然それらを超えるといい得るのでしょう。

修行の久近《くごん》を論ぜず、行にあらず・善にあらず、頓《とん》にあらず・漸《ぜん》にあらず、定《じょう》にあらず・散《さん》にあらず、正観《しょうかん》にあらず・邪観《じゃかん》にあらず、（聖典二三六頁）

こういう問題は、聖道・浄土を問わず、人間が修行の努力の違いで差別を設けるという構造です。これは僧侶の社会にも、この世の社会にも影響を与えています。こういう違いを超えるということが、大信海としての信心のもつ眼であるということでしょう。

この差別も、この世の中ではずいぶんと説得力をもちます。やはり努力して、たとえば「行にあらず・善にあらず」ということは、努力して善い行為をし、善を行じている。「ああえらいなあ」となるわけです。そういう価値観にこだわらないということは、人間にはできませんね。それを大悲は、平等だといわれる。

それから、「頓にあらず・漸にあらず」もそうですね。何事も、「頓」であるか「漸」であるか。このことに、私たち一人ひとりも、この社会も、すごくこだわるわけです。そして速い方が、価値があるということで動いていってしまっているけれども、それが、違う問題を人間にいろいろとひき起こしてくる。まあそういうことを、どう乗り越えるか。「定にあらず・散にあらず」は、今度は「定」とは意識集中。散乱粗動といわれるような心が、いろいろ動いていろいろなことをやってしまう、そういう問題です。「正観・邪観」は、どう正しく観るか、間違えて観てしまうかという問題です。

人間の努力、人間の行為経験、そういうところに、どうしても私たちは価値をつけ、差別をつけ、上下差別を生んでしまうわけです。けれども、こういうことを乗り越える眼、それが大信海であるとされるのです。

これだけ、親鸞聖人が挙げられるということは、すごいことだと思うのです。我われは、常にこういう問題にこだわって、自分を苦しめ人をも苦しめてしまう。自分の反省では直せない。大悲の眼は違う眼なのだということを、呼びかけてくださるのかなと思います。

有念にあらず、無念にあらず

第九番目は、「有念にあらず、無念にあらず」といわれます。これ以降は、「称名念仏」に帰していても議論や難問が出されてきて、なかなか乗り越えられないということが出されているのです。

初めには、念仏が純粋に行じられるには、人間の不純粋な念の意識が消える必要があるという、「無念」の主張をいかに乗り越えるか。法然門下にあっても、無念無想や三昧に入ったかどうかが問われているのです。親鸞聖人は、人間の特殊な状況を問題にする立場は、本願の大悲を忘れることではないかと見て、真実信心には有念無念などをいわないのだとされて、「有念にあらず、無念にあらず」といわれるのです。

これは、念仏に帰した場合にある問題です。この問題がとにかく了解の分かれを生んでいきました。「有念・無念」という問題も、「一念・多念」という問題も、「臨終正念」の問題も、親鸞聖人の教えを聞く人たちの中にまで、ずっと入ってきている問題です。こういう形で、念仏するのだけれど、どちらが正しいかという、正しさを求めてしまうという、そういう議論が続くわけです。

これを、法然上人は、ただ念仏と、「専修念仏」に帰するのだといわれます。ですから、専修念仏、ただ念仏だといわれる。賢そうにいろいろなことを論ずるのではなくて、愚になって、ただ愚かな心で念仏すればいい。こう教えられたのです。

けれども、「そういわれても」というのが、人間なのですね。そういわれて、では法然上人がいわれるように、ただ愚かに念仏するつもりなのだけれども、「たすかったら、もう念仏すら要らないではないか。一念でいいではないか」という人が出てくる。「いや、やっぱりたくさん称えなければだめだ」という人が出てくる。これをどうするのかというと、愚かになって一回でいい、あとはもう何をしてもいい。そうなってはまずい。では一回ではだめだからといって、たくさん称えるというと、そこに、今度はどれだけ意識集中するのかとか、称えながら称えているという意識がまだあるのがいいのか悪いのか。そうすると「有念・無念」という問題が、どうしても出てくるわけです。

尋常にあらず、臨終にあらず

第十番目は、「尋常にあらず、臨終にあらず」といわれます。第十九願に「臨終現前」が出るので、念仏の行者が往生できるかどうかを「臨終正念」で確保しようとする傾向が強かったのでしょう。臨終も尋常もいずれの立場も、信心のあり方に人間の情況を絡めようとするのですから、本願力に帰するなら、真実信心はこのいずれにも関わらないのだということでしょう。臨終は、因縁でどうなるかわからない。ですから、すべてを本願力に託すしかないのです。他の場面では、「臨終」よりも「尋常」の信念を強調されて、尋常を大切にされるのですが、ここでは尋常をも否定しています。これは、臨終に相対された尋常は、信心が見出す「一念」、信の一念ではないということではないかと思うのです。信心の立場は、横超の本願力によって成り立つ「断四流」の生活であり、自力我慢の生活レベルの尋常ではないということでしょう。

こういう、人間の意識経験の中にある問題が、念仏するという行為とどう関わるのかということ、これがよくわからないのです。そして、生きているうちに念仏しているけれども、今は穢土にいるからまだ浄土ではない。だから今、浄土に生まれたいと思って念仏しているつもりだけれども、臨終になって意識不明になって称えられなくなったら、どこへ行ってしまうのだろうという不安がある。だから、今のうちにたくさん念仏を積んでおいて、たくさん積んでおけば、臨終にも大丈夫だろうと思っている。けれども、本当に臨終は大丈夫だろうかという不安が残るとか、「臨終正念」ということが残っていると、これらは自力心と関係して、どうしても努力意識になります。

多念にあらず、一念にあらず

第十一番目が、「多念にあらず、一念にあらず」です。この問題は、親鸞聖人の晩年の関東教団における大問題であったのです。直筆の『一念多念文意』の末尾に、

康元二歳　愚禿親鸞　八十五歳（聖典五四六頁）

という識語が記されています。隆寛律師の『一念多念分別事』に引用されている漢文部分を注釈する形で、本願の

信心に立つとはどういうことかを、八十五歳の親鸞聖人が徹底的に語っておられるのです。数にこだわるのではなく、本願を信ずるのだと説かれてあります。

それでも「一念に無上功徳がある」（聖典八六頁参照）と、『無量寿経』に説かれていることはどうなるのかというようなことが出てくるわけで、そうすると「一念か、多念か」とまた議論することになり、限りなく議論が続くわけです。

そういうことに対して、親鸞聖人は、本願を深く信ずるのですといわれる。念仏は無上功徳を誓っているけれども、それを我われは、努力で応えようとか、一遍の念仏でいいのだから忘れてもいいのだとか、そういう勝手なことをいわないで、本願を信ずるのですといわれるのです。どこまでも本願を信じて、念仏していく。こういうことを『一念多念分別事』を受けた『一念多念文意』でも、『唯信鈔』を受けた『唯信鈔文意』でも、繰り返して、真実信心に立つということ、本願の真実に立つということをいわれるわけです。信心に立つということは大信海なのですから、如来の願海が、信心によって私たちに恵まれるのです。そして、信心に立つということによって、如来の大悲の眼を生きるのです。我われは凡夫なのだけれども、凡夫と矛盾せずして大悲の眼をいただいて生きる、ということが信心海なのです。

「信楽《しんぎょう》」というは、すなわちこれ如来の満足大悲・円融無碍《えんゆうむげ》の信心海なり。（「信巻」聖典二一七頁）

といわれて、ずいぶんとすごいことをいわれるわけです。

これらを結んで、

ただこれ不可思議・不可説・不可称の信楽《しんぎょう》なり。たとえば阿伽陀薬《あかだやく》のよく一切の毒を滅するがごとし。如来《にょらい》誓願《せいがん》の薬は、よく智愚《ちぐ》の毒を滅するなり。（聖典二三六頁）

といわれています。

「行巻」には、「不可説、不可称、不可思議」（聖典二〇一頁）とありますし、『正像末和讃』には、

五濁悪世《ごじょくあくせ》の有情《うじょう》の　選択《せんじゃく》本願信ずれば

不可称不可説不可思議の　功徳は行者《ぎょうじゃ》の身にみてり

（聖典五〇三頁）

とあります。

こうしてみますと、この「不可思議・不可説・不可称」の三語の次第は、特別に意味があることではないと見ておられるのかも知れません。もし意味を求めるなら、信心の場合は、「不可思議」から始まり、大行については「不可説」から始められていることに、いささかの差異をみることはできるかも知れません。

そして、その不可思議のはたらきを「阿伽陀薬」に譬えて、誓願のはたらきが「智愚の毒を滅する」といわれます。人間の愚かさのみを滅するのではなくて、賢さも滅するのだといわれています。賢であれ、愚であれ、人間においてはいずれも問題を引き起こしますし、比較相対の能力にとらわれることになるからでしょう。智・愚ともに、毒になるのだといわれるのです。それを超えるのは、如来の誓願力のみだということなのです。

「阿伽陀薬《あかだやく》」というのは、神話的な薬なのでしょう、すごい薬があって、そういう薬で「一切の毒を滅する」ということが伝えられている。それを譬えとして、「如来誓願《にょらいせいがん》の薬は、よく智愚《ちぐ》の毒を滅するなり」と、ここで「智」と「愚」の「毒を滅する」といわれている。これも大事なところだと思うのです。

どうしても、人間は相対的に、法然上人が「智者はだめだ」といわれるのだから、それなら「愚者になればいい」と考えてしまう。愚者になればいいということは、どうやったら愚者になれるかということになって、あえて愚か者の形をとって、傍若無人なふるまいをしてみるとか、とんでもない無茶苦茶なことをやってみるとか、なん

だかあえて自分で愚か者になろうとする。そのような「分別」というのがあるのです。法然上人は、「愚者になって往生する」といわれたけれども、愚者は自覚であって、なろうとしてなれるようなものではないのです。もともと愚者なのです。

もともと、智慧があるという思いも、人間の相対的智慧だし、相対的智慧というものは、有限ですから、賢いようだけれども愚かなのです。このことについてはよくできるけれども、他のことはできないとか、ちょっと賢いと増上慢でのぼせ上ってしまいます。ですから、賢いことの愚かさがあるわけです。それを自覚できない。いずれにしても、比較した賢さで、相対的な賢さですから、それ自身が愚かだということがわからないのです。

ですから、「智」と「愚」とを滅するということは、人間の相対的な愚かさがいいわけではない。人間の相対的な賢さがいいわけでもない。どちらも凡夫であって「愚」があるのです。こういう眼がないと、比較相対の眼にごまかされるのです。本当に、人間というのは愚かなものだと思います。どうやってみても愚かなのです。それはもうどうしようもない。愚か者が愚かなのではない。賢い人ほど愚かなのです。自分が賢いと思っていると、なかなか愚かさに気づけないのです。そういう愚かさは、法然上人の教え方だと、よくわからないわけです。

親鸞聖人の「愚」は、徹底的な如来の大悲の前の「愚」です。それは、人間の相対的な愚かさをあれこれ比較して、「愚」だということをいっているのではないのです。凡夫でありますと、罪悪深重の衆生でありますと、まったくの「愚」でありますという自覚なのです。

「愚悪の衆生」(「信巻」聖典二二四頁)といわれますけれど、愚悪の衆生がなぜこのような面倒なことをいうのかというようなものです。『教行信証』を作って、これは如来の大悲が衆生に真実を呼びかけようとすることを、自分のいただいた宿業において全力をもって明らかにする。これは、別に智慧でやっているというのではない。本願の大悲の前にこの愚かさをさらけ出して、その道理としての道を「竊かに以みるに」、「竊かに推するに」と、親鸞聖人はもう自分の分限を超えて如来の大悲を思うならば、こういうことではなかろうかという仕事をしてくださっているのです。別に賢いからやっているというようなことではないのです。ですから「愚禿釈親鸞」なのです。こういうことが、非常に大事なことだと思います。

第二節　大菩提心の獲得

菩提心について二種あり

次は、菩提心について釈されます。

親鸞聖人は、「三心の結釈」の前に、善導大師の「玄義分」の文を引文しておられます。

> 道俗《どうぞく》時《じ》衆等《しゅうとう》、おのおの無上心を発《おこ》せども、生死《しょうじ》はなはだ厭《いと》いがたく、仏法また欣《ねが》いがたし。共に金剛《こんごう》の志《こころざし》を発《おこ》して、横《おう》に四流《しる》を超断《ちょうだん》せよ。正しく金剛心《こんごうしん》を受け、一念に相応《そうおう》して後《のち》、果、涅槃《ねはん》を得ん者《ひと》と云えり。
> （聖典二三五頁）

ここに、「おのおの無上心を発《おこ》せども（各発無上心）」と、「共に金剛《こんごう》の志《こころざし》を発して（共発金剛志）」という言葉が出されます。欲生心は、法蔵願心が「我が国に生まれたいと欲え」と呼びかけておられるのですが、衆生の受け止めとしてあらわせば、「あなたの国に生まれたい」という願生浄土ということになります。衆生の側からは、願生彼国となる。その願生は、楽しい場所へ生まれたいという意欲ではなく、菩提心であると曇鸞大師が押さえられました。

さらに、願生心が菩提心であるということについて、源信僧都が、作願門が菩提心に当たると論じておられます（『往生要集』真聖全一、七八二頁参照）。そういうこともあって、親鸞聖人は、欲生心の中に菩提心という問題を見ておられたと考えられます。

いったん三心一心を結ぶような形で、欲生心に限るのではなく、欲生の体は信楽ですから、信心が菩提心であると、ここでは「大信海」という言葉で押さえて、菩提心を論じられます。そして、

菩提心《ぼだいしん》について二種あり。　（聖典二三六頁）

という言葉が出されています。

仏弟子たらんとする意欲は、ある意味で、世俗の生活に飽き足らず、世俗の生活を破り、超え出たいという願いから起きるのでしょう。世俗のいのちだけではない、何か本当のいのちが欲しいというような要求から、釈尊も出家された。それに続いて仏法を求めるものは、世俗を出て本当の人生の深みをいただくのだという形で求めることになる。そこに、菩提心という言葉が、出家して道を求めるという形をとって仏教にずっと伝わってきたのです。けれども、親鸞聖人においては、そのように出家して道を求めるという形はとっても、本当の出世間、この世を出るということ、生きている人間のあり方を超えて、仏のあり方を求めるということが、自分の上に成就しないという悲しみがおありになって、山を下りられた。自力の菩提心は成就しない。だからといって、たんに世俗に戻るのではない。世俗を破るという要求、人間の宗教的要求といってもいいわけですが、仏道への要求というものがなくなるわけではない。しかし、自力で求めたらそれが満たされない。

そういう、矛盾と悲しみを抱えておられたところに、法然上人の教え、本願の教えに出遇うことによって、たん

に世俗の価値に生きるのではない、本当の人間の平等性を獲得できるような道があるという確信を得られた。この、世俗の差別意識を超えた人間の尊さを獲得できるような道こそが、本当の菩提心なのだと確信された。こういうことをあらわすために、法然上人は、菩提心無用、菩提心はいらないとまでいわれた。確かに、自力の菩提心では、人間は成就しない。けっして凡夫には成就しない。

しかし、自分は本願に出遇うことによって、『無量寿経』の仏法、つまり仏陀が一切衆生を済度せんがために明らかにされた、諸仏称讃の教えである本願の教えこそが、真の仏道であるという確信をもつことができた。

こうなると、では「菩提心」をどう押さえるか。その問題に照らすとき、「横超断四流《おうちょうだんしる》」（「十四行偈」聖典一四六頁）という言葉が、大きな意味を持ってきます。善導大師の『観経疏』の一番初めの「十四行偈」に、「横超断四流」という言葉があります。その「横超」の「よこさま」に超えるという言葉を手がかりにして、菩提心についても「竪」と「横」という考え方を取り入れようという発想をなさった。

これも、何かがヒントになったに違いないのです。善導大師の言葉や、『無量寿経』の「横截五悪趣」（聖典五七頁）という言葉はある。しかし「よこさま」に截《き》るということが、どういう意味なのかということは、善導大師の表現上でも、『無量寿経』の言葉上でもよくわからない。けれども、いただいてみれば、これが本願力をあらわすのだという見通しがついたから、自力に対して本願力というのは他力ですから、自力に対する他力の菩提心という着想をもたれた。

そういうことで、ここに「竪」と「横」という二つの道に、さらに「出」と「超」で四種類の菩提心を示されたのです。「出る」というと、イメージとしては一歩一歩、努力して少しずつ歩んでいくような、つまり、「漸《ぜん》」という、「少しずつ」という「ようやく」という道と、一挙に超えるという「頓《とん》」という道と、そういう二つの超え方がある。二つの超え方についても「竪」と「横」の超え方があるというふうにして、親鸞聖人は四通りの菩提心をお考えになった。それを二双四重といっています。

そして、本願力に帰して、如来回向の大悲によって仏道をいただくという道は、「横超」と、「よこさま」に超越する道であるとされた。文字どおり、善導大師が「横超断四流」といわれた、その「横超」を、本願力回向の真実として押さえられたということです。

菩提心についての引用文

横超の菩提心についての御自釈を結んで、初めには『浄土論註』の引文が置かれます。ここは、『浄土論』の「解義分」、「巧方便回向」についての釈論の段です。巧方便回向を受けて、一切衆生を摂取しようとする「作願」であるから、「願生」の心が無上菩提心なのだといわれるのです。

この無上菩提心は、すなわちこれ願作仏心《がんさぶっしん》なり。願作仏心は、すなわちこれ度衆生心《どしゅじょうしん》なり。度衆生心は、すなわちこれ衆生を摂取《せっしゅ》して有仏《うぶつ》の国土に生ぜしむる心なり。（聖典二三七頁）

といわれ、このゆえに、

自身住持の楽を求めず、一切衆生《いっさいしゅじょう》の苦を抜かんと欲《おも》うがゆえに。（聖典二三七頁）

という『浄土論』の文が出されています。そして、その「住持の楽」について、

阿弥陀如来の本願力のために住持せられて、受楽間《じゅらくひま》なきなり。（聖典二三七頁）

といわれて、この菩提心が衆生を摂取して阿弥陀の浄土に願生せしめる法蔵願心であることを示し、そこに大悲心

が「回向」するという回向の名義を出してこられます。親鸞聖人は、これによって『浄土論』の五念門の回向を、法蔵願心のはたらきの中心であると見抜かれたのでしょう。

さらに、

己《おのれ》が所集の一切の功徳をもって、一切衆生《いっさいしゅじょう》に施与《せよ》したまいて、（聖典二三七頁）

という心こそ、『無量寿経』が語る法蔵菩薩の大悲の願心であり、さらにいうなら、これが『無量寿経』を生み出した願心だと見られたのです。

曇鸞大師が、菩提心ということを、

三輩生《さんぱいしょう》の中に行に優劣ありといえども、みな無上菩提《むじょうぼだい》の心を発《ほっ》せざるはなし。（聖典二三七頁）

といわれています。『無量寿経』の「三輩段」（聖典四四頁）というと、一応は第十九願成就の文です。「三輩段」というのは、『無量寿経』下巻の、いわゆる本願成就文に続いて出されてくる文です。そこに、

仏《ぶつ》、阿難《あなん》に告《つ》げたまわく、十方世界の諸天人民《にんみん》、（聖典四四頁）

とあって、上輩《じょうはい》・中輩《ちゅうはい》・下輩《げはい》と展開しています。ここに、上輩・中輩・下輩と、人の機類を分けて、いろいろな行が説かれています。上輩には優れた行、下輩には大したことのない行と、人間に応じて行が違っている。この段は、第十九願の、諸行往生の願の成就文であると親鸞聖人は押さえられています。

法然上人は、その上輩・中輩・下輩に通じて、「一向専念　無量寿仏」という言葉があるということに注目なさって、あらゆる衆生に平等に願が呼びかけているのは、「一向専念　無量寿仏」である。専修念仏、称名念仏を、『無量寿経』は呼びかけているのだという証文として、「三輩段」をお読みになるのです。法然上人からすれば、これは念仏往生の願の成就文だと、つまり真実そのものとして読まれるわけです。菩提心を発《おこ》すということも、いろ

いろな行が説いてある中にある。文の中の一向という言葉に力点を置いて、法然上人は解釈されますから、一向とあるのは「一向専念無量寿仏」だけである。他はいろいろな行を説くけれども、一向専念に仏の願いがあるのだとされるのです。そして、他の行は諸行だといわれ、念仏以外は、いろいろな行が、人によって行の違いがあるという形で説いてある。その中に、菩提心も説いてあるけれども、本当はいらないのだと法然上人はいわれたのです。一切の衆生に平等に大悲が呼びかけているのは、専修念仏だと押さえられた。それで、菩提心も「余行」なのだからいらないとまでいわれた。

『選択集』で、『無量寿経』の三輩段を通じて説かれている菩提心を、「菩提心等の余行」と表現された。如来の本意は、「一向」に弥陀仏の名を称することを示しているのだとされる。だから菩提心をも廃捨するのだと、法然上人は宣言された。そのことを法然上人の没後に出版された、『選択本願念仏集』で読みとった明恵上人が、菩提心を廃することは仏道を否定することであり、法然上人は仏者ではなく外道であるとして、『選択集中摧邪輪』を書いたといわれています。明恵上人が、菩提心までいらないとは、誰も書いていないと疑難をおこされたのです。曇鸞大師も、この三輩段の菩提心について、この菩提心がなければ浄土に生まれられないという証文として使っておられます。「三輩段」に三輩に通じて、菩提心を発《おこ》せと書いてあるのだから、菩提心を発さないで浄土に往けるはずがないではないか。そして、菩提心については、源信僧都も述べられ、善導大師も大切にされている。だから、菩提心がいらないなどといったら仏法にならないと、明恵上人は非難したわけです。

それに対して、法然上人の弟子方は、皆、慌ててそれに反論する文章を書いたり、本を書いたりしたわけです。しかし、本当の意味で明恵上人の疑難に答えることができない。菩提心がいるといって、やはり自力で発す菩提心がいるのだというような形で弁明したのでは、法然上人は明らかに要らないといわれたのだから、それでも法然上人の弟子なのかといわれてしまう。

親鸞聖人は、それにすぐに反論するような文章は一切書かれていません。けれども、親鸞聖人は、課題を深く受け止められて、おそらく、黙って一緒に流罪を受け止め、そしてこの問題を後に『教行信証』で明らかになさったのです。大声を上げて、「やあ、これこそが本当の菩提心だ」などというのでなく、我ら凡夫は、ただ念仏すればよいと。「愚にかえって念仏せよ」という法然上人の教えを守って、おそらく、沈黙なさったのだと思うのです。しかし、沈黙したからといって、明恵上人の論理に屈服したわけではない。ここに、本願の教えにおける菩提心とは何であるかということを、あらためてたずね直されて、法然上人のいわれた意図は、願生心が菩提心の意味をもっているから、あらためて人間が発す必要はない、凡夫が発す必要はない。願生浄土の念仏の信心の中に、菩提心があるという法然上人の信念をどうあらわすかということで、明らかにしてこられたのが、親鸞聖人の菩提心論だと思うのです。

親鸞聖人は、菩提心の意味を吟味して、曇鸞大師と善導大師の指示を仰ぎ、「横・竪」という言葉を見出し、信心が「横超の菩提心」という意味をもつのだから、「横の大菩提心」であると論じられるのです。それに対して、一般に菩提心といっているのは「竪」の菩提心であるとされました。それは人間の努力を認め、その延長上に大菩提心を成就できるとする見方です。

それに対して、善導大師を依り処にして、「横超の菩提心」という言葉を掘り出されたといってもいいわけです。言葉というだけではない。本願力回向という思想が入って、本願力からのはたらきを受けた菩提心という内実を伴った信心、これは自力の菩提心ではないということをはっきりさせながら、しかし真実の菩提心であるということを明らかにするために、「横超の菩提心」ということを明らかにしてこられた。

そして、

しかるに菩提心《ぼだいしん》について二種あり。一つには竪《しゅ》、二つには横《おう》なり。また竪について、また二種あり。一つには竪超《しゅちょう》、二つには竪出《しゅしゅつ》なり。「竪超」・「竪出」は権実《ごんじつ》・顕密《けんみつ》・大小の教に明かせり。歴劫迂回《りゃくこううえ》の菩提心《ぼだいしん》、自力の金剛心《こんごうしん》、菩薩《ぼさつ》の大心なり。また横について、また二種あり。一つには横超《おうちょう》、二つには横出なり。「横出」は、正雑《しょうぞう》・定散《じょうさん》・他力の中の自力の菩提心なり。「横超」は、これすなわち願力回向の信楽《しんぎょう》、これを「願作仏《がんさぶつ》心《しん》」と曰《い》う。願作仏心は、すなわちこれ横の大菩提心《だいぼだいしん》なり。これを「横超《おうちょう》の金剛心《こんごうしん》」と名づくるなり。

（聖典二三六～二三七頁）

とされます。

菩提心に竪と横の二種があって、「竪超」・「竪出」は、「権実・顕密・大小の教をあかせり。歴劫迂回の菩提心、自力の金剛心、菩薩の大心なり」といわれ、それに対して、「横超」は、「これすなわち願力回向の信楽、（乃至）これを『横超の金剛心』と名づくるなり」とされます。「横超の菩提心」は「横超《おうちょう》の金剛心《こんごうしん》」であるとして、菩提心ということをここで論じて、曇鸞大師が願生心は菩提心であるということをいわれる『浄土論註』の釈文を引用され、「要《かなら》ず無上《むじょう》菩提心《ぼだいしん》を発《ほっ》する」（聖典二三七頁）のだといわれるのです。

しかし、曇鸞大師の「無上菩提心を発す」という意味は、ここだけ読んだのでは、よくわからない。あたかも自力の菩提心のようにも読めます。まして「願作仏心《がんさぶっしん》」「度衆生心《どしゅじょうしん》」だといわれるのですから、謎がある。ところが、その最後に「願作仏心は、すなわちこれ度衆生心《どしゅじょうしん》なり。度衆生心は、すなわちこれ衆生《しゅじょう》を摂取《せっしゅ》して有仏《うぶつ》の国土に生ぜしむる心なり」（聖典二三七頁）という言葉を書いておられます。

天親菩薩の説かれた回向門は、天親菩薩が菩薩として五念門を修して、菩提心を成就するがごとくに書いてあります。しかし、『浄土論』の回向の名義について、回向門とは衆生を摂して有仏の国土に生ぜしむる心だと書いておられる。衆生を摂して阿弥陀如来の国土に共に生まれる。一緒に安楽国土に生まれると。これは、善導大師の「共に金剛《こんごう》の志を発《おこ》して（共発金剛志）」（聖典一四六頁）という言葉に響いているわけです。「共に」ということは、菩提心としては、自分だけがたすかるわけではない。「度衆生心」といった場合には、一切衆生を救うという課題です。

四弘誓願では、「衆生無辺誓願度　煩悩無辺誓願断　法門無尽誓願学　無上菩提誓願証」といわれます。その四弘誓願でも、「一切の衆生を救わずんば」という願心があります。しかし、言葉としてはあるけれども、本当にそのようなことを成就しようとしているのかと聞かれたら、我々凡夫には、「まあ口先だけさ」と開き直るしかないようなものです。我われが「衆生と共に」といっても、その「衆生」とは誰かということになると、自分一人さえ扱うのに困っているのに、そして自分の連れ合いや親子でも救えない。衆生として、その全部を救うといっても、自分の身近のものでも救えません。ましてや、近隣の人までとなると、「あいつとは喧嘩しているし、こいつとは仲が悪いし」というようなことですから、とても一切衆生を救うなどということはできない。

では、出家していればできるか。出家していても、出家者同士の派閥争いや、勢力争いというのが、現実の人間関係です。誰の弟子であるか、あるいは、あいつはこちらの流れではないから、というような派閥意識が消せるかといえば、消せないのです。そういう人間が、一切衆生を救うなどといっても、たんなる口先だけではないか。自力の菩提心など成就するはずがないのだというのが、親鸞聖人の見方です。そうなると、無上菩提心として一切の衆生を摂取して、阿弥陀如来のもとに生ぜしむるという心は、法蔵願心であり、法蔵菩薩におまかせするしかないのだという、覚悟の表現であるとなるのです。

「信巻」では、「よこさま」の菩提心という言葉を受けて、菩提心論の引用をされます。親鸞聖人は、おそらく曇鸞大師のこの注釈から、「願作仏心」「度衆生心」、「衆生を摂取して有仏の国土に生ぜしむる心」（聖典二三七頁）という度衆生心は、法蔵願心のはたらきをいただくことなのだ、法蔵願心の御心だから願作仏心といえるのだと気づかれたのです。自分から仏に成りたいと思うというのではなくて、自分のような罪悪深重の身をたすけたいという願心が、仏にさせようとしているのです。

衆生を安楽浄土に摂取しようとする心が、安楽浄土において成仏させようとするのだ。安楽浄土に生まれたら正定聚・不退転だと呼びかける。それは、ここに生まれれば、正定聚、つまり必ず仏に成るという位を与えようと。この場所にくれば、皆必ず仏に成ることができる、そういう人間になる。もう放っておいても仏に成る、そういう場所を開くということが、もともとの第十一願です。「必至滅度」、必ず滅度に至るというふうにいわれている。それを唐訳の『無量寿如来会』に照らして、「証大涅槃」（聖典二一一頁）、滅度は大涅槃ですから大涅槃を証するのだといわれます。そして、必ず大涅槃を開くということは仏に成るということです。

「生死即涅槃」ということを成り立たせる場所として、浄土を開く。しかし生死の場所はじつは濁世ですから、濁世にあって浄土の功徳をいただけるということが、大悲の本願の意図なのだと、親鸞聖人はいただかれたのです。ですから、浄土の功徳を濁世でいただける道が如来の回向である。これは、我われにはわからないけれども、大悲はそれを願っているのだということです。菩提心は、本願力回向の菩提心として必ず成就する。こういう道筋を、『教行信証』として明らかにしてくださったのです。

『阿弥陀経義疏』の文

次いで、『阿弥陀経義疏』の文（聖典一三三八頁）を三文引かれます。この三文は、『阿弥陀経』流通分の直前にある文、

一切世間のために、この難信の法を説く。これをはなはだ難《かた》しとす。（聖典一三三～一三四頁）

（為一切世間、説此難信之法。是為甚難）

の、元照律師の解釈の文（大正蔵三七、三六三頁、中～下）から引かれます。

他の為《な》すこと能《あた》わざるがゆえに甚難《じんなん》なり。世挙《こぞ》って未《いま》だ見たてまつらざるがゆえに希有《けう》なり、といえり。（聖典一三三八頁）

とあります。

釈尊がこの娑婆国土で「甚難」の法を説かれたという経文についての釈文です。これを、信心が横超の菩提心とされることとの意味として引かれるのです。

自力で努力して成仏の道を歩むことは、末法濁世では困難であるが、それ以上に、その濁悪の生存を超えていく道が本願力によって成就されていることを説きあらわす困難性が、「甚難」の意味として取り出されているのです。

元照律師の第二文は、

念仏法門は愚痴《ぐち》・豪賤《ごうせん》を簡《えら》ばず、久近《くごん》・善悪を論ぜず。ただ決誓猛信《けっせいみょうしん》を取れば、臨終悪相なれども十念に往生《おうじょう》す。これすなわち具縛《ぐばく》の凡愚《ぼんぐ》・屠沽《とこ》の下類、刹那《せつな》に超越する成仏の法なり。「世間甚難信《せけんじんなんしん》」と謂《い》うべきなり。

（聖典二三八頁）

とあります。

ここにある「愚痴・豪賤を簡ばず」「久近・善悪を論ぜず」の「不簡」「不論」という表現は、先の大信海の功徳の親鸞聖人の説明に響いています。この世の価値観によって、差異が差別の作用をもってくる。その差別構造を、大悲願心は突破させるのだということでしょう。具縛の凡愚が、刹那に超越する成仏の法だといわれています。大菩提心が一切衆生を成仏させることを、特に「屠沽の下類」においても平等に成り立たせるとする。大菩提心とは、このような平等の成仏の法なのだというのです。先の善導大師の文によれば、「各発無上心」ではなく「共発金剛志」であるとされていましたが、この課題を成就するものが、法蔵願心の回向する大菩提心なのだということです。法蔵菩薩の菩提心が、回向をとおして、衆生の信心に転移してくるということです。衆生の意志ではなく、如来の悲願を信ずることが、この課題を克服する内実をもっていて、信心においてその果徳が衆生に回施されるというのです。ですから、まさに甚難なのです。

『阿弥陀経義疏』の第三文は、

また云《い》わく、この悪世にして修行成仏するを難とするなり。もろもろの衆生《しゅじょう》のためにこの法門を説くを二の難とするなり。前《さき》の二難を承《う》けて、すなわち諸仏所讃《しょぶつしょさん》の虚《むな》しからざる意を彰《あらわ》す。衆生《しゅじょう》聞きて信受せしめよとなり、と。

（聖典二三八頁）

というものです。

濁世において、修行して成仏する難に加えて、もろもろの衆生のためにこの法門を説くことの難があるという、先の二難を受けて、「すなわち諸仏所讃の虚しからざる意を彰す。衆生聞きて信受せしめよとなり」といわれています。一切衆生を平等に成仏させたいという仏陀の大悲は、それを信受する衆生が出現するところに、願成就の事実となる。自力が成就しがたい濁世であるが、それだからといって、この法門、本願力の教えを信ずるかというと、これを信ずる者はさらにいない。そのために、大悲心を信受してきた諸仏が、本願の法を「称讃」することで、衆生に信じさせようとされるのだといわれるのです。

なぜ、こういう展開になるのか。「横超の菩提心」ということを欲生心の展開として明らかにし、そして、信心のもっている金剛の性質は、「よこさま」にくる「横超」の願力回向の力によって、「金剛」という意味が開かれるのだということを押さえておられる。その上で、けれども、そこに「甚難《じんなん》」ということを置かれるわけです。「甚難」という言葉を押さえられるのは、元照《がんじょう》律師の『阿弥陀経義疏』によっています。『阿弥陀経』の結びに、

阿弥陀仏国に生まれんと欲わん者は、このもろもろの人等、みな阿耨多羅三藐三菩提を退転せざることを得て、
（聖典一三三頁）

と、「阿耨多羅三藐三菩提」に「退転」しないという言葉が出てきます。その後に、

一切世間のために、この難信の法を説く。これをはなはだ難《かた》しとす。
（為一切世間、説此難信之法。是為甚難）　（聖典一三三～一三四頁）

と、「甚難」という言葉が出てきます。それを受けて、親鸞聖人はここで「難」という問題を押さえられます。

善導大師は、

おのおの無上心《むじょうしん》を発《おこ》せども、生死《しょうじ》甚《はなは》だ厭《いと》いがたく、仏法《ぶっぽう》また欣《ねが》いがたし。
（聖典一四六頁）

といわれていました。

各発の無上心では生死甚《はなは》だ厭《いと》いがたい、仏法また欣《ねが》いがたいといわれて、「難」という言葉を「各発」にかけて

おられます。けれども「共発」については、

共に金剛《こんごう》の志を発《おこ》して横《おう》に四流《しる》を超断し、弥陀界《みだかい》に願入して、帰依《きえ》し合掌《がっしょう》し礼《らい》したてまつれ。（聖典一四六頁）

とあって、「共発」の願生心については、「難」ということをいっておられません。

けれども、親鸞聖人は、不退転・正定聚が成就しても、それで「難」がなくなるわけではないとされるのです。「横超」の菩提心に「難」という問題を押さえられるのです。その「難」は、まず、世の中にあり得ないことだと、

世挙《こぞ》って未《いま》だ見たてまつらざるがゆえに希有《けう》なり、（聖典二三八頁）

と、このように出される。そして、「大信海」の徳としてあった、「簡ばない」「論じない」ということを、

念仏法門は愚痴《ぐち》・豪賤《ごうせん》を簡《えら》ばず、久近《くごん》・善悪を論ぜず。ただ決誓猛信《けっせいみょうしん》を取れば、臨終悪相なれども十念に往《おう》生《じょう》す。これすなわち具縛《ぐばく》の凡愚《ぼんぐ》・屠沽《とこ》の下類、刹那《せつな》に超越する成仏の法なり。「世間甚難信《せけんじんなんしん》」と謂《い》うべきなり。

（聖典二三八頁）

と、このように押さえ直してこられるわけです。

そこに「刹那に超越する成仏の法」とあります。ですから、平等であるということは、簡《えら》ばないということであり、「具縛の凡愚・屠沽の下類」という非常に重要な言葉をここで押さえて、そして、これは「世間甚難信」であるという元照律師の言葉を置かれるわけです。これが、「刹那に超越する成仏」ですから、菩提心の成就ですね。ですから、下類が超越する菩提心をあらわしている言葉として、ここで押さえて、それは「世間甚難信」であるとされる。これもやはり、『阿弥陀経』の結びの「難」を語っている言葉の注釈によられるのです。

また云《い》わく、この悪世にして修行成仏するを難とするなり。もろもろの衆生《しゅじょう》のためにこの法門を説くを二の難とするなり。前《さき》の二難を承《う》けて、すなわち諸仏所讃《しょぶつしょさん》の虚《むな》しからざる意を彰《あらわ》す。衆生《しゅじょう》聞きて信受せしめよと

なり、と。（聖典二三八頁）

とあります、この悪世で修行成仏するのも「難」であり、そして、諸々の衆生、特に愚悪の凡夫のためにこの法門を説くということが「難」である。この本願の教えを説くということが「難」であるといわれる。こういう二つの難を承《う》けて、「すなわち諸仏所讃《しょぶつしょさん》の虚《むな》しからざる意を彰《あらわ》す」。諸仏がほめるということは、世間に甚難であるからだと。それは「衆生《しゅじょう》聞きて信受せしめよとなり、と」ということだと。

用欽の文

次は、用欽の文の引用です。

律宗の用欽《ようきん》の云《い》わく、法難を説く中に、良《まこと》にこの法をもって凡《ぼん》を転じて聖《しょう》と成すこと、掌《たなごころ》を反《かえ》すがごとくなるをや。大きにこれ易《やす》かるべきがゆえに、おおよそ浅き衆生《しゅじょう》は、多く疑惑《ぎわく》を生ぜん。すなわち『大本《だいほん》』（大経）に「易往而無人《いおうにむにん》」と云《のたま》えり。かるがゆえに知りぬ、難信なり、と。（聖典二三八頁）

「『大本《だいほん》』（大経）に「易往而無人《いおうにむにん》」と云《のたま》えり」とあります。大信心の十二徳のところに、「易往無人の浄信」（聖典二一一頁）という言葉がありました。その元になる「易往而無人」という『無量寿経』の言葉を出して、「かるがゆえに知りぬ、難信なり、と」という言葉を引かれます。

戒度『聞持記』の文

次に、『聞持記』から引文されています。

『聞持記』に云《い》わく、不簡愚智《ふけんぐち》　性に利鈍あり、不択豪賤《ふじゃくごうせん》　報に強弱あり、不論久近《ふろんくごん》　功に浅深あり、不選善悪　行に好醜あり、取決誓猛信臨終悪相　すなわち『観経』の下品中生に地獄の衆火一時に倶《とも》に至ると等《ら》、具縛凡愚　二惑全くあるがゆえに、屠沽下類刹那超越成仏之法可謂一切世間甚難信也　屠《と》は謂《い》わく殺を宰《つかさ》どる、沽《こ》はすなわち醞売《うんばい》、かくのごときの悪人、ただ十念に由《よ》ってすなわち超往《ちょうおう》を得、あに難信にあらずや、と。　（聖典二三八頁）

とあります。

戒度という人の『聞持記』は、前の『阿弥陀経義疏』の「愚痴・豪賤を簡ばず」以下を注釈されているのです。これが、「具縛の凡愚・屠沽の下類」について、大変具体的に注釈されていることから、ここに引かれるのでしょう。「愚智《ぐち》」ということは、「性に利鈍あり」と、「愚」と「智」とある。「不択豪賤《ふじゃくごうせん》　報に強弱あり」、「豪」や「賤」というのは、生まれ落ちた身分です。生まれ落ちた身分というのは「報」である。業報という言葉があって、今与えられたいのちのあり方は、報いであるという考え方で、業の報いであるということです。

これは、前にも申しましたように、生命の歴史の結果、今ここに自分という一人の人間として生まれたのだという存在の真理をあらわすことなのです。業、カルマ（karman）という言葉には、行為には経験が残るという意味があるので、やはり存在の責任、生きることにおいて前のいのちの責任を果たすという意味がある。業にはそういう意味があって、念々に行為を起こしていると、その責任がその次の瞬間に乗ってくる。行為すれば、その結果が自分になってくる。「あなたはどういう人ですか」と聞かれたら、「こうこう、こういうふうに生きてきたものです」と自己紹介するでしょう。それは、生活の結果、生きてきた結果が、今の自分だということです。ですから、どういう経歴であるか、どういう生まれであるか、あるいは自分の親はどういう人間であるかということが、この人間はこういう人間だという紹介になるわけです。

今生きていることは、今まで生きてきた結果を今ここに引き受けていて、そして今どういう行為をするかということが、その次の自分を決めてくる。「生まれが人間を決めるのではない、行為が人間を決めるのだ」と仏陀はいわれました。その行為自体が、今までどういう生活をしてきたかという条件と、無関係に今の行為はできないのです。非常に厳粛な今であって、今は勝手に自由ではないのです。ある意味で条件付きの今の自分です。条件付きの自分ということは、今まで生きてきた結果がここに実っている。そういう意味が、業報という言葉なのです。

我われが、一瞬一瞬にそのときそのときは自由であると思って、あまり深く考えないで何かをするけれども、その結果が積もって次の自分になっていくわけですから、これは、ある意味で怖いことです。生きているということは、生きてきた責任を背負って、次の自分を生きなければならないということなのです。

今がそんなに重いのなら、何もやる気がしないと、もし何もしないでおけば、しなかったことが次の自分になる。どういう生活をしたかということが、次の自分になる。ですから、一瞬たりとも業報を受けない時間はないのです。そういう意味が、「報」ということです。なかなか難しい。こういう考え方は、西欧にはないそうです。インドに発して、仏教をとおして中国、日本と伝わってきた深い生命観です。これは、存在の責任感、存在は自分の責任なのです。自分だけではないのですけれども、自分という存在が生きてきた責任を、今の自分が引き受けざるを得ないのです。嫌だといって逃げれば、逃げた自分がまた自分になるわけです。それを逃げることは、もうできない。

それが「報」という意味です。

「報に強弱あり」というのは、つまり、強い報を受ける場合もあれば、弱い報を受ける場合もある。それらがどういう状況かということを、本願は一切選ばないということです。

そして「不論久近《くごん》」、久近を論じない。これは修行の長さです。「功に浅深あり」。生きてきた時間の長さということを論じない。経験によって蓄積されるものがありますから、我われは、つい時間の長さを評価します。けれども、本願力は無限大のはたらきですから、時間をかければわかるというものでもない。一瞬で気がつく人もいる。

ある女性は、私の講義を聞いて、初めの講義で話した罪悪深重という言葉が、「私にはビーンとわかりました」と、そういう表現で話しておられました。大学教授の奥さんでしたから、世間的には良い身分なのでしょう。けれども、何かよほどつらい思いがあったのでしょう。それまでの生活の歴史の中で、自分自身に、自分の深いつらさというか罪ということに苦しんでおられた場合には、罪悪深重のための法だといわれたら、それをバーンと引き受けるということがある。

けれども、自分で努力して何とかなるという人生を生きてきたような人は、聞いてもなかなかわからない。「自分は、自分が悪人とは思えない。先生の話は悪人悪人といわれるけれども、自分はどうしてもそういうふうに思えない。何年聞いていてもそういう覚悟が決まらない。他力の信念は欲しいとは思うけれども、自分が悪人だということだけは、どうも納得できない」と、そういう方もあるのです。

これは業報の違いであって、教え方が悪い、あるいは本願力が弱いという話ではないのです。感じ取れるか感じ取れないかということは、その人その人の宿業の結果、業報の結果ですから仕方がない。その人その人が気づくしかないのです。ですから、時間が長ければいいというものでも、短ければいいというものでもない。本願力のはたらきは「久近」を論じない。そして「善悪」も選ばない。

続いて、「取決誓猛信臨終悪相」、すなわち『観経』の下品中生に「地獄の衆火、一時に倶《とも》に至る」（聖典一一九頁）とあります。「決誓猛信《けっせいみょうしん》」というのは、本当に決定して信ずるということです。その譬喩として、この場合は『観経』の下品中生の文をとって注釈しておられます。決定的に決まるということには、「地獄の火が来た」というような「逃げられない」ということ、二河譬でいえば三定死のようなことが必要になるのです。「まだ逃げられる」、「俺は努力して何とかなれる」という自分に対する執着が残っている場合は、本願力と聞いてもたんなる言葉でしかない。自分にとって、本当に自分を支えている大きな力があるのだと感じ取れるかどうかは、やはり宿業因縁です。何かそういう縁が催さないと、なかなか気づけないのです。

そして、「具縛凡愚　屠沽下類　刹那超越成仏之法」の釈で思い合わされるのは、『唯信鈔文意』での親鸞聖人による善導大師の文の注釈です。

因位法蔵菩薩の超世無上の誓いの内容として「不簡」が語られ、その「不簡」について、

すべて、よきひと、あしきひと、とうときひと、いやしきひとを、無碍光仏《むげこうぶつ》の御《おん》ちかいには、きらわず、えらばれず、これをみちびきたまうをさきとし、むねとするなり。（聖典五五二頁）

といわれ、さらに「回心」について触れて、

「回心《えしん》」というは、自力《じりき》の心《しん》をひるがえし、すつるをいうなり。（中略）自力《じりき》のこころをすつというは、ようよう、さまざまの、大小聖人《しょうにん》、善悪凡夫《ぼんぶ》の、みずからがみをよしとおもうこころをすて、みをたのまず、あしきこころをかえりみず、ひとすじに、具縛《ぐばく》の凡愚《ぼんぐ》、屠沽《とこ》の下類《げるい》、無碍光仏《むげこうぶつ》の不可思議の本願、広大智慧《ちえ》の名号を信楽《しんぎょう》すれば、煩悩を具足しながら、無上大涅槃《だいねはん》にいたるなり。（聖典五五二頁）

と、丁寧に注をなさっています。

世間の善悪の価値観に縛られる眼を翻して、大悲の願心によって、いかなる凡愚であろうとも、無上大涅槃に導かれると信ずるのだと語られます。しかし、この回心が「難中の難」であるといわれるのです。自力を自己としている我ら凡夫が、その自己を翻すことは、まさに難中の難です。それを翻さずにはおかないのが、兆載永劫に修行する法蔵願心の仕事なのです。それに深く思いを致すとき、難信たる自己の繋縛を「よこさま」に切って、回向の信が立ち上がることを感謝せずにはいられない。それが報恩の思いとなるのです。

ですから、「一切世間甚難信《じんなんしん》」と、ほとんど信ずることは難しいといわれる。そして「屠《と》沽《こ》下類《げるい》刹那《せつな》超越《ちょうおつ》成仏《じょうぶつ》之法《しほう》」について、「屠《と》は謂《い》わく殺を宰《つかさ》どる」、屠殺に関わる人々と、「沽《こ》はすなわち醞売《うんばい》」は、商人ということでしょう。「醞売」という字には、酒を売るという意味があるのだそうです。

現在では醸造元があって、酒は栓が抜けない瓶に詰まって、紙で包んで箱に入って売っていますから、新品の商品の品質は確保されていますけれども、昔は樽で担いできて、栓を抜いて、枡で受けて売る。徳利や一升瓶をもっていって買うことが私の子どものころにもありました。昔なら、酒をひしゃくで汲んで売るわけですが、上澄みであったり、底の方であったり、相手を見て薄めたり、いろいろなことを適当にやったのでしょう。

酒を売る商売は、相手が正気を失うということがありますから、悪いことがやれる。今なら、そんなことをしたら大変ですけれど。ですから、「醞売」という言葉は、世の中では、悪人の代名詞のように使われたらしいのです。

今は資本主義社会ですから、お金を使うこと自身が悪いとは誰も思わない。給料もお金でもらうし、買い物もするし、お金無しでは生活できません。けれども、昔は、物を作って生活する。自給自足が基本の生活形態の時代には、商人は危ない存在と思われた。何をされるかわからなくて危ない。ですから昔は、商売の市は神様の前や仏様の前で立ったのです。

現在の京都でも、東寺での弘法市とか、北野の天神様の市があります。つまり、神様や仏様の前であれば、商人でも悪いことをしないだろうというわけです。商売というのは、もともと、だますことと関わっていたのです。ですから商売に関わる仕事は、悪い仕事とされて低い身分や、あるいは異なる民族のなりわいとして差別されていたのです。こういうものは、人間が乗り越えるのはとても難しい。歴史的に、そういう差別感情が、職業や民族についていますから、これは大変なことです。そういう概念を包んだ言葉として考えると、これは大問題です。「屠沽下類」を、平等に「刹那」に「超越」できるのだと。つまり、人間の違い、差別、宿業による差別というものを突破するはたらきが、本願力なのです。これを信ずる以外に、そういう差別感情を乗り越えることはできないということです。

凡夫として生きているところには、必ず差別があるといってもいい。それを乗り越えさせるものが、本願を信ずるということだといわれます。本願の前には平等なのだ、差別している根性は間違っているのだと、そのように、存在の根源的な眼の翻りが照らし出されているということが、この言葉にあるのではないかと思います。

我われは、どうしても、「大信海」に立てない。凡夫の価値観で、差別感情で判断してしまう。これを本当に乗り越える道が「大信海」です。これは難しいのです。人間にとって、凡夫にとって、「甚難信」です。「甚難信」であり、親鸞聖人が押さえられているところでいうならば、「人倫」とぶつかることが多いのです。人倫は世俗価値による差別感情を正当としていますから、平等ということをいおうとすると、弾圧される。

人間というのは、凡夫として、差別構造が好きなのです。差別されるのは嫌いだけれども、差別したい。それを破ることができるのが、信心をいただいたことによって与えられる眼なのです。それを本当にいただかないならば、本願の信に立っていないといってもいいような難しさがあります。

阿弥陀の号

このように「難」の問題を論じて、次に、

阿弥陀如来は、真実明《しんじつみょう》・平等覚・難思議・畢竟依《ひっきょうえ》・大応供《だいおうぐ》・大安慰《だいあんに》・無等等《むとうどう》・不可思議光と号したてまつるなり、と。已上　（聖典二三九頁）

と、「阿弥陀如来《あみだにょらい》」の名とその意味が出てきます。

なぜ突然「阿弥陀」の名がここに出てくるのか。しかもその名の意味が、真仏土の本願の第十二願、第十三願によって成就した十二光や無量寿仏ではない意味、「真実明《しんじつみょう》・平等覚・難思議・畢竟依《ひっきょうえ》・大応供《だいおうぐ》・大安慰《だいあんに》・無等《むとう》等《どう》・不可思議光と号したてまつるなり」と並べられているのです。

「三帖和讃」の初めにも『讃阿弥陀仏偈《さんあみだぶつげ》』曰《にいわく》」（聖典四七八頁）といわれて名前が並べられています。その『讃阿弥陀仏偈』に出てくる名前を、ここに出しておられるのです。なぜ、このようにされるのか。

この名号の意味をここに置かれるのは何故でしょうか。真実心を顕彰するべく三一問答を展開して、三心は一心に帰し、一心は大菩提心であり、大信海であると論じてこられたのですが、その信心の体は至徳の尊号、つまり不可思議光如来が衆生にはたらく相であるということなのでしょうか。

至徳の尊号を体として、真実なる至心が凡愚の心に回向され、至心を体として信楽が深い疑蓋に覆われた無明愚痴の身心を破って超発し、信楽を体として欲生が回向心として限りなく逆謗的なる衆生に回施される。したがって、至心信楽欲生の実質は阿弥陀如来の弘誓なのだということを、押さえるためなのでしょうか。阿弥陀如来は、結局、不可思議光というところに結ばれてくるような、明るさであり光である、それは大悲の智慧の明るみであるということを、『讃阿弥陀仏偈』で曇鸞大師がほめておられる。そのことを、ここに置かれているのでしょうか。

『楽邦文類』の文

そして、次に『楽邦文類《らくほうぶんるい》』の文を引いておられます。

『楽邦文類《らくほうぶんるい》』の後序に曰《い》わく、浄土を修《しゅ》する者《もの》常に多けれども、その門を得て径《ただ》ちに造《いた》る者 幾《いくばく》もなし。浄土を論ずる者常に多けれども、その要を得て直ちに指《おし》うる者あるいはすくなし。かつて未《いま》だ聞かず、自障自蔽《じしょうじへい》をもって説を為《な》すことある者、得るに因《よ》って、もってこれを言う。それ「自障《じしょう》」は愛にしくなし。「自蔽《じへい》」は疑にしくなし。ただ疑・愛の二心了《つい》に障碍《しょうげ》なからしむるは、すなわち浄土の一門なり。未《いま》だ始めて間隔《けんきゃく》せず。弥陀の洪願《こうがん》、常に自《おの》ずから摂持《しょうじ》したまう、必然の理なり。已上

（聖典二三九頁）

とあります。

『楽邦文類』というのは、一般的には「らくほうもんるい」と読むのですが、『真宗聖典』では「らくほうぶんるい」と訓んでいます。それは、「坂東本」にそういう振り仮名がつけてあるからです。親鸞聖人ご自身がそのように読んでおられると考えられるので、その当時は「ぶんるい」と読んでいたのだろうということで、あえて「らくほうぶんるい」と、「坂東本」によって振り仮名がつけてあります。

『楽邦文類』というのは、かなりの分量の書物で、楽邦、つまり浄土についてのいろいろな文を編集して並べてある。その書の一番結びのところに書いてある言葉を、親鸞聖人がここに引かれています。

楽邦についてのほめ言葉が続いて、最後に、「浄土を修《しゅ》する者《もの》常に多けれども、その門を得て径《ただ》ちに造《いた》る者 幾《いくばく》もなし。（乃至）ただ疑・愛の二心了《つい》に障《しょう》碍《げ》なからしむるは、すなわち浄土の一門なり。未《いま》だ始めて間隔《けんきゃく》せず、云々」とあります。

親鸞聖人は、宋の宗暁の『楽邦文類』から多くの引文をされますが、三心即一心の問答を結んで、信心が難信であることを押さえた後に、『楽邦文類』で結ばれる。『楽邦文類』の後序で、「自障自蔽」を起こすものでは「愛・疑」に勝るものはないが、これを遂に障碍なからしめるものは、「弥陀の洪願」であるといわれます。この文で宗暁が「文類」を結ぶことに、親鸞聖人は、深い同感をもたれたのではないかと思うのです。

親鸞聖人が、この文をここに置かれるということは、ある意味で、信心の問題をここで結んでおられるわけです。その結びの前だから、名号の名前を、『讃阿弥陀仏偈』によって置かれたとも考えられます。

「信巻」は本願文、「至心信楽の願」の内容と、「本願成就の文」の内容を、こういう形で明らかにしておられるともいえます。本願の信心は「金剛の真心」であり、如来回向の信心であり、そして「世尊我一心」といわれる天親菩薩の「一心」でもある。それが「真実信心」であるというように明らかにされた。そして、さらに如来回向の欲生心だから菩提心である、「横超の菩提心」であるというようにも押さえられた。

信心について、いろいろな問題を考察し終わったかのように、いったんこれで終わるというように、『楽邦文類』で閉められています。

第七章　時剋の極促――存在の満足成就

第一節　本願成就の信としての「一念」

「信の一念」釈

前章までに、真実信心とはいかなる特質があるかといえば、「金剛」に喩えられるように不壊であり、「無漏」であると論じられます。その無漏の信が、煩悩具足の凡夫に成り立つのは、ひとえに如来の大悲回向によることを明らかにされてきました。次に親鸞聖人は、本願成就の文の「聞其名号　信心歓喜　乃至一念」という意義を解明されます。それを表示する文章が出されます。

それ真実信楽《しんぎょう》を案《あん》ずるに、信楽に一念あり。「一念」は、これ信楽開発《しんぎょうかいほつ》の時剋《じこく》の極促《ごくそく》を顕《あらわ》し、広大難思の慶心《きょうしん》を彰《あらわ》すなり。（聖典二三九頁）

と、「信の一念」の問題が展開されます。

「行巻」では、

おおよそ往相回向《おうそうえこう》の行信について、行《ぎょう》にすなわち一念あり、また信に一念あり。行の一念と言うは、いわく称名の遍数《へんじゅ》について、選択易行《せんじゃくいぎょう》の至極《しごく》を顕開す。（聖典一九一頁）

ということが押さえられていました。ですから、信心についても、「信の一念」ということが当然問われるべきことなのです。

それをどこで論ずるかというときに、信心の問題を「本願文」、「本願成就の文」について、いったんすべて解釈し終わったようなところにきてから、あらためて「信の一念」と出されてきたのです。

行の一念については、「選択易行《せんじゃくいぎょう》の至極《しごく》を顕開す」と、「選択易行の至極」という言葉で押さえ、その後の引文で、弥勒付嘱の文を出され、

仏、弥勒《みろく》に語りたまわく、「それ、かの仏の名号《みょうごう》を聞くことを得て、歓喜踊躍《かんぎゆやく》して乃至《ないし》一念せんことあらん。当《まさ》に知るべし、この人は大利《だいり》を得とす。すなわちこれ無上の功徳を具足《ぐそく》するなり」と。

（「行巻」聖典一九一頁）

といわれています。

それに対して、「信の一念」ということをいわれるときには、本願成就文の引文は、

ここをもって『大経』に言《のたま》わく、諸有衆生《あらゆるしゅじょう》、その名号《みょうごう》を聞きて、信心歓喜《しんじんかんぎ》せんこと、乃至《ないし》一念せん。至心回向したまえり。かの国に生まれんと願ずれば、すなわち往生《おうじょう》を得、不退転に住せん、と。

（「信巻」聖典二三九頁）

となっています。この引文の仕方は、「本願信心の願成就の文」で、

『経』（大経）に言《のたま》わく、諸有《しょう》の衆生《しゅじょう》、その名号《みょうごう》を聞きて信心歓喜《しんじんかんぎ》せんこと、乃至《ないし》一念せん、と。已上

（「信巻」聖典二二八頁）

と、「乃至一念」で切られるものとは違っています。

また、「至心信楽の本願の成就の文」で、

本願成就の文、『経』（大経）に言《のたま》わく、諸有衆生《あらゆるしゅじょう》、その名号《みょうごう》を聞きて、信心歓喜《しんじんかんぎ》せんこと、乃至《ないし》一念せん。至心回向せしめたまえり。かの国《くに》に生まれんと願ずれば、すなわち往生《おうじょう》を得《え》、不退転に住せん。ただ五逆と誹謗正法《ひほうしょうぼう》とをば除く、と。已上　（「信巻」聖典二一二頁）

と、「抑止文」を含めて引文されているのとも違っているのです。今、「信の一念」では、「抑止文」をはずして引文されているのです。

これはどういうことかということが、私にとっては疑問でした。『無量寿経』の引き方も、『無量寿如来会』の引き方も、それぞれ違う引き方をされています。

「至心信楽の本願の成就の文」のときの、『無量寿如来会』の引文（聖典二一二頁）は、「抑止文」にあたるところまで引かれていますが、「信の一念」のときは、

また、他方仏国の所有《しょう》の衆生《しゅじょう》、無量寿如来の名号《みょうごう》を聞きて、よく一念の浄信を発《おこ》して歓喜《かんぎ》せん、と言《のたま》えり。（聖典二三九頁）

と、「抑止文」のところは引文されていません。これは、『無量寿経』の引文の仕方と同じです。

そして、『無量寿如来会』の引文に続いて、『無量寿経』の文が引かれてきます。

（大経）また、その仏の本願の力《ちから》、名《みな》を聞きて往生《おうじょう》せんと欲《おも》え、と言《のたま》えり。（聖典二三九頁）

とあります。これは、『無量寿経』の、

その仏の本願の力、名《みな》を聞きて往生せんと欲《ねが》えば、みなことごとくかの国に到《いた》りて、自《おの》ずから不退転に致《いた》る。
（其仏本願力　聞名欲往生　皆悉到彼国　自致不退転）（聖典四九頁）

から引かれたものです。

この引文についても、「行巻」のときとは、引き方が違っています。「行巻」では、

また言《のたま》わく、その仏の本願力《ほんがんりき》、名《みな》を聞きて往生《おうじょう》せんと欲《おも》えば、みなことごとくかの国《くに》に到《いた》りて自《おの》ずから不退転に致《いた》る、と。已上
（聖典一五八頁）

と、「皆悉到彼国　自致不退転」までを含めて、『無量寿経』の文のとおりに引文されているのです。

ところが、「信の一念」のところでは、「其仏本願力　聞名欲往生」のところまでしか引かれていません。このように、「名を聞いて往生せんと欲え」と、「聞名欲往生」で切られているということは、「信の一念」ということに欲生心が絡むという切り方であると考えることもできるのです。

『無量寿如来会』からの引文も、

また、仏の聖徳《しょうとく》の名《みな》を聞く、と言《のたま》えり。已上
（「信巻」聖典二四〇頁）

と、こういう経文の引き方をされています。

「信の一念」とは何であるかというときに、御自釈には、

それ真実信楽《しんぎょう》を案《あん》ずるに、信楽に一念あり。「一念」は、これ信楽開発《しんぎょうかいほつ》の時剋《じこく》の極促《ごくそく》を顕《あらわ》し、広大難思の慶心《きょうしん》を彰《あらわ》すなり。

（聖典二三九頁）


といわれています。ここには非常に大事な問題があると思います。

「真実信心」ということ、信心が成り立つということは、いつどこに成り立つかというと、「今」である。「今」ということでいえば、「教巻」で親鸞聖人が、『無量寿経』は真実教であることを押さえる証文として、阿難の問いを受けた釈迦如来が「光顔巍巍」と輝くという場面を引用されています。その、五徳現瑞のところで、「今」「今」

「今」と繰り返し「今」が出てくる。そして光り輝く「今」であるという釈尊のお姿に、親鸞聖人は、真実教という意味を読み取られた。そして、その「今」というところに、諸仏との「仏仏相念」という言葉があって、「仏と仏とあい念じたまえり」（『教巻』聖典一五三頁）といわれる。諸仏と自分とが念じあう、仏陀と仏陀の念じあい、そういう精神的な場面が、「今」をあらわす。そういうイメージで、これが「出世本懐の文」であるとされる。

出世本懐の文という言葉は、『法華経』の教義学の方で、『法華経』こそが出世本懐であるということをいわれています。親鸞聖人は、その学びを受けておられて、その課題は大事な課題だということから、『法華経』を真実教とする立場に対して、『無量寿経』こそが真実教であると、「如来興世《こうせ》の正説《しょうせつ》」（『教巻』聖典一五四頁）といわれるのです。また、『一念多念文意』には、

　この誓願《せいがん》は、すなわち易往易行《いおういぎょう》のみちをあらわし、大慈大悲《だいじだいひ》のきわまりなきことをしめしたまうなり。

（聖典五四〇頁）

といわれて、「名号をとなうべし」という呼びかけを「釈尊の出世の本懐」、「諸仏の素懐」なのだと押さえられています。

「行の一念」ということは、無上功徳がそこに具足するという意味がある。だから、一声のところに、もうあらゆる功徳が、無上功徳が満ちたりるといわれる。法蔵願心の修行の功徳が、そこに満ちたりるといういい方をしておられるけれども、信心というのは、今度は人間の意識の上に、人間の煩悩、妄念を破って、本願力が立ち上がる。生きるということは、時間を生きていますから、生きている時間というのは、念々に「今」を生きているのだけれども、我われは今を今として感じていない。何かズルズルと連続しているような「今」を生きているつもりで、過去のことを心配したり、未来のことを不安に思ったりして、うろうろしながら、流されるように生きていく。状況

の中に流されて生きてしまう。

そういう時間の中に、「金剛の真心」が異質の時をもつのだという。金剛は壊れないというのだけれども、壊れないということは、時間を超えて壊れないということです。時間を経ても壊れないようなものが、時間の中に突出するということを、「信の一念」ということで明らかにしようとなさったのではないかと思うのです。

つまり、信心というものは、念々に今である。過去に信じたとか、これから信じるだろうというような話ではありません。今、ここに信じられるということが成り立つ以外に、大悲が衆生を救うことはない。念々に、今ここに大悲が私を救っているという事実が起こる。だから、『歎異抄』には、

　念仏もうさんとおもいたつこころのおこるとき、（聖典六二六頁）

とあります。

ですから、時の中に時を截《き》って、この一念の時が起こる。こういう時ということに関わって、一念ということを押さえられるから、「信楽開発《しんぎょうかいほつ》の時剋《じこく》の極促《ごくそく》」（「信巻」聖典二三九頁）と、時の極まりなのだといわれる。こういう問題を、ここに出されるのです。この問題が、後の「横截五悪趣」の問題に響くわけです。「よこさま」に超えるということは、「よこさま」に截《き》るという意味でもある。そういう問題が出てくるのです。それで、この経典の引文の謎みたいなものについては、よく分からないままに、私はこういうことではないかと考えています。この「今」ということに、「唯除」の問題は関わらないと。

そして、その引文の後に、一念が成り立つところに、

　また、仏の聖徳《しょうとく》の名《みな》を聞く、（聖典二四〇頁）

といわれる。つまり、名号と無関係の信ではないだけではない。「信の一念」も、「行の一念」と離れた「信の一

念」ではない。「行の一念」に即して与えられる「信の一念」なのです。

ですから、「信の一念」をいただけば、常に生きている限り、念々に死んで生きるという時間をいただいているところに、本願との値遇をいただくということが起こるわけです。それは、先に信じたからもういいという話ではない。先に信じたというような、過去の話ではない。今、現に、今ここに迷っている苦悩の衆生があって、それと光との出遇いなのです。ここに「信の一念」があるわけです。「信の一念」を押さえなければ、「真実信心」というのはどこにあるのかという話になってしまう。「信の一念」は今ここに、この苦悩のいのちのただ中に発起する。これが「金剛の真心」である。この金剛の真心を獲得するという事実は、一念にある。こういうことだと思うのです。

聞不具足の文

真実信心を妨げるものが、「聞不具足《もんふぐそく》」（聖典二四〇頁）です。

「聞」というのも、聞薫習という言葉がありますように、時間に関わります。聞くことによって、聞くことが縁となって、聞く力が蓄積してくる。行の側は、称名は一回ですべての功徳を成就しているといわれる。ですから、いうならば理論的には、一回でいいといってもよい。それにもかかわらず、生きている衆生にとっては、それがいっこうに明るみにならないという問題が起こるのが、「信巻」の問題です。それに対応するのは、「聞」以外にないのです。「聞其名号」なのですから、名号のいわれが聞こえなければ、その意味が聞こえなければ、いくら発音してみても自分にとっては意味がない。口は動かしてみたけれども、心が動かない。称名で発音が起こったからといっても、本願が衆生を救う事実にはならない。

それではどうしたらいいのか。そこに「聞く」ということがいわれる。けれども「聞く」ということも、なかなか聞こえないのです。なぜ聞こえないかというと、ここに「聞不具足」ということが押さえられて、一つには「十二部経」（「信巻」聖典二四〇頁）という、あらゆる教え方があるけれども、それを部分的にしか聞いていない。こういう「聞不具足」があるといわれる。それから「この六部の経を受持すといえども」、ここからがたいへん厳しいのですが、

読誦《どくじゅ》に能《あた》わずして他のために解説《げせつ》するは、利益《りやく》するところなけん。（「信巻」二四〇頁）

といわれます。読誦することができない、きちんと読み込んでいないのに、それを「他のために解説する」。こういう指摘の前には、もう私なんか、穴があったら入りたいと思うのです。よくわかっていないのに、こうしてお話しする立場に立たざるを得ない。お話しすることによって、私自身も気づいていないことに気づかされるという利益はあって、それが私にとっては有難いのですけれども。しかし、すべてわかったから、話しているわけではない。わからないけれども、話している。本当は、話してはいけないのです。「他のために解説するは、利益することなけん」。ですから、皆様方に利益がないのは当たり前なのです。まあ、利益がある方があれば有難い。こんなに有難いことはないというものです。

「このゆえに名づけて『聞不具足』とす」（聖典二四〇頁）と。ここまでは、まあそういう場合もあるかとも思いますが、さらに、

またこの六部の経を受け已《おわ》りて、論議のためのゆえに、勝他のためのゆえに、利養のためのゆえに、諸有《しょう》のためのゆえに、持読誦説《じどくじゅせつ》せん。このゆえに名づけて「聞不具足《もんふぐそく》」とす、とのたまえり。（聖典二四〇頁）

といわれます。

「またこの六部の経を受け已《おわ》りて」ここからが厳しいのです。「論議のためのゆえに、勝他のためのゆえに、利養のためのゆえに、諸有《しょう》のためのゆえに、持読誦説《じどくじゅせつ》せん。このゆえに名づけて『聞不具足《もんふぐそく》』とす」。そうすると、結局、言葉を使って説くということは、相手があるからであって、「論議のため」である。つまり、ディベートをし、話し合いをして相手をやっつけて自分が勝ったという論議をする。そういう論議の面白さがある。いくらでも論議するのです。

しかし、論議問答するというのは、自分でわからなかったことがわかってきたり、少しく自分にとって、言葉が染みてくるということもあるのです。ですから、無駄なことではないのです。けれども、論議のためのゆえに聞くのは、「聞不具足」であると厳しくいわれています。これは、態度の問題です。仏教を聞く、仏陀の教えを聞くということは、論議のために聞いてはだめだということ。ではどう聞くのか。それは自分自身の疑難を晴らすためでしょう。自分自身を、本当に説得するために聞くのです。自分の疑いを晴らすために聞くのだということが抜けていて、論議のためというのでは、筋違いだということです。

そして、「勝他のためのゆえに」とあります。論議・勝他といいますけれど、「勝他」という、これも、他に勝ちたいという欲は、人間の煩悩の深いところにあるものです。これは比較の煩悩が、人間の根本煩悩ですから。「我慢」です。「慢」は六大煩悩といって、唯識では、貪・瞋・痴・慢・疑・悪見を六大煩悩といって、慢は根本煩悩なのです。慢というのは、比較する心理です。比較して「勝った」と思うのも慢だけれども、「負けた」と苦しむのも慢なのです。比較心がない人間はいないのです。必ず比較する。赤ん坊のときから比較していますね。兄弟であっても、まだ乳飲み子の弟がもったおもちゃも、「それは自分のだ」と、兄が取り上げるのです。そこに置いてあったって遊ばないのに、弟がもつと「それは俺のだ」という。そのように、他人を意識して比較するのです。そういう心が、小さいときからある。どちらが親から可愛がられているかというのが比較心で、これは本能としてもっている。親が少しでも弟の方を可愛がると怒るわけです。あれは根本煩悩ですから、そのまま大人になっていくわけです。そういう比較心というものは、それが、ひがみやねたみ、そねみになったりして、それが人間を苦しめてくる。そういうのが凡夫です。

ですから、「勝他」という問題は、どれだけ勉強していようと、学問していようと抜けられない。「勝他のため」に聞いたのでは、「聞不具足」だといわれる。これは厳しい言葉です。「聞不具足」を脱出するなどということは、凡夫にはできません。

そして、「利養のためのゆえに」。これも、こうやってお話していると、いくらか手当をくださるわけです。そんなに貰えませんけれども、それでも、何もなしでは元気は出ません。少しでも貰えるから元気が出る。それは本当にさもしいものです、人間というのは。こういうことをやらせていただけるのは、それだけで有難いから、お金はいりませんとなれるかというとなれない。凡夫はやはり、根性が悪いですね。これはもう本当に仕方がないと思うのですけれども、これが「利養のため」です。

「勝他のため」「利養のため」、結局、勉強するのも、論文を書くのも、そういう根性がなかったらできないのです。「それを乗り越えるのだから俺は書かないよ」という態度もあり得るけれども、それでは勉強しなくなってしまう。何のために勉強するかといえば、自分のためといっても、自分のためだけに勉強などできません。だいたい人間は勉強なんて嫌いですから。勉強など放っておいて遊んでいた方が楽で、勉強をするというのはつらいことですから。何のためかといえば、あいつより少しはいいことをいおうとか、野望とまではいかなくても、そういうものがなければ、勉強などできないのです。ですから根性が「聞不具足」的なのです。

だいたい、そういう根性がなければ、勉強もしないし、学者になろうなんて思いません。安田理深先生は厳しくて、「大学で給与を取っているようなものは、仏教者とはいえない」とまでいわれました。それで私が「では辞めます」といったら「辞めない方がいい」といわれました。何のことだ、というようなものですけれども。そういう根性の、凡夫であるということを嫌というほど知らされる場が、ある意味で、世間を生きている煩悩の場なのです。

そして、「諸有《しょう》のためのゆえに」とあります。これが一番厳しいのです。「諸有のため」ということは、諸々の条件つきの中に生きているのが諸有ということですから、「諸有のため」というのは、世間関心であるということです。世間関心で聞法する。だいたいそれがなかったら、勉強なんかしないでしょう。学会発表があるから勉強するとか、論文を書かなければいけないから勉強するとか、あるいは、説法しなければならないから勉強するというような、すべて世間関心なのです。全てそのように世間の関係の中で、意欲が起こる。そして、それが結局、名聞利養でもあるわけです。

「諸有のため」とは、厳しいことだと思います。しかし、凡夫であるということは、全部これを抱えて、生きていることです。煩悩の身で生きている。その限りは「聞不具足」だよといわれる。ですから、「信の一念」とは、我われの煩悩性と、ある意味で矛盾するわけです。ですから、我われから「信の一念」になれるかといったらなれないのです。そのために、本願力回向は向こうからくるのです。我われは、凡夫として煩悩のいのちを、世俗社会を生きている。ああ、今回の安居も明日で終わりだなあというようなわけでしょう。そういうのが凡夫です。しかし、遇うのは今なのです。今、出遇わなかったらいつ出遇うのだというのが、「信の一念」です。私の側からそうなれるかといったら、なれない。だから向こうから、真理の側から、如来の側から、本願力回向のはたらき、大悲回向のはたらきというものが、今だぞという形でくるのです。

こちらは「聞不具足」でしかないのです。そういう関係です。私たちが、聞いていったら「聞不具足」でなくなるのだと思ったら、大間違いです。これは突破できません。私たちは、「聞不具足」でしかないのです。ですから、聞いていかなければならない。聞き終わることはないのです。「聞其名号」というけれど、名号を聞くという生活に終わりはないのです。

曾我量深先生がいっておられました。「仏法は厳しいのだ。聞き初めということはあるが聞き終わるということはないのだ」と。終わったら、これはもう堕落する一方です。ここまで聞いたからだいたいいいだろうと、思ったとたんに停滞するのです。それは、もう欲生心がはたらかないということなのです。

第二節　「聞其名号　信心歓喜」としての「乃至一念（信の一念）」

そういうことがここで押さえられていて、

光明寺《こうみょうじ》の和尚《かしょう》は、「一心専念」と云《い》い、また「専心専念」と云《い》えり、と。　（聖典二四〇頁）

といわれています。

そして続いて、「聞」についての解説をされます。

しかるに『経』に「聞《もん》」と言うは、衆生《しゅじょう》、仏願の生起《しょうき》・本末《ほんまつ》を聞きて疑心あることなし。これを「聞」と曰《い》うなり。　（聖典二四〇頁）

そして「聞」釈に続いて、「信心」の解説が始まります。

「信心」と言うは、すなわち本願力回向《えこう》の信心なり。「歓喜《かんぎ》」と言うは、身心の悦予《えつよ》の貌《かおばせ》を形《あらわ》すなり。

（聖典二四〇頁）

といわれています。これは、「聞其名号　信心歓喜」の「聞」と「信心」と「歓喜」を解説されたものです。

「歓喜《かんぎ》」と言うは、身心の悦予《えつよ》の貌《かおばせ》を形《あらわ》すなり。

（聖典二四〇頁）

とありますが、「形《かたち》」という字を「形《あらわ》す」と読んでいます。これは「行巻」においてもこのような書き方をしておられます。

「専心」と云《い》えるは、すなわち一心なり、二心なきことを形《あらわ》すなり。「専念」と云《い》えるは、すなわち一行《ぎょう》なり、二行なきことを形《あらわ》すなり。

（聖典一九二頁）

といわれています。「身心の悦予《えつよ》の貌《かおばせ》を形《あらわ》す」とありますから、「悦予」というところに、何か悦びの形があらわれる、そういうイメージですね。

そして、「身心の悦予《えつよ》」の「予」の字ですが、この字はもともとは「豫」という字です。現代漢字で「予」にしてあります。左側だけの「予」という字は「われ（余）」という意味もあるし、「あらかじめ（預）」という意味もあるし、そして「よろこぶ・たのしむ」というような意味もある字（豫）を、戦後の文部省が、現代漢字として一つにしたわけです。

『教行信証』の「証」の字を今は「証」と書いていますが、それは親鸞聖人と違うのではないかということを書いていている方がありました。そのとおりで、親鸞聖人は「證」という字を書いておられる。本来の漢字としては、「證」と「証」とでは意味が違うのです。漢和辞典を引くと違いがわかります。けれども、文部省が現代漢字として、この二つを一つに統一して、「証」を使えと教育漢字として指定したわけです。漢字をそのようにして決めたわけです。今の日本においては、普通は「証」しか使われない。「證」という字は使わないのです。今では、旧漢字を使っても、読めない人が多い。

そういう漢字と同じで、「予」の字も、漢字としては、「豫」と書くのが本来なのです。しかし、現代漢字は、この字は使わないのです。しかし、もともとは、「豫」と「預」は意味が違うのです。

この「悦予」の「予」という漢字には、「うちとけてたのしむ」という意味があるのだそうです。ですから、「悦予」ということは、「悦」も「よろこぶ」、「予」も「たのしむ」という意味がある。本当に存在がよろこぶということになります。曾我先生がよく揮毫された、「開神悦体《かいじんえったい》」（『無量寿経』聖典三八頁）という言葉を、私は思いおこします。そういうところに、「大慶喜心《だいきょうきしん》」（「信巻」聖典二一二頁）といわれてくるような意味があるのではないかと思います。

第三節　現生の利益

清浄報土の真因

そして、それを受けて、「乃至一念」について、

「乃至《ないし》」と言うは、多少を摂《せっ》するの言《ことば》なり。「一念」と言うは、信心二心なきがゆえに「一念」と曰《い》う。これを「一心」と名づく。一心はすなわち清浄報土《しょうじょうほうど》の真因なり。

（聖典二四〇頁）

といわれます。

ここに、「清浄報土の真因」とあります。信楽釈のところで、

この虚仮《こけ》・雑毒《ぞうどく》の善をもって、無量光明土《むりょうこうみょうど》に生まれんと欲する、これ必ず不可なり。（「信巻」聖典二三八頁）

と、虚仮・雑毒の善をもっては真仏土に生まれることができないということがありました。けれども、ここでは、「一心はすなわち清浄報土の真因なり」といわれる。「真実報土」のことを「清浄報土」といわれています。つまり信心が「一心」であり、「一心」は「清浄報土の真因」であるといわれるのです。

この「一心」という言葉を、親鸞聖人は非常に大事になさいます。天親菩薩の一心は、疑いが晴れた心である。これが我われに与えられるということは、それがそのまま、如来が荘厳する真実報土に直結する「真因」であるとされる。

この「真因」というものを得るならば、ここに、「金剛《こんごう》の真心を獲得《ぎゃくとく》すれば」ということを押さえて、

金剛《こんごう》の真心を獲得《ぎゃくとく》すれば、横《おう》に五趣《ごしゅ》・八難の道を超《こ》え、必ず現生《げんしょう》に十種の益《やく》を獲《う》。（聖典二四〇頁）

と、金剛心の利益として、本願力回向の信心の利益をここで押さえられます。それは、「横《おう》に五趣《ごしゅ》・八難の道を超《こ》え」ということと、「現生《げんしょう》に十種の益《やく》を獲《う》」ということです。

まず、「横に五趣・八難の道を超え」といわれています。この「五趣・八難」というところに、先ほどの聞不具足にあった「諸有」という言葉が関わります。「五趣」は、六道流転と同じこと、六道と五趣とは同じことです。『無量寿経』では、五趣を超える、「横截五悪趣」とあります。六道というけれども、普通は六道というと、悪趣は三悪趣で、残りの三趣は悪くはないという理解もあるのですね。しかし『無量寿経』では、全部が「五悪趣」です。

つまり、流転のあり方は、仏道から見れば全部悪趣です。たとえ天人であっても、少し楽しいだけで救いがあるわけではない。天人の状態にも、終わりがある。天人にも寿命がある。人間の寿命の何千倍か何万倍か、いろいろ

な計算があるようですけれども、天人のいのちをいただいたら、人間からすればとても長いいのちがある。それならば人間は天人になったら幸せかといえば、長く楽しいいのちを生きた結果、終わらなければならないというときのつらさは、短い人生とは比較にならない辛さがあると、そのように教えられます。

『往生要集』で天人を描写するところでは、天人の五衰といって、五つの衰えということをいわれています（『往生要集』真聖全一、七五〇頁参照）。なぜこんなことをいわれるのかと思うほど、意地が悪い。天人というのは、きれいで美しく、スタイルもいい。そして、何千年と続く美しさをもつというのですから、素晴らしいと思われるけれども、そういう人でも衰える。それは、そうですね。生きるということは衰えることであり、六道を流転するいのちですから、状況が変わって生きていくということですから、どれだけ長くても、それは長く生きたいという人間の欲望の象徴ですから、天人になったらどれだけいいだろうと思わせるように、とても素晴らしく語られています。しかし、それでも終わる。そして、終わる前には衰える。生老病死ですから、歳をとってくる。そうすると、美しかった天人が衰えてくる。そのつらさは人間の比ではないといわれるのです。

ですから、「五趣」というのは、つまり諸有です。諸々の有、状況的存在であるということです。「八難」というのは、この言葉をいうと差別になるというほど、機根の悪い状態です。その中に、「盲聾瘖唖《もうりょうおんあ》」という言葉があるのです。そういうことと、仏法を聞くについての聞き難さというものを入れて、「八難」といっているのですね。その「八難」の一つに、世間的に賢い人間が入っているのです。

それは、「世智弁聰《せちべんそう》」といわれます。世の中の智慧を弁《わきま》える、「弁ずる」。そして「聴《さと》る」。その「世智弁聰」ということが、「八難」の一つに数えられています。

つまり、状況の中をくぐり抜けていこうとするような問題、広くいえば、世間関心、世間的差別状況を乗り超えていきたいというような心、こういうことが、竪型の生き方についてまわる非難です。やはり、人と比較して高いところへ、人と比較して速く、何かより良い状態へ向かおうという発想や、それを生み出す、状況的差別を「よこさま」に超えるという。

「よこさま」に超えるということは、すごいことだと思うのです。「横」に超えるという問題、「横超の菩提心」の問題ですが、こういうことにおいて、初めて「現生に十種の益を獲」ということが起こる。ですから、「現生十種の益」ということは、他力の信心、本願力の信心において与えられる利益なのです。これが十種数えられています。

現生十種の益

一心が現生にもつ利益を、「十種の益」としてまとめられています。

金剛《こんごう》の真心を獲得《ぎゃくとく》すれば、横《おう》に五趣《ごしゅ》・八難の道を超《こ》え、必ず現生《げんしょう》に十種の益《やく》を獲《う》。何者か十とする。一つには冥衆護持《みょうしゅごじ》の益《やく》、二つには至徳具足の益、三つには転悪成善の益、四つには諸仏護念の益、五つには諸仏称讃《しょぶつしょうさん》の益、六つには心光常護の益、七つには心多歓喜《しんたかんぎ》の益、八つには知恩報徳の益、九つには常行大悲の益、十には正定聚《しょうじょうじゅ》に入る益なり。
（聖典二四〇-二四一頁）

現生の利益の第一は、「冥衆護持の益」とされます。「冥衆」の「冥」とは、「暗冥」と熟字され、「冥界」「冥土」「冥福」などという熟語があるように、暗く光が差さない状態をあらわし、死後の世界をも暗示します。冥衆とは「天神地祇」とか「悪鬼神」「魔界」といわれるような、人間界を取り巻く異界、他界の存在です。人間の精神界にとって、直接見えない不気味な存在です。

「自力《じりき》に約してまず魔種《ましゅ》あり」（聖典一八五頁）と「行巻」にはあります。世間・出世間を問わず、自力の意識には必ず存在を脅かす冥衆を感ずるとされます。金剛の真心には、その畏れを転じて、護持してくれるものにする利益があるというのです。

親鸞聖人の生きられた、日本の十二世紀から十三世紀ころには、人間界を取り巻く異界の存在が強いリアリティーをもっていたといわれるのです。親鸞聖人が、信心の現生の利益の第一にこの利益を挙げられるのは、濁世の衆生の生活に密着して、真実の方向を見失わせる要因が、この魔界、他界への畏れだったからではないでしょうか。

それに対して、現代の二十一世紀を生きる我らは、人間以外の存在をすべて抹殺して、人間中心の社会を作りだして、他の存在をすべて排除してしまったといわれます。人間のみが地球上を席巻しているという、独占感情を作り出しているともいわれます。人間の周りにいたさまざまな動物や鳥類、魚類の幾種類かが、いまや絶滅種になり、絶滅危惧種にもなっています。おそらくは、異界や他界の霊的存在も出る幕が少なくなっているかも知れません。

しかし、現代には文明社会を覆う、さまざまな公害やエネルギー問題など、人間生活を脅かすものごとには事欠きません。都市化社会がもたらす孤独感や孤独死などの閉塞感が、現代の生活を圧迫している。こういう事実の前で、金剛の信が大悲摂取の感覚を与え、悠然と独りを楽しむ風光を開いてくるのではないでしょうか。冥衆は形を変えて、生活を取り巻く不安感となって襲ってきています。しかし、金剛の信心は、

魔界《まかい》外道《げどう》も障碍《しょうげ》することなし。（『歎異抄』聖典六二九頁）

という信念であり、苦境を生存の豊かさに転ずる智慧となってはたらくということではないでしょうか。

第二の「至徳具足」の利益は、名号に具せられている無上功徳が、大悲の回向によって念仏する衆生の信念に与

えられることをいうのでしょう。「至徳の尊号」といわれて、本願の名号に大利、無上の功徳があることを教え、その名号を信ずるなら、信ずる人にその功徳が回向されるといわれるのです。

純粋にして無漏なる本願力が、有漏の衆生を摂取するとき、それを信受する信念に、願力の功徳が乗り移るというのです。これは他力の信念の、不思議というほかありません。不可思議力に席巻されて、有限存在に無限の大悲がはたらき出るというのです。これを曾我量深先生は、「如来、我となる」と表現されました。

法蔵願心が、衆生の闇を担って歩み続ける。そして如来の回向によって、本願力が衆生の信念になる。これによって、凡夫に「如来とひとし」といわれる意味が具せられるといわれるのです。

第三の「転悪成善の益」とは、「曇鸞和讃」に、

罪障《ざいしょう》功徳の体《たい》となる　こおりとみずのごとくにて
こおりおおきにみずおおし　さわりおおきに徳おおし
名号《みょうごう》不思議の海水《かいしい》は　逆謗《ぎゃくほう》の屍骸《しがい》もとどまらず
衆悪《しゅあく》の万川《ばんせん》帰《き》しぬれば　功徳のうしおに一味《いちみ》なり
（『高僧和讃』聖典四九三頁）

とあるように、願力を信ずるところに転成のはたらきが恵まれることをいうのです。人間の心を苦悩の闇に沈めるさまざまなできごと、自己を傷つけ他人をも巻き添えにする人間の生活、それらをなすべきでなく犯すべきでないことと教え、犯すことを「罪障」とか「逆謗」と教えています。しかしながら、因縁を生きる存在には、与えられる事情の中で、これらをなしたり犯したりしてしまうことがあります。しかし、いわゆる悪業煩悩を残るところもなく引き受けて、本願の信に導き入れ、願力不思議によって人生を転換して、信念の明るみに転入せしめるというのです。

煩悩具足の身には、罪障の自覚が願力不思議に帰する強い縁とすらなるのです。善人意識には、他力の信は不要なのでしょう。悪人の身にこそ、他力不思議が深く受け止められることになるのです。転悪成善とか、転悪成徳ということこそ、他力の信の恵みなのです。

この「転」とは、後に論じられる「断」とも深く関係すると思われます。願力回向との値遇によって与えられる信心において、「転」が起こるとは、煩悩生活を場としつつ本願の信心が発起することです。

これを「煩悩が菩提の水」となるというのです。ですから「横超断四流」といわれるような、「生死」を断絶して「涅槃」への入り口に立たせるようなはたらきが、信の一念に起こるとも表現しうるのではないでしょうか。

第四の「諸仏護念の益」、第五の「諸仏称讃の益」は、諸仏との関わりが信心によって開かれることをいいます。親鸞聖人は、『無量寿経』を真実教と決定されました。そして、その『無量寿経』の体は名号であり、「本願を説きて、経の宗致《しゅうち》とす」（「教巻」聖典一五二頁）といわれるのです。その本願を宗とする仏法からすれば、法蔵願心は諸仏に証明されることによって、阿弥陀仏として成就するし、阿弥陀如来を称讃することにおいて、諸仏は諸仏としての意味を全うする。諸仏の伝統から阿弥陀の願心が超発し、阿弥陀の願によって、諸仏は大乗の仏道を証明する存在となる。それを、諸仏称名の願の現行が阿弥陀如来の現成であり、阿弥陀如来が成り立つところには、十方恒沙の諸仏如来が阿弥陀の威神功徳を讃嘆している事実があるのだとされているのです。

したがって、阿弥陀の本願を信ずる衆生は、阿弥陀の威神力を証明するという意味を与えられるから、諸仏が共にその衆生を称讃し、また護念することにもなるといわれるのでしょう。本願を信ずることができるのは、諸仏称讃の伝統に教えられ、その共同事業に招喚されることでもあるということなのです。

第六は「心光常護の益」とされます。この心光は、阿弥陀如来の心光です。阿弥陀の名義を、善導大師は、

ただ念仏の衆生《しゅじょう》を観《み》そなわして、摂取《せっしゅ》して捨《す》てざるがゆえに、阿弥陀《あみだ》と名づく、と。（「行巻」聖典一七四頁）

といわれます。本願力を信受して生きる場所は闇黒の濁世であっても、阿弥陀の大悲の光明が照射する場所となるのです。本願に帰して生きることは、願力成就の道に立つことであり、したがって、涅槃への直道を生きることでもあるのです。それを「和讃」には、

金剛堅固《こんごうけんご》の信心の　さだまるときをまちえてぞ
弥陀《みだ》の心光摂護《しんこうしょうご》して　ながく生死《しょうじ》をへだてける
（『高僧和讃』聖典四九六頁）

といわれるのです。

第七は「心多歓喜の益」とあります。これは『十住毘婆沙論』の「歓喜地」の釈において、初地が「歓喜」とされるのは、

菩薩《ぼさつ》この地《じ》を得れば、心常に歓喜《かんぎ》多し。（「行巻」聖典一六二頁）

とあることによっています。この歓喜は、菩薩が成仏の必然性を確信した歓びです。親鸞聖人は、この初地の菩薩の歓喜と、「聞其名号　信心歓喜」の歓喜とを同質のものと見られています。初地不退について「聞名不退」と『十住毘婆沙論』がいわれるのですから、これを現生不退の証文とされたのでしょう。それで、「聞其名号　信心歓喜」は「心多歓喜」であるとされるのです。

第八の益は「知恩報徳」とあります。真宗門徒にとって一年で一番大事な行事は、親鸞聖人のご命日にちなんで親鸞聖人の御恩を想い起こし、「報恩講」を勤めることだと教えられています。

その報恩講のお勤めの「和讃」に、

如来大悲の恩徳《おんどく》は　身を粉《こ》にしても報ずべし

師主知識《ししゅ》の恩徳も　ほねをくだきても謝すべし

（『正像末和讃』聖典五〇五頁）

と詠われます。

信心において、報恩の思いを与えられて、人生を謝念とともに生きていくことが、真宗門徒の心意気でもあります。

「正信偈」には、

ただよく、常に如来の号《みな》を称して、大悲弘誓《ぐぜい》の恩を報ずべし、といえり。

（唯能常称如来号　応報大悲弘誓恩）

（聖典二〇五頁）

といわれます。また、

弥陀《みだ》の尊号となえつつ　信楽《しんぎょう》まことにうるひとは

憶念《おくねん》の心《しん》つねにして　仏恩報ずるおもいあり

（『正像末和讃』聖典五〇三頁）

とも和讃されています。

この次第は、必ず「称名」から「信心」へ、そして「信心」から「報恩」への順序です。名号の信心に報恩が具せられるのであって、報恩から称名が出るということは、親鸞聖人の言葉にはありません。「行巻」には第十七願に依る「諸仏称名」の大行をあらわされるのであって、凡夫の感謝の意念を称名する動機にするという発想は、まったく語られないのです。親鸞聖人においては、報恩は本願の大悲が凡夫を摂取するはたらきにただ深く感謝して、人生を尽くしていく方向が与えられることをいうのです。名号の信心に、報恩謝徳の意念が与えられるのです。そこに知恩から報徳の意念が噴出するのであると思います。信心の利益として知恩が置かれることの大切さとは、「遇いがたくして遇うことを得た」という、かたじけなさの重さなのかと思います。

第九番目は、「常行大悲の益」とされます。この語も、多分遠くは『十住毘婆沙論』の、

深く大悲を行《ぎょう》ず（深行大悲）　（「行巻」聖典一六四頁）

に由来するのではないかと思います。近くは、後に『安楽集』を引用して、

念仏を行ぜしむる者は、これらをことごとく、大悲を行ずる人と名づく。（「信巻」聖典二四七頁）

といわれていますから、「念仏者」が「常行大悲」の人であるといえるのであると思います。

しかし、大悲とは如来の起こされる心であって、衆生の分際には「小慈小悲」すらも覚束ない。「和讃」にも、

小慈小悲《しょうじしょうひ》もなき身にて　有情利益《うじょうりやく》はおもうまじ
如来《にょらい》の願船いまさずは　苦海をいかでかわたるべき
（『正像末和讃』聖典五〇九頁）

と教えられています。

では、この利益をどう了解すれば良いのでしょうか。無倦に大悲を行ずるのは、本願の主体たる法蔵菩薩です。我らは法蔵願心に帰することにおいて、煩悩具足の身であり、逆悪の身心であるけれども、大悲摂化の事実をこの身において証明することになるのです。

「聞其名号」において、菩薩初地の歓喜と等しい「信心歓喜」を受け止めるなら、それが大悲の現前を愚鈍の身に現実に証明することになります。凡夫の身に如来の大悲が行ずる事実を、この濁世において証しするという意味になります。大悲願心を称名念仏によって現行せしめるのは、凡夫が大悲を信受する事実以外にないのです。大悲のはたらきは、凡夫が大悲に摂化されること以外にはないのです。

けっして間違えてはならないのは、凡夫が自分の意志で大悲を行ずるのではないということです。大悲と凡夫は、位が異なるのです。衆生の分限には、因縁の許す範囲での小悲をのみ、行じ得る場合もあるというべきなのです。

大悲は無条件的な意欲であって、条件に縛られる衆生には、けっして成り立たないことを明記すべきなのです。

最後の第十番目の利益に、「正定聚に入る益」が押さえられています。信心において、現生正定聚が成り立つということです。これは欲生心成就のところでも触れましたが、「願生彼国　即得往生　住不退転」とあるのですから、「即得往生」の結果として「住不退転」が成り立つのです。つまり、「願生即得生」が如来の欲生心成就のはたらきとして成就するから、凡夫が不退転に住することを得るのです。それを成り立たせる原理が「至心回向」です。如来の回向がないなら、凡夫に「即得往生」という意味は成り立たない。ましてや歓喜の体験もこない。

如来の「至心回向」の内面に、「願生彼国　即得往生　住不退転」を衆生に恵むということがある、それが欲生心成就であると読まれたのが、親鸞聖人の読み込みです。それと、先ほどの、『十住毘婆沙論』の「聞名不退」（現生正定聚）を願力回向の利益として信受するというのが、親鸞聖人の信念なのです。

第四節　「願成就の一念」に含まれる信心の諸相

現生十種の利益を出され、それを受けて、「願成就の一念」ということが語られます。

善導大師がいわれる「専心・専念」の「専念」は「一行」であり、「専心」は「一心」であるといわれた後、

しかれば、願成就の一念は、すなわちこれ専心なり。専心すなわちこれ深心《じんしん》なり。深心すなわちこれ深信なり。深信《じんしん》すなわちこれ堅固深信《けんごじんしん》なり。堅固深信すなわちこれ決定心《けつじょうしん》なり。決定心すなわちこれ無上上心なり。無上上心すなわちこれ真心なり。真心すなわちこれ相続心なり。相続心すなわちこれ淳心《じゅんしん》なり。淳心すなわちこれ憶念《おくねん》なり。憶念すなわちこれ真実一心なり。真実一心すなわちこれ大慶喜心《だいきょうきしん》なり。大慶喜心すなわちこ

れ真実信心なり。真実信心すなわちこれ金剛心《こんごうしん》なり。金剛心すなわちこれ願作仏心《がんさぶっしん》なり。願作仏心すなわちこれ度衆生心《どしゅじょうしん》なり。度衆生心すなわちこれ衆生を摂取《せっしゅ》して安楽浄土に生ぜしむる心なり。この心すなわちこれ大菩提心《だいぼだいしん》なり。この心すなわちこれ大慈悲心《だいじひしん》なり。

（聖典二四一～二四二頁）

「しかれば、願成就の一念は、すなわちこれ専心なり」と押さえ直されて、ここから、信心に具せられた意味を、異名をもって十九を数えられています。このように、たくさんの言葉が並べられ、信心ということが、同義語をたくさんもっているといわれるわけです。

そこに「大菩提心《だいぼだいしん》」ということもあって、最後に「この心すなわちこれ大慈悲心《だいじひしん》」であると、大慈悲心という言葉で結ばれます。

これも、利他の大慈悲心ということですけれども、如来の大慈悲心が、ここに恵まれるというのであって、我われの心が大慈悲心になるわけではない。けれども信心が大慈悲心であるということです。

これは不思議なことです。ですから、如来の位にあった利益が、衆生のところに何らかの形ではたらくのです。

『正像末和讃』で、

小慈小悲《しょうじ》もなき身にて　有情利益《うじょうりやく》はおもうまじ
如来《にょらい》の願船いまさずは　苦海をいかでかわたるべき

（聖典五〇九頁）

と親鸞聖人はいわれますけれど、我われの心は縁を生き、諸有を生きていますから、状況的存在の中で比較相対し、もがいたり苦しんだりして生きています。そのあり方の中に大悲のはたらきが響くことにおいて、我われに、たんに状況に苦しむのではないいのちの意味が聞こえてくる。それを利他の信心というのです。

こちらから求めても得られない。しかし、大悲のはたらきに触れるところに、いただく眼です。これは不思議な関係です。我われは、どこまでも凡夫である。凡夫であることを忘れてはいけない。極悪深重の衆生なのだと、繰り返し押さえられています。けれども、如来の大悲に値遇するところに、大慈悲心をいただくのだといわれるのです。「ああそうか、俺が大慈悲を発《おこ》すのか」などと思ったら、大間違いです。我われには発せないのです。「小慈小悲もない」のだという、慚愧しかないのです。

けれども、如来の大悲心の眼が、いつも我われに、お前は愚かであり、小さな心であり、狭い心であり、汚い心であるのだというふうに、智慧の光が我われの煩悩性を照らしてくる。「お前は、聞不具足だよ」と呼びかけられ、照らされて、「本当にそうだなあ」と気づかされる。我われは、大悲に照らされる形で、自分が自分で自己正当化するのではなく、自分は如来によって否定される面を生きているのだと知らされる。知らされ、気づかされたことが喜びになる。ああ大悲のはたらきが有難いと。この大悲のはたらきの眼に照らされることで、自分のうぬぼれや思い上がり、愚かさがいよいよ知らされる。そういうことが、大慈悲心なのだということです。こういう、不思議な言葉の使い方をされているのです。

専心、深心から大菩提心、大慈悲心と、十九の言葉で表現されたこれらすべては、「本願成就の信心」のもつ意味であり、愚かな凡夫に如来の大悲回向として施与される心の特質であるといわれるのです。

これを結んで、

この心すなわちこれ無量光明慧《むりょうこうみょうえ》に由《よ》って生ずるがゆえに。願海平等なるがゆえに発心《ほっしん》等《ひと》し、発心等《ひと》しきがゆえに道等《ひと》し、道等《ひと》しきがゆえに大慈悲等《ひと》し、大慈悲はこれ仏道の正因《しょういん》なるがゆえに。（聖典二四二頁）

といわれます。

この文の基底には、曇鸞大師の『浄土論註』上巻にある「性功徳」釈の言葉があります。曇鸞大師は、『浄土論』

の性功徳の文、「正道大慈悲　出世善根生」を注釈されて、この性功徳が「平等の大道」であるとされるのです。

そして「正道」と『浄土論』がいわれるゆえんを、

平等の道を名づけて正道とする所以《ゆえ》は、平等はこれ諸法の体相なり。諸法平等なるをもってのゆえに発心《ほっしん》等し。発心等しきがゆえに道等し。道等しきがゆえに大慈悲等し。大慈悲はこれ仏道の正因なるがゆえに、「正道大慈悲」と言《のたま》えり。

（「真仏土巻」聖典三一四～三一五頁）

と、大慈悲が仏道の正因だからであると論じられています。この文の「平等」の初めの根拠は、曇鸞大師の文では、「諸法平等なるをもってのゆえにと」されていますが、親鸞聖人は御自釈に初めの理由を、「願海平等なるがゆえに発心等し」とされています。

曇鸞大師は、この言葉を出されるに先立って、この荘厳を起こすのは仏が衆生を三界から救出するためであるとされ、そのために法蔵願心が四十八願を起こして浄土を「修起」されるのだといわれています。そして、「性功徳」の「性」には、「必然の義」と「不改の義」があるといわれ、

海の性一味にして、衆流《しゅる》入るもの必ず一味となって、海の味、彼に随《したが》いて改《あらた》まらざるがごとしとなり。

（「真仏土巻」聖典三一四頁）

という譬喩を置かれています。この譬は、後に出る仏功徳中の「荘厳衆功徳成就」の「清浄智海生」（『浄土論』聖典一三七頁）の釈と合して、「曇鸞和讃」で、

名号《みょうごう》不思議の海水《かいしい》は　逆謗《ぎゃくほう》の屍骸《しがい》もとどまらず
衆悪《しゅあく》の万川《ばんせん》帰《き》しぬれば　功徳のうしおに一味《いちみ》なり
尽十方無碍光《じんじっぽうむげこう》の　大悲大願の海水《かいしい》に

煩悩の衆流《しゅりゅう》帰《き》しぬれば　智慧《ちえ》のうしおに一味《いちみ》なり

（『高僧和讃』聖典四九三頁）

と詠われています。

この一味の釈に続いて、曇鸞大師は、国土の大慈悲の「性」により、その国土に生ずるものは、

畢竟《ひっきょう》じてみな清浄平等無為法身《むいほっしん》を得しむ

（『真仏土巻』聖典三一四頁）

といわれているのです。

したがって、親鸞聖人は、曇鸞大師の意図を承けて、平等の根拠が法蔵願心の大慈悲にあり、法蔵願心が浄土という清浄なる場所を建立されて、この本願の場を生きるものは、この場の力により法蔵願心を依り処として平等法身を得る信心に立ち上がることができるのだと了解されたのでしょう。

この段で信心の諸相を多くの言葉で語って、その根拠が「無量光明慧」によるとすることは、宿業因縁の相違を超えて、平等の場に立つことによる救済を明らかにされているのです。

それは、親鸞聖人がこの性功徳釈の文を「真仏土巻」にも引用されていることからも拝察できようかと思います。「真仏土巻」の初めに、

仏はすなわちこれ不可思議光如来《ふかしぎこうにょらい》なり、土はまたこれ無量光明土《むりょうこうみょうど》なり。

（聖典三〇〇頁）

といわれています。これは大悲の誓願、すなわち光明無量、寿命無量の誓願に酬報して仏身・仏土となることが「真仏土」なのだということです。この果としての真土の「性」は、因と一貫して平等ですから、『摂大乗論』の十八円満では、『浄土論』の「性功徳」に相当する功徳を「因円満」と名づけられています（大正三一、三七七頁、上、世親釈論参照）。

果たる仏土の「性」は、因たる願心の荘厳だからなのです。果たる名は、因の大慈悲の表現なのです。無量光明

の源泉たる願は、智慧の名号の因でもあるから、ここでは「無量光明慧」という言葉を出されるのかと思われます。「願慧」という言葉もあることです。この願に相応するとき、煩悩具足の質を改めることなく、大悲の願の平等のはたらきに摂せられるのです。大悲の大きさは、一切の煩悩の衆流によって、一味の質を変えないから、「不改」であると曇鸞大師はいわれるのです。

その如来の大慈悲心が、凡夫の心に受け止められて信心となるから、その信心は凡夫の煩悩によって汚辱を受けない。それで大慈悲心であるといわれるのかと思うのです。それは如来の純粋無漏の質が、衆生の信になるからです。煩悩を具足しながら、その煩悩を転ずる大悲のはたらきを信じて生きることが、如来の大悲の現成なのだということです。

ある意味で、全ては法蔵願心であり、名号の功徳であり、如来の大悲の功徳です。その言葉と、そういうはたらきと値遇することがもつ、人間存在の開けです。我われ自身は、凡夫であり、心が狭い、本当に小さな人生しか生きられないような、情けない存在なのだけれども、「お前の人生はただ情けないだけではないよ。この光に遇えるのだよ」ということを呼びかけてくる。これが、かたじけない。こういう心を開いてくださるのです。「短い人生でいいのだよ」、「愚かな人生でいいのだよ」、ここに大悲に出遇えるのだといわれる。こういう意味をいただくことができるということを、ここで、たくさんの言葉で確認しておられるのかと思います。

このように、「一願成就の一念」にどういう心があり得るのかということを展開して、「大慈悲心」というところに結ばれるのです。その「大慈悲心」について、

この心すなわちこれ無量光明慧《むりょうこうみょうえ》に由《よ》って生ずるがゆえに。願海平等なるがゆえに発心《ほっしん》等《ひと》し、発心等《ひと》しきがゆえに道等《ひと》し、道等《ひと》しきがゆえに大慈悲等《ひと》し、大慈悲はこれ仏道の正因《しょういん》なるがゆえに。（聖典二四二頁）

という言葉を出されてきているのです。

曇鸞大師のいわれる「諸法平等」の「諸法」が、どういう意味かちょっとわかりませんけれども、「正道大慈悲出世善根生」については、よく曾我量深先生が、「正道の大慈悲」というのは、「出世の善根」であるということが一つある。そして、浄土は「正道の大慈悲」から生ずると。そういうことがあって、二つの文章を一つにしている。「正道の大慈悲は、出世の善根なり」ということと、「浄土は、正道大慈悲から生ずる」という二つのことをいうために、「正道大慈悲は、出世の善根なるより生ず」と、このように自分は読むといわれていました。「正道の大慈悲は、出世の善根なり」ということで、それから生ずるということで、「なるより生ず」と、そのようにいわれていたことを思い出します。浄土が「正道大慈悲」から生ずるのであり、「正道大慈悲」は「出世の善根」であるということです。

こういう二つのことを受けて、それは「諸法平等」だからであると曇鸞大師がいわれるところを、親鸞聖人は「願海平等」だからと置き換えて、

願海平等なるがゆえに発心等し、発心等しきがゆえに道等し、道等しきがゆえに大慈悲等し、（聖典二四二頁）

と展開されます。「無量光明慧」、阿弥陀の無量光の智慧から生ずるから、「願海平等」である。この願海は、明らかに本願海です。本願海ということは、「行巻」で、

「一乗海」と言うは、「一乗」は大乗なり。大乗は仏乗なり。（中略）一乗はすなわち第一義乗なり。ただこれ、誓願《せいがん》一仏乗なり。（聖典一九六～一九七頁）

と誓願による一乗ということを論じておられます。

阿弥陀如来の因位本願が、願海であるということです。願海ということは、一切の煩悩、悪業、五逆謗法も包ん

で、一切を平等に摂して仏道に導いていくという、そういう大きな海のはたらきをもつ。諸々の河、五逆謗法の河であろうと、煩悩の河であろうと、全部を海の一味の味にしていくという、そういうイメージで、願海という言葉が使われています。

そのような、願海の平等性の上に起こるから、発心が等しいのです。発心が等しいということは、道が等しい。この道については、「南無阿弥陀仏」という大行の道、その行が平等であるという意味をもってくると思います。それで、「道等しきがゆえに大慈悲等し」といわれます。

「名行大悲人」（『安楽集』真聖全一、四二三頁）という、「大悲を行ずる人」という問題が出てきますけれども、大悲は如来の大悲です。それを行ずるところに、大悲を行ずる人ということがいわれてきます。何回も申しますが、大悲を行ずるというと、自分で、何か大慈悲を起こして人をたすけにいくというイメージになるのですけれども、明らかにそれは違うわけです。大悲ということは、如来の慈悲です。衆生の慈悲は、有縁の慈悲です。衆生は有縁を生きていますから、有縁を超えて大慈悲を起こせといわれても、それは無理なのです。どこまでも、大慈悲は如来の大悲です。

大悲を行ずるというのは、それでは何かというと、如来の大悲を証明する場になるといいますか、如来の大悲を受け止めて、凡夫が大悲によってたすけられるということを信じて、「南無阿弥陀仏」を生きているということです。「南無阿弥陀仏」において、如来の大悲を生きていることが、大悲が人間を救うということを証明するはたらきをする。証明するはたらきをしていることが縁になって、また大悲を受け取る人が出てくる。ですから、大悲を行ずる人といわれる。これは道綽禅師が使われている言葉を、親鸞聖人がお使いになるわけです。

ですから、大慈悲というのは、どこまでも如来の大悲です。如来の大悲から浄土が生まれてくる。その、浄土が生まれてくるということを語る性功徳の文を、今ここには信心の功徳を語るところに取ってこられる。非常に暗示的ですけれども、本願を受け止めて生きるというところに、凡夫がたんに凡夫に止まらないということが起こる。凡夫において、如来の大悲を証明するような意味が与えられる。ですから、親鸞聖人は、信心の人は諸仏と等しいとか、弥勒と等しいとかとほめることができるのは、因位である凡夫が本願を受け止めると、本願が衆生を救うという事実を証明する意味をもつ。それは大悲を行ずるという意味になる。自分で、自力で大悲を行ずるなどということを、いうわけではないのです。けれども、愚かな凡夫が、たんに凡夫として煩悩を生きているだけが、人生の意味ではない。大悲を行ずる意味を与えられるのだという。こういうところに、大きな意味で、存在の意味が転ぜられるということが起こるわけです。

ですから、現生十種の利益でも、「転悪成善」（聖典二四〇頁）ということがいえるのは、自分で自分の悪を転じて善にするわけではないのです。自分がどれだけ悪業重きいのちを生きていても、それが大悲を証明する縁になる。そうすると大悲を受け止めた人間は、大悲を生きるということにおいて、悪はたんなる悪ではなくて、善に転ずるという意味をもつということです。

しかし、「転悪成善」でも、なかなか意味がいただきにくいのです。

罪障《ざいしょう》功徳の体《たい》となる　　こおりとみずのごとくにて

こおりおおきにみずおおし　　さわりおおきに徳おおし

（『高僧和讃』聖典四九三頁）

という和讃も、何となく有難いのですけれども、では、現実に「さわり」を生きていて、これが「徳」になるかというと、「いっこうに徳にならないなあ」というのが、我われの実感で、これはどういう意味だろうかと思います。やはりここに、苦しんだり悩んだり、困難にぶち当たったりすることが縁となって、大悲を信ずるということをいただくわけでしょう。そのときに、大悲を信ずる縁になるものが、罪障です。障り多きもの、障り多き身が、障りなきはたらきをいただくという事実に出遇うわけです。

障りがない人間だったら、障りがないという呼びかけが、全然有難くも何ともないわけです。けれども、障りに苦しんでいるものにとっては、障りなきはたらきがあるということを信じられれば、どれだけ障りがあっても、障りなきはたらきを生きていけるという事実が起こる。ですから、煩悩具足の身に大悲が行じてくるという一点が開かれるという、こういう不思議な事実を、「南無阿弥陀仏」の生活でいただいていけるのです。

名号《みょうごう》不思議の海水《かいしい》は　逆謗《ぎゃくほう》の屍骸《しがい》もとどまらず
衆悪《しゅあく》の万川《ばんせん》帰《き》しぬれば　功徳のうしおに一味《いちみ》なり
（『高僧和讃』聖典四九三頁）

という和讃もそうですね。「逆謗の屍骸」ということ、逆謗の事実というものは消せないけれども、「名号不思議」に出遇うことにおいて、「屍骸」すら残さない。痕跡がなくなるのです。全部、功徳の水になるのです。このようにほめられる。こういうように、非常に積極的に、大悲の功徳をいただいていくということを、ほめられるわけです。

こういうところに、「無量光明慧に由って生ずる」ということにおいて、「大慈悲」が等しいのだといわれる。「大慈悲はこれ仏道の正因」である。「仏道の正因」ということは、信心が正因だということですから、信心が大慈悲という意味をもつのだといわれるわけです。

親鸞聖人の場合は、自力の努力の内容をもったような言葉が、如来の大悲によって意味転換されるといいますか、回向をとおして、如来のはたらきが自己にくるということにおいて、自己が如来のはたらきを証明する意味をもつ。受け止めたら受け止めただけに止まらない。受け止めたことが、それにはたらきかける大悲を証明する意味をもってくる。こういうことを、積極的にいっていかれるのです。「信巻」は、そういう意味をもっています。「信心をもつ」ということは、我われ凡夫が凡夫でなくなるわけではないけれども、凡夫に諸仏というような意味が与えられるということです。でも「俺が仏《ほとけ》になった」、そんなことをいっているのではないのです。凡夫はどこまでも凡夫です。でも、凡夫のいのちに光が当たる。光が当たると、鏡が太陽の光を反射するように、鏡が光るわけではないけれども、反射する場所になる。つまり、凡夫がたんなる凡夫ではなくなる。本願を受け止めると、受け止められた本願のはたらきで、凡夫が凡夫ではありえないような、いのちの意味を与えられるわけです。

そうすると、「信心歓喜」の喜びが生じ、そして、「獲信見敬大慶喜」（「正信偈」聖典二〇五頁）といわれるように、「獲信」によって「慶喜」する心が生ずるのです。

凡夫として、苦悩で悩みや悲しみでいっぱいのいのちが、喜びで満たされてくるようないのちに変わる。変わったいのちを生きているということは、大悲を証明するという意味を果たしてくる。そういうことが、事実として起こってくるわけです。

こういうところに、妙好人というような、ほめる言葉が与えられる。自分でなったわけではない。自分はどこまでも本当に心暗き愚かな凡夫である。心暗いがゆえに、大悲を信ぜずにはおられない。そうすると、大悲の明るみが、この心暗き闇を破って、光の意味を与えてくる。「無量光明慧」がはたらいてくる。そうすると、この「小慈小悲」も起こせないような、ケチな心、小さい心、罪な心しかない身に、本願大悲をいただけるということで、大きなはたらきをすることができるようになるのです。

このように、親鸞聖人のお言葉というのは、自力の立場からでは、まったく考えられない言葉の了解の仕方をされるわけです。照らされた身が示す言葉であって、自力でする言葉ではないのです。普通我われは、自力で生きていて、自力で考えて、自力で言葉を理解しますから、まったく意味不明ということになるわけです。転換された意味から読み直すと、そういう言葉を使っておられるわけです。

「願海平等」ということが根拠になって、「願海平等なるがゆえに発心等し、発心等しきがゆえに道等し、道等しきがゆえに大慈悲等し、大慈悲はこれ仏道の正因なるがゆえに」とこういう展開がなされるのです。

第五節　如来我となる——『浄土論註』及び「定善義」の文

次に、『浄土論註』の文が引かれます。「菩提心釈」の後に引用された（聖典二三七頁）文を、もう一度ここへ引かれるわけです。

『論の註《ちゅう》』に曰《い》わく、かの安楽浄土に生まれんと願ずる者は、発《ほつ》無《む》上《じょう》菩《ぼ》提心《だいしん》を要す、とのたまえるなり。
（聖典二四二頁）

とあります。発心とは、「無上菩提心」を発《おこ》すこと。もちろん「無上菩提心」といっても「横超の菩提心」ですから、自分で発すわけではないのです。

親鸞聖人の理解をとおせば、これは法蔵願力が衆生に響いた心ですから、「よこさま」にくる心で、竪に発す心ではない。これが何かわかりにくいのです。竪にくる心ではないということは、無限大悲の心を受け止める心だもっている質が、「無上菩提心」なのだということです。自分で発す心ではない。発心というけれども、平等の発心です。それは、「共発金剛志」（「帰三宝偈」聖典一四六頁）です。

そして、この「心」、つまり「この心すなわちこれ無量光明慧に由って生ずる」信心ということについて、「是心《ぜしん》作仏《さぶつ》」「是心是仏《ぜしんぜぶつ》」という『観無量寿経』の言葉（聖典一〇三頁）を解釈する言葉が取り上げられています。

また云わく、「是心作仏《ぜしんさぶつ》」は、言《い》うこころは、心よく作仏《さぶつ》するなり。「是心是仏《ぜしんぜぶつ》」は、心の外に仏ましまさずとなり。譬《たと》えば、火、木より出でて、火、木を離《はな》るることを得ざるなり。木を離《はな》れざるをもってのゆえに、すなわちよく木を焼く。木、火のために焼かれて、木すなわち火となるがごときなり。（「信巻」聖典二四二頁）

とあります。

ここに、「『是心是仏』は、心の外に仏ましまさずとなり」とありますが、これは曾我量深先生が九十歳の頌寿記念講演で出された「如来あっての信か、信あっての如来か」というテーマとつながる課題をもっています。

曾我量深先生は、九十歳になられたときの記念講演で、「如来あっての信か、信あっての如来か」というテーマで、大講演をなさいました。そして、自分では気づかなかった、忘れていたけれども、この問いは清沢満之先生から自分が二十五、六歳のころに与えられていたといわれました。

如来は外にあるか、内にあるかというと、外にあるのでもない、内にあるのでもない。では、どこにあるか。如来を信じる心に如来が在《ま》しますということです。その如来は自分の心かといったら、自分の心ではない。では外にいるのかといったら、外にいるから信ずるわけではない。いるなら、信ずるのではなくて、もうそこにいるのだったら、別に信じなくてもいるわけです。でも、信じなければいないということは、どういうことか。信じたからいるのか。でも、いないのに信じられるか。そういう問いですね。如来があるから信ずるのか、信ずるからあるのか。この問いについては、清沢満之先生が、『わが信念』の最初に、わが信ずる如来というのは何であるかということを語っておられます。

これは、清沢満之先生の問いでもあるし、清沢先生が学生たちに投げかけられた問いでもあるわけです。曾我量深先生は、その頌寿記念講演が整理されて本になるというときに、『われ如来を信ずるがゆえに如来在しますなり』と、題を変えられました。「われ如来を信ずるがゆえに如来在しますなり」、如来がいるとかいないとかという話ではない。それを信ぜずにはおられないという心が、如来がいると信ずるのだといわれるのです。

「是心作仏」「是心是仏」というところに、法蔵菩薩の心が私の中に立ち上がるということの意味を、曾我先生は、法蔵菩薩と自分との関係、そしてそこに、宿業因縁を生きてきた主体である、唯識が語る阿頼耶識という問題、こういうものをぶつけ合わせて考えておられるのです。そして、本当に法蔵菩薩の心が響くということは、法蔵菩薩がここに立ち上がることだとされる。法蔵菩薩が立ち上がる以外に、私の中に信心は起こらない。ということは、かたじけなくも、法蔵菩薩がこの苦悩のいのち、闇のいのちになってくださって、闇のいのちとともに生きてくださるということです。それは私になってくださるということで、それが如来回向の信ということだといわれました。外にいるというよりも、私自身になってくださり、法蔵願心が闇を引き受けてくださるところに、私は、闇を生きながら、たすかるのです。それで闇にいながら明るい。闇がなくなって、明るみになると我われはイメージするけれども、果たる阿弥陀如来の光の語り方は、「摂取不捨」と外からくるごとくに語られるけれども、因なる法蔵菩薩は、むしろ内から立ち上がる心だといわれるのです。

ですから、我われが本当に苦しむとき、悩むときには、外からの光はもう有難くない。外からの光があっても闇が晴れない。そういうときに、闇を担って歩もうと、闇を担ってあげるよと、一緒に「あなたとともに闇を生きようじゃないか」といってくださるような心が、法蔵菩薩なのです。闇を担って立ち上がる心が私に感じられると、私の闇は晴れる。闇はむしろ、聞く場なのです。聞かせるはたらきをする、力でありエネルギーなのです。このように感じられてくれれば、私たちはどうしても闇を逃げたい、苦悩のいのちを逃げたいという形で求めるけれども、苦悩のいのちこそが大事ないのちの場だということに気づける。このいのちの他に、いのちを生きている主体はないのだとわかるのです。この苦悩のいのちを担ってやろうと、法蔵願心がいってくださるのなら、「ああそうですか」といってお任せする。そうすると、任せたようだけれども、その心が闇を担って歩んでくださるのです。

こういう体験が、曾我先生の「如来我となる」といわれることなのです。これもここまでいうと、わかりにくいと言えばわかりにくいのですけれども、「如来我となる。されど我は如来にあらず」といわれるのです。それは、法蔵菩薩は我となっても、自我の心は、受けつけない。そのために、「我は法蔵菩薩にあらず」といわれる。それでも、法蔵菩薩は、あなたになってあげようといわれる。こういう矛盾がそこにはあるのです。

聞法を重ねていくと、「法蔵菩薩が我となってくださったのだなあ」と感じられるようになる。そのときは、闇のままに明るい。ですから、曾我先生の文章の中に、法蔵願心はどこではたらくかといったら、この煩悩の闇の心ではたらくのだといわれる。闇から逃げたい凡夫のなかに、闇を引き受けて歩もうという法蔵菩薩のこころが成り立ってくる。そうすると、私の闇は明るくなる。だから、闇の外に光があるのではない。闇が光の場所になる。こういうふうに曾我先生はいわれるのです。法蔵菩薩は、闇から明るみへ逃げ出そうという心とは逆に、あえて光から闇へ闇へと入っていこうという心なのだと、このようにも表現されています。

大悲があるから信ずるというけれども、大悲を信ずるから大悲があるのです。信じない人には大悲はない。大悲という物質があるわけではない。大悲は、大きな大悲というはたらきを信ずる心に、大悲が感じられる。それを、大悲を感ずるという形で、仏道というものを起こし、そして大涅槃のはたらきを衆生に恵むという教えとして、『無量寿経』が説かれた。ですから、説こうとすることは、実在するものを説いているわけではないのです。実在するものは、科学の対象であって、宗教の内容ではない。宗教というのは、精神が求めて出遇うものですから、求めて出遇う内容は、実在するわけではない。しかし、信ずるところに、ある意味で実在する。ですから、客観的に実在するわけではないのです。

清沢満之先生は、「宗教は主観的事実なり」（『清沢満之全集』（岩波書店）第六巻、二八三頁）といわれました。主観的なものなら妄想ではないかというのが、世間の考えだけれども、そうではないのだといわれる。これが、人間の精神の闇を、闇を破る普遍なる大きなはたらきの場所として、我われはいただくのだということです。遍く広く呼びかける心。人間は個人の心しか信じないけれども、遍く個人の心を破っていくような大きな心がある。それをお互いに信ずるところに、人間がたんなる我執を生きる凡夫ではないという意味が与えられるのです。こういう道が、本願の教えによって開かれた。なかなかこれは難しいところです。

「是心作仏」ということは、この心が仏に成るということです。つまり、この闇の心以外に、開かれる心はない。ですから、唯識でいえば、迷っている八識が転ずるわけです。迷っている八識が転ずれば、皆それぞれ仏智に成るわけです。迷い心の他に、仏に成る心があるわけではない。ただ、迷っている心が、どうして仏に成り得るかという問題は、大問題ですけれども。ともかく「是心作仏」、この心が仏に成る。

『観無量寿経』の文の当相は、

汝等《なんだち》心に仏を想《おも》う時、この心すなわちこれ三十二相・八十随形好《ずいぎょうこう》なり。この心、作仏《さぶつ》す。この心これ仏なり。諸仏正遍知海《しょぶつしょうへんちかい》は心想より生ず。（聖典一〇三頁）

とあり、どこまでも自力ですから、自分の心が仏に成るように努力するという文脈で出てくるわけです。これを親鸞聖人は、「真実信心」もそうなのだと押さえられているのです。

次に、

譬《たと》えば、火、木より出《い》でて、火、木を離《はな》ることを得ざるなり。木を離《はな》れざるをもってのゆえに、すなわちよく木を焼く。木、火のために焼かれて、木すなわち火となるがごときなり。（聖典二四二頁）

とあります。

これは、曇鸞大師の非常にわかりやすい、木と火の譬えです。これで心が仏に成るという意味をあらわそうとされた。我われの煩悩具足の心が、仏智を映す場所になる。それ以外に仏がどこかにおられるわけではない。すごい言葉ですね。

そして、それについて、善導大師の釈論が引かれます。

光明の云《い》わく、この心作仏《さぶつ》す、この心これ仏なり、この心の外に異仏ましまさず、とのたまえり。（聖典二四二頁）

「この心作仏す」といわれますが、この心は信心です。この信心が仏に成るのだといわれているのです。たんなる凡夫の心ではない。凡夫の心に生ずるけれども、凡夫の心を破って生じた信心。この信心が如来を信ずるわけです。如来の大悲を信ずる。阿弥陀如来のはたらきを信ずる。その心が仏に成る。「この心の外に異仏ましまさず」。他に仏がいるのではない。つまり、どこかに対象的にいるわけではない。どこまでも描かれた対象は方便法身ですから、それを縁にして、自分が大悲を念ずる。大悲を念ずる心が仏に成る。こういう文脈で引かれているわけです。

そういうことで、信心の根拠が如来の回向にあって、回向の体は名号ですから、名号をとおして、大悲のはたらきが我ら凡夫の信心を発起するということになります。その我らに発起する信心に、法蔵願心がもっている大悲の特質がすべて移転してくるということがないなら、「金剛心」とか「度衆生心」、さらには「大慈悲心」ということが、真実信心の実質であるとはいえないでしょう。

しかし、我ら凡夫の意識に、そのような法蔵願心が直接に生起するわけではありません。どこまでも凡心にとって大悲は他なるもの、絶対に同一化しないものです。しかし、大悲は有限を摂取して、完全に有限の質を一味の味に転ぜずにはおかない。信心以外の意識が凡夫に起こる場合は、煩悩の繋縛を脱することができない。しかし、たとい罪悪深重の衆生であろうとも、大信海中に摂せられるときは、無碍の光明海中の生活を恵まれるのです。

我らからすると、どこまでも、「法蔵菩薩は我にあらず」というしかないのです。しかし、法蔵願心からするなら、一切群生海に大悲の生活を恵まずにはすまさない。この矛盾と限界を自覚しつつ、信心が発起するとき、「法蔵菩薩、我となる」と言い得るということが、ここの引文の意図なのです。

第六節　三心一心の結釈

三一問答を結ぶ文

如来の本願三心と天親菩薩の『浄土論』の一心とについて、問答を起こして、いったんは、

三心すでに疑蓋《ぎがい》雑《まじ》わることなし。かるがゆえに真実の一心なり、これを「金剛《こんごう》の真心」と名づく。金剛の真心、これを「真実の信心」と名づく。（聖典二三五～二三六頁）

と結ばれました。そしてそこから、大信海、横超の菩提心を展開され、「信の一念」を論じられてきました。そして、願成就の一念、すなわち「信の一念」が、専心・深信・無上上心等であり、さらに金剛心・願作仏心・度衆生心・大菩提心等であり、大慈悲心であるとして、その願成就の一念は、菩提心であることを押さえ直されて、ここ

でもう一度、三心一心の問題を結ぶ言葉を置いておられます。

かるがゆえに知りぬ。一心、これを「如実修行相応《にょじつしゅぎょうそうおう》」と名づく。すなわちこれ正教《しょうきょう》なり、これ正義《しょうぎ》なり、これ正行《しょうぎょう》なり、これ正解《しょうげ》なり、これ正業《しょうごう》なり、これ正智《しょうち》なり。三心すなわち一心なり、一心すなわち金《こん》剛真心《ごうしんしん》の義、答え竟《おわ》りぬ。知るべしと。

（聖典二四二頁）

といわれています。

ここに、「すなわちこれ正教《しょうきょう》なり、これ正義《しょうぎ》なり、これ正行《しょうぎょう》なり、これ正解《しょうげ》なり、これ正業《しょうごう》なり、これ正智《しょうち》なり」と、たくさん言葉を置いておられます。これは、善導大師の三心釈に出てくる言葉です。三心の釈に、

もし仏の所有《しょう》の言説《ごんせつ》は、すなわちこれ正教《しょうきょう》・正義《しょうぎ》・正行《しょうぎょう》・正解《しょうげ》・正業《しょうごう》・正智《しょうち》なり。

（「信巻」聖典二一六頁）

という言葉があります。仏の教え、仏の言説というのは、こういう意味があるということが書かれています。この言葉を、「如実修行相応」の内容と見て、「すなわちこれ正教なり」と書かれているのです。

天親菩薩の『浄土論』には、「如実修行相応」と「与仏教相応」（聖典一三五頁）という二つの相応が説かれています。仏教と相応するということが、「如実修行」と相応することだといわれます。つまり『無量寿経』という経典に相応するということは、名号の意味に相応するということなのです。こういう天親菩薩の教えの受け止めですから、それによって「如実修行相応」ということは、正しい教えであるということで、「正教」といわれるわけです。そして、「正義」「正行」「正解」「正業」「正智」と展開します。教えがそのまま如実になって、如実をとおして、教えと相応するということが、名義と相応するという形で、信心の中にいただかれるということです。

「教えはどこにあるか」という唯識の問題があるのですけれども、教えというのはどこにあるか。書いてあるお

経にあると普通考えるのだけれども、お経というのは、文字であったり、紙であったりして、別にそれ自身には教えはない。ただそれを受け止めた人間の心に教えは生きてくるのです。紙に書いてあるというのは、文字であったり、紙であったり、そんなものは、図書館に入ってお蔵入りすることになるものです。生きた教えというのは、受け止めた人間がいて、それをかたじけないものとして生きるからこそ教えなのです。教えがどこにあるかといったら、受け止めた人間の心にある。受け止められなくなったら、仏教は死滅するしかないのです。いくら書いたものが図書館に積んであっても、誰も読まなければ、仏教は死滅するわけです。

それと同じことで、念仏はどこにあるかといったら、受け止めた門徒にあるのです。受け止めて生きる愚かな凡夫にあるのです。凡夫の心が仏教に触れていなければ、仏教は死んでいくわけです。死語になった仏教は、もう生きた宗教ではないわけです。

そういう意味で、親鸞聖人は、「如実修行相応」の後に、善導大師が書いておられる言葉を置かれているのではないかと思われます。

そして、

三心すなわち一心なり、一心すなわち金剛真心《こんごうしんしん》の義、答え竟《おわ》りぬ。知るべしと。
（聖典二四二頁）

といわれます。三心が一心であると、ここでもう一度押さえ直される。このように、親鸞聖人は何回も押さえ直しておられるわけです。

三一問答が終わったように見えたところに、再度押さえられていた。三心は一心であるということを、何回も押さえておられるわけです。そして、ここで最終的に押さえ直されたように見えます。

「菩提心」の意味

次に、天台大師智顗の『摩訶止観』から、菩提心についての言葉を引いておられます。

『止観』の一に云《い》わく、「菩提《ぼだい》」は天竺《てんじく》の語《ことば》、ここには「道」と称す。「質多《しった》」は天竺の音なり、この方には「心《しん》」と云《い》う。「心」はすなわち慮知《りょち》なり。　（聖典二四二頁）

回向の信心は、横超の菩提心であると論じてこられましたが、その信心は一心であると結んで、「如実修行相応」の一心が金剛心であると展開され、最後に、菩提心の字義を、智顗の『摩訶止観』からの引文で押さえられています。

「菩提心」の「菩提」という字について、「『菩提』は天竺の語、ここには『道』と称す」と、中国では「道」と訳すとされます。そして、ボーディチッタ（bodhicitta）というインド語を漢字で書いて、「『質多《しった》』は天竺の音」だといわれます。こちらでは「心《しん》」という字を当てると。中国の文字の「心」とは、中心という意味もあるし、心臓という意味もあるし、心《こころ》という意味もある。いろいろな意味をもっています。その「心」を、「『心』はすなわち慮知《りょち》なり」といわれます。「はからう」はたらき、「分別」、そういう心だと、こういう言葉をここで押さえられます。菩提心論の補足みたいにして押さえて、そして「横超断四流《おうちょうだんしる》」釈に入っていかれます。

第八章　欲生心成就による正定聚、不退転の機

第一節　横超の金剛心

「横超断四流」釈

「横超断四流《おうちょうだんしる》」と言うは、「横超《おうちょう》」は、「横《おう》」は竪超《しゅちょう》・竪出《しゅしゅつ》に対す、「超《ちょう》」は迂《う》に対し回に対するの言《ことば》なり。「竪超《しゅちょう》」は、大乗真実の教なり。「竪出《しゅしゅつ》」は大乗権方便《だいじょうごんほうべん》の教、二乗・三乗迂回《うえ》の教なり。「横超《おうちょう》」は、すなわち願成就一実円満の真教、真宗これなり。また「横出《おうしゅつ》」あり、すなわち三輩《さんぱい》・九品《くほん》・定散《じょうさん》の教、化土・懈慢《けまん》、迂回《うえ》の善なり。大願清浄《だいがんしょうじょう》の報土には、品位階次《ほんいかいし》を云《い》わず、一念須臾《いちねんしゅゆ》の傾《あいだ》に速やかに疾《と》く無上正真道を超証《ちょうしょう》す、かるがゆえに「横超《おうちょう》」と曰《い》うなり。

（聖典二四三頁）

とあります。

結びのところに「大願清浄《だいがんしょうじょう》の報土には、品位階次《ほんいかいし》を云《い》わず、一念須臾《いちねんしゅゆ》の傾《あいだ》に速やかに疾《と》く無上正真道を超《ちょう》証《しょう》す、かるがゆえに『横超《おうちょう》』と曰《い》うなり」といわれています。

ですから、「横超」ということがいえるのは、「大願清浄の報土」がもっている功徳というか、力だということとな

のです。そこには、九品だとか、上品、中品、下品だとか、あるいは初地だとか二地だとか三地だとかいう「品位階次」をいわない、全部平等である。人間の位だとか、人間のもっている情況的な特質だとか、そういうことを一切いわないのです。

そして、「一念須臾の傾」だといわれます。この「一念」という問題、「一念須臾」というのは、「現在」のこの一念です。「須臾」は、中国語で瞬間をあらわす場合に使う言葉です。「一念・一刹那《いっせつな》」の間に速やかにということ。「速やかに疾《と》く」とありますが、「速疾」の「速」の字は、『浄土論』に使われています。「疾」の字は、『十住毘婆沙論』に使われている言葉です。これは、「はやい」ということ、ものすごく「はやい」というはやさで、瞬間、もう一瞬で過ぎるということをあらわそうとする言葉です。「今」といったらこの一瞬だと。この一瞬、この一瞬、念々に一瞬でしょう。一瞬に「無上正真道を超証す」というわけです。

そこで文章だけを読むと、「超証」が成り立つのは「大願清浄の報土」に往ってからのようにも読めるわけです。この土（穢土）では「超証」は起こらないのかという問題があります。

「超」の意味確認のための証文

「無上正真道を超証す」の「超」の意味を明らかにするために、『無量寿経』から三文と『大阿弥陀経』から一文が引文されています。

『無量寿経』からの引文の一番目は、

『大本《だいほん》』（大経）に言《のたま》わく、無上殊勝《むじょうしゅしょう》の願を超発《ちょうほっ》す、と。

（聖典二四三頁）

です。そしてそれを受けて、二番目は、

また言《のたま》わく、我《われ》、超世《ちょうせ》の願を建つ、必ず無上道に至らん、と。名声《みょうしょう》十方《じっぽう》に超《こ》えて、究竟《くきょう》して聞こゆる所なくは、誓《ちか》う、正覚《しょうがく》を成らじ、と。（聖典二四三頁）

です。これは、「重誓偈」の、「我建超世願　必至無上道」と、偈文の第三番目の誓いである、「名声超十方　究竟靡所聞　誓不成正覚」の文です。

「重誓偈」は「三誓偈」ともいいますけれど、その第三誓にある名号の誓いが、「名声超十方　究竟靡所聞　誓不成正覚」です。これは「超世」だと、超越性であると。超越性を生み出してくるものは本願です。

そして三番目は、

また言《のたま》わく、必ず超絶《ちょうぜつ》して去《す》つることを得て、安養国《あんにょうこく》に往生《おうじょう》して、横《おう》に五悪趣《ごあくしゅ》を截《き》り、悪趣自然《あくしゅじねん》に閉《と》じん。道に昇《のぼ》るに窮極《ぐごく》なし。往《ゆ》き易《やす》くして人なし。その国《くに》逆違《ぎゃくい》せず。自然《じねん》の牽《ひ》くところなり。（聖典二四三頁）

です。

つまり、「横超断四流」という問題は、金剛心と重なっている課題だと、親鸞聖人はご覧になって、しかも「横超」、「横」に截るということのもっている、「竪」に往こうという問題ではなくて、「横」に截るという、本願力と我われ凡夫との関わりをあらわす言葉として、「横超の菩提心」と使われたわけです。その「横超」ということを、もう一度確認なさって、善導大師は「断四流」と、「断つ」といっておられる。「四流」を「断つ」といわれている。ですから、「横超断」というのはどこで成り立つのかというと、浄土に往ってから成り立つようにも思えるけれども、それについて、吟味されてくるわけです。

そのために、『無量寿経』の願文と、「三誓偈」と、そして、「必得超絶去」の文とを引かれたわけです。そして、

さらにそれを補うために『大阿弥陀経《だいあみだきょう》』の文を次に引かれます。それが、

超絶《ちょうぜつ》して去《す》つることを得《う》べし。阿弥陀仏国《あみだぶっこく》に往生《おうじょう》すれば、横に五悪道を截《き》りて、自然《じねん》に閉塞《へいそく》す。道に昇《のぼ》るに之《これ》極まりなし。往《ゆ》き易《やす》くして人あることなし。その国逆違《ぎゃくい》せず。自然《じねん》の牽《ひ》く随《ところ》なり、と。

（聖典二四三～二四四頁）

という文です。

このように、「横超」の釈をされています。

「断」と「四流」の釈

次に、「断」と「四流」の釈をされます。

「断」と言うは、往相《おうそう》の一心を発起《ほっき》するがゆえに、生《しょう》として当《まさ》に受くべき生なし。趣《しゅ》としてまた到《いた》るべき趣なし。すでに六趣《ろくしゅ》・四生《ししょう》、因亡《もう》じ果滅《めっ》す。かるがゆえにすなわち頓《とん》に三有《さんぬ》の生死《しょうじ》を断絶す。かるがゆえに「断」と曰《い》うなり。「四流《しる》」は、すなわち四暴流《しぼる》なり。また生《しょう》・老・病・死なり。

（聖典二四四頁）

とあります。

「『断』と言うは、往相《おうそう》の一心を発起《ほっき》するがゆえに」とあります。ここまでは、往相回向のはたらきを受けた一心ですから、「一心」の根拠は如来の往相回向にあります。如来の往相回向のはたらきを信受するというところに成り立つから、一心である。「世尊我一心」の「一心」は、「真実信心」である。「金剛の真心」である。これは、往相回向の信心である。「往相の一心」というものが発起する。発《おこ》ってくる内容です。

そうすると、「生《しょう》として当《まさ》に受くべき生なし。趣《しゅ》としてまた到《いた》るべき趣なし。すでに六趣《ろくしゅ》・四生《ししょう》、因亡《もう》じ果滅《めっ》す。かるがゆえにすなわち頓《とん》に三有《さんぬ》の生死《しょうじ》を断絶す。かるがゆえに『断』と曰《い》うなり。『四流《しる》』は、すなわち四暴《しぼ》流《る》なり。また生《しょう》・老・病・死なり」と、こういうふうに、御自釈を書かれます。

つまり、「真実信心」が発起するということには、「断」という意味があるのだといわれるのです。浄土に往ってから「断」なのではない。「真実信心」が発起する今ここに、「須臾に」というのは、今、ここだということで、これはすごいことですね。

それで、「横超の菩提心」ということは、信心だとされる。信心が「よこさま」に截られるような意味をもっているといっただけではなくて、「よこさま」に截るといって何を截るのかといったら、これは、「生・老・病・死」を截るのだといわれるのです。つまり「生死即涅槃」だということを、あらわしているわけです。

しかし、「でも我われは凡夫じゃないか」と思われるでしょう。生死のいのちではないかと。でも、そこが、生死のただ中に発起する信心、生死こそ信心の場所なのです。「貪瞋煩悩中　能生清浄願心」で、煩悩の身のただ中に発る願心です。この願心が発起するということがもつ意味を、あらわしているわけです。このことは難しいといえば難しいけれども、親鸞聖人はここまで押さえてくださるわけです。

和讃では、

金剛堅固《こんごうけんご》の信心の　さだまるときをまちえてぞ
弥陀《みだ》の心光摂護《しんこうしょうご》して　ながく生死《しょうじ》をへだてける
（『高僧和讃』聖典四九六頁）

といわれます。「生死をへだてける」の「けり」は、詠嘆の助動詞でもあり、過去完了の助動詞ですから、生死をへだてるということは、回向の信心をいただくならば、そこにはもう生死のいのちをへだてるような意味があるのだということなのです。すごいことをいわれますね。

ここまでいうと、聖道門が怒り出すから、他流の人に対してはいってはいけないと、蓮如上人は書かれています。

煩悩《ぼんのう》を断ぜずして涅槃《ねはん》をうといえるは、このこころなり。此《こ》の義は当流一途《いちず》の所談なるものなり。他流の人に対して、かくのごとく沙汰《さた》あるべからざる所なり。
（『御文』聖典八三四頁）

こういうことをきちんと理解しないと、「俺は仏に成った」と考えるような人間が出てきたりしてしまうのです。そんなことを凡夫がいいだすと、まったく間違いです。

「真実信心」は、本願力のはたらきをいただくがゆえに、たんに生死の迷いを生きるのではない。生死の妄念のただ中に、生死の妄念をつき破るような、「金剛の真心」をいただくのです。

つまり、流れる時の中に、時を破る一瞬をいただくのです。一念一念に、私たちのひと時ひと時に、法蔵願心の兆載永劫の永遠の時間の恵みが一瞬にくるのです。この時が、今ここに出遇う時なのです。自力で何かを獲得する時ではない。自力の妄念に悩み苦しんでいる、この流転のいのちのただ中に、それを突破する超発の菩提心、超発の大弘誓が響いてくるのです。こういうことを、何とかあらわそうとしておられるわけです。「往相の一心」ということは、その「一心」が発起するならば、ということです。生きていて生死を超えるのだとか、生きていて浄土に往くのだとか、そういうことを論じるのは妄言でしかないのです。「往相の一心」に立つのです。信心に立つというのは、白道に立つのです。白道に足を置くということが、生死のただ中に生ずる超発の時の意味をあらわしているわけです。白道をよそから見ながら、「白道というものがあるけれども、往けるかなあ」などという態度の人間に、親鸞聖人のいわれる往生の問題は、まったく論ずる資格はありません。

自分にはたらいている如来の欲生心を感じてこそ、如来の欲生心は、たんに生死に止まらせないのだとわかる。

生死を超えるような意味を開くということが、ここに超発することを語ろうとしておられるわけです。これはすごいことでしょう。

我われは、生きている間は四流を出られないと思っています。ここには二つの解釈を置いて、「四暴流」という解釈と「生老病死」という解釈を出しておられます。「四暴流」については、『涅槃経』を根拠とされる。そして、「生老病死」については『般舟讃』を引いてこられる。

『涅槃経』には、「四暴流」について、

何等をか四とする、一つには欲暴《よくぼう》、二つには有暴《うぼう》、三つには見暴《けんぼう》、四つには無明暴《むみょうぼう》なり。

（「信巻」聖典二四四頁）

と説かれています。

「暴流」というのは、我われのいのちが、大雨が降って濁流が堤防を越えて押し流してくるごとくに、我われのいのちは、我われを超えて、状況が押し流してくる。いのちを吹っ飛ばしてしまうような、大きな流れがくる。こういう意味をもった「欲」とか、「有」にとらわれる心とか、「見」とか「無明」とか、これらが「暴流」なのだと説かれるわけです。外からくるものだけが、「暴流」なのではない。内に、我われに取りついて、我われを動かしているようなものが「暴流」なのです。

唯識では、阿頼耶識が「恒転如暴流」だというのです。阿頼耶識自身が、自分の思うようになるわけではない。過去の業報を引き受けて、業報の結果として生きていますから、業報が感じて動き出す。だから、そのときに何をするかわからない。自分でもわからないことがあるでしょう。

さるべき業縁《ごうえん》のもよおせば、いかなるふるまいもすべし

（『歎異抄』聖典六三四頁）

というのはそれです。いくら自分の理性が止めておこうと思っても、動いてしまう。やってしまう。そういうことが、いのちにはある。それを「暴流」というのです。濁流のような、大きな暴れる流れのようなものを、抱えているわけです。そういうものを截るのです。願力の信心に立つならば、「暴流」を断つのです。

こんなことは、我われにはちょっと信じにくい。「暴流」がきたら負けるしかないだろうと思うのですけれども、生老病死は「暴流」です。生老病死というのは、この世のいのち、相対的ないのちのあり方に苦しむということです。けれども、これを止めるというのではない。その流れを截るのだといわれるのです。人間は歳もとるし、病気にもなるし、死ぬのですけれども、それを悩む心は、心が悩むのです。犬は別に悩まない。犬は歳をとっていくことに苦しまない。馬でも猫でも苦しまない。人間は、歳をとることを苦しむ。保険にでもかけたいわけですよ。歳をとることを保険にでもかけたい。でもかけたってだめですね。所詮、歳をとるのです。そして死ぬのです。とにかくそういう「暴流」を断つ、あるいは、生老病死を断つのです。なかなか意味がわからないのですけれども、「よこさま」に断つのです。「たてさま」に断つのではない。自力で断つのではない。ですから、自分が苦しんでいる場面がありながら、それを「よこさま」に断つ。本願力が断ち切ってくださるのです。こういうことが、「信の一念」に立つということでしょう。

曾我量深先生が、正月のお祝いにきた方との対話で語られた言葉があります。年賀にこられた人が、「先生、長生きされておめでとうございます」といわれた。それに答えて、曾我先生は、「こんなことは万劫の初事です」といわれたというのです。

万劫の初事とは、九十年生きようと、八十歳で死のうと、三十歳で死のうと、百歳まで生きようと、念々に「万劫の初事」なのです。九十歳まで生きたから「万劫の初事」なのではないのです。九十歳まで生きるなんていうことは、今ごろ珍しくはないですね。今は百歳を超える人が、もう六万人を超えているというのだから、あまり珍しいことではない。そんな考えに対して、今の一念に、本願に触れるということがもつかたじけなさは、時を超えたような意味だということです。時を破ったようなものに触れるから、時を超えたような意味になる。こういうことをいわれるわけです。

法蔵願心の因位のはたらきというものをいただくことにおいて、私たちは、生死のいのちがたんなる生死ではない。生死を「よこさま」に截るような生活が、与えられる場になるのです。こういうことを、少しくいただくことができるのではなかろうかと思うのです。

善導大師の言葉による「横超」の信心

『涅槃経』の引文に続いて、『般舟讃』の文が引かれています。『般舟讃』の文は、

> 光明寺《こうみょうじ》の和尚《かしょう》の云《い》わく、もろもろの行者に白《もう》さく、凡夫生死《ぼんぶしょうじ》、貪《とん》して厭《いと》わざるべからず。弥陀《みだ》の浄土、軽《かる》めて欣《ねが》わざるべからず。厭《いと》えばすなわち娑婆《しゃば》永く隔《へだ》つ、欣《ねが》えばすなわち浄土に常に居《こ》せり。隔《へだ》つればすなわち六道の因亡《もう》じ、輪回《りんね》の果自《おの》ずから滅《めっ》す。因果すでに亡《もう》じてすなわち形《かたち》と名《な》と頓《とん》に絶うるをや。（聖典二四四頁）

というものです。

この『般舟讃』の文も、このまま読んでいると、やはりこの世が嫌だから厭うて、そして、娑婆を隔てて浄土にいくことができるように書いてあります。けれども、「欣えばすなわち浄土に常に居せり」といわれています。これを親鸞聖人は、お手紙の中でも、

『般舟讃《はんじゅさん》』には、「信心《しんじん》の人《ひと》はその心《しん》すでに浄土《じょうど》に居《こ》す」と釈《しゃく》し給えり。（『御消息集（善性本）』聖典五九一頁）

といわれています。

今拝読してきたような背景を踏まえれば、親鸞聖人がいわれることの意味がわかろうかと思います。凡夫が、我われの生死のいのちを生きている場がなくなるのではない。信心を得るというのは、貪瞋煩悩のただ中に信心が与えられるわけですから、貪瞋煩悩が消えてなくなってから、信心が起こるのではないのです。貪瞋煩悩の生活のただ中に、「南無阿弥陀仏」がはたらくわけです。そうすると、それを信ずる心は「金剛の真心」である。「金剛の真心」に立つということが、浄土にいるということなのだと、親鸞聖人はいわれるわけです。それは、白道に立つということができたら、ということなのです。「金剛の真心」を得ればということなのです。

金剛堅固《こんごうけんご》の信心の　さだまるときをまちえてぞ
弥陀《みだ》の心光摂護《しんこうしょうご》して　ながく生死《しょうじ》をへだてける
（『高僧和讃』聖典四九六頁）

といわれます。「金剛堅固の信心」のないところで、いろいろいって、今はだめだから、死んでからという話ではないのです。これが、難しいことです。「よこさま」に截られることによって超えるということは、どういうことなのか。これは、本当に親鸞聖人の教えに触れようと、親鸞教学の教えに立とうとするときの、最大難関だと思うのです。

ここに曾我量深先生の、「信に死し願に生きよ」というテーマがあるわけです。「前念」に立つのだと。常に「前念」に立つのだといわれる。我われは、「一念」の「前念」に立つ。そうすれば、「後念」は、必ず「到来」するのです。「前念」と「後念」とは「一念」の中にある。それを「速」とか「疾」とか「即」とかいわれる。「願生彼国即得往生」です。「前念命終　後念即生」と、念は二つあるようにいわれるけれど、これは「一念」なのです。「刹那」なのです。「今」なのです。「信の一念」なのです。ここに生きている事実がある。本願との値遇がある。本願との値遇が起こるということは、時を截るのです。

何年かかって、本願と値遇したというような話ではないのです。それなら、漸々に「よこさまに出る」話です。「よこさまに超える」というのは、本願力に値遇するのです。法蔵願心が闇に入ってこようというお心に出遇うなら、願心は闇を厭わない。生死を厭う心をよこさまに超えて、生死を担うこころに転ずるのだということです。法蔵願心は生死を截るのです。截るということは、生死が生死ではなくなるのだということです。「生死即涅槃」だと。生死の場所が、本願力がはたらく場所になれば、生死はたんなる生死ではない。「生死即涅槃」である。こういうことを、親鸞聖人はあらわそうとして、苦労しておられるわけです。

「前念命終」「後念即生」の文は、『往生礼讃』にあります。それを、次に引文されているのです。

　また云《い》わく、（中略）畢命《ひつみょう》を期として、上一形《かみいちぎょう》にあるは少しき苦しきに似─如《に》たれども、前念に命終《みょうじゅう》して後念にすなわちかの国に生まれて、長時《じょうじ》・永劫《ようごう》に無為の法楽を受く。（聖典二四四～二四五頁）

と、「前念命終」「後念即生」という言葉が引かれてあります。でもこう書いてあると、善導大師のお書きになっている意味としては、臨終に、前のいのちで死んで、死んだとたんに浄土に生まれるようにも読めるのです。親鸞聖人がここにお引きになる意味は、「往相《おうそう》の一心を発起《ほっき》するがゆえに、生《しょう》として当《まさ》に受くべき生なし」（聖典二四四頁）ということを、証明する文として引いておられるのですから、身の臨終にというような話で解釈したら間違いなのです。

でも、いわゆる伝統教学の講録には、こういうふうに書いてあったら、臨終に死んでと解釈するわけです。文字どおりで解釈するわけです。文字どおりの意味を転じて、親鸞聖人は「信の一念」の意味として引いておられるわけです。こういう文脈、引かれている文脈を知って読むことが大切なのです。親鸞聖人が何を語ろうとされて引いておられるかということを抜きにすると、引文の意味は、ほとんど親鸞聖人の意図とは違ってしまうわけです。これは、非常に大切なことですね。

第二節　真の仏弟子

「真」の「仏弟子」

「横超断四流」釈をくぐって、次に、「真仏弟子《しんぶつでし》」を説かれます。

「真仏弟子《しんぶつでし》」と言うは、「真」の言《ごん》は偽《ぎ》に対し、仮《け》に対するなり。「弟子」とは釈迦《しゃか》・諸仏の弟子なり、金剛心《こんごうしん》の行人《ぎょうにん》なり。この信・行に由《よ》って、必ず大涅槃《だいねはん》を超証《ちょうしょう》すべきがゆえに、「真仏弟子」と曰う。

（聖典二四五頁）

といわれています。

「真仏弟子」という言葉は、じつは前に引かれていた三心釈の深心の釈に出てくる言葉です。

これを「仏教に随順《ずいじゅん》し、仏意に随順《ずいじゅん》す」と名づく。これを「仏願に随順《ずいじゅん》す」と名づく。これを「真の仏弟子」と名づく。

（「信巻」聖典二一六頁）

とあります。この「真仏弟子」という言葉を、今度はここに取り出してこられるのです。

初めに、「『真仏弟子《しんぶつでし》』と言うは、『真』の言《ごん》は偽《ぎ》に対し、仮《け》に対するなり。『弟子』とは釈迦《しゃか》・諸仏の弟子なり」

といわれます。釈迦個人の弟子ではない、釈迦・諸仏の弟子なのだといわれるのです。続いて「金剛心《こんごうしん》の行人《ぎょうにん》なり。この信・行に由《よ》って」と、つまり如来の本願力回向の信・行に由って、「必ず大涅槃《だいねはん》を超証《ちょうしょう》すべきがゆえに」といわれます。

「超証」という言葉は、「横超断四流」の釈の最後に、

一念須臾《いちねんしゅゆ》の傾《あいだ》に速やかに疾《と》く無上正真道を超証《ちょうしょう》す、かるがゆえに「横超《おうちょう》」と曰《い》うなり。

（「信巻」聖典二四三頁）

とあります。この「一念須臾」の「超証」をここでは、「必ず大涅槃を超証す」といわれてくるわけです。ですから、この「真仏弟子」の「超証」は、本願力による如来の回向との値遇をあらわす「超証」ですから、自力の発想では理解できません。「必ず大涅槃を超証す」といわれますが、この「必ず」という言葉は、「信」の立場に立って「証」に向かっている場合は、教・行・信・証の「信」から「証」へという次第には、「必ず」という言葉が入るわけです。あたかも、未来にあるがごとくにいう言葉であるわけです。

これは、「一念」の前後という、「一念」ということに前・後を立てるということと重なるわけです。一念だけれども、後念には立たない。一念に我われは、前念に立つのです。我われは因に立つ、果は如来の本願力として、必ずくる。ですから、果はお任せです。我われは、因に立つのです。この分限を語るということが、親鸞聖人の教学の大事なところです。

第十八願と第十一願と、二つの願に分かれているということは、分限の違いを押さえて、二にして一であることをあらわしているのです。二にして一であるけれども、二を一にはしない。一といってもいいのだけれども、凡夫のいのちに信が与えられるということと、信の必然として未来に証があるということとの、分限を押さえるのです。

ですから、ここの理解を間違えると、生きているうちは凡夫だ。それで死んでから真実証だと、こうなってしまうわけです。親鸞聖人は、「死んでから」ということは一言も書かれていないのです。謎のように語られる。

仏教における因果というのは、因果にするけれども、間に時間が入らないのです。唯識の因果もそうです。「種子生現行」「現行薫種子」といわれますが、「種子」と「現行」と「薫習」の三つの「三法」は、三つのはたらきが、「三法展転《さんぼうちんでん》、因果同時」といわれるのです。因果だけれども、ひとつである。因果同時だといわれるのです。因果同時というのは、考えるとわからない。普通、我われの因果は、因があって、時間が入って果になる。種をまいて芽が出て、時間がかかって実になると、こういう因果ならわかるのです。ところが、因がすなわち果だといわれると、それはわからないのです。

仏教の因果は、因果を立てるけれども、本当は「即」なのです。たとえば、生死は時間がかかって涅槃になるのではない。涅槃は、如来の眼から見れば、すべて涅槃です。生死は、凡夫から見れば、いつまでも生死です。生死と涅槃の間は、無限に遠い。無限に遠いのだけれども、本願力をとおせば、「生死即涅槃」なのです。でも「生死即涅槃」だというと、凡夫は誤解して、「俺はもう悟ったのだ」と誤解しかねないから、「生死」と「涅槃」とは位が違うといわれる。本願力においては、一切は一如の世界ですから、我われもそのまま包んでいる。法性とか真如とか一如とか涅槃というのは、無為法ですから、無為法の世界は有為法を包んでいるのです。ところが、凡夫の位と、無為法の位とを、本願の因果として語るのです。これが本願の道理です。

我われは因をいただく、果は如来の必然であるとして、判明に語られた。これを一般には自力で考えるから、生きているうちは因で、死んでから果だと、このように理解してしまうのです。これでは「一念須臾」ということが抜けてしまうのです。それは因と果の間に時間をはさむからなのです。「即得成就」とか、「即時」とか、「願生彼

国　即得往生」とか、「即」といわれる。その「即」の字について、親鸞聖人は、
　即横超は、即はすなわちという、信をうる人は、ときをへず、日をへだてずして正定聚《しょうじょうじゅ》のくらいにさだまるを即というなり。
（『尊号真像銘文』聖典五三二頁）

と、時をへだてるのではないと、はっきりといわれています。このように、「一念須臾」なのだといわれるのですが、理解する頭は、ズルズルと流れている時間でしかものを考えられない。横に截るような時間がくるということがわからない。

本願力の「よこさま」の時間が入ってくるのです。我われの感じている「たてさま」の流れの時間ではないのです。本願力に出遇うということがあって、それで我われは、因に立っていれば果はもう必然としてついてくる。因果一如である。因果一如なのだけれども、我われは因に立つのです。

これを、曾我量深先生がそういう語り方をされると、鈴木大拙先生は、それがわからないといわれる。「因果一如なら、果に立ったといってもいいではないか」と、鈴木先生はいわれるわけです。鈴木先生と曾我先生で次のような問答があったといわれています。

鈴木「親鸞さん、悟ったといえばいいじゃないか」
曾我「いやそうはいわないのだ。信心なのだ」
鈴木「でも、悟りのようなことをいうじゃないか」
曾我「それは、信心に至ったら悟りは必然だから、悟りのこともいえる」
鈴木「なぜ『証巻』を書くのだ」
曾我「『証巻』は、本願の必然だから、本願の必然として語っていることを、曇鸞の言葉をとおして語る」

鈴木　「悟らなきゃ書けないだろう」
曾我　「悟らんでも書けるのだ。信心においても悟りが必然としてくることを語れるのだ」

というような、すれ違いのやり取りが生まれたといわれています。

本願の教えは、因果を立てて、法蔵菩薩が因となって、阿弥陀如来が果となると説かれています。ところが、法蔵菩薩から阿弥陀如来になるというのも、いや、阿弥陀如来が法蔵菩薩になったのだ、果から因になったのだというような解釈もあるのです。

つまり因と果との位をもとにして語るけれども、因果一体なのです。阿弥陀如来になったからといって、法蔵菩薩がなくなったわけではない。法蔵菩薩があってこその阿弥陀如来である。本願がなくなったら阿弥陀如来なんて空っぽでしょう。阿弥陀如来が空洞で立っていたって、何も有難くない。法蔵菩薩が本願をもってはたらいてくるから、「南無阿弥陀仏」が有難い。本願を抜きにして阿弥陀如来が立ち上がっても、何の意味もない。

ですから、因果一体なのです。因果一如なのだけれども、因の立場で我われはいただくのだというところに、凡夫の仏法が開かれてくる意味があるのです。ここをきちんと了解すれば、果に立たないようになる。悟ったなどといわない。いわないというか、いえない。いう必要もない。凡夫の迷いのいのちにいることで十分である。凡夫の迷いのいのちにいるからこそ、本願力に出遇えるのです。本願力回向に値遇できるのです。むしろ積極的に凡夫を生きていけるのです。凡夫は嫌だと、逃げ出そうとするのは、自力なのです。聖道門なのです。凡夫のいのちが大事なので、このいのちのところに本願力と出遇うのです。

真仏弟子を成り立たせる願

親鸞聖人が開いてくださった教えは、

この信・行に由《よ》って、必ず大涅槃《だいねはん》を超証《ちょうしょう》すべきがゆえに、「真仏弟子」と曰《い》う。（聖典二四五頁）

というものです。「超証」は「横超」です。「横超」的に証明できるわけです。こういうことができるから、「真仏弟子」といえるのです。

このように、善導大師の「真仏弟子」をここで明らかにされて、次に『無量寿経』から、第三十三願と第三十四願の二つの願文を引文されます。

『大本《だいほん》』に言《のたま》わく、設《たと》い我《われ》仏を得たらんに、十方無量《じっぽうむりょう》・不可思議の諸仏世界の衆生《しゅじょう》の類、我《わ》が光明を蒙りてその身に触《ふ》るる者、身心柔軟《にゅうなん》にして人天《にんでん》に超過《ちょうか》せん。もし爾《しか》らずは、正覚《しょうがく》を取らじ、と。（聖典二四五頁）

これは、第三十三願の願文です。

ここで、「十方無量《じっぽうむりょう》・不可思議の諸仏世界の衆生《しゅじょう》の類」に呼びかけるのだといわれています。浄土の衆生に呼びかけているのではない。浄土から外れている諸仏世界の衆生の類に、阿弥陀如来が呼びかけておられるのです。法蔵願心が呼びかける。そして、光のおよばざるところがない。どこにでも光は届く。浄土だけに光があるのではない。第十二願には、

たとい我、仏を得んに、光明能《よ》く限量《げんりょう》ありて、下《しも》、百千億那由他《なゆた》の諸仏の国を照らさざるに至らば、正覚を取らじ。（『無量寿経』聖典一七頁）

と、光明の至らざるところがあるなら、自分は仏に成らないと誓っておられるわけです。たとえ地獄の果てまでも、自分の光を届かせようとされている。このように、願心が呼びかけている。それに触れれば、「真仏弟子」の利益として、「身心柔軟《にゅうなん》」という功徳がある。

次に、第三十四願の願文が引文されています。

設《たと》い我《われ》仏を得たらんに、十方無量《じっぽうむりょう》・不可思議の諸仏世界の衆生《しゅじょう》の類、我《わ》が名字を聞きて、菩薩《ぼさつ》の無生法《むしょうぼう》忍《にん》・もろもろの深総持《じんそうじ》を得ずんば、正覚《しょうがく》を取らじ、と。

（聖典二四五頁）

とあります。

他方仏土の衆生が、聞名によって「無生法忍を得る」といわれるのです。善導大師は、韋提希の得忍を説かれますが、法蔵願心に出遇うところに、凡夫たる韋提希が得忍すると確信されているのは、この願によるのではないかと思います。善導大師は、第七華座観において韋提希が得忍すると主張されるのですが、それは、第七華座観の文に、

かくのごときの妙華《みょうけ》は、これ本《もと》、法蔵比丘《ほうぞうびく》の願力《がんりき》の所成なり。

（『観無量寿経』聖典一〇二頁）

とあることに着目されたのだと思います。おそらく親鸞聖人も、これによって、

韋提《いだい》と等しく三忍《さんにん》を獲《え》（与韋提等獲三忍）

（「正信偈」聖典二〇七頁）

と詠われるのだと思うのです。

明らかに、現生に金剛心を得るならば、無生法忍をも得るということでしょう。他方仏国で聞名するとは、この煩悩具足の穢土において、聞名によって本願力回向に遇うならばということです。つまり、金剛心をたまわるなら、ここに聞名得忍の願力をいただくのです。

この後に引文されている、善導大師の「序分義」には、

「心歓《しんかん》喜《ぎ》得忍《とくにん》」と言うは、これは阿弥陀仏国の清浄《しょうじょう》の光明《こうみょう》、たちまちに眼前に現ぜん。何ぞ踊躍《ゆやく》に勝《た》えん。この喜《よろこ》びに因るがゆえに、すなわち無生の忍《にん》を得《う》。また、「喜忍《きにん》」と名づく、また「悟忍《ごにん》」と名づく、また「信忍《しんにん》」と名づく。（聖典二四八頁）

とあります。また、この段の結びにある御自釈には、

金剛心《こんごうしん》を獲《う》る者は、すなわち韋提《いだい》と等しく、すなわち喜・悟《ご》・信の忍《にん》を獲得《ぎゃくとく》すべし。（聖典二五〇頁）

とあります。これらは、この第三十四願と関係しているのでしょう。「横超断四流」の功徳を得るなら、無生法忍を得ることも道理ではないでしょうか。むしろ、無漏といい得る信心を獲得できるかどうかが問題なのです。

大乗仏教は、「無生法忍」ということをずいぶん強くいうのです。『大智度論』などにも「無生法忍」がたくさん出てきます。「無生法忍」というのは何であるかというのは、理解によっていろいろあるけれども、善導大師は韋提希夫人が第七華座観で「無生法忍」を得たとされるのです。ただ遠慮して、

すなわち無生の忍《にん》を得《う》。また、「喜忍《きにん》」と名づく、また「悟忍《ごにん》」と名づく、また「信忍《しんにん》」と名づく。（聖典二四八頁）

と、喜忍・悟忍・信忍の三忍であって、それは、位の低い「無生法忍」だというようなことをいわれています。けれども、親鸞聖人は、この第三十四願を引いておられる。阿弥陀のはたらきに出遇うということは、「無生法忍」を得るのだといわれる。「他方仏土」の衆生であって、しかし名号を聞くことができるのだ。名号を聞くならば、「無生法忍」を得るのだといわれているのです。

「無生法」とは何かということについて、曾我量深先生は、「南無阿弥陀仏が無生法です」といわれました。無生無滅の法、無生、無滅ということは、大涅槃とか一如とかいうことを、無為法というのです。その無為法が名となった、名をとおして無為法を語ろうとするのが、方便法身の意味だとされます。ですから、名号に出遇うところに無為法に出遇うことができるといわれます。無為法というのは、名号の他にあるのではない。無為法から立ち上がって法蔵願心が名になったのである。その意味で、名号それ自身が、無為法なのだといわれたのです。

これは、仏教学的にいうと、間違いだといえる面もあるのです。言葉は無為法ではない。有為法だというわけです。それでも、名号のもつ意味は、一切の功徳をもっている。その中でも「真如一実の功徳」だと親鸞聖人がいわれるのは、名号は無為法の自己表現だからでしょう。「真如一実」なのです。その「真如一実の功徳」をもっている名号に出遇うということは、それを信じることが「無生法忍」を得るという意味をもつのだということです。ですから、

韋提《いだい》と等しく三忍《さんにん》を獲《え》（与韋提等獲三忍）（聖典二〇七頁）

と「正信偈」でいわれる。あれは「無生法忍」です。「無生法忍」の意味を、喜・悟・信の、喜びと悟りと信ずるという忍として善導大師が分けておられるけれども、あれは「無生法忍」です。こういうのが、親鸞聖人のご理解で、第三十四願を「真仏弟子」のところに引いておられるのです。

『安楽集』『般舟讃』等であらわす仏弟子の意味

親鸞聖人は、「真仏弟子」をほめる言葉を引いていかれます。こういう仏弟子の持つ勝れた功徳を、願力回向の

信心の持つ功徳と確信して、続いて『安楽集』によって諸経を引文し、この功徳を行ずる人が、

「常に仏前に生ぜん」（『大集経』）（聖典二四六頁）

「報恩のためのゆえに、常に仏に近ずかんことを願ず」（『大智度論』）（聖典二四六頁）

「願じて仏を離れず」（『大智度論』）（聖典二四七頁）

などと語られる文を引いてこられます。

そして『安楽集』所引の『大悲経』の文によって、

展転《てんでん》してあい勧めて念仏を行ぜしむる者は、これらをことごとく、大悲を行ずる人と名づく。（聖典二四七頁）

と押さえられています。

現生の利益に「常行大悲」（「信巻」聖典二四一頁）が数えられていましたけれど、その根拠となる文が、この『大悲経』の文、

いかんが名づけて「大悲」とする。もし専ら念仏相続して断えざれば、その命終《みょうじゅう》に随《したが》いて定んで安楽に生ぜん。もしよく展転《てんでん》してあい勧めて念仏を行ぜしむる者は、これらをことごとく、大悲を行ずる人と名づく。（聖典二四七頁）

の文でしょう。ここに出ているように、念仏を勧め伝えることで、大悲が伝わり、はたらくのだということでしょう。

これは次の、善導大師の『往生礼讃』の文にあっても同じです。

大悲、弘《ひろ》く普《あまね》く化する、真《まこと》に仏恩《ぶっとん》を報ずるに成る、と。（聖典二四七頁）

とあって、「普く化する」の主語は大悲です。大悲の願心が衆生に伝わり、衆生を救っていくのであって、それに

出遇った人は、自から大悲を信じ、それが他に伝わる。他人も、大悲によって済度される。それが「自信教人信」の事実であり、その事実を我と他の人と共に生きるのです。衆生は、大悲がはたらく場になるということです。はたらくのは「弥陀弘誓の力」であり、衆生はそれを受け伝えるのです。

『安楽集』によって、仏弟子の相を確認して、善導大師の『般舟讃』のところまでいきますと、

長劫《じょうごう》に仏を讃《ほ》めて慈恩《じおん》を報ぜんと。（聖典二四七頁）

と、「報恩」ということが出てきます。これは、信心の利益のところに、利益として恩を報ずるとあります。報恩の思いというものが、与えられるということです。

これについては、蓮如上人が、ずいぶんと強く、この報恩の思いを基礎にして、教えを説かれました。

これもしかし、親鸞聖人の教えは、

弥陀《みだ》の名号《みょうごう》となえつつ　信心まことにうるひとは
憶念《おくねん》の心《しん》つねにして　仏恩《ぶっとん》報ずるおもいあり
（『浄土和讃』聖典四七八頁）

と、名号の功徳に出遇って生きるということがあって、「憶念《おくねん》の心《しん》つねにして　仏恩《ぶっとん》報ずるおもいあり」ということが起こるのです。「仏恩報ずるおもい」というのは、名号の功徳を味わうところに、自然にたまわるものです。初めに「仏恩報ずるおもい」があるから「名号をとなえる」という、そういう順序の逆転をされることは、親鸞聖人にはないことなのです。

蓮如上人は、あえてそれをひっくり返されて、獲信以後の称名の意味は何であるか、称名念仏を相続する意味は何であるかということで、一念に功徳があるのに多念はなぜするのかということを説明するために、仏恩報謝だといわれるのです。念仏し続ける形で、恩を報じていくのだというふうに教えられました。これは、方便というか、

教え方として、それによって念仏者がたくさん生まれました。さらに念仏者は、念仏し続けるという形で、喜びをあらわしていく人生を生きていくということを習いました。その意味では、非常に大きなはたらきをされたのです。浄土真宗がここまで広まったのは、蓮如上人のお力だという面がありますから、そのことは、それとしていただいたらいいと思うのです。けれども、親鸞聖人は、そういう語り方はなさいません。

行それ自身は、第十七願と第十七願成就の「諸仏称名の願」の因果です。そして、それを聞いて、「聞其名号信心歓喜」。「信心歓喜」をいただくところに、仏恩報謝の思いをたまわる。このように、常に、功徳を大悲からいただいて、今ここに、闇の人生を明るく生きていく道をいただくことで、仏恩報謝を生んでくるという語り方をしておられます。ですから、「行巻」には、報恩謝徳の思いだから行ずるなどということは一言も出しておられません。

『往生礼讃』に続いて、『観念法門』の「現生護念増上縁の文」を引かれます。阿弥陀仏を念ずる衆生を、仏の心光が、

かの仏心の光、常にこの人を照らして摂護《しょうご》して捨てたまわず。（常照是人摂護不捨）（聖典二四八頁）

とあります。ここが、現生の利益の「心光常護」（「信巻」聖典二四一頁）の典拠です。

次に、先にも触れました「序分義」の「心歓喜得忍」の釈が引かれています。

そして次は、「散善義」の、念仏者が「芬陀利華」であるという譬えの釈です。ここに、

念仏の者は、すなわちこれ人《ひと》中の好人《こうにん》なり、人中の妙好人《みょうこうにん》なり。（聖典二四九頁）

とほめられています。

次に『龍序浄土文《りゅうじょじょうどもん》』から王日休の本願成就文釈を引いて、不退転とは「阿惟越致」であり、これは、

弥勒菩薩《みろくぼさつ》の所得の報地《ほうじ》なり。一念往生《いちねんおうじょう》、すなわち弥勒《みろく》に同じ。
（聖典二四九頁）

と明らかにされます。

これを受けて、親鸞聖人は『無量寿経』の文によって、

次《つ》いで弥勒《みろく》のごとし。
（聖典二四九頁）

といわれるのです。それを『無量寿如来会』の相当部分を引いて補足しておられます。

そして、真仏弟子釈の引文の結びに、

律宗《りっしゅう》の用欽師《ようきんし》の云《い》わく、至れること『華厳《けごん》』の極唱《ごくしょう》・『法華《ほっけ》』の妙談《みょうだん》に如《し》かんや。かつは未《いま》だ普授《ふじゅ》あることを見ず。衆生《しゅじょう》一生にみな阿耨多羅三藐三菩提《あのくたらさんみゃくさんぼだい》の記を得ることは、誠《まこと》に謂《い》うところの、不可思議功徳の利なり、
（聖典二四九頁）

と引文されます。

ここにいわれる「普授（あまねく授ける）」の功徳が、願成就の不退転であることを押さえられるのです。この段の引文の意図が、本願成就文の「即得往生　住不退転」の解釈にあることは、これでよく了解できるでしょう。「普授」とは、「必至滅度の願」によって誓われる「正定聚」の位を、一切衆生に「授ける」ということです。それを『阿弥陀経』には、

諸仏の所説の名および経の名を聞かん者、このもろもろの善男子・善女人、みな一切諸仏のために共に護念せられて、みな阿耨多羅三藐三菩提《あのくたらさんみゃくさんぼだい》を退転せざることを得《う》。
（聖典一三三頁）

と教えられています。

親鸞聖人は、この課題を、金剛心において現生に、「即得往生　住不退転」の利益を得ると、明快に決定された

のです。その不退転の機は、「行巻」では「絶対不二《ぜったいふに》の機《き》」（聖典二〇〇頁）とまでいわれるのです。「信巻」ではその内実について、「弥勒」という名をとおして、「金剛位」には、「龍華三会《りゅうげさんね》」ということがらがあることを出されてくるのです。

第三節　横超の金剛心の結釈

不退転の機の意味を「真仏弟子」として明確にするために、『無量寿経』『大阿弥陀経』等を取り上げて、道綽禅師、善導大師の文を引き、さらに『龍序浄土文』によられて、「弥勒」と等しい位であることまで明らかにされました。これらによって、本願の信心に立つ念仏者が、この濁世において罪業深重の身を生きながら、仏道における「無上妙果」を必定とするところに、生存の平等の尊さを獲得できることをあらわされるのです。

それと共に、その不退転の位が、「一念」の内なる前・後という課題を失わないことを、「不退転」の信の意味として押さえられます。それがこの結釈にだされる「弥勒大士」の文の意図ではないかと思います。

「当に無上覚位を極むべし」ということは、「現・当・已」や「已・今・当」で、「現在・未来・過去」と配当する時、「当」は未来の意味をあらわしますから、弥勒菩薩の名において、信心には「未来を内面に保持する」課題があることをあらわしていると考えられます。龍華三会は神話的な物語の時ですけれども、これによって一切衆生を射程に入れた菩提心の時間に、常に「当」の課題が存することを意味しているのでしょう。最後の一人まで待って、龍華三会の暁に成仏するということは、法蔵願心が兆載永劫に修行するという物語と相応じてもいるのではないでしょうか。これを「臨終一念の夕」という、衆生の人生の最期をあらわす言葉に対応させてもいるのです。

宗教的な時間には、常に「死して生きる」といわれるような、根本的、超越論的翻りが具せられています。「心光常護」とは、「諸仏護念」と同じように、保護をして救済を与えるイメージが強いのですが、実はこの大きな保護感の中に、退転を厳しく見守り、精神生活の停滞を自己批判させる力が生きているのではないかと思うのです。救済に甘んじて世俗関心に停滞することは、本願力の信心が生命力を失ったことになるのではないかと思います。信心には究極的終着駅はないのです。この観点を信心の大切な契機に保持するために、「信の一念」には常に「当」がはたらきかけ、念々に「一念」に「超断」のはたらきがあり、「一念」の内に前念・後念の翻転があると押さえられるのではないかと思うのです。この課題を清沢満之先生は、「修養」という言葉で考えようとされたのでしょう。常に「聞」の姿勢を失わないようにしたいものです。

この結釈の文を受けて、仮・偽の言葉を置いて、唯除の問題に入るのは、「悲歎」せずには済まない深い人間の問題があるからです。この悲しみを消去することこそが問題なのです。この悲歎と共に、信心が「純粋未来」からの「当」の呼びかけを受けて、生きて歩むことを弥勒菩薩という未来を担う願心の名であらわそうとされるのではないでしょうか。

曇鸞大師が不虚作住持功徳の釈に、龍樹菩薩と天親菩薩が本願力に帰された動機には、七地沈空の難があるからだといわれました（「証巻」所引、聖典二八六頁）。この難を克服しないなら二乗と等しいことになるといわれたということは、この問題こそ世親が『唯識三十頌』で第七識を「末那識」という名で取り出し、深層意識に取りつく「自我意識」の問題を明確にし、その課題の克服が根本課題であったということであると思うのです。

小乗仏教が滅却しようとした煩悩は、大乗の唯識思想からすれば、六識相応の煩悩です。大乗仏教が、寝ても覚めても持続する生命を根拠づけるべく見出した識が、根本識たる阿頼耶識でした。無着菩薩はその根本識に染汚分の種子（不共無明）があることまでは気づいておられます。いうまでもなく、阿頼耶識は一切の経験の熏習を引き受けて（異熟識）、経験の根拠の可能性として持続する。その面を種子識といいます。種子識は、現行を生み出す可能性でありますが、可能性である場合には無性格です。つまり、善でも悪でもない。現行するとき、善・悪・無記の性格が決定されるのです。同時にその行為の性質が熏習するけれども、熏習される阿頼耶識自身は、一切の経験を引き受けるから、無性格なのです。阿頼耶識は、「無覆無記」であるとされています。無記であるが、無漏ではない。常に自我の根拠とされていることにおいて、妄念の主体である。阿頼耶識を、持続する主体なのだから自我であると考えるのは、無始以来の妄念です。それを起こす作用こそ、「末那識」と名づける意識作用であるとしたのが、世親の『唯識三十頌』の第七識の思想です。

この末那識相応の煩悩を、「倶生起」の煩悩といいます。すなわち、いわゆる意識で反省できる顕著な煩悩ではないのです。寝ても覚めても持続する深層意識に相応する煩悩です。この意識作用は、顕著な意識としての第六意識に起こる自我意識より深層にあると気づいて、これは独自の意識作用であるとして、「末那識」と名づけたのです。いわゆる、意識的反省の網にはかからない作用なのです。こういうことを課題にした天親菩薩ですから、本願力を求めずにはいられなかったのでしょう。それを菩薩道の課題とするなら、未証浄心の菩薩が乗り越えることのできない壁、すなわち七地沈空の課題になるのではないでしょうか。ここに天親菩薩の『浄土論』制作の意図を受け止めた曇鸞大師の視点があったのだと思うのです。

真実信心を獲得することができるなら、それは「金剛の信心を獲得する」ことであると、親鸞聖人は確信されました。それは、如来回向の信だからです。ここに「往相回向の真心」が徹到するのだといわれるのです。その位は、弥勒菩薩と「便同」であり、「与韋提等獲三忍」（「正信偈」聖典二〇七頁）といわれます。凡夫が金剛の位の弥勒菩薩と等しいと。それが「等覚」であるというところに、「無上覚」から一歩下がって、「当極（まさにきわむべし）」という意味をもつのだといわれるのです。金剛の譬喩を、固着型で受け止めてはならないのでしょう。動きつつ本質が不変であることをいうのです。

先に「大信海」の段で、「尋常にあらず、臨終にあらず」（「信巻」聖典二三六頁）といわれていたのに、ここでは「臨終一念の夕べ」といわれています。この「臨終」は、先にも述べたように、「願生彼国　即得往生」の「即」の内面にある前・後、つまり信心が常に「前念命終　後念即生」のはたらきを持続することをあらわすものなのです。「信巻」の課題の表現ですから、「信の一念」の内なる「前念命終・後念即生」です。すなわち、生死罪濁の凡夫がその本質を失わずして、しかも成仏の必然性を獲得できる。それを「臨終一念」と押さえられるのです。

「超証」は、回向による翻りをあらわすのですから、煩悩のただ中に信心が相続することを、外からは光明摂取として、内からは「果遂」のはたらきとして、信心が停滞することを批判されるのだと思うのです。そのうちなる自覚が、「悲しきかな、愚禿鸞」（「信巻」聖典二五一頁）に始まる唯除の文の了解になっていくのではなかろうかと拝察されるのです。

かくして、真実信心の成り立ちを、法蔵願心の「至心信楽の願」の因果で考察し、それによって凡夫に成り立つ立場は、十方衆生に誓っている正定聚・不退転の利益であることを明示されたのです。「信巻」標挙に「正定聚の機」と出されてあったのは、法蔵願心を受け止め、「真仏弟子」として濁世を生きる存在の意味が、我ら凡夫に与えられる利益であることを展望されていたのです。

天親菩薩がなぜ『浄土論』を書かれたかという問題は、改訂版『親鸞教学』（法藏館）で論じましたが、大変大事な視点を、私自身が気づかせていただき、皆様方の考え方にも、何かプラスになったら有難いと思うことです。

結び

『教行信証』「信巻」の中心的課題たる「金剛の信心」について少しく確認できたところを述べ、その信によって我ら極悪深重の衆生が「正定聚の機」たることを得るという内実を確かめてきました。ついては、真実信心について、親鸞聖人が提起してくださった点を数点に絞って述べてみましょう。

第一に、我ら凡夫に発起する信を、「金剛」に譬えられるのは、その信心が堅固であり不壊であるからだとされています。これは我らの意識の表層に動き回る心とは、絶対に一致しない事柄でしょう。金剛の質を確保し得るには、無為にして無漏でなければなりません。しかしながら、我らの心は、

一切の群生海《ぐんじょうかい》、無始よりこのかた乃至《ないし》今日今時に至るまで、穢悪汚染《えあくわぜん》にして清浄《しょうじょう》の心なし。虚仮諂偽《こけてんぎ》にして真実の心なし。（「信巻」聖典二二五頁）

と押さえられています。そこに、

ここをもって如来、一切苦悩の衆生海《しゅじょうかい》を悲憫《ひびん》して、不可思議兆載永劫《ちょうさいようごう》において、菩薩《ぼさつ》の行を行じたまいし時、（「信巻」聖典二二五頁）

といわれています。この絶対不可能を突破して、衆生の上に金剛心を成就させずにはおかないという願心を、『無量寿経』の物語があらわしていると、親鸞聖人は受け止められました。すなわちこれは、煩悩具足の一切の凡夫に、「大涅槃」を平等に開示せずにはおかないということです。これを実現する大悲のはたらきが、「本願力回向」であるとあらわされたのです。

第二に、この信心の発起を、「水火二河の譬」における白道として押さえられています。白道とは、「衆生貪瞋煩悩中　能生清浄願往生心」であると善導大師はいわれています。それを親鸞聖人は、

「能生清浄願心《のうしょうしょうじょうがんしん》」と言うは、金剛《こんごう》の真心を獲得《ぎゃくとく》するなり。本願力回向の大信心海なるがゆえに、破壊《はえ》すべからず。これを「金剛《こんごう》のごとし」と喩《たと》うるなり。

（「信巻」聖典二三五頁）

といただかれました。

真実信心は、我ら煩悩の衆生の生活のただ中に発起するのであり、顛倒虚偽の身に起こって、しかし「不顛倒不虚偽」であり、一切の悪業邪智によって破壊されないから、「金剛」に喩えられるのだといわれるのです。衆生の側からでは絶対に起こし得ない質の心が、不可思議なはたらきで、煩悩生活のまっただ中に立ち上がる。この白道は、水火二河を貫く四五寸の道といわれている。この道は狭いようだが、そこに決断して立つならば、大涅槃への大道となるのだといわれるのです。

第三に、この金剛心が、天親菩薩の「世尊我一心」の「一心」であるとされます。それは「愚鈍の衆生、解了《げりょう》易《やす》からしめん」がために、

涅槃《ねはん》の真因はただ信心をもってす。

（「信巻」聖典二二三頁）

という道理のゆえに、本願には三心を誓うけれども、論主は一心とされたのであろうといわれます。

聞法をとおして、本願の教えに対する疑いが晴れるとき、願力が摂取の光明をもって加護し、愚鈍の衆生を大涅槃の因たる一心に立たしめるのだといわれます。生死の迷妄生活と、大涅槃や大菩提との関係を、大乗仏教は「煩悩即菩提、生死即涅槃」という相即関係であらわしているのですが、煩悩罪濁の衆生にはこの主題は意味不明のテーマです。しかし法蔵願力は、それを選択本願の因果、至心信楽の願因と必至滅度・証大涅槃の願果をもって衆

生に回向するのだと、親鸞聖人は了解されたのです。その願心の意図が、一心に集約されるから、

群生《ぐんじょう》を度せんがために、一心を彰《あらわ》す。（為度群生彰一心）

（「正信偈」聖典二〇六頁）

と天親菩薩はいわれるのであると了解なさったのでしょう。

このことを、和讃には、

往相の回向《えこう》ととくことは　弥陀《みだ》の方便《ほうべん》ときいたり
悲願の信行《しんぎょう》えしむれば　生死《しょうじ》すなわち涅槃《ねはん》なり

（『高僧和讃』聖典四九二頁）

と詠われるのです。往相回向の信・行において、たとえ煩悩成就の凡夫であろうとも、「生死即涅槃」に適うのだといわれるのです。それをまた、

金剛堅固《こんごうけんご》の信心の　さだまるときをまちえてぞ
弥陀の心光摂護《しんこうしょうご》して　ながく生死《しょうじ》をへだてける

（『高僧和讃』聖典四九六頁）

とも和讃されているのです。

第四に、この信心は「横超の菩提心」であるとされています。生死を超えて大涅槃に到るという仏道の教えを、自分の上に成就しようとする意欲が、「無上菩提心」です。愚悪の凡夫たる我らに、このような菩提心を発すことがいかにして可能なのでしょうか。

先の和讃にあるように、「生死即涅槃」という大乗の菩提の智慧が、本願力に乗じて摂取の利益に与るならば、凡夫の上に成就するのだとされるのです。自力では絶対に「生死」は「涅槃」にならないのですが、本願力回向は「生死」をそのまま「涅槃」に直結させるのだといわれるのです。それによって、無上菩提の課題に適うから、信心は無上菩提心であるといわれるのです。自力心の方向を竪とするなら、それと方向を変えて、横の大菩提心であ

るとされる。生死から涅槃へは、この横の超越によって、「即」が成り立つとされる。その超越は願力によるのですが、その超越にも、「超」と「出」という差異があるとされます。願力に依りつつ自分で超えようとするのは「横出」とし、徹底的に自力無効を確信して本願力に乗ずるとき、「横超」の菩提心が発起して、生死罪濁のただ中に無上涅槃への大道を生きることができるとされるのです。

第五に、この金剛心は無漏であり不可壊であるから、ここに「信楽開発の時剋の極促」「広大難思の慶心」(「信巻」聖典二三九頁)が開かれるといわれます。本願成就文の「乃至一念」が「信の一念」であり、これは時が充ち満ちて永劫修行の功徳が、一念のところに開かれるといわれるのです。それによって、得べきことをすでに得たりという喜び、大慶喜がわき起こり、この喜びと共に、「正定聚・不退」の生活が恵まれるといわれるのです。

こうして、愚痴深き身に、身心に満ちる存在の意味を感受し、「聖尊の重愛」をうけ、心光常護の大安心を生きていけるとされるのです。宿業に苛《さいな》まれる人生を転じて、明闇(菩提・生死)を貫く法蔵願心を信受して、皆様と共に生きていきたいと念ずることであります。

後記

最後に、本書を世に出すことができるようになった因縁について触れておきたい。

まずは、二〇一五年の夏安居（京都東本願寺および大谷大学で七月十六日から三十一日まで）で、「信巻」講義に参加された百名近い聴講者の熱心な聴聞があったこと。そして、その講義録を世に出すようにお勧めくださった方々の存在である。さらに、その講義に東京から参加されたうえ、講義録作成を喜んでお引き受けくださった山口孝さんのご苦労があったことである。

また、編集で大幅な原稿の整理整頓などのご面倒な作業をしてくださった和田真雄さん、この書の出版をご快諾くださった法藏館の西村明高社長、そして法藏館編集部の方々のご協力等々、筆舌に尽くせぬ無数のご好意のあったこと、このような諸因縁に感謝せずにおれないところである。

本多弘之

本多弘之（ほんだ　ひろゆき）
1938年，中国黒龍江省に生まれる。1961年，東京大学農学部林産学科卒業。1966年，大谷大学大学院修了。大谷大学助教授を経て，2001年，親鸞仏教センター所長に就任。真宗大谷派本龍寺住職。2016年より中村元東方研究所講師。1983年，大谷大学を辞任の後，『安田理深選集』（全22巻，文栄堂）の編集責任にあたる。
主な著書に，『親鸞思想の原点――目覚めの原理としての回向』『大無量寿経講義』全３巻，『一念多念文意講讃』『親鸞の名号論――根本言の動態的了解』『増補版親鸞教学――曽我量深から安田理深へ』（以上，法藏館），『浄土――その解体と再構築』『浄土――その響きと言葉』『浄土――おおいなる場のはたらき』『教行信証』行巻講義１～７（以上，樹心社），『近代親鸞教学論』『他力救済の大道――清沢満之文集』『親鸞の鉱脈』『静かなる宗教的情熱――師の信を憶念して』（以上，草光舎）など多数。

『教行信証』「信巻」の究明
―如来回向の欲生心―

二〇一七年九月二〇日　初版第一刷発行

著　者　本多弘之
発行者　西村明高
発行所　株式会社　法藏館
京都市下京区正面通烏丸東入
郵便番号　六〇〇-八一五三
電話　〇七五-三四三-〇〇三〇（編集）
〇七五-三四三-五六五六（営業）

装幀　山崎　登
印刷　中村印刷株式会社
製本　新日本製本株式会社

ISBN 978-4-8318-8765-8 C3015